闽西百年工运事业

书名题写

刘源

龙岩市总工会
中共龙岩市委党史和地方志研究室／编著
龙岩学院中央苏区研究院

当代中国出版社
Contemporary China Publishing House

图书在版编目(CIP)数据

闽西百年工运事业 / 龙岩市总工会，中共龙岩市委党史和地方志研究室，龙岩学院中央苏区研究院编著．北京：当代中国出版社，2025. 4. -- ISBN 978-7-5154-1565-9

Ⅰ. K261.3

中国国家版本馆 CIP 数据核字第 2025B93592 号

出 版 人　蔡继辉
责任编辑　刘晓冰
责任校对　贾云华　康　莹
印刷监制　刘艳平
封面设计　鲁　娟
出版发行　当代中国出版社
地　　址　北京市地安门西大街旌勇里 8 号
网　　址　http://www.ddzg.net
邮政编码　100009
编 辑 部　（010）66572154
市 场 部　（010）66572281　66572157
印　　刷　北京盛通印刷股份有限公司
开　　本　710 毫米 × 1000 毫米　1/16
印　　张　30.5 印张　465 千字
版　　次　2025 年 4 月第 1 版
印　　次　2025 年 4 月第 1 次印刷
定　　价　198.00 元

《闽西百年工运事业》编委会

目　录

序　言

龙岩地处福建省西部，通称闽西，是全国著名革命老区、原中央苏区核心区，是毛泽东思想的初步形成地、红军长征重要出发地，享有红军故乡、红色摇篮、红旗不倒的美誉。在血与火的峥嵘革命岁月里，闽西人民在党的领导下，坚定不移听党话、跟党走，前赴后继，英勇奋斗，为中国革命胜利和新中国建立付出了巨大的牺牲、作出了重大的贡献。

闽西作为原中央苏区的重要组成部分，是全国工运事业奠基的地方，为中央苏区工人运动作出不可磨灭的历史贡献。1926 年冬，在中国共产党的直接领导下，上杭县总工会成立，是闽西最早的区域工会组织。此后，闽西苏区工人运动蓬勃发展，龙岩、永定、长汀、连城等县先后建立了总工会或行业基层工会，革命风暴席卷闽西。1932 年 2 月 18 日，福建省职工联合会第一次执委会在长汀张家祠召开，标志着福建省职工联合会的正式成立，掀开了福建省工人运动崭新的一页。1932 年底，中华全国总工会迁入中央苏区，直接领导苏区工会和工人阶级，创造性地加强组织建设、积极发展生产、踊跃参军参战，支援革命战争，参与苏维埃政权管理，开创了最早的苏维埃政府与工会联席会议制度，制定了中央苏区第一部《劳动法》《工会法草案》，创建了第一批中央苏区国营工厂，创办了第一张苏区工人的报纸《苏区工人》，创立了工人参加的企业“三人团”管理制，创造了最早的劳动集体协商机制，在中国工人运动史上谱写了光辉的篇章。

新中国成立后，闽西工人阶级与时代同步，以高度的主人翁责任感，积极投身恢复和发展国民经济、改革开放和社会主义现代化建设、全面建成小康社会的伟大事业，为龙岩经济和社会发展作出了重要贡献。龙岩各级工会始终围绕党在各个时期的中心任务，加强职工政治引领，把党的路线方针政策和决策部署落实到工会各项工作中去，把党的意志和主张落实到广大职工中去，做了大量富有成效的工作。

进入新时代，全市各级工会始终坚持以习近平新时代中国特色社会主义思想为指导，深入学习贯彻习近平总书记关于工人阶级和工会工作的重要论述，牢牢把握我国工人运动的时代主题，紧紧围绕中心大局和工会职能，聚焦主责主业，奋力担当作为，团结带领广大职工奋进新征程、建功新时代，在脱贫攻坚、疫情防控、产业发展、项目建设等大事要事中充分彰显工人阶级主力军作用。工会各项工作取得新成效，龙岩市工人文化宫建成投入使用，中央苏区工人运动史馆被评为第一批全国职工爱国主义教育基地，打造了“驿站枫桥”维权服务机制、“10 分钟工会服务圈”等一批在全国全省叫得响的工作创新品牌，在建设闽西革命老区高质量发展示范区、谱写中国式现代化龙岩篇章的进程中奏响“咱们工人有力量”的时代主旋律，充分彰显了工会组织的担当作为。

值此喜迎中华全国总工会成立 100 周年之际，龙岩市总工会牵头组织（并委托龙岩学院中央苏区研究院）编写了《闽西百年工运事业》一书，回顾总结了闽西百年工运走过的历程，全面真实地记载了闽西工人运动的发展历程、取得的成就和积累的经验，深刻分析了闽西百年工运所蕴含的精神内涵和现实启示，对于我们汲取闽西工运百年历史积累的宝贵经验，进一步赓续红色血脉、发扬优良传统、锐意开拓创新，深化做好工会工作、推动工运事业发展的规律性认识，不断开辟具有闽西老区苏区特色的工会发展新路，具有十分重要的意义。

希望该书的出版发行能够激励龙岩工人阶级和工会组织在习近平新时代中国特色社会主义思想的指引下，始终加强党的领导，更好发挥工人阶级主力军和工会组织桥梁纽带作用，推动龙岩工运事业和工会工作再上新台阶，为全力以赴建设闽西革命老区高质量发展示范区、奋力谱写中国式现代化龙岩实践新篇章作出新的更大贡献！

是为序。

中共福建省委党校原副校长 曾汉辉

2025 年 2 月

第一章

新民主主义革命时期的闽西工运

闽西是福建省工人运动开展较早的地区之一。早在1926年，闽西的工人阶级便在中国共产党的领导下开始觉醒，建立了工人协会，有组织、有领导地开展争民主、求解放的斗争。1929年红四军入闽，闽西苏区工运迅速发展。红四军所到之处，工会组织纷纷恢复，工人运动日益开展。随着革命斗争的不断深入，闽西广大工人积极组织工会，建立工人武装，配合红军创建革命根据地和参加苏维埃政权建设，使各县工会和行业工会如雨后春笋般建立起来。1931年11月，中央革命根据地正式形成时，闽西有11个县恢复和建立了工会组织。1932年2月，闽赣两省工人代表大会召开，随后成立了福建省职工联合会。1932年3月，福建省第一次工农兵代表大会在长汀召开，成立了福建省苏维埃政府和福建省职工联合会（即福建省总工会）。闽西苏区工人运动在党的领导下，进入蓬勃发展的鼎盛时期。主力红军长征后，以工农群众为主体的游击队在闽西各县迅速建立与发展，依托山区开展游击战争，坚持抗日战争、解放战争，赢得20年红旗不倒的光荣赞誉。

第一节
马克思主义的传播和闽西工运的萌发

一、闽西工人运动的开端

（一）大革命前的闽西工人阶级状况

闽西位于福建省西部，按清末的行政区划，包括汀州府属八个县——长汀、上杭、武平、永定、连城、清流、宁化、归化（今明溪）和龙岩州属三个县——龙岩（今新罗区）、漳平、宁洋（今分属漳平、龙岩、永安）。闽西北接赣南，南邻粤东，东接博平山脉，西傍武夷山南段。玳瑁山脉绵亘其间。土地革命时期，平和、南靖部分地区曾是闽西革命根据地的组成部分。新中国成立后，闽西专指龙岩地区。1997 年 5 月，龙岩地区改为龙岩市，辖新罗、永定、上杭、武平、连城、长汀、漳平 7 个县（市、区）。这些县（市、区）都是中央苏区县。

闽西地处偏僻山区，土地革命战争前是一个以农业经济为主的地区，除了有一些自给性的家庭副业和较为发达的手工业外，没有什么现代化的工业。自帝国主义的工业品侵入后，自给自足的自然经济在外国资本主义的冲击下迅速地破产，以致“农辍于耕，工失于肆，商罢于市，百业凋零，金融纷乱”[①]，“洋布战胜土布，洋纸打倒土纸，卷烟打倒了条丝”，闽西地区商业日渐衰落，手工业逐渐破产，大批工人失业，广大人民生活艰难，日益贫穷，灾难深重。“失业的工农兵做匪，纸烟业不振，商业凋落，失业工人（运输与手工业工人）日多，农民的生活亦万分的困苦艰难，甚至无法维持”[②]，闽西商业总的形势

---

① 王楷：《北洋军阀统治下福建军事政治概况》，中共龙岩市委宣传部、中共龙岩市委党史和地方志研究室、龙岩学院中央苏区研究院编：《中央苏区（闽西）历史资料汇编①》，中共党史出版社 2023 年版，第 213 页。

② 《中共福建省委关于闽西政治经济状况与今后工作方针的决定》，中共龙岩市委宣传部、中共龙岩市委党史和地方志研究室、龙岩学院中央苏区研究院编：《中央苏区（闽西）历史资料汇编②》，中共党史出版社 2023 年版，第 81 页。

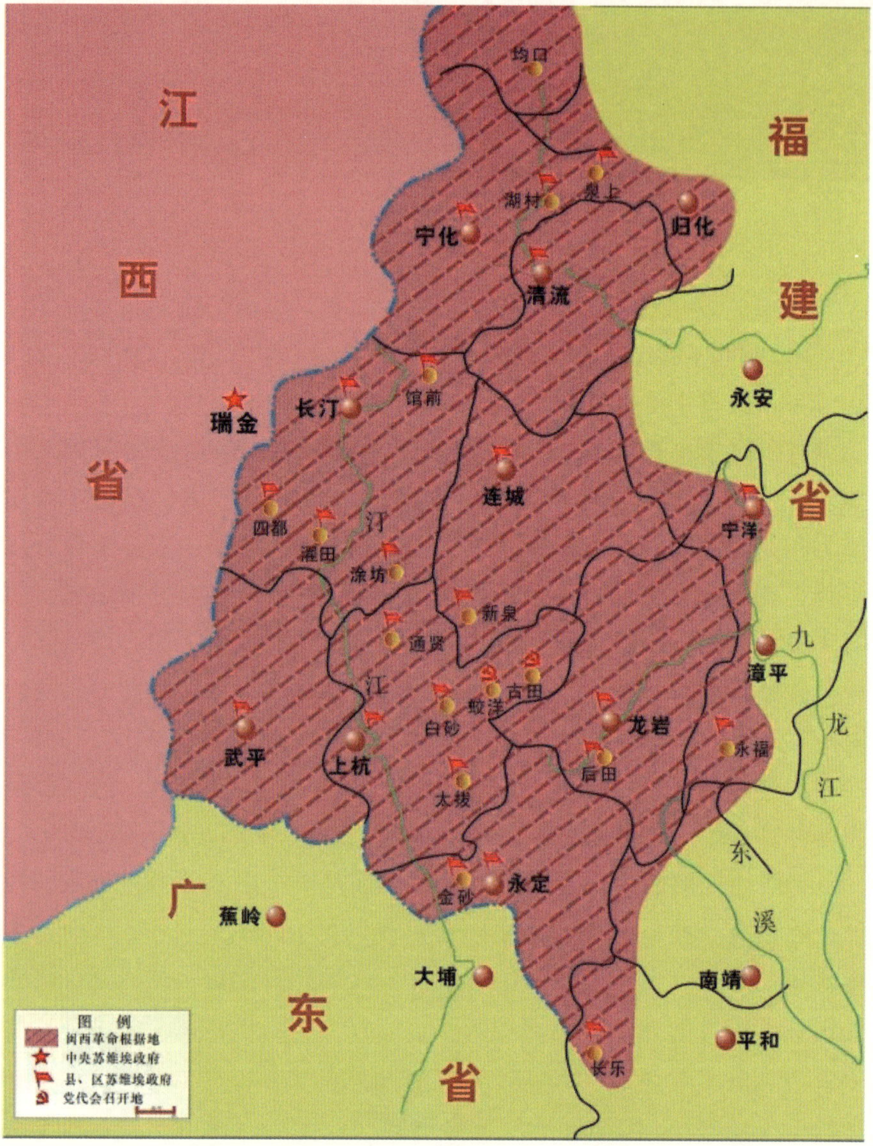

图 1-1-1 《二十世纪二三十年代闽西形势图》

资料来源：中央苏区（闽西）历史博物馆

处于停滞、衰落的境况之中。

闽西的社会经济以小农经济为主，工业经济则以手工业生产为主。因而，闽西形成了以手工业工人、店员、码头工人、木船工人、挑担工人和农村雇农为主体的工人阶级队伍，现代产业工人数量极少。

由于闽西地区的工人阶级大多来源于农村的破产农民，加之受帝国主义、封建主义深重压迫，造就了他们坚定的斗争意志和大无畏的革命精神，从而成为闽西革命根据地的坚强支柱。

（二）马克思主义的传播为闽西党组织成立和工人运动开展奠定思想基础

五四运动以后，马克思主义在中国迅速发展。闽西的进步知识分子开始组织读书会，学习马克思主义，并且积极创办进步刊物，向广大群众宣传革命思想，揭露统治阶级的罪恶，以提高人民的阶级觉悟。经过宣传，马克思主义逐渐为群众所掌握，成为指导工人运动的有力理论武器。

1921 年春，邓子恢从江西崇义回到龙岩，与章独奇、林仙亭、陈明、张觉觉、曹菊如等一批进步青年组织了“奇山书社”，后又创办了《岩声》月刊。随后，由永定籍的李觉民和龙岩籍的杨世宁、谢景德、李联星等在厦门集美学校读书的学生发起组织“新龙岩季刊社”，先后创办了《新龙岩季刊》《到民间去》《改进》等进步刊物；旅居广州的长汀籍青年谢秉琼、胡轶寰、吴炳若等在中山大学创办《汀雷》；省立中学教员黄亚光联合汀州师范、女子师范等学校，成立长汀县学

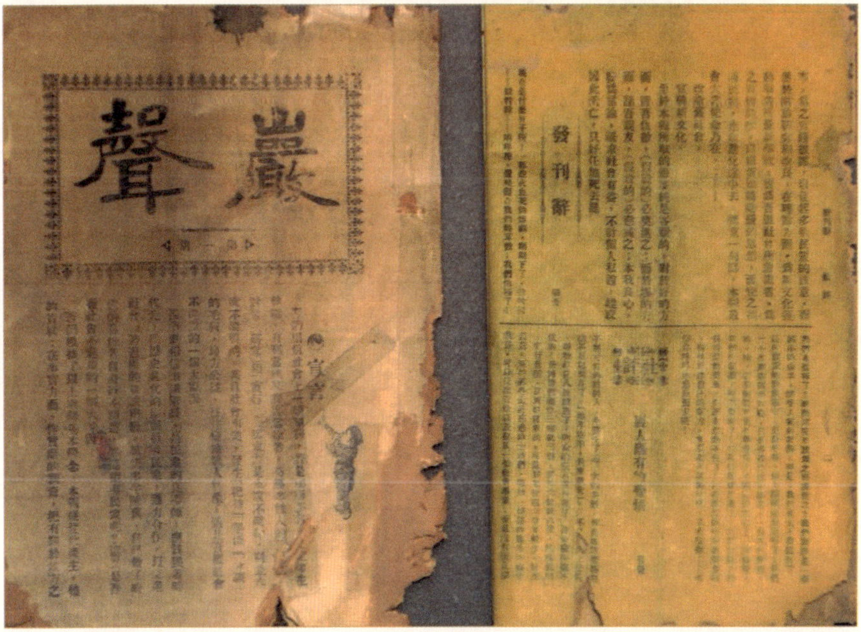
巖聲

發刊辭

图 1-1-2　1923 年，邓子恢、陈明在龙岩奇山书社创办了闽西第一份宣传马列主义的刊物：《岩声》

生联合会，创办《长汀月刊》；上杭进步学生丘天锦、吴梅林等人发起成立上杭青年读书会，创办刊物《幻灯》《虹痕》；在北京朝阳大学念书的连城青年吴运启等人，在北京办起《莲峰月刊》，报道家乡见闻，回到家乡后，与连城县中学教员李竹秋、罗玉章等人创办革命刊物《莲钟月刊》；在厦门集美学校师范部读书的永定进步青年陈正、曾牧村等人，利用寒假，在家乡永定中川犹兴学校成立"晨钟社"，创办社刊《钟声》；在福州任职的武平人谢鸣珂创办《曙汀》，武平农民协会创办《武平农民》，等等。这些革命团体及其创办的刊物，向广大群众宣传革命思想，揭露统治阶级的罪行，它们就像号角，起到了唤起工农民众的作用。

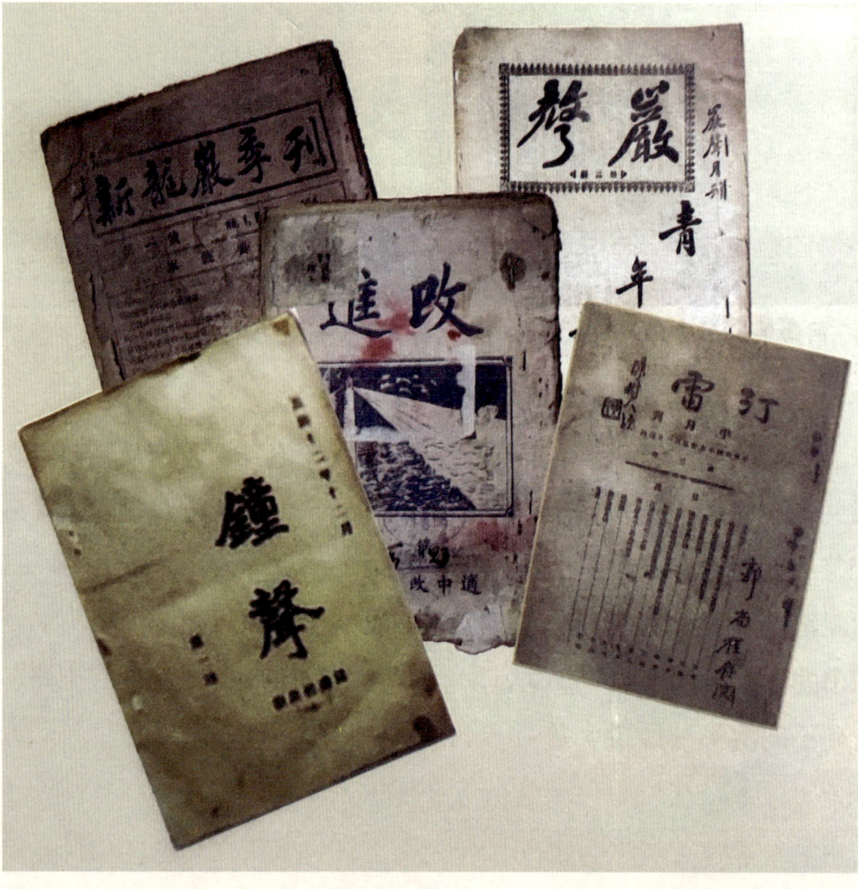

图 1-1-3　1923—1927 年，闽西进步青年创办了一大批进步期刊，积极传播马克思主义思想

这些进步刊物的传播和知识青年、先进工人的宣传，无疑对当时

闽西工人的思想具有重大的影响。革命报刊的出版和马克思主义的传播，为闽西地方党组织的建立和工农运动的发展作了思想上的准备，促进了党领导的工人革命运动的开展，也为以后闽西人民的革命斗争打下坚实的基础。

（三）党组织建立奠定闽西工运组织基础

闽西最早的一批共产党人绝大多数是当地的进步知识分子。五四运动后，一部分有志青年纷纷到外地甚至国外求学或从事社会工作，寻找救国救民的真理，走上了为共产主义事业而奋斗的道路。

厦门集美师范学校和广州农讲所是闽西早期共产党员主要来源地，闽西进步知识青年在此学习期间加入共产党。后来，他们受党组织委派，相继回到家乡，积极开展建党活动。他们深入到人民群众中，传播马列主义，宣传革命道理，领导工人运动、农民运动，秘密发展共产党员，着手建立地方党组织。

1926 年春，永定籍进步青年阮山和林心尧在厦门加入中国共产党后，回到永定开展建立党组织工作。他们联系上从广州农讲所第五期毕业的党员赖玉珊、赖秋实和从上海大学回乡的党员熊一鸥等 5 人，于同年夏天在湖雷镇上南村万源楼建立了中共永定支部，推选阮山为支部书记。这是闽西最早建立的党支部。随后，相继成立了永定金丰支部、上杭支部、龙岩小组、武平小组等党的组织。闽西地方党组的

图 1-1-4　中共永定支部旧址——万源楼

建立，揭开了闽西人民革命斗争的新篇章。

1926 年 10 月，北伐军东路军进入永定、龙岩等地。闽西的共产党员在积极帮助国民党建立和巩固基层组织的同时，抓住国共合作的大好时机，与随北伐军入闽的共产党员一起，迅速建立了闽西各地党组织。

1927 年 9 月，南昌起义军南征广东，其间经过长汀、上杭、永定、武平等县，前后在闽西活动近一个月，周恩来、朱德等领导人对闽西党组织的革命斗争进行了指导，从而促进了闽西党组织的快速发展。至 1928 年春，永定、龙岩、上杭三县相继成立县委或临时县委，武平县建立特支，党员总数有 200 余人。3—6 月，闽西地方党组织领导农民在龙岩后田、平和长乐、上杭蛟洋、永定等地举行暴动，掀起了闽西革命斗争的新高潮。随着革命斗争形势的迅速发展，1928 年 7 月 15 日，中共闽西临时特委成立，标志着闽西各县的党组织已经产生了自己的核心领导，工农革命运动进入了新的阶段。此后，闽西地方党组织进一步发展，至 1929 年 3 月红四军第一次入闽前，闽

闽西党组织建立情况表（1926年夏—1930年夏）

县别	支部名称	成立时间	支部书记或负责人	县委、成立时间	下辖支部	党员人数	主要领导人
永定	中共永定支部	1926年初夏	阮山	中共永定县委 1927年10月成立	下辖4个支部	120余人	罗秋天（书记） 张鼎丞 陈正
	中共金丰支部	1926年冬	胡永东				
	中共溪南支部	1927年9月	张鼎丞				
	中共溪南区委	1927年10月	张鼎丞				
	中共太平支部	1927年10月	简祥明				
上杭	中共上杭支部	1926年12月	温家福	中共上杭临时县委 1928年1月成立	下辖8个支部	220余人	郭柏屏（后蓝鸿翔）
	中共蛟洋支部	1927年10月	傅希孟				
平和	中共平和上坪村支部	1926年12月	朱积垒	中共平和临时县委 1928年1月成立	下辖5个支部	50余人	
龙岩	中共龙岩支部	1927年2月	陈庆隆	中共龙岩临时县委 1927年11月成立		250余人	罗怀盛（书记） 郭滴人 邓子恢 陈品三
	中共后田支部	1927年冬	陈锦辉				
长汀	中共长汀特支	1927年9月	段奋夫	中共长汀县委 1929年3月成立			段奋夫（书记）
武平	中共武平特支	1927年10月	修焕璜（后钟武）	中共武平临时县委 1928冬			
连城	中共连城支部	1927年冬	李云贵	中共连城临时县委 1928年底			
	中共良坑支部	1927年冬	俞炳荣				
	中共新泉支部	1927年冬	张瑞明				
漳平	中共龙车支部	1928年7月	游祖辉	中共永福区委 1929年9月成立	下辖5个支部	20余人	邓克明（书记）
宁化	中共三黄支部	1929年8月	廖毓金				
明溪	中共归化支部	1930年9月	邱文澜				
清流	中共清流城市支部	1930年8月	不详				

图 1-1-5　闽西地区的工农运动在党的领导下得到迅速发展

资料来源：中央苏区（闽西）历史博物馆

西地方党组织已建立永定、上杭、龙岩、长汀、武平等 5 个县委，基层支部遍布全区主要乡镇。在党的领导下，闽西地区的工农运动得到迅速发展。

二、闽西工会组织初建与早期斗争

（一）闽西工会组织的初建与活动

1926 年 7 月，国民革命军誓师北伐。10 月，闽西第一次国共合作形成，推动了全县工农革命运动的大发展。

闽西党组织十分注意加强工人运动的组织领导。1926 年冬，在中共上杭支部的领导下，上杭县总工会宣告成立，选举周继英为委员长，下辖缝衣、雨伞、码头、小贩、店员等 13 个基层工会，发展会员 3000 多人。在上杭县的带动下，龙岩、永定、长汀、连城等县先后建立了总工会或行业基层工会，会员共 8000 余人。各县工会组织建立后，积极率领工人群众开展争取工人政治权利和经济利益的斗争，支援和配合北伐军作战。

1927 年 2 月，驻上杭城的原北洋军阀残部卢明凤、田德胜两营，滥派民夫，水南乡农民曾锡恒被抓去当挑夫后，在连城芷溪被活活打死，激起上杭工农群众的愤怒。在中共上杭支部的指导下，县总工会与县农协会、学生会、商民协会、妇女会等各革命群众团体联合起来，发动城区的工人、学生、妇女、市民和城区附近的各乡村农会会员共 1 万多人，云集在上杭城举行大规模的追悼会，痛悼遇难农友，控诉反动派的暴行，提出惩办凶手、抚恤死者家属、释放其他民夫的正义要求。县知事慑于工农群众的威力，接受了正义要求，发放了抚恤金，释放了民夫，革命群众取得了第一次抗议军阀暴行的胜利。后来，军阀卢、田两营又借口开拔，要征调民夫 100 名，借以报复。县农协会和县总工会等革命团体识破了军阀的阴谋，又一次发动上千工农群众手持木棍、梭镖、土枪、土炮等武器，准备进城反抗。卢、田两营被迫取消征调民夫的命令。事后，反动派不甘失败，又捏造罪名关押农协会执委包究生。县农协会和县总工会等革命团体在中共上杭支部的领导下，再次抗议，城区工人罢工、商人罢市、学生罢课，并集合了 2000 多人冲进县署看守所，迫使县知事当即释放包究生。斗争又一次取得胜利，工农群众皆大欢喜，让包究生披红挂彩，沿街燃放鞭炮，欢送包究生回到县农协会。卢明凤、田德胜等军阀劣性不改，依然巧立名目派粮派款、抓民夫，鱼肉百姓，城乡工农群众对其恨之入骨，汀属八县政治监察署和国民党上杭县党部负责人谢秉琼、蓝维仁与地方民军蓝玉田部、孔弼臣部联络，发动工人、农民进行驱赶军阀卢、田两营的斗争。1927 年 3 月，附城地区的农会集合了会员 3000 余人，配合蓝玉田部、孔弼臣部的武装包围上杭城，县总工会组织了 300 多人的工人纠察队做内应，激战三天三夜，卢、田部弃城逃窜。[①] 此次斗争铲除了北洋军阀残部，缴获 200 余支枪。接着，“县总工会领导工人纠察队把在上杭作恶多端的邱信孚、华彭年、林履绥、郑辅仁等十余个土劣和国民党右派分子抓起来游街示众，送进蓝玉田部队的司令部关押”[②]。4 月，在抗议军阀暴行取得一次次胜利之后，县总工会又发动工人、市民集会游行，揭露帝国主义利用宗教对我国进行文化侵略的罪行。县总工会和学生会联合行动，发动工人和学生进行驱逐外国反动传教士、收回教育权的斗争。工人和学生组织了 10 多个宣传队走上街头，揭露不法神父、牧师、传教士勾结贪官污吏，压迫剥削人民的罪恶行径，发动城区市民一齐行动，游行示威，把基督教堂包围起来，在群情激愤中砸碎了教堂的玻璃门窗，并派代表找教会交涉，要他们交出教会开办的幼儿园、小学、中学。这个要求被教会蛮横拒绝，于是在县党部和政治监察署的支持下，城区的工、农、商、学各界群众四五千人集会，强行接收教会开办的各类学校，牧师卫英士被迫离杭出境。驱逐帝国主义派遣的传教士，并火烧“美华园”，砸烂西城教堂，反帝火焰炽热，斗争又一次取得胜利。

1926 年夏，中共永定支部成立后，永定党组织发动工农组织工人协会、农民协会等群众团体。党员干部深入基层、深入群众，举办平民学校，出版刊物，印发传单，编写民歌，如阮山编写的《救穷歌》《挑担苦》《土豪恶》等；组织宣传队，成立新剧团，演文明戏，向广大工农群众宣传马列主义、共产党的主张，争民权、争自由、讲民

---

① 参见《中共闽西特委关于党和群众工作报告》，中共龙岩市委宣传部、中共龙岩市委党史和地方志研究室、龙岩学院中央苏区研究院编：《中央苏区（闽西）历史资料汇编②》，中共党史出版社 2023 年版，第 81 页。

② 《中共闽西特委关于党和群众工作报告》，中共龙岩市委宣传部、中共龙岩市委党史和地方志研究室、龙岩学院中央苏区研究院编：《中央苏区（闽西）历史资料汇编②》，中共党史出版社 2023 年版，第 81 页。

主、讲平等，反对剥削压迫，唤醒工农群众，使工人阶级逐步觉醒起来，有组织有领导地开展反帝、反封建的斗争。同年10月10日，林心尧、阮山前往汕头迎接国民革命军东路军进入永定县城，北洋军阀周阴人部向龙岩狼狈逃窜。11日下午，城关群众召开欢迎大会，庆祝国民革命军攻占永定，给工农运动以很大的鼓舞和推动。1927年春，在阮山、王奎福等领导下，发动永定河木船工人集中在永定城东门外，成立永定河蓬船工会，选举张文龙为主席，王奎福任秘书，同时举行游行示威，开展反苛捐杂税的斗争，当天就抓了永定厘金局（相当于税务局）局长赖海钦游街示众。当时，聚集在湖雷的船工也抓来了压低运费、欺压船工的商店老板廖劲东游街。不久，就把永定、湖雷、坎市的厘金局推翻，取消了苛捐杂税。这一革命行动震撼了永定城乡，大长了船工们的志气，大灭了豪绅、官僚、不法商人的威风，为永定的工人运动点燃了火炬。在革命声势的推动下，工人运动首次奋起，县里成立了总工会，主席为阙为龙。接着，刨烟、纸业、缝衣、理发、五金、木匠、泥水、店员、码头、挑夫十大工会相继成立，工人运动搞得轰轰烈烈，蓬勃发展起来。

与此同时，龙岩工人协会配合农民向反动官僚政客展开斗争。长汀、上杭、永定、平和等地工人展开增加工资、改善待遇和实行8小时工作制的斗争。一时间，革命风暴席卷闽西。

图1-1-6　1927年3月，共产党员阮山、王奎福等在永定县城东门外召开永定河木船工人大会，成立赣南、闽西第一个以河流为单位的蓬船工会——永定河蓬船工会。图为永定县城老照片

1927年4月1日—3日，岩平宁政治监察署会同国民党龙岩县党部召开了龙岩县各界代表联席会议，经过热烈的讨论，通过了如下决议：

1. 在农村实行减租减税，对半减息，以限制农村封建剥削。地瓜杂粮可以交租，年成歉收时可协商减租。

2. 保护工人权益，提高工人地位。店员工人实行8小时工作制和星期日休息制。

3. 提倡男女平等，妇女解放。实行婚姻自由，禁止买卖婚姻、纳妾、抱童养媳。

4. 破除封建迷信，严禁算命卜卦、迎神跳神。

5. 禁赌、禁烟、禁娼。

龙岩县各界代表联席会议所作出的决议，有力地限制了封建剥削，打击了封建的传统道德观念和陈规陋习，提高了工农群众的地位，有力地团结和鼓舞了工农民众，对龙岩国民革命运动的发展起了积极的作用。

正当北伐军胜利推进、工农革命运动蓬勃发展的时候，国民党右派背叛了革命，于1927年春大肆向革命群众进攻，血腥屠杀共产党人，镇压工农群众运动。在蒋介石的指使下，闽西各地镇压工农运动的反革命事件不断出现，阴云密布，杀气腾腾。4月15日和5月7日，闽西的反动豪绅、国民党右派勾结反动驻军，相继在龙岩和上杭发动“清党”行动，强行解散工会、农会，逮捕、屠杀优秀共产党员和国民党左派。中共上杭支部书记林心尧、上杭县总工会委员长周继英和张楷、包究生惨遭杀害。

国民党反动派发动政变，使闽西地区的工人运动受到严重挫折。工人群众在革命高潮中所争取到的政治、经济权利被剥夺，资本家乘机对工人群众变本加厉地进行盘剥。闽西各县产业工人因国民党政府帮助资本家，取消了工人与资本家所订的劳动契约，极大地增加了工作时间，减少了工资，以前每日工作9小时，现在增加到13—16小时不等；以前每月工资20元，现在减至4—6元不等。经过资本家无情的进攻，推翻了一切有利于工人的条件，任意辞退工人、开除工人，广大工人群众又陷于水深火热之中。

在大革命浪潮的推动下，闽西工人运动蓬勃发展，工会组织像雨后春笋般纷纷建立，为工人的政治解放和经济利益开展不懈的斗争。工人队伍以城乡手工业工人、店员、码头工人、木船工人、苦力和雇农为主体，他们深受帝国主义、官僚资本主义、封建主义三座大山的压迫，生活每况愈下，对于革命宣传极易接受，是愿意积极地参加革命战争并愿意使战争取得彻底胜利的，因此，他们积极支援北伐战争并作出了贡献。由于闽西交通闭塞、经济落后，闽西的党和工会组织正处于幼年时期，党组织的领导成员和工会的主要骨干普遍缺乏思想理论基础和实际斗争经验，当国民党右派突然发动反革命政变时，党和工会组织措手不及，没能组织强大力量给予右派以有力的打击，致使党和工会组织遭到严重的破坏和摧残。

（二）南昌起义军入闽，促进闽西工运开展

1927 年 8 月，以蒋介石为首的南京国民政府和以汪精卫为首的武汉国民政府合流，建立了国民党新军阀的专制统治，从此，国民党新军阀代替北洋军阀统治了福建。闽西则被陈国辉、郭凤鸣、蓝玉田、钟绍葵、张贞等土著军阀所割据，他们为了维护和扩充自己的势力，勾结各地的地主豪绅，对工农群众的压迫和掠夺更加残酷。

面对国民党反动派的白色恐怖，闽西共产党组织和工农革命群众并没有被吓倒，各地党组织作了应变的准备，使大部分党员巧妙地保存下来，并进行了一些巩固组织的工作。永定、上杭、长汀、平和、连城、武平等各县党组织和工会、农会组织也大体上由城市转入农村继续坚持斗争，聚集和发展力量，迎接更为广泛的疾风暴雨般的土地革命战争。

1927 年 9 月，周恩来、朱德等会见了闽西各县党组织负责人，指示各县当前党的中心工作是：发动群众，开展武装斗争，实行土地革命。起义军在上杭、永定等地还进行了许多革命活动，为闽西革命斗争指出了明确的方向。

9 月 6 日，南昌起义军进驻长汀城。在周恩来领导下，派出宣传队到各处演讲，散发和张贴革命委员会的宣言、告示，刷写“革命者来”等墙头标语，宣传中国共产党的主张，帮助恢复工会和农会，号召广大工农群众参加革命。起义军的一些领导人如吴玉章、张曙时、李立三等在长汀城接见了长汀共产党员和革命分子王仰颜、段奋夫、罗化成、黄亚光等人，向他们了解情况并指导他们开展工作，派出周

图 1-1-7　南昌起义军在长汀县城写的宣传标语

肃清指导帮助建立了中共长汀支部，指定段奋夫为支部书记；会见了长汀毛铭新印刷所创办人毛钟鸣；逮捕了国民党防务局局长、警察局局长、商会会长等人，捉拿豪绅土劣，实行没收与罚款，并发还许多贫苦工农的派款。

9 月 9 日，周恩来、刘伯承、彭湃、恽代英等率领先头部队一个团 1000 余人，由长汀乘船抵达上杭城。两三天后，贺龙、叶挺主力部队第二十军和第二十一军也到达上杭，接着，朱德率第九军也到达上杭城。起义军在上杭期间，召集各种群众大会和军民联欢会，宣传党的方针政策。会场内外，群情激愤，愤怒的群众逮捕了在上杭反革命事变中表现特别反动的丘秀光等 3 人，并将其镇压。同时，还镇压了从长汀押解来上杭的劣绅曹鼎新等人，并对 30 个豪绅征罚粮款。

起义军领导人周恩来和朱德等人在上杭会见了罗明及闽西各县党组织的部分领导人蓝维仁、张鼎丞、卢肇西、陈正等，向他们介绍了南昌起义的经过、意义及南进途中打击敌人的情况，指出当前应领导人民开展武装斗争，实行土地革命。周恩来要求闽西各级党组织协助起义军做好四项工作：（1）搞好交通运输；（2）筹集粮饷；（3）协助警戒和搜集情报；（4）收容安置伤病员。在起义军的帮助下，上杭建立了上杭县临时政府，由起义军委派孙石侯为县长。为了帮助上杭建立工农武装，起义军还拨给五六十支枪。

9月16日，起义军离开上杭，分水陆两路兼程并进。水路是乘木船沿汀江而下，经南蛇渡进入永定洪山，到达峰市码头。陆路是从上杭步行至稔田，进入永定洪山，横渡汀江到达河西，再经田樟、五坑、长化、三丰到达峰市。在中共上杭党组织领导下，工会选派了几十只大小木船和一批船工帮助起义军运输兵员和物资。

起义军到达峰市之前，集官、匪、商于一体的峰市、洪山一带的民团头子已闻风逃窜。因此，起义军顺利进入峰市地区。起义军途经洪山、峰市，先后持续7天之久，他们到处张贴起义军《宣言》、布告，书写了“工农暴动起义”等墙头标语。起义军还派出宣传队协助乡村恢复和发展农会组织。

南昌起义军入闽，虽只途经长汀、上杭、永定、平和、武平等地，时间前后一个多月，但起义军在所到之处开展了大量活动，对闽西工农武装斗争起到了巨大的指导和鼓舞作用。起义军沿途开展革命宣传，唤起了民众，鼓舞了斗志。起义军在南征途中，特别是到长汀、上杭等地以后，加强了各方面的宣传工作，每到一地，都贴布告、书写宣传标语、开展宣传演讲，号召民众联合起来，打倒新军阀，打倒土豪劣绅阶级和新军阀的代表蒋介石，使广大人民群众进一步认识到中国革命的光明前途，从而踊跃参加革命斗争。如汀州福音医院院长傅连暲以极大的热情联合汀州所有的医务人员成立临时“合组医院”，接收、救治了包括起义军第三师政治部主任徐特立和营长陈赓在内的300余名伤病员。起义军到上杭时，上杭的共产党人和工农群众深受鼓舞，纷纷为起义军办事，筹集粮食、挑运粮食和侦察敌情，几十个船夫还为部队运输兵员和物资。当南昌起义军离开上杭后，上杭党组织积极发展壮大工农组织，开展工农运动。起义军进入永定后，全县很快掀起了土地革命斗争的热潮。在较短的时间里，成立了中共永定县委，建立起12个农军连，共计2000多人，并在各地建立地下兵工厂，制造武器弹药，为开展工农武装斗争作好了准备。

（三）闽西工人参加闽西“四大暴动”

1927年8月7日，中共中央在汉口召开紧急会议，确定了土地革命和武装反抗国民党反动统治的总方针。12月，中共中央派陈明（龙岩东肖人）到福建开展党的工作，在漳州召开了中共闽南、闽北特委和福建各县党组织负责人的联席会议。会议通过了《目前政治任务决议案》，指出党在农村的任务是领导工人和农民“向暴动的路上走，由抗租抗捐，一直到实行土地革命，工农武装夺取政权，一切政权归苏维埃（工农兵代表大会），杀尽地主土豪劣绅”，号召全省各级党组织“勇敢地担负起这个责任，完成我们历史的严重的使命”。联席会议遵照中共中央的指示，将中共闽南、闽北特委合并，成立直属党中央领导的中共福建临时省委，陈明任书记。自此，中共福建临时省委积极领导全省各地的工农武装暴动。

闽西各县的工农革命斗争，由抗租、抗捐、抗税、抗粮、抗债的“五抗”斗争，发展到纷纷举行武装暴动。1928年春夏，闽西地区先后举行了后田、平和、蛟洋、永定等著名暴动。

1928年3月4日，龙岩白土乡后田村举行武装暴动，处死了地主狗腿子陈北瑞，烧毁田契借约，收缴枪支，并召开了全白土乡400多名工友、农友的联欢大会，发动群众，揭露地主的阴谋诡计。3月8日，由平和工农群众组成的福建工农革命军独立第一团，在广东饶平、大埔和永定工农武装的协助下举行武装暴动，参加攻城的工农群众共800余人，一度占领县城，“因为没有充分的准备，全平和农友工友还没有一致起来，所以还不能达到目的，暂时受失败”①，但影响却很大，证明共产党的基础已在福建工农群众中建立起来，给了反动派很大的打击。

6月25日，上杭县委领导蛟洋农民举行武装暴动，在蛟洋暴动的鼓舞下，上杭城区积极开展革命活动，准备成立县总工会。1928年秋，以郭尚平、郭百筹为首在城区创办平民夜校，以青年工人及平民子弟为培养对象，入学的45人中，工人占80%。当时，上杭在军阀反动统治下，码头工人的黄色工会被把头所把持，名为工会，实际已成为反动统治者的工具。平民夜校在党组织领导下，通过对工人的宣传、组织来从事秘密的革命活动。据1928年11月统计，“有组织

---

①《中共福建省委、共青团福建省委致平和工友农友书》，中共龙岩市委宣传部、中共龙岩市委党史和地方志研究室、龙岩学院中央苏区研究院编:《中央苏区（闽西）历史资料汇编①》，中共党史出版社2023年版，第322页。

的船夫 35 人，小贩 15 人，建筑 15 人，油业 3 人准备成立上杭总工会”①。在平民夜校的培养、组织下，1929 年春，上杭城建立了第一个工人小组，会员 16 人，以黄添福（小贩）为组长，范长龄（泥工）为副组长。这个工人小组建立后，在地下党组织和平民夜校的双重领导下，进行了一系列革命活动，与农村赤卫队建立联系，侦察城关敌情、散发革命传单、传播红军消息等。在此同时，城区各行业工会也逐渐恢复、建立，恢复船工、小贩、码头、缝衣、建筑、油漆、雨伞、五金 8 个行业工会。由于上杭城区被军阀卢新铭部盘踞，工会组织处于半公开状态，没有进行大的斗争。但在党组织指导下，把工人运动与农民运动结合起来，民船工会利用航运条件，与沿河乡村农会建立联系，发动船工和码头工人积极参加乡村的革命斗争。

图 1-1-8 闽西暴动示意图

资料来源：中央苏区（闽西）历史博物馆

1928 年 6 月底，由张鼎丞、罗秋天、阮山、卢肇西等领导的永定暴

① 《福建省组织状况一览表（1）》，中央档案馆、福建省档案馆编：《福建革命历史文件汇集·一九二八年》（下），1984 年版，第 328 页。

动，是闽西规模最大、工人参加最多、影响最深刻的一次暴动。

大革命失败后，中共永定县委在湖雷、金砂、金丰等地农村进行艰苦细致的组织领导工作，发动工农群众反对国民党的反动统治，建立了有雇农、手工业工人参加的准备武装暴动的组织——“铁血团”，同时又组织大批铁匠、木工赶制土炮、梭镖、大刀、鸟铳等武器。6月，中共永定县委根据溪南、金丰、湖雷等地群众的准备情况，决定举行全县大暴动，由张鼎丞任总指挥，计划先在湖雷、金丰举行暴动，以调动盘踞在城内的反动驻军出城，而后溪南工农武装乘机攻占县城。6月29日，湖雷、金丰等地工农武装首先举旗暴动，接连攻占岐岭、下洋、古洋、上下峰、水口庵等乡镇。6月30日晨，永定县城国民党驻军江湘部开往湖雷、金丰镇压暴动。当天下午，永定城郊溪南区金砂、西溪等地的工农武装4000余人，在张鼎丞、罗秋天率领下，分三路向县城进逼。城区附近上下坑、箭滩、龙安寨、桃坑等地的木船工人、挑担苦力工人积极为暴动队伍运送枪弹、物资，直接参加攻城战斗。经过激烈战斗，暴动队伍于7月1日凌晨破城而入，敌人迅速组织强大火力反扑，暴动队伍当天下午被迫退出城外，围城作战3天。总指挥部鉴于守城敌军火力配备较强，江湘部又回师增援，一时难以攻下的情况，适时决定停止围城，工农武装撤回溪南。金砂整编后，组成闽西第一个红军营，张鼎丞任营长，邓子恢任党代表。同年8月，在张鼎丞、邓子恢的领导下，召开溪南区工农兵代表大会，成立溪南区苏维埃政府，并在全区范围内开展分配土地的工作，不到10天的时间，全区13个乡胜利完成了土地分配工作，近2万人分到了土地，形成了溪南武装割据的局面。

1927年冬至1928年夏，党领导下的闽西各地工农武装暴动都是在大革命时期工农群众基础较好的地区发动的。尽管由于当时国内整个革命形势正处于低潮，在暴动的组织领导上受到“左”倾盲动主义的干扰，暴动的目标偏重于攻打反动势力盘踞的城市，加之敌强我弱和缺乏斗争经验，受到了一些挫折。但是，在工农暴动的过程中，党组织进一步得到了恢复和发展。在暴动的基础上，建立了红军游击队和正规红军，而且建立了红色政权，在个别地区还分配了土地，开始了土地革命，从而揭开了闽西地区开展工农武装割据的序幕，为创建闽西革命根据地创造了必要的条件和良好的基础。

（四）积极参与创建闽西革命根据地

闽西党组织和群众基础较好，闽西各县的工农武装暴动如火如荼，创造了有利的革命形势；闽西地域广大，物产较丰富，这些都为红四军前委作出入闽决策提供了依据。1929 年 3 月和 5 月，毛泽东、朱德率红四军两次入闽，“红旗跃过汀江，直下龙岩上杭”，在红四军策动下，闽西革命形势由暂时低潮向新的高潮发展，“各县农民，一闻朱、毛到长汀，便先后爆发斗争”[①]。

1929 年 3 月，红四军从瑞金出发，挺进到闽西长汀，首战长岭寨，击溃盘踞在长汀城内的福建省防军第二混成旅郭凤鸣部，乘胜解放了长汀城和周围乡村。红四军进驻长汀以后，大力开展群众工作，他们首先没收了地主豪绅的粮食、财产，分发给城乡的贫苦工农，派出许多宣传员并分派部队下乡向民众作宣传，扩大红军的政治影响，领导群众积极起来斗争。经过广泛的宣传和发动，“长汀县城及新桥、河田等地工作时夺取土劣谷子的群众，一聚就有几千，在汀州组成了二十个秘密农协、五个秘密工会，总工会也成立了。党的组织比以前发展二倍”[②]。在红四军前委的帮助下，中共长汀临时县委改为长汀县委，段奋夫任书记。前委又通过长汀县委与上杭、武平、永定、平和县委取得了联系，“除共同努力做好群众工作外，侦探与交通工作做得很好”。在巩固和发展党的组织和群众组织以后，建立工农当家作主的革命政权便提到议事日程上来了。根据形势的发展，红四军政治部于 3 月中旬组建了长汀县临时革命委员会。随后，临时革命委员会召开了工农兵代表大会，正式选举产生了长汀县革命委员会，由地方党组织代表、工人代表、农民代表、红军代表共 18 人组成，邱潮保任主席，革命委员会下设军事、宣传、财政等部门。这是红四军下井冈山以来，在赣南、闽西建立的第一个县级红色政权。

---

① 《中共福建省委报告——闽西最近情况及省委对闽西斗争的估量与指示》（1929 年 4 月 20 日），中共龙岩市委宣传部、中共龙岩市委党史和地方志研究室、龙岩学院中央苏区研究院编：《中央苏区（闽西）历史资料汇编②》，中共党史出版社 2023 年版，第 97 页。

② 《前委致中央的信》（1929 年 4 月 5 日），中共龙岩市委宣传部、中共龙岩市委党史和地方志研究室、龙岩学院中央苏区研究院编：《中央苏区（闽西）历史资料汇编②》，中共党史出版社 2023 年版，第 92 页。

1929年5月中旬，毛泽东、朱德根据中共闽西临时特委书记邓子恢的建议，率红四军再度入闽，挥师龙岩，开辟闽西新的割据区域。沿途工农群众积极配合，造成四面响应的局面，使敌人疲于应付。当红军一到，古田立即发动武装暴动，组织北五区（古田）革命委员会，"西南武装集中袭击永城敌人，并开来东五区游击，直上芦丰，威逼上杭城。金丰武装向湖雷移动。北四区尽量发展广大群众向华家亭、白砂游击，直追杭城。龙岩大、小池，布置一个暴动局面；东山、白土发动杀土劣、分谷、平粜等斗争"[①]。

5月23日拂晓，红四军兵分两路出发，攻打龙岩城获胜，龙岩城遂告解放。在红四军进军龙岩的关键时刻，中共龙岩县委乘势组织领导了规模浩大的全县性工农武装暴动，这些暴动对配合红四军攻克龙岩城，以及推动乡村的土地革命发挥了重要的作用。

红四军为诱敌归巢，并扩大红色区域，主动撤离龙岩城，转战永定。退往漳平永福的国民党陈国辉残部在龙岩地方上层反动分子的请求下，于5月25日窜回龙岩城。中共龙岩县委立即集中了千余工农武装把龙岩城团团围住，他们采取轮番进攻的战术，把敌人弄得筋疲力尽、提心吊胆。为引诱陈国辉主力回援，聚而歼之，应龙岩县委的请求，红四军于6月3日二克龙岩城，极大地鼓舞了广大人民群众。

红四军二克龙岩以后，又主动撤出。6月19日拂晓，红四军三打龙岩。在闽西地方武装配合下，突然从南、西、北三面向龙岩城发动猛攻，迅速突入城内，激战到下午2时左右，除旅长陈国辉只身逃脱外，敌方第一混成旅驻龙岩城的主力2000多人全部被歼，"共缴步枪九百余支，迫击炮四门，水机关枪六架，手机关四架"[②]。红军第三次占领龙岩城。

红四军第二次入闽的一个月时间里，毛泽东、朱德领导和指挥红

---

① 《中共闽西特委报告——闽西斗争形势和组织状况》（1929年8月28日），中共龙岩市委宣传部、中共龙岩市委党史和地方志研究室、龙岩学院中央苏区研究院编：《中央苏区（闽西）历史资料汇编②》，中共党史出版社2023年版，第230页。

② 《中共闽西特委关于武装斗争党务工作的报告》（1929年8月22日），中共龙岩市委宣传部、中共龙岩市委党史和地方志研究室、龙岩学院中央苏区研究院编：《中央苏区（闽西）历史资料汇编②》，中共党史出版社2023年版，第220页。

军，巧妙地利用军阀混战、敌人内部处于分裂状态的有利时机，“分兵以发动群众，集中以应付敌人”，三次攻占龙岩城，连克永定、上杭、连城的部分乡镇，极大地打击了反动统治，使土地革命的浪潮迅速波及龙岩、永定、上杭、长汀、连城五县，打开了闽西革命斗争的新局面。

革命烈火在闽西猛烈燃烧，广大工人意气风发地配合红军进行斗争。红四军所到之处，毛泽东、朱德都亲自召集工农群众开会，或举行工人代表座谈会，或个别走访工农群众，宣传共产党和红军的宗旨与任务，号召工人、农民参加革命，建立武装，配合红军开展土地革命；鼓励工人投入红军怀抱，发展壮大人民子弟兵的队伍，为建立红色政权贡献力量。深受压迫和剥削的苏区工人，听从党与工会的召唤，积极行动起来，开展武装斗争，踊跃参军参战，在创建和巩固闽西革命根据地的战斗中建立了不朽功勋。

闽西工人在红四军入闽的战斗中予以全力配合，最后夺取了政权。1929 年 3 月，红四军首次入闽，解放了长汀县城。城里的裁缝

图 1-1-9　红四军向闽西、赣南进军示意图（1929 年 1 月—1930 年 6 月）

资料来源：中央苏区（闽西）历史博物馆

师傅赶制了4000套军衣，使红四军官兵第一次穿上了整齐统一的青灰色军装，部队面貌焕然一新。1929年5月，红四军第二次入闽，闽西工农群众全力以赴，通力合作，参军参战，并组织担架队、向导队、慰问队、洗衣队、运输队奔赴前线，支援红军作战。1929年9月20日，红四军攻克上杭城，在作战前后，工人群众组织起来全力支援红四军，停泊在杭城附近汀江的30多只木船的120多个船工，接到地下党组织的通知，立即组织起来承担渡江运输任务，协助运送军需物资，使红军全歼守在县城的军阀卢新铭一个旅。电厂工人在地下党指导下，在红四军炮火攻击上杭城时，制造了突然停电事故，使敌人陷入一片惊慌，有力地配合了红四军攻克上杭城。工人纠察队在红四军支持下，捕捉了躲藏在城区的土豪、劣绅200多人。

1930年3月，苏区工人和农民配合主力红军，胜利完成了创建闽西革命根据地的伟大战略任务，建立7个县委、51个区委、530个乡支、18个特支，拥有党员7566名。同时，建立了6个县、62个区、577个乡、3298个村的苏维埃政府。闽西工农武装也不断发展壮大，从3月的800多支枪发展到5000多支枪，赤卫队员6000余人。党和各种群团组织也不断发展，已有工会会员近万人，党员7800余人。到1931年9月，赣南、闽西两大革命根据地连成一片，中央革命根据地正式形成。11月，中华苏维埃共和国在瑞金诞生，工农民主专政的苏

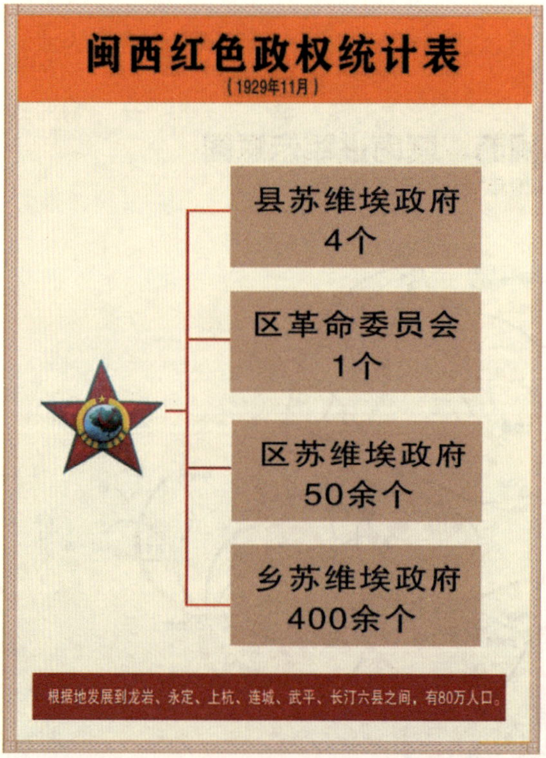

图1-1-10　闽西苏区工人、农民配合主力红军胜利完成了创建闽西革命根据地的战略任务

资料来源：中央苏区（闽西）历史博物馆

维埃中央政府正式成立，工人、农民、红军士兵成为掌握苏区政权的主人。闽西革命根据地的创建，说明闽西苏区工人经过大革命时期疾风暴雨的战斗洗礼，为追求工人阶级和全民族的彻底解放，无私无畏地为革命事业献出了一切。

第二节
闽西苏区工运的建设与发展

一、基层工会组织建立与劳动法的制定

（一）闽西各县工会组织的建立

从 1926 年冬开始，上杭、永定、龙岩、平和、武平、长汀各县都先后建立了工会组织，上杭、龙岩、永定还建立了县总工会，各行各业的分工会也相继成立。这些工会皆系自动组织，为解放而奋斗。1929 年 3 月—1930 年 6 月，红四军先后三次入闽，解放了长汀、龙岩、永定、上杭、连城等县，县工会和基层工会组织大量恢复。到 1930 年夏，这几个县都建立了总工会，会员有 1.5 万余人，其中有 4 个县还建立了工人纠察队。

1929 年 3 月 14 日，红四军在长岭寨取得重大胜利，击毙军阀郭凤鸣，解放了汀州城。红军在长汀和工农群众一起打土豪，筹款，组

图 1-2-1 1929 年 3 月，长汀县革命委员会和长汀县总工会在云骧阁成立。图为长汀县革命委员会和长汀县总工会旧址——云骧阁

织扩大工会、农会，为建立红色政权提供了条件。长汀地方党组织在红四军前委的指导帮助下，在临时县委的基础上正式成立中共长汀县委。接着，在红四军前委和长汀县委的领导下，迅速组织了20个秘密农协，5个秘密工会，成立了闽西第一个红色区域工会——长汀县总工会。18天后，因国民党军队攻占县城而被迫解散。1930年5月，长汀红色政权恢复，县总工会重建，进入全盛时期。

红四军入闽时，不仅英勇善战，而且善于做群众的思想工作，沿途向工农大众宣传马列主义、共产党的主张和中国共产党六大的决议——十大纲领。对工人提出实行“八小时工作制”，增加工资，失业救济与社会保险等。在红军的《布告》中，号召工人组织工会，农民组织农会，工、农联合组织革命委员会，并夺取反革命的枪支，武装工农赤卫队。广大工农群众热烈响应，工农革命斗争风起云涌。

1929年6月，中共六届二中全会职工运动决议案提出了“党与地方的工会应……在农民斗争发展的区域以及苏维埃区域内，应即刻建立组织，与地方的总工会发生组织关系”。从此时起，党中央开始注意到在建有苏维埃政权的区域建立工会组织这一问题，虽然具体任

图1-2-2　1929年7月召开的中共闽西第一次代表大会提出：“闽西革命主力军是广大的农村贫民和城市手工业工人。”图为中共闽西一大旧址——上杭蛟洋文昌阁

务还不十分明确，但毕竟认为在这一区域中发挥工会组织的作用，还是必需的。

7月11日，毛泽东亲自指导召开了中共闽西第一次代表大会，大会通过的《政治决议案》明确提出“闽西革命主力军是广大的农村贫民和城市手工业工人”，并批评了当时忽视组织工人的缺点，要求党的组织加强工运工作。大会选举苏阿德具体负责党的工人部，领导闽西工人运动。此时的工人运动“以龙岩为佳，计龙岩有16个工会，2000多人，乡间还有店员工会的组织，并且组织了全县的总工会。此外，在城内有店员、染布、木匠、五金、理发、鞋业等秘密工会”，“永定有10个公开工会，人数200余，上杭有赤色工会4个，人数百余人”。[①]除公开组织的赤色工会外，还有一种秘密工会，如1929年春，龙岩有一秘密总工会，人数约500人。经过半年多的努力，至1929年11月，闽西有公开的工会会员约1万人，秘密会员2000人。1930年2月，工会会员增至2万人，工会普遍组织了自己的武装队伍——工人纠察队，有队员约1000人。

1929年9月，中华全国总工会常委会第22次会议公布了《苏维埃区域工会工作大纲》，提出苏区工会的根本路线是：要发挥无产阶级在农民斗争中的领导作用，“动员这些区域的城市工人（虽然数量很少）和乡村的广大雇工群众，加入工会，建立无产阶级组织生活，从工会的组织与斗争生活中，给他们以实际的无产阶级革命的教育训练，使成为革命的中坚队伍”。1930年2月24日，中共闽西特委扩大会议通过了《关于工人运动决议案》（以下简称《决议案》），指出：“工人运动在革命中占非常重要的位置，尤其在农民运动到了暴动的时候，尤要工人起来做革命的骨干，领导广大农民群众，以与反革命势力作艰苦的斗争，才能保障革命的最终胜利。”《决议案》还提出，要抓紧“培养工人干部，发展工会，组织工人纠察队，领导和保证工人运动的胜利进行”。在健全县总工会组织方面，规定“县总工会负责人必须参加县委常委，并且参加苏维埃常委”。《决议案》还作了具体部署：“目前开始工运工作，要注意中心工会工作，首先就要注意

① 《中共福建省委给中央的报告——关于组织工作》（1929年9月30日），中共龙岩市委宣传部、中共龙岩市委党史和地方志研究室、龙岩学院中央苏区研究院编：《中央苏区（闽西）历史资料汇编②》，中共党史出版社2023年版，第273页。

到城市工人，尤要以店员学徒、染布、小贩、码头为中心，邮电、船夫、挑夫也极重要，农村间则以做纸、刨烟、木工为重要，党必须以全力去建立工作基础。”

根据闽西党关于职工运动的指示，“从日常斗争中发展工会组织，在重要城市（各县城及重要市镇）及重要职业（店员、烟纸、运输）中建立工会基础”，“在赤色区域农村中的雇农及手工业工人应该组织工会，在白色区域农村工人可以加入农会，但工人人数多的地方应该有独立组织”，各区乡党组织和苏维埃政府把农村雇农、手工业工人组织起来，先后建立了雇农工会、纸业工会、民船工会、码头工会、店员工会等行业工会，到 1929 年 9 月，上杭有赤色工会 4 个，人数百余人。①10 月 2 日，上杭县第一次工农兵代表大会胜利召开，成立了上杭县苏维埃政府。县苏维埃政府机关设立了工人部，推选了李力人（又名李豪）为部长。大会闭幕后，在县苏维埃政府领导下，正式建立上杭县总工会，以林权（裁缝工人）为主席，并把各行业工会恢复起来。城区恢复了店员、学徒、理发、缝衣、船业、五金、建筑、雕漆、苦力、小贩、屠宰、竹匠 12 个工会，入会的计有 5000 余人，县总工会设在城关镇（现青年巷 5 号），民船工会设在李家祠，店员工会设在商会。同时，还组织了上杭县工人纠察队，由丁菊香担任队长，蓝六六为副队长。

1929 年 7 月，永定河蓬船工人代表大会在永定城召开，重新成立永定河蓬船工会，选举执行委员 9 人。尔后从 7 月至 10 月，全县各区、乡纷纷成立苏维埃政府，乡苏维埃政府都成立了雇农协会、贫农团、土地委员会等机构，负责打土豪分田地，同时儿童团、少先队、共青团、赤卫队、妇女会等群众团体也应运而生，投入革命斗争。各种行业的工会组织也如雨后春笋，蓬勃建立：太平区成立太平区工会委员会；富岭乡组织成立刨烟工会；平寨乡组织打铁（包括炉主）、泥水匠、木匠、缝衣、理发、医生等行业的工人成立手工业工会；上洋乡成立手工业工会（包括泥水匠、木匠、缝衣、理发等工人）；黄田乡成立手工业工会；和兴乡成立手工业工会；许佳、沾溪

① 《中共福建省委给中央的报告——关于组织工作》（1929 年 9 月 30 日），中共龙岩市委宣传部、中共龙岩市委党史和地方志研究室、龙岩学院中央苏区研究院编：《中央苏区（闽西）历史资料汇编②》，中共党史出版社 2023 年版，第 273 页。

等山区的乡，家家户户都做土纸，兼从事农业，所以成立纸业工会，与农会并行（即农会亦为纸业工会）；坎市街道组织成立店员（包括学徒）工会；湖雷区组织成立刨烟工会；湖雷街道组织成立店员工会；金丰高头乡组织成立刨烟工会；金砂乡组织成立手工业工会。1929年10月26日，永定县总工会成立，阮耻生（上湖雷人）为主席，地点设在湖雷廖屋近新祠。

1930年1月7日，中共闽西特委苏阿德所作关于工会组织情况的报告对于这一时期的各县工会情况进行了总结：

1929年红军来闽后，各乡农民都暴动起来了，城区的工人都组织工会了，现在各地成立了工会的，总计如下：

龙岩县成立了一个县总工会，染布工会、木匠工会、泥水、理发、制烟、缝衣、五金、船业、店员、鞋匠、枕业、纸业、学徒、小贩、屠宰、竹匠等。入会的工人现在有4000余人，苦力、制茶还没成立工会。

永定成立县总工会，店员、缝衣、学徒、理发、刨烟、建筑、船业、纸业，共计入会约1000人。

上杭成立了县总工会，其中有店员、学徒、理发、缝衣、船业、五金、建筑、雕漆、苦力、小贩、屠宰、竹匠，入会的计有5000余人。

武平在农村成立总工会，有300余人。

在农村还没有组织雇农工会。

龙岩、上杭的工人要求的工资，每年50元以下的加五成，100元以上的加一成。永定还没有要求的工资，工会办公费是资方和政府负担。闽西是一个赤色区域，工人所要求的条件，资方都不敢起来反对，现在工人的影响很大了，但是工人还没有坚决的组织，在闽西的总工会还没有成立起来。

龙岩、上杭两县的总工会都成立了武装纠察队。如闽西的农村都成立了赤卫队，如同红军一样地训练，在9月时候调查，计共有5000余支枪，都在工农群众的手里。[①]

---

① 参见《中共闽西特委苏阿德关于工会组织情况报告》（1930年1月7日），中共龙岩市委宣传部、中共龙岩市委党史和地方志研究室、龙岩学院中央苏区研究院编：《中央苏区（闽西）历史资料汇编③》，中共党史出版社2023年版，第6页。

随着土地革命的蓬勃发展，工人武装和苏维埃运动日益壮大和巩固，到 1930 年春，工人运动已出现了前所未有的大好局面。永定县总工会召开了工人代表大会，进行组织整顿，选举廖汉标为总工会主席（后为熊炳华、林海钦、余汉文、张才长、范增荣、张儒林），下设刨烟、建筑、纸业、船业、缝衣、理发、店员、学徒等行业工会，有会员 3000 多人。各行业工会都组织了工人纠察队。如永定河工人纠察队和刨烟工人纠察队都很有名，各有一营人马，配备有一定数量的武器，如单响枪、土炮、鸟枪、梭镖、长矛等。工人纠察队经常配合赤卫队、红十二军等，攻打团匪和国民党张贞匪部。

（二）劳动法的制定与实施

随着工农武装斗争的发展，苏维埃政权逐步建立，革命根据地出现的新型阶级关系，为建立起没有人剥削人的崭新的生产秩序打下了基础。为了维护新生的红色政权，保障劳动者的合法地位和根本利益，闽西各地相继开展了以维护与保障工人阶级的合法权利与根本利益为目的的劳动法规的探索。闽西各县探索制定的劳动法规，标志着工人阶级转入依靠自己的政权、利用法律来保障工人合法权利的新的历史阶段，这是中国工人阶级破天荒的伟大创举，是工人阶级浴血奋斗的结果。《劳动问题》《劳动法案》等闽西苏区的劳动法律制度，是中央苏区最早的劳动政策或法规，并以单行本形式公开发布，成为我国最早的劳动法律单行本，为《中华苏维埃共和国劳动法》和新中国成立后工会法的制定奠定了基础。

1929 年 10 月 2 日，在上杭县召开的第一次工农兵代表大会上，以代表提案的形式产生了闽西第一个劳动法规——《劳动问题》，共 9 条。1930 年 2 月，在永定县召开的第二次工农兵代表大会又通过《保护劳动法》（又称永定县《劳动法》），共 13 条。

永定县的《保护劳动法》与上杭县的《劳动问题》不同的是，其重点放在强化工人的政治地位，并且把工会组织的一些权限写进条文，例如，“工人有组织工会……的自由”，“失业工人，由县政府、总工会共同组织失业救济委员会，设法救济”，“老板如因亏本倒闭者，须经工会审查”。这充分肯定了工会组织的作用。而永定的《保护劳动法》内容更加具体，提出的要求趋于合理。如上杭《劳动问题》对工人学徒生病的情况规定由东家发给医疗费，永定《保护劳动

图 1-2-3　1929 年 10 月，在上杭县第一次工农兵代表大会上产生了闽西第一个劳动法规——《劳动问题》。图为上杭县第一次工农兵代表大会旧址

法》则在医药费之外增加了“照发工资”，还增加了对付老板停工歇业的条文。尤其在政策上，《保护劳动法》考虑得更周到一点，把上杭《劳动问题》提出的“如有破坏工人组织或禁止罢工者杀”中的“杀”改为“严办”，这就更灵活而且有一定的弹性。上杭《劳动问题》笼统提出“工人应增加工资”，永定《保护劳动法》则规定“各业工会得依照物价比例及劳动情形……加薪，减工时，改进待遇”，这样就把增加工资与商品流通结合起来，促进了生产的发展。

上杭、永定两县制定的劳动法规为闽西整个区域制定劳动法规、政策提供了有益的经验，但是，这两部劳动法的内容和形式都比较简略，只适用于各县苏维埃区域。

1930 年 3 月，闽西第一次工农兵代表大会通过的《劳动法案》，就是吸取两县的有益经验，使之更完备一些。这部《劳动法案》共 9 章 82 条，特点是按工厂、商店、工场作坊、自由手工业、运输以及女工、青工、失业工人等不同行业和不同类型的工人作出不同的规定，还提出了“取消工头制度”“工人有监督资本之权”“开除工人要经工会同意”这样具有转变工人地位意义的条文。而对在工场作坊的工人工时就没有作出硬性规定。闽西《劳动法案》与上杭《劳动问题》、永定《保护劳动法》相比，其针对性更强，内容和形式也更充实和完备。

以上劳动法是在毛泽东思想指导下，在闽西苏区创建过程中，从基层萌芽产生的，比较符合当时根据地的政治、经济环境的实际，也表明了工农民主政府是真正代表工人阶级利益的。但从法律角度看，还是一种低层次的不规范的法律。

闽西的劳动法规是在红色政权刚刚建立，而且区域范围狭小，又处于战争环境这样一个特定历史条件下制定的，总体上符合当时革命战略的需要，维护与保障了工人阶级的合法地位与利益，推进了革命根据地的扩大与发展。

工会组织贯彻执行劳动法，首先是从提高工人阶级地位出发，充分利用劳动法这个武器，反对资本家、雇主、师傅的经济剥削和封建压迫，争取工人阶级当家作主的地位。其次是改善工人的经济待遇，提高工人的经济地位，维护和巩固工人阶级的权益。在生活待遇方面，明显的是工人工资大幅度增长。龙岩、上杭、永定等地的工人，普遍增加工资百分之三四十，有的成倍增加。在年关斗争中，工会领导工人提出了年关发双薪、发棉衣、送礼等要求，因为“闽西是一个赤色区域地方，工人所要求的条件，资方都不敢起来反对”。一切工人的辞退与否和雇佣事务，均由政府委托工会负责处理，增加工资也由工会提出，报县苏维埃政府批准，甚至“各地工人加薪及要求口号，由总工会公布，含有命令主义”。这说明工会组织在劳动法的实施方面起到了政府的柱石作用。

闽西早期劳动法规的出现与实施，正是闽西革命根据地不断扩大，中央革命根据地日趋形成，全国苏维埃区域迅速发展，中国革命的中心由城市转入乡村的历史阶段。这时，苏维埃整个区域还没有制定一部统一的劳动法规，而旧政权制定的劳动法已废除，所以，1930—1933 年，党中央先后制定与颁布三部全苏维埃性的劳动法规，以此指导全国革命根据地的工人斗争。

1930 年 5 月，在上海召开的全国苏维埃区域代表大会通过《劳动保护法》。当时，“左”倾路线统治了党中央，主张没收资本，消灭资产阶级。李立三提出：“不只要没收帝国主义的银行、企业、工厂，使民主革命彻底，而且要没收中国资产阶级的工厂、企业、银行，以铲除反革命的武器。”在这个“左”的错误思想指导下，李立三主持制定了《劳动保护法》，把劳工监督生产变成了工人管理资本家和生产。对工人劳动时间，硬性规定赤卫队员每天 8 小时，青工 6 小时，童工 4 小时，超过劳动时间则按工资比例增发工资，年底还要发双薪，发寒衣，供给工人被盖。这个《劳动保护法》中“左”的思想占了主导地位，而且在全国各革命根据地推行。

1930 年 9 月，闽西召开的第二次工农兵代表大会通过的《修正劳动法令》，便是按由李立三主持召开的全国苏维埃区域代表大会制定的《劳动保护法》修正的，比闽西早期产生的劳动法规更“左”了。尤其是对私营企业、商店的打击很是过分。例如，对工人工资、福利、生活待遇方面要求过高、过宽，使工商业主、东家、老板在经济上承受不了。在劳动监督和经济政策方面规定“店东不得乱用或挪用资本”“工人有权监督店东办货，监督生产”，致使工人干预和剥夺了资方的经营管理权，私人资本无法生存。这些过火的政策、规定，实质上损害了工人的根本利益，强调工人监督资本，使得资本家老板停业、逃跑，这就更加扩大了工人的失业面，使工人群众的生活遇到了很大的困难。在增加工资这一问题上，真正得到实惠的亦非工人，而是老板、师傅，因为他们将物价提高，把加工资的那部分钱全部转向农民。上杭县还发生过到处斗争老板，动辄“封闭商店”“没收资本”的事情。如有些缝衣工人没收老板的机车集中经营，造成私营商业倒闭或业主潜逃。

中共中央召开的六届三中全会纠正了李立三的“左”倾冒险错误，闽西党的组织以及各级苏维埃政府都采取了相应措施，肃清李立三“左”倾冒险错误的影响，对劳动保护法的实施作了一些补充规定。闽西苏维埃政府在《目前经济政策》中重新规定：“关于劳动问题：实行劳工监督生产（不是管理商店）。”“商人只要遵守政府法令，贸易可完全自由，政府不加妨害。”因此，从 1931 年 1 月—10 月，私营商业有了转机，商品交流日渐活跃，工业生产得到发展。中央军委兵工厂、中央通讯材料厂等军事工业都是在这个时候建立起来的，炼铁、石灰、造纸等手工业生产也大有发展。

在纠正“左”倾错误政策之时，又出现一些消极因素，有的地方党政和工会部门执行劳动法规时忽视工人的经济利益，特别是对失业工人不积极设法安排，损害工人的切身利益，致使工人不满意，出现了纠正了一种倾向，又出现另一种倾向的问题。

李立三主持制定的全国性劳动法规，虽然实施只有一年多，但比早期地方劳动法规影响面大，“左”倾错误产生了一定的不良后果。

1931 年 9 月，红军取得第三次反“围剿”胜利，把闽西与赣西南两块根据地连成一片，从而建立了以瑞金为中心的中央革命根据地。1931 年 11 月 7 日，在瑞金宣告成立中华苏维埃共和国临时中央政府。

中央革命根据地的统一和相对稳定，为发展苏区的经济创造了条件，在 1931 年 11 月 7 日召开的中华苏维埃第一次全国代表大会上，通过了苏维埃共和国的《劳动法》。这部《劳动法》共 12 章 75 条，中心内容是以彻底改善工人阶级的生活状况为目的，宣布实行 8 小时工作制，规定最低限度的工资标准，保护青工、女工、童工，实行劳动保护、社会保险和国家的失业津贴，规定工人有监督生产之权，制定用工方法和实行集体合同与劳动合同制，明确工会的法律地位及其职责范围。这部《劳动法》是保障工人权利、维护工人经济利益、制止资本家对工人进行剥削和压迫的法规，是一种国家法律，谁违反这个法令上的一切规定，谁就是犯了法，政府就要依法加以惩罚。

中华苏维埃第一次全国代表大会以后，全总苏区执行局掀起拥护“一苏大”的工人群众运动，发行画报，编印《集体合同与劳动合同》等小册子，积极宣传解释《劳动法》，在中央苏区造出贯彻落实《劳

图 1-2-4　中华苏维埃第一次全国代表大会旧址

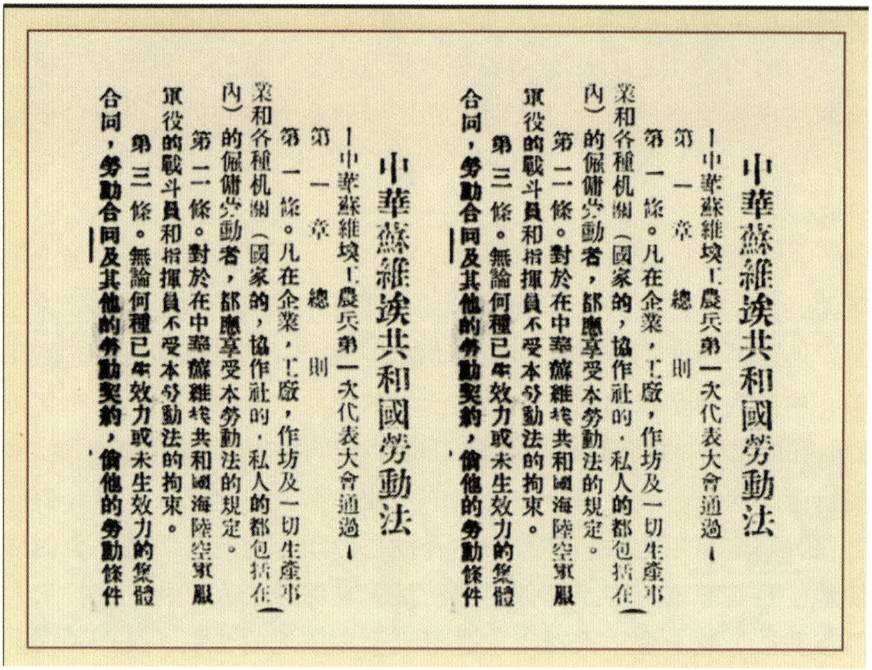
中華蘇維埃共和國勞動法

—中華蘇維埃工農兵第一次代表大會通過—

第一章 總則

第一條。凡在企業，工廠，作坊及一切生產事業和各種机關（國家的，協作社的，私人的都包括在內）的僱傭勞動者，都應享受本勞動法的規定。

第二條。對於在中華蘇維埃共和國海陸空軍服軍役的戰斗員和指揮員不受本勞動法的拘束。

第三條。無論何種已發生效力或未生效力的集體合同，勞動合同及其他的勞動契約，倘他的勞動條件

中華蘇維埃共和國勞動法

—中華蘇維埃工農兵第一次代表大會通過—

第一章 總則

第一條。凡在企業，工廠，作坊及一切生產事業和各種机關（國家的，協作社的，私人的都包括在內）的僱傭勞動者，都應享受本勞動法的規定。

第二條。對於在中華蘇維埃共和國海陸空軍服軍役的戰斗員和指揮員不受本勞動法的拘束。

第三條。無論何種已發生效力或未生效力的集體合同，勞動合同及其他的勞動契約，倘他的勞動條件

图 1-2-5　1931 年 11 月，中华苏维埃工农兵第一次代表大会通过《中华苏维埃共和国劳动法》

动法》的声势。

1932 年 2 月，闽赣两省工人代表大会通过的《为维护和实现劳动法的议案》规定：“争取劳动法规定工人阶级所享受的权利是目前两省工人斗争的目标，是两省职工联合会的主要的战斗任务。”决议案一再强调“一定要实行集体合同”，并委托江西、福建两省职工联合会领导两省苏区工人，根据决议案制定各产业、各地方工人具体的斗争纲领，争取《劳动法》更迅速地实行，用斗争的力量去争取工人的利益，并选举工人当检查员，监督《劳动法》的落实。

闽赣两省工代会后，各地工会组织纷纷响应号召。首先是各地方、各产业工人斗争纲领相继制定。这些斗争纲领，在当时不仅是政治上的斗争口号，还具有一定的“法规”性质，因为职工联合会都把《劳动法》和斗争纲领的要求作为订立劳动合同的主要内容，并强制执行。其次是各地普遍订立集体合同与劳动合同，使劳资双方的利益趋于规范化。

1932 年 3 月，福建省苏维埃召开了第一次工农兵代表大会，作

图 1-2-6 福建省苏维埃政府旧址——汀州试院

出了《实行劳动法令决议》，完全拥护全苏大会所颁布的《劳动法》，并号召工人群众为彻底实施《劳动法》而斗争，还提出了实施《劳动法》的具体措施，并根据本省的实际，作出了若干实施《劳动法》的新的具体规定，作为苏维埃国家《劳动法》的补充，使国家《劳动法》的实施能取得更实际的效果。

工会组织和政府劳动部门采取的各种实施措施，有力地推动了《劳动法》的全面实施和落实。许多地方的工会都参照《劳动法》作出工人与资方、与师傅签订劳动合同的相关规定。通过合同的形

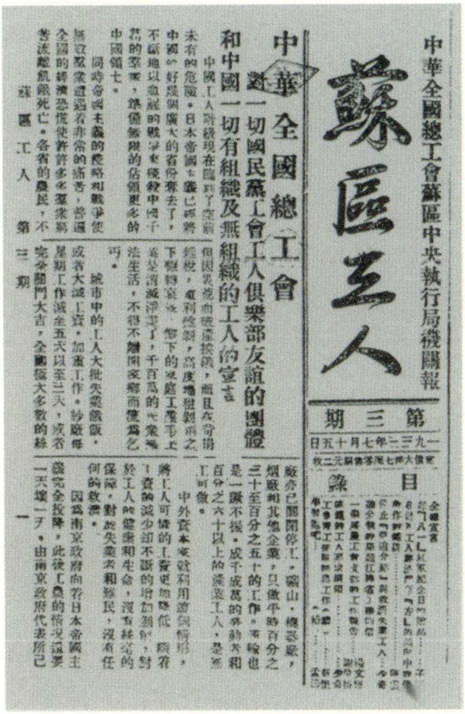

中華全國總工會蘇區中央執行局機關報

蘇區工人

第三期

一九三二年七月十五日

目錄

中華全國總工會

對一切國民黨工會工人俱樂部友誼的團體和中國一切有組織及無組織的工人的宣言

图 1-2-7 1932 年 5 月创刊于长汀的《苏区工人》报，是全总苏区中央执行局机关报，也是福建苏区工人运动的“红色号角”。图为《苏区工人》第三期

式，工人开展了经济斗争，获得了实际的经济利益。

《劳动法》的实施，提高了工人的政治地位，改善了工人的生活，鼓舞了工人的斗志，调动了工人的生产积极性，加速了苏维埃的经济建设。

工人增加工资是得到经济利益的主要标志，苏区城市工人当时的工资与革命前比较，最少的增加了百分之二三十，最高的增加几倍以至十几倍。中央苏区最大的城市汀州，1933 年的工人工资比革命前增加好几倍，最高增加 13 倍。从下面列举的 1933 年汀州 12 个行业的工人工资变动表，可了解工资增长的幅度。

表 1-2-1　1933 年汀州 12 个行业的工人工资变动表

革命前每月工资（伙食在外）	1933 年每月工资（伙食在内）
2—10 元	28—32 元
3—10 元	31—38 元
3—6 元	12—18 元
2—6 元	26—30 元
3.5—7 元	30—36 元
7—15 元	28—36 元
6 元	14—18 元
14 元	46 元
2—5.5 元	18—20 元
2—5 元	17—20 元
3—6 元	18—20 元
10—20 元	31—35 元

资料来源：长汀县博物馆

汀州工人工资比苏区其他城市的工资高一些，其他城市如上杭、永定等县也都增加了，从苦力工人到木船工人、店员、手工业工人工资都增加了，其中刨烟工人工资增加最多，高的每月 25 元，普遍 20 元。

工人除提高工资外，生活待遇也有所改善，城市工人伙食费普遍达到每月 6 元左右，农村工人的伙食费最少与雇主相同。在工厂、作坊、商店中基本实行男女同工同酬。国营企业、合作社和私人企业的长期工基本实行了 8 小时工作制，16 岁至 18 岁的工人工作时间一般比成年的工人工作时间少。虐待学徒的封建恶习逐渐扫除，学艺年限由 3 年缩短为 2 年，学艺期间也有工资。

对工人的医疗、伤残、死亡、丧葬的抚恤等社会保险制度初步确立，但主要在工厂、工场、商店的长期工人中实行，办法是国家向各企业征收工资总额的 5%—10% 的保险金。到 1934 年 3 月，中央苏区共收保险金 3 万元。在社会保险局未建立之前，主要是雇主或国家企业直接发给工人应得的保险金。

在救济失业工人方面，政府和工会领导对失业工人实施生产自救，重点恢复纸业生产，大半采用组织工人生产合作社的形式，除动员群众集资外，用政府投资或商业资本家投一部分资金等办法解决资金问题，纸业失业工人大部分安排就业。其他生产合作社也有发展，据 3 个县统计，组织 123 个生产合作社（纸业除外），在其中的 114 个生产合作社中，就吸收了 964 个失业工人。政府和工会还给生活有困难的失业工人发放一部分临时救济费，以解决他们生活上的实际困难。

工人得到满意的经济实惠，生活明显改善，社会得到安定，进一步巩固了苏维埃政权。广大工人踊跃退还二期公债，积极参加和领导乡村查田运动，有 1 万工人英勇参加红军。这些事实证明，工人积极性的提高，是巩固与发展苏维埃政权的重要条件。

二、闽西苏区工会组织的蓬勃发展

（一）《工会组织法》实施与闽西总工会建立

1930 年 3 月，闽西第一次工农兵代表大会讨论通过了《工会法草案》。该文件共四条，第一条规定“凡参加劳动者得加入工会”，第二条列举了不得加入工会的四类人，第三条为“加入工会之工人，须服从工会决议案”，第四条指出“各地工人按照职业区别组织工会”，工厂工人则以工厂为单位，组织工会；农村工人则以区为单位，按照各业组织工会，再由各工会代表组织某区工人联合会；挑夫工人以区为单位，组织挑夫分工会，乡组织支部，再以交通路线为单位，组织某路挑夫工会，全县组织挑夫总工会，直属于县总工会；船夫工会以河道为单位，组织某河航船工会，直属于县总工会，在船夫所在地组织支部；汀河流通数县，应组织汀河航船总工会，而在上河、下河、连城河、小溪河、丰稔市河，组织某河工会，另在船夫所在乡村组织

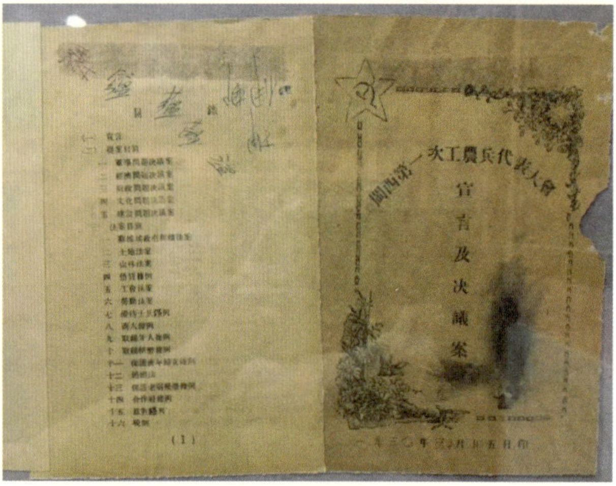

图 1-2-8　1930 年 3 月，闽西第一次工农兵代表大会通过了《工会法草案》，对工会的组织形式、组织系统作了规定

支部；各县由各工会、各区工联会选代表组织县总工会，但城市工人代表应占多数，同样由各县工会选代表组织闽西总工会，直属于省总工会；工会对于违反工人规定之老板、工头及破坏工会之工贼，得依照工会决议案处理之，但须报告政府，其涉及政治范围者不得自由处理。《工会法（草案）》对工会的组织形式、组织系统有了一些初步的规定，是中国最早形成的具有社会主义性质的单行工会法规，对于工会组织发展有一定的指导作用。

1930 年 7 月 15 日，闽西苏维埃政府颁布实施《工会组织法》，分为 10 章，共 43 条，对各级工会的内部组成和分工作了详细规定，涵盖了“总纲、各级工会组织、各级会议、各级代表及执委任期、会费、职权、职员代表资格、工会与苏维埃关系、工人纠察队”等各方面内容，尤其对发展各级工会组织的规定，既详细又具有可操作性。

对以职业为单位的工会组织，《工会组织法》规定：“在一县之内同一职业有二个以上的分会时得召集代表会组织工会；由代表会选举执行委员七人至九人组织执行委员会，由执行委员会互选三人为常委（内选举委员长一人）组织常务委员会；执委会得设文书科、财务科、裁判科、赤卫科、宣传科、组织科，各科得设干事。”

对于分支机构——分工会组织，《工会组织法》规定：“在一区内（有市镇的地方）同一职业有三个以上支部时得召集群众或代表会组织分工会；由群众会或代表会选举执行委员五人至七人组织执行委员会，由执委会互推三人为常委（内设委员长一人）组织常务委员会；执委会设文书委员、财务委员、裁判委员、赤卫委员、宣传委员、组织委员。”

对于最基层的支部组织，《工会组织法》也作了具体规定：“在同一乡或同一街市有同业工人三人以上得召集群众组织支部，如满十人之支部得召集群众大会选举三至五人组织执行委员会，互推主任一人；支会（部）委［员］会得设组织委员、宣传委员、文书委员、财务委员，每人得兼二职；凡满十人之支部得互推主任一人执行日常常务；凡同一乡村街市无三人同业工人时，得联合他业工人组织直辖支部，受总工会办事处指挥。”

《工会组织法》还对总工会及其办事处等组织作了相关规定：“凡一县之内有三个职业工会时得召集代表大会选举十一人至十三人组织执行委员会，互推三人至五人组织常委会（内设委员长一人）；执行委员会得设裁判部、总务部、组织部、宣传部、军事部、青年部，各部设主任一人，干事若干人。总务部分会计股、庶务股、交通股、文书股；凡一区或一市镇内有必要时得设总工会办事处，管理在一区内一市镇内各业分工会直辖支部；办事处由总工会指派一人为主任，召集各业分会及直辖支部联席会议选举四人至五人组织执行委员会；办事处按照工作之繁简及需要设立文书股、财务股、组织股、宣传股、裁判股、赤卫股。”

由于《工会组织法》对工会的性质、组织系统、职权、与苏维埃关系及建立工人纠察队等各方面的内容作了具体规定，闽西各县依据《工会组织法》在各地纷纷建立县总工会和各行各业分工会，并开始酝酿建立闽西总工会。1930 年 5 月，闽西总工会筹委会成立，11 月 1 日至 10 日，闽西工人代表大会在龙岩城召开，出席大会的有来自龙岩、上杭、连城、长汀、永定的代表 96 人，正式选举产生了闽西总工会，选举产生了执委 21 人，曹咏奇为主席，王奎福为秘书长。

工会作为工人阶级利益的代表，领导工会会员进行各种政治斗争和经济斗争，如取消 5 年学徒制，增加工人工资；坚持 8 小时工作制，限定最低工资；积极组织生产合作社；积极认购革命公债；踊跃支前等。

（二）福建省职工联合会的成立与活动

1930 年 10 月，中共中央决定将闽西、广东东江和赣南部分县的苏区合并，成立闽粤赣特区。12 月，正式成立闽粤赣边区特委。至此，中共闽粤赣边区特委取代了中共闽西特委。1931 年 5 月，闽粤赣特区又改为福建省。9 月，临时省委机关迁驻长汀县城，闽西总工会也随之迁驻长汀县城。1931 年 11 月 7 日，中华苏维埃第一次代表大会在瑞金召开，成立了中华苏维埃共和国临时中央政府。这一时期，全总苏区执行局担负的主要任务是，领导全苏区工人阶级拥护临时中央政府，巩固苏维埃政权，扩大红军，以保障工人阶级的利益和权利，建立群众的阶级工会，巩固工会在群众中的领导地位，争取全中国苏维埃的胜利和工人阶级的解放。

建立闽赣两省职工联合会，是健全中央苏区工会组织的重要一步，也是落实“一苏大”各项任务的重要措施。因此，在 1930 年 12 月下旬，全总苏区执行局发出通知，决定在 1932 年“二七”9 周年纪念日召开闽赣两省工人代表大会。接着，全总苏区执行局便开始了积极的筹备工作，分派梁广到闽西，蔡树藩到兴国、会昌、于都，倪志侠到瑞金，陈佑生到湘赣、湘鄂赣等地去指导工作。制定和公布了《苏维埃区域工会组织大纲》，编写了《两省工人代表大会问答》和

图 1-2-9　1932 年 2 月 7 日—13 日，在瑞金召开的闽赣两省工人代表大会上选举产生了江西、福建两省职工联合会执行委员会和雇农工会执行委员会。图为闽赣两省全体工人代表于大会开幕时的合影

《两省代表大会工作指南》等小册子。

1932 年 2 月 6 日，出席会议的 256 名代表到达瑞金，会场设在叶坪附近的黄家山。下午召开了大会预备会，选举陈寿昌等 21 人组成大会主席团，推举罗佐夫斯基、斯大林、白劳德、周恩来、毛泽东等 15 人为名誉主席，并通过了大会的会议议程。

1932 年 2 月 7 日上午，闽赣两省工人代表大会隆重开幕。中共苏区中央局代表周恩来、临时中央政府代表项英、中共中央局代表顾作霖、军委代表叶剑英、总政代表李卓然、少先队代表王盛荣、中共福建省委代表李明光、江西省委代表刘其耀等在会上致辞。陈寿昌致开幕词。各位代表的致辞都强调了要充分发挥工人阶级和工会组织的作用，反映出工会组织对于建设苏维埃政权的重要性。大会第二天，周恩来向大会作政治报告，他指出：“目前正进行着残酷的革命斗争，要夺取革命胜利，必须加强工人阶级的领导，要使工会成为苏维埃政权的柱石，要使工人阶级成为扩大红军参加革命战争的中心力量，要使工人阶级在一切群众斗争和各种运动中都成为领导力量。”工人代表听了周恩来这席话极为振奋，高呼“拥护中国共产党”。大会明确指出职工会在当时的十项任务，这些任务构成了苏区工会的主要工作。可以看出，苏区工会工作比根据地初创时期前进了一大步，但由于当时全党在指导思想上受“左”倾路线的影响，使工会在一些具体工作上仍受着“左”的思想的束缚。

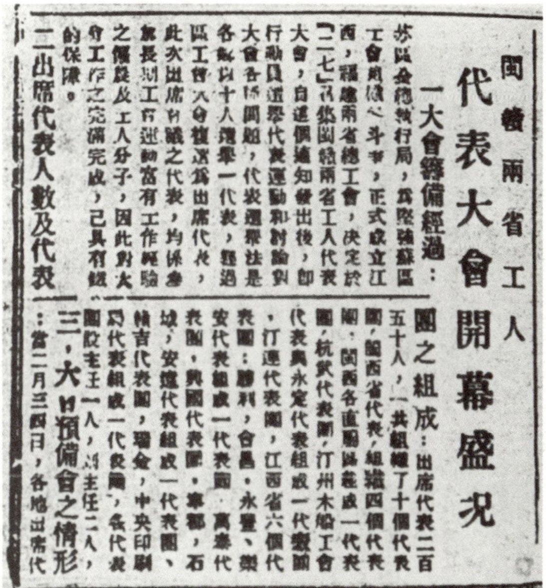
閩贛兩省工人
代表大會開幕盛况
一 大會籌備經過：蘇區全總執行局，為堅強蘇區工會領導斗爭，正式成立江西，福建兩省總工會，決定於「二七」召集閩贛兩省工人代表大會，自這個通知發出後，即行動員進行選舉代表運動和討論對大會各項問題，代表選舉法是各級以十人選舉一代表，經過區工會大會複選為出席代表，此次出席會議之代表，均係參加長期工農運動富有工作經驗之領袖及工人分子，因此對大會工作之完滿完成，已具有鐵的保障。
二 出席代表人數及代表團之組成：出席代表二百五十人，一共組織了十個代表團，閩西省代表，組織四個代表團：閩西各直屬縣組成一代表團，杭武代表團，汀州木船工會代表與永定代表組成一代表團，汀連代表團，江西省六個代表團：勝利，會昌，永豐、樂安代表組成一代表團，萬泰代表團，興國代表團，寧都，石城，安遠代表組成一代表團、贛吉代表團，瑞金，中央印刷局代表組成一代表團，各代表團設主任一人，副主任二人，
三，大會預備會之情形：當二月三四日，各地出席代

图 1-2-10 《红色中华》报道了闽赣两省工人代表大会开幕盛况

大会选举产生了江西省职工联合会执行委员会、江西雇农工会执行委员会、福

建省职工联合会执行委员会、福建雇农工会执行委员会。大会于 2 月 13 日闭幕。

这次大会不仅把两省的工人运动引向了新的发展阶段，而且标志着整个中央苏区的工人运动进入了一个历史转折点。

1932 年 3 月，中共闽粤赣边区特委改为福建省委，至此，中共福建省委取代了中共闽粤赣边区特委，福建省职工联合会取代了闽西总工会。

福建省职工联合会成立后，会址设在长汀县城张家祠。从此闽西苏区工人运动在党的领导下，进入蓬勃发展的时期。

省职工联合会历任五位委员长：1932 年 2 月至 3 月，第一任委员长张思垣；1932 年 3 月至 7 月，第二任委员长范源华；1932 年 7 月至 1933 年 7 月，第三任委员长王德铭；1933 年 7 月至 1934 年 4 月，第四任委员长程步发；1934 年 4 月至 9 月，第五任委员长巫子元。

省职工联合会下辖 17 个县（市）职工联合会和 7 个产业工会，其中有：长汀县职工联合会会员 4200 人（委员长林德胜）、上杭县

图 1-2-11　1932 年 2 月 18 日，福建省职工联合会第一次执委会会议在长汀县水东街张家祠召开。图为福建省职工联合会旧址（刘少奇旧居）——长汀县水东街张家祠

职工联合会会员 3000 人（委员长江如雄）、永定县职工联合会会员 1100 人（委员长范增荣）、宁化县职工联合会会员 1300 人（委员长巫子元）、新泉县职工联合会会员 2800 人（委员长陈振洪）、汀州市职工联合会会员 900 人（委员长包含兴）、连城县职工联合会（委员长包洪兴）、代英县职工联合会（委员长王联环）、龙岩县职工联合会（委员长驼背子，俗名）；纸业工会 540 人（负责人程步发）、木船工会 7000 多人（负责人谢冠金）、店员工会 2000 多人（负责人包含必）、手工业工会 2500 人（负责人程步发）、雇农工会 60 多人（负责人黄宜章）、码头苦力工会 200 多人、纺织工会 70 多人（负责人胡连英）。

在当时的环境里，工会干部的生活是很艰苦的。省工联的经费包括工会干部的生活费都是由工人的会费来开销的。会员把工会看作自己的家，把交会费看作自己应尽的分内事，没有会员不缴纳会费的。会费按固定工资交 1%，没有固定工资就按定量缴纳。每月上交省工联的会费大约是 200 多元至 300 元。省工联机关脱产干部 13 人（委员长、组织部部长、宣传部部长、青工部部长、女工部部长、劳动保护部部长、秘书、总务、通讯员、炊事员各 1 人，巡视员 3 人），每月津贴费一律为 4.5 元，作为油、盐、柴、菜等伙食费。剩下伙食尾子，分给大家理发用。大米每月 45 斤，由省苏政府统一拨给。至于衣服、被子等日用品，均由自己从家里拿来。省工联机关公家只配一部电话机、一把驳壳枪和几十发子弹（由委员长带着）、一枚公章（由秘书保管）。星期天工作照常，没有休息日。生活虽艰苦，大家革命热情却很高。

1932 年 2 月，红军第十二军消灭了钟绍奎反动武装保安团的 300 多人，解放了上杭县城，闽西、赣南形成了纵横 300 多公里的广大红色根据地。当时，福建省职工联合会、福建省工农民主政府先后成立。在中共福建省委领导下，广大工农群众投入轰轰烈烈的土地革命斗争，形势很好。省工联领导各产业工人群众开展经济斗争，大部分订立了劳动合同（如汀州市各业工人，宁化、上杭、长汀、新泉的木船工人等），并不同程度地实现了合同的条文规定。同时，未订合同的乡村工人也同样增加了工资，工人的生活大有改善。仅从汀州市 14 个行业中的工人工资来看，比以前最少增加约 1/3，最高（市业工人）竟增加了 14 倍。这从一个侧面反映了国民党统治时期工人工资是很低的，正因为如此，工人参加政治斗争的积极性更加提高了，在动员职工群众报名参军参战和支援前线、保卫苏维埃政权的过程中，曾出现了许多父母送子、妻子送丈夫光荣当红军的感人情景。工人在扩红运动中所表现的带头作用是十分突出的。据史料记载，仅1932年7月至10月闽西就动员了1304个工人参加红军。1933年1月至3月，短短三个月时间内，仅长汀参加红军的工人就有700多人，木船工人参加红军的有119人。在长汀、上杭的工人还组织了纠察队，参加赤卫队、模范营等地方武装，配合红军作战。有的职工自动组织游击队，深入白区打游击战。当红军东征漳州时，工人群众积极支援前线，木船工人用水船架起浮桥，供红军往返渡过汀江。每逢红军作战，工会都组织起担架队运送伤病员和军用物资。工会还负责做拥军优属工作，对前线红军安心作战起了很好的巩固作用。正因为军民军政团结一致，同心协力共同对敌，胜利的消息一个接着一个，根据地日益巩固和扩大。

1932年冬，国民党军又向苏区大举进攻。广东军阀陈济棠占领上杭县城，采用法西斯的野蛮手段对苏区进行经济封锁，断绝河道交通，木船运输只有下水没有上水，致使苏区军需民用物资缺乏，价格昂贵，给生产、生活、作战都造成了巨大的困难。工人失业人数不断增加，长汀县城有80%的店铺因没有进货，无生意可做，只好停业关门。木船工人没有物资运输也大量失业。汀州市有60多家造纸作坊，因没有销路，70%—80%也都倒闭了。不少厂店和作坊的老板、雇工也乘机怠工而关厂、关店，甚至逃跑，使汀州市的苦力、木船、造纸、破篾、做篓等工人都处于失业或半失业的困境。因工厂老板不办纱关厂，整个汀州市纺织工人有4/5失业。因此，原先订立的许多劳动合同无法兑现，工人群众生活日益困难。福建省职工联合会当时面临着如何反对敌人的经济封锁和阻止厂店老板、雇主因停业闭厂关店而解雇工人，如何为失业工人找出路和救济贫困失业工人等重大问题。

1933年1月上旬，中华全国总工会中央苏区执行局组织部部长陈云到长汀县城调查指导工作。陈云由时任福建省委宣传部部长刘晓陪同来到了省职工联合会驻地——长汀县水东街张家祠堂，召开省工联干部座谈会，历时一天。陈云在听取省工联负责干部汇报之后指出，要坚决粉碎敌人的进攻和封锁，保卫苏区；要根据当地具体情况，努力恢复和发展生产，不要机械地执行劳动法和劳动合同，不要过分强调 8 小时工作制，对商店作坊也不要提出过高的经济要求；银行可发放贷款，恢复纸业等生产，要组织土特产出口，要关心和组织失业工人的生产合作社，如为红军做斗笠、被服，为农村修造农具；要依靠工人群众的积极性来解决一系列工运中的重要问题。

1933 年 1 月中旬，中华全国总工会中央苏区执行局在瑞金的叶坪召开闽赣两省职工联合会委员长（干部）联席会议。出席会议的有执行局委员长刘少奇、组织部部长陈云、宣传部部长梁广等。福建省职工联合会参加这次会议的有：委员王德铭、宣传部部长程步发、执委（纺织工会负责人）胡连英、劳动部部长刘祥文等。两省工联领导干部联席会议的第一天，福建省工联的同志汇报了动员工人参军、支前和敌人经济封锁后工人的生产和生活、工会工作等情况。会议上刘少奇作了关于扩红支前、保卫苏区、经济斗争、生产建设、关心工人生活等的重要指示。这次具有历史意义的重要会议为工运工作指明了前进方向，提高了在战争年代搞好经济建设、关心职工生活疾苦、安排失业工人劳动就业的自觉性。

1933 年二三月间，在中共福建省委和省苏维埃政府的领导下，为促进街、区经济建设，发动职工群众大办军需民用工业，开展对外贸易，组织各种类型的手工业合作社，打破敌人经济封锁，在长汀设立

图 1-2-12　全总苏区中央执行局旧址（江西省瑞金市叶坪革命旧址群内）

了中华纸业公司、中华贸易公司、中华商业分公司等第一批分营贸易机构。另外，设立国家银行福建分行，发挥银行在经济建设中的杠杆作用。省工联要求各级工会和广大职工把恢复和发展苏区生产、支援前线、巩固苏区政权、解决工人失业等问题当作中心任务来努力完成。经过一段艰苦的工作，首先在汀州市先后恢复了 40 多个纸业合作社和私营的造纸厂坊，平均每天生产毛边纸 320 多刀，每刀时价 2.5 元，日产值可达 800 多元，算是比较大宗的产品，而且纸质闻名内外，远销广州、上海、汕头等地。同时，还恢复了织布厂（职工 70 多人）、被服厂（职工 200 多人）、斗笠厂（为红军做平顶斗笠，职工 20 多人），还组织失业的苦力（挑夫）200 多人到赣南开采钨矿。为了克服当时食盐缺乏的困难，组织工人挖废旧老墙或以前曾堆放过盐的盐仓的泥土，集中起来加工熬成盐硝，充当食盐。此外，刨烟、樟脑、农具、肥料等行业恢复和发展也很快。为了冲破敌人的经济封锁，组织船工把土纸、毛边纸贩运去上杭县城，换回西药、食盐、棉纱、布匹、蜡纸、印油等民用、军用物资。如那时有个老板张福财，收买了上杭县城东关水西渡负责检查的一个白军排长，把禁运货物运回了苏区；在长汀的南面、武平的北面有个交界地方叫小潭河口，两个乡木船工会组织船工游击队 30 多人，经常到白区贩运食盐、布匹等类物品，有时还配合红军作战。由于有广大职工的大力支持，国民党的经济封锁土崩瓦解。

总之，这一时期经过广大职工的艰苦奋斗，闽西苏区的工业生产得到了迅速的恢复和发展。毛泽东同志曾给予很高的评价。他指出："两年以来，特别是一九三三年上半年起……许多手工业和个别的工业现在是在开始走向恢复。这里重要的是烟、纸、钨砂、樟脑、农具和肥料（石灰等）……有些当地从来就缺乏的工业，例如造纸、织布、制糖等，现在居然发展起来，并且收得了成效。"

（三）闽西各级行业工会的普遍建立

1. 汀州市总工会及所属行业工会的建立

长汀位于闽西边陲，与中华苏维埃临时中央政府所在地瑞金相邻。中共福建省委、省苏维埃政府，福建军区，以及其他省级领导机关都设于此，这里成为福建省土地革命运动的领导中枢，被称为"红色小上海"。随着中共苏区革命战争的发展，长汀的工人运动也跟着发展起来，而且达到了相当的规模。在瑞金有了全国总工会中央执行局、江西省职工联合会和瑞金县总工会。同时，在长汀也成立了福建省职工联合会，取代了闽西总工会，并组建了汀州市总工会。

汀州市总工会内设四个部：组织部、宣传部、青工部、女工部，办公地点设在水东街常丰荣纸行内张家祠（即现在的水东粮店）。市总工会的领导成员大都是店员，他们有一定的文化水平，思想比较进步，不拿工资和补贴，干部不谋私利，组织纪律十分严格。

汀州市总工会开始时有党员 9 人，组织了一个党支部，汀州市总工会主席黄玉书兼任书记。各基层行业工会不设党组织，因此党员的活动和发展均由市总工会负责。同时，各基层行业工会改为支部，如店员工会，则称店员支部；基层工会负责人，不叫主席而称支部长。

市总工会成立后，为了提高各级工会干部和党员的文化理论水平，于 1931 年底，由市委和市总工会联合举办训练班，专门培训工会干部 19 名。

从 1930 年 11 月开始，到 1931 年 10 月为止，在中共闽粤赣边临时省委组织部部长李明宽、市委书记罗忻然和省总工会指导下，市总工会先后建立了一大批基层行业工会，有京果工会、纸业工会、纸张工会、油纸工会、锡纸工会、香烛工会、油盐工会、粮食工会、五金工会、酒业工会、药材工会、布匹工会、理发工会、斗笠工会、纺织工会、印刷工会、篓纸工会、竹匠工会、木业工会、苦力工会等。

2. 最大的行业工会——木船工会

由于帝国主义、封建主义和国民党反动派的残酷剥削和压迫，闽西的工农群众过着饥寒交迫的生活。这里虽然土地肥沃、物产丰富，但交通阻塞、贫穷荒僻，除上杭县城有一个很小的电厂外，没有现代工业，没有产业工人，只有手工业者和手工业工人。工人运动的主要工作对象就是这些工人和个体劳动者，其中人数最多的是木船工人。因为闽西地处偏僻山区，既没有汽车运输，也没有畜力运输，主要是靠水路的木船运输。在当时，木船运输对于经济生活、物资交流起着主要作用。闽西的土特产如土纸、毛边纸、香纸、茶叶、笋干、香菇、烟叶、烟丝等，不但国内销路甚广，而且还畅销东南亚。同时，当地的生活必需品和日用品，如棉花、布匹、食盐、食糖、大豆、面粉、肥皂、瓷器、煤油、火柴、药品等物资都要从外地运进来，所有这些物资的出进几乎全靠木船运输，即汀江、永定河、丰稔河、旧县河、连南河这五条河的木船运输。当时这五条河共有船只 4700 余条，船工约 2 万人。这些船工大部分以撑船为主，兼务农业，有货运时撑船，无货运时务农。由于木船运输全靠人力，逆水航船时，必须三五只船同行，互相帮助，才能把船拉上河滩，因而，船工们经常见面，相互帮助，彼此甚为熟悉，从运输行情，到地主、豪绅、军阀、官僚、行东、高利贷者的压迫剥削以至名目繁多的苛捐杂税，以及他们的不满情绪，都相互交流，共同的命运使他们结下了深厚的友谊。因此，当时的木船工人是闽西经济生活中起着重大作用而又比较集中、也比较容易发动和组织的一支重要力量。所以，共产党到闽西以后，就十分重视木船工人的工作，把它作为工人运动的首要工作对象。

闽西党组织领导木船工人运动最早开始于 1927 年春。

1926 年冬，王奎福、温家福、胡永东等人从广州农讲所学习后回到永定，在以阮山为首的永定党支部领导下，开展工农运动。他们利用带回来的许多标语、传单和材料，向工人、农民宣传革命道理和革命主张，发动群众。在广泛建立农民协会的同时，积极筹备建立永定河蓬船工会。经过周密筹备，1927 年春，在永定县城东门外，由阮山、王奎福召集永定河木船工人开大会，宣讲工人团结的重要性和成立工会的意义，并宣告成立永定河蓬船工会。会上选举了永定河蓬船工会执行委员会的委员和委员长，并当场挂起了蓬船工会的旗帜，宣布蓬船工会旗帜的标志。旗帜为红底，中间有深黄色的铁锚（深黄色的铁锚是全国海员工会和蓬船工会旗帜的统一标志）。当时蓬船工会执行委员和委员长都是船工，还不会做工会工作，因而党组织派遣王奎福为蓬船工会秘书，帮助主持和指导工会的工作。

永定河蓬船工会成立后，广大船工视工会为靠山，积极要求参加工会。当时规定，除不亲自撑船的老板以外，其余所有船工、学徒，只要赞成工会主张的都可参加工会。报名参加者非常踊跃，工会成立不久，全河参加工会的船只就有 400 多条，船工 1000 多人，除规定不得参加工会的老板外，差不多所有船工、学徒都参加了。

凡是参加了工会的船只，都发一面印有“铁锚”标志的油布小旗子，插在船篷上可在全河通行，参加货物运输，官府、商人、高利贷者也不敢欺压。没有插旗子的船，商人不敢给货运输，别的船工也不

图 1-2-13　永定河蓬船工会旧址——坎市燕诒楼

愿与之搭帮同行。所以，船工对插旗子感到非常荣耀，领到旗子的都扬眉吐气、兴高采烈。那时，工会有很高的权威，工会的每一个决议和号令，船工无不热烈响应和遵照执行，行东、货主也都服服帖帖。

永定河蓬船工会成立后，主要做了如下工作：一是发动船工参加革命斗争。斗争对象主要是贪官污吏、土豪劣绅、高利贷者和不法商人。二是发动船工反对不法商人压低运费和高利贷的剥削，增加了运费和船工的工资。如，从永定芦下坝到坎市，逆水往上航行每百斤货的运费由四角增为八角，顺水往下航行由二角增至四角，成倍地增加了运费，这样每只船上下航行一趟可多得十几元。三是反对苛捐杂税。主要是反对厘金局繁重的苛捐杂税，把永定城、坎市、湖雷的厘金局全部打掉了，苛捐杂税也取消了。这不但锻炼了工人，而且同时激发了工人的革命热情和提高了斗争勇气。四是疏通河道。炸掉礁石、暗礁，减少和避免碰船、翻船事故，保障船工的航行安全，为民造福，从而也大大地增加了船舶的运输量。

到了 1927 年春夏之交，闽西各条河的蓬船工会已相继建立，工作都很活跃。在短短几个月时间里，基本上把闽西各条河的木船工人都发动和组织起来了。

正当北伐战争胜利向前发展、闽西工农运动蓬勃开展的时候，蒋介石在上海发动了“四一二”反革命政变，接着闽西各县的革命运动相继遭受反动派的严重摧残，一大批共产党员和国民党左派惨遭杀害，各县党的组织遭到破坏，工会、农会也被迫解散，工农群众已取得的权力和利益也被剥夺了。在白色恐怖之下，革命暂时转入低潮，闽西蓬船工会的活动完全转入地下。

1929 年 3 月和 5 月，毛泽东率领红四军两次入闽，闽西工会、农会又重新开展活动。7 月，在永定县城召开了永定河全河蓬船工人代表大会，重新成立了永定河蓬船工会，选举了永定河蓬船工会执行委员会。在执行委员会的第一次会议上，选举班梅修（永定溪口人）为永定河蓬船工会委员长，仍推选王奎福担任工会秘书，同时布置了蓬船工会的工作。10 月，永定县第二次工农兵代表大会决定改湖雷为永定县城，原永定县城则改为龙岗乡，于是永定河蓬船工会也随着永定县党政机关搬到了湖雷办公，并分别在坎市和龙岗成立了两个分会。

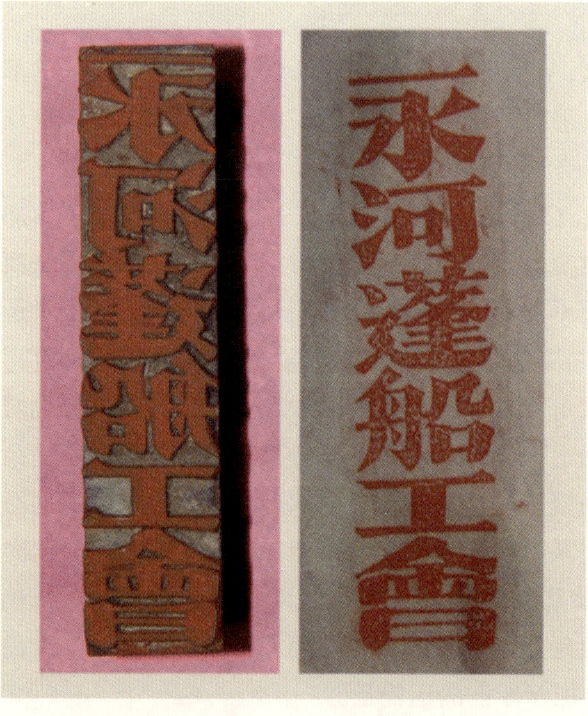

图 1-2-14　1929 年 7 月，在永定县城召开了永定河全河蓬船工人代表大会，重新成立了永定河蓬船工会。图为永（定）河蓬船工会印章

1930 年 3 月 18 日（巴黎公社纪念日）在龙岩召开了闽西第一次工农兵代表大会，成立了闽西苏维埃政府，接着成立了闽西总工会筹备委员会。到 1930 年 6 月，闽西形成了纵横三百里的广大红色区域，汀河、旧县河、丰稔河、连南河的蓬船工会也

相继建立起来。与此同时，又先后成立了其他行业工人的工会和县总工会。1930年七八月，根据闽西特委指示，在上杭旧县成立了闽西蓬船工会筹备委员会。11月在龙岩召开了闽西工人第一次代表大会，正式成立闽西总工会。接着在上杭回龙召开了闽西蓬船工人第一次代表大会，正式成立闽西蓬船工会。闽西五条河的蓬船工会都选派了代表参加大会。闽西总工会委员长曹咏奇出席大会并作了政治报告；中共闽西河流委员会书记张小超在会上作了闽西蓬船工会筹备工作的报告。大会选举了闽西蓬船工会执行委员会，并在第一次执行委员会会议上推选张思垣（上杭旧县人）为委员长。闽西蓬船工会设组织、宣传、青工、劳保等部，下设汀河、旧县河、永定河、丰稔河、连南河五条河流的蓬船工会。

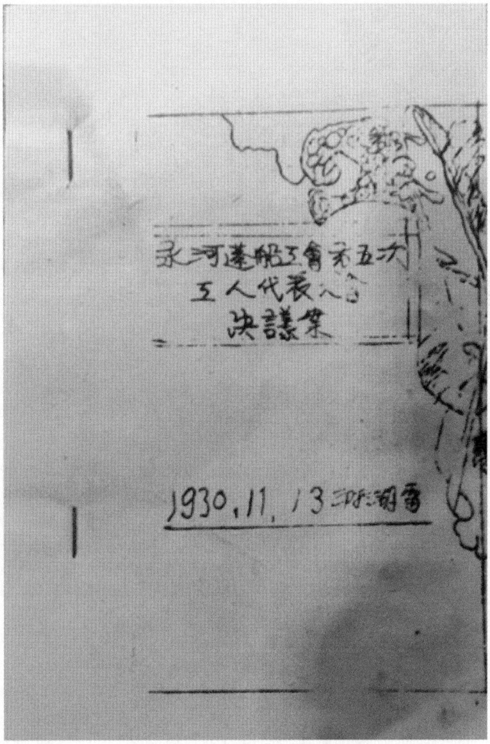

图 1-2-15 《永河蓬船工会第五次工人代表大会决议案》

当时工会的组织形式是：木船工人以河道为单位建立工会，在河道工会下按工人多少建立工会支部，作为工会基层组织；有的河道工会在重要码头还设有分会，作为河道工会的派出机关。其他各行业工人都以行政区、乡为单位建立工会，县建立总工会，河道蓬船工会直接归闽西蓬船工会领导，同时接受县总工会的指导。当时县总工会的组织系统一般如下：

县总工会
- 区工会联合会—各业工会区分会—各业工会支部
- 县雇农工会—区雇农工会—乡支部
- ×× 河道蓬船工会—码头分会—支部
- 县特别职业（如刨烟、做纸）工会—区分会—乡支部

图 1-2-16　1930 年 11 月，在上杭回龙召开了闽西蓬船工人第一次代表大会，正式成立闽西蓬船工会。图为大会会址——上杭回龙友祥公司旧址

由于蓬船工会是以河流为单位建立的，其党组织也按河流为单位建立，以河流为单位单独成立党、团支部或基层委员会。在闽西范围内，建立了党的闽西河流委员会，直接领导各条河的党组织。闽西河流委员会则直接受闽西特委领导；各条河团的组织，受共青团闽西河流特支委员会领导，特支委员会直接受少共闽西特委（后为少共福建省委）领导；当时党的闽西河流委员会书记是张小超，组织委员是王瑞明，宣传委员是张思垣。

1931 年秋，闽西各蓬船工会改称木船工会。1932 年春，闽西木船工会改称福建省木船工会。王德铭担任省木船工会委员长。

根据省职工联合会的指示，1932 年 2 月下旬，在上杭城的一座祠堂里召开了福建省木船工人第一次代表大会（实际上是闽西木船工人第二次代表大会），张鼎丞参加大会并作了政治报告，张思垣作工会工作报告。大会在原闽西木船工会的基础上正式宣布成立省木船工会，并选举了省木船工会执行委员会。在第一次执行委员会会议上，选举王德铭为省木船工会委员长，江如雄为组织部部长，张炳南为宣传部部长，张来成为劳动保护部部长，王平水为青工部部长，5 人组成省木船工会执行委员会的常务委员会。

1931 年 5 月后，由于肃反扩大化，班梅修、林海钦、王奎福等蓬船工会一些主要领导人惨遭误杀，削弱了工会的领导职能。1932 年春，受王明“左”倾教条主义错误影响，各级工会组织提出要“改造工会”“洗刷非阶级分子，建立真正的阶级工会”，使工会“转变到明确的阶级路线”上来。所谓“真正的阶级工会”和“明确的阶级路线”，就是要按产业部门来建立工会；所谓“真正的工人”，就是一无所有的产业工人。这样一来，凡带徒弟、请帮工的，甚至小作坊的个体劳动者都不能参加工会，这就大大削弱了工会组织，降低了党的威信。船工们怨声载道地说：“他们把小木船的师傅当作大轮船的老板，连工会都没有我们的份，太不得人心了！”

1933 年后，“左”倾错误更加发展，在处理师徒关系、劳资关系、工资福利政策上发生严重偏差，强调给工人、学徒增加工资，实行 8 小时工作制等。根据地经济本来就不发达，又受到国民党的经济封锁，加上执行“左”倾错误政策，工商业受打击，手工业减产，产品滞销，群众买不到布匹、食盐及其他生活必需品，更加重了革命根据地经济的困难。

然而，由于有党的正确领导，有党员、干部、船工的积极努力，闽西蓬船工会工运工作才能一直坚持，并且工作成绩显著，对革命作出了重要贡献：

一是组织工人纠察队、赤卫队、少先队，保卫工农民主政权，在码头要道站岗放哨，严防敌人破坏，同时参加军事训练，配合红军消灭团匪，巩固根据地政权。

二是动员青年工人参加红军。在几次扩红中，蓬船工人都踊跃报名参军，经常出现父母送儿子、妻子送丈夫、兄弟相争当红军的动人场面。

三是积极支前。在攻打民团时，经常接受任务运送红军、赤卫队，或运送粮食，物资给养保证及时迅速，争取战斗胜利。

四是参加苏区经济建设，积极完成运输任务。只要有运输任务，蓬船工人保证随到随运，按时完成，工会还根据货运量合理安排，及时组织运输，以避免货少时船工争货运的矛盾。

五是关心工人政治文化生活。强调工会是工人自己的学校，工人集会时，工会干部要向工人进行时事、政治教育。船工每到一个码头，工会负责人都要对他们进行形势政策教育或组织宣传队进行码头宣传，散发传单。工会还为工人建设俱乐部、办夜校、办训练班，组织工人学政治、学文化，成立识字班，开展扫盲活动。

1934 年 10 月，中央主力红军长征后，闽西处在艰苦卓绝的三年游击战争时期，工会已停止活动，但闽西蓬船工会仍然秘密地继续存在，一直坚持到新中国成立。

3. 富有特色的行业工会——刨烟工会

闽西的条丝烟业始于明末清初，早在 16 世纪末农民就开始种植晒烟。当时加工的条丝烟色泽金黄，气味香醇，品质极佳，不但畅销长江流域和西南各省，而且远销东南亚各国。因而，闽西的农业、手工业、交通运输业多以产销条丝烟为中心，促成家家户户为条丝烟业服务。农民种晒烟，商人开烟厂，工人刨烟丝，带动了百业兴旺。

19 世纪中叶，资本主义列强大量向我国偷运鸦片，由于中国人民认识到鸦片的毒害，强烈抵制，因此永定条丝烟业未受严重影响。继鸦片而来的是“洋卷烟”，即“香烟”，也称“纸烟”。条丝烟逐渐被纸烟所代替而逐渐衰退，但仍有不少条丝烟厂规模不小，大厂有十余个甚至几十个刨烟工人，一般的烟厂有七八个刨烟工人，小厂也有三五个工人。

土地革命战争时期，闽西的工人运动规模，除蓬船工会外，要算刨烟工会最大。刨烟工人的特点是比较集中地在烟厂劳动，全靠一双手和刨烟技术，以卖力气赚点工钱来养家糊口，家属还要种田，佃耕地主土地，才能勉强度日，所以刨烟师傅都是穷汉。刨烟工人为烟厂老板创造了巨大的财富，而自己仅得到一点微薄工资。

红四军入闽后，刨烟工会也就应运而生。一般根据各地实际情况，比较大的乡，原来烟厂办得多，刨烟工人也较多，如高陂的西坡、北山、富岭，湖雷的上湖以及高头、金砂等地，都建立起了刨烟工会组织，仅永定一县加入刨烟工会的会员就约有百八余人。

组织刨烟工会，首先进行思想发动。由区苏或乡苏派员深入工人群众，发现、物色刨烟工人中的积极分子，启发他们的阶级觉悟，使其成为工会的骨干力量。然后召开工人大会，宣传共产党的方针政策，说明工人是国家的主人，必须组织起来，成立工会，与农民协会一起，共同管理国家大事，争取自身的自由以及民主权利，改善工资待遇，提高生活水平。在工人明确认识组织工会的目的、意义后，举行民主选举，成立刨烟工会组织。当时，刨烟工会设有主席、副主席、秘书，下设组织、宣传、福利、劳保等委员。有事开会研究，大家商量，共同解决。

刨烟工会成立后，各基层工会都订出了章程，作出了决议。章程制订时，由工会派出代表与资方协商确定，资方必须遵照执行，否则不予开工。有当地党政的支持，资方对工会提出的合理要求都一概答应。

工会组织起来后，大大改善了工人的生活待遇，使他们体会到集体力量的伟大，参加革命的好处，他们尝到了甜头，就更加热爱工会组织，所以工会宗旨是：工人们应团结一致，互助互爱，互相支持，互相勉励，热爱工会，坚定地走革命道路，对不合理的工资待遇，或资方有压制刁难等事故，就要团结斗争，夺取胜利。

刨烟工会会员提高了阶级觉悟，革命热情高涨，参加各种革命活动更加积极，如参加工人纠察队、工人武装、赤卫队等，维持社会治安，参加各种集会游行示威，甚至参加打仗，都非常踊跃，不落人后。1930 年春，太平区号召打龙潭的团匪时，刨烟工人也配备全副武装，参加打仗。高陂各乡苏的刨烟工人每次参加集会游行，都穿清一色服装，背铜钟形斗笠，写上“× × 刨烟工会”字样，手臂戴“工人纠察队”红袖章，威风凛凛，别有一番庄严气派，是一支很出色的革命队伍。

4. 普及最广的行业工会——手工业工会

地处偏僻山区的闽西交通闭塞，在 20 世纪 30 年代，没有产业工人，仅有手工业工人，他们都是个体劳动者，遍布在各乡村中，有泥水匠、砖瓦匠、木匠、铁匠、竹器工人，以及缝衣、理发等服务行业的个体工人。人们的生产、生活所必需的工业用品，大多是仰仗这些手工业者加工生产而成。如农业生产用的锄头、镰刀、犁耙等铁制农具，及斧头、凿子、厨刀等工具，靠铁匠加工制造；建筑房屋靠泥水匠、木匠；作为群众生活用品的竹木器具、家具，靠木匠、篾匠制造。这些农村工匠都靠手工劳动，家里还要种田，绝大部分是亦工亦农，或以农为主，做工为辅，专业工人很少。所以，在土地革命之前，这些手工业工人，按其各行业的生产特点，有的是制造成品在市场上销售，如铁制农具、工具及竹木制品等生产生活用具；有的是来料加工或修理业，如废旧农具、工具的翻修和竹木家具的修补等，收取微薄报酬；有的被雇佣劳动，赚取工钱，如泥水匠、木匠，被雇主请去，点工、包工或贴饭餐，工钱也是很低的，生活水平与农民差不了多少。

土地革命战争初期，这些手工业工人大都先加入了农会，因为各行各业各有其特点，很难聚在一起，而且家里都种了田，1929 年 10 月，在县、区、乡苏维埃政府的领导和号召下，根据各乡苏的实际情况，派出工作人员，把泥水工人、木匠、打铁工人、砖瓦工人以及缝衣工、理发师、医生等其他个体工人组织起来，成立手工业工会，向他们宣传工人阶级在整个革命队伍中应起到领导者作用，是革命的骨干力量。组织工会的宗旨，是提高工人的政治地位和社会地位，改善工人的生活待遇，反对剥削压迫，推翻压在中国人民头上的帝国主义、封建主义，争取自由平等，以求得自身的解放，进而解放全人类。通过宣传教育，提高工人觉悟之后，召开工人大会，选举产生基层手工业工会领导人，实行委员制，设主席、秘书以及组织、宣传、财务等委员。根据手工业工会的特点，各行各业汇集起来的组织大都是个体劳动者，服务对象是群众，因此，闽西各级手工业工会只能根据其特定条件，共同制订工会章程。

手工业工会成立后，因为各种待遇得到改善，工人积极参加各种革命活动。一是参加区、乡各种集会、节日庆祝活动、游行示威、检阅等；二是成立工人赤卫队，参加打团匪等战斗；三是组织义务服务队，如理发师、医生为红军或赤卫队义务理发或诊病；四是组织技术工人为赤卫队或红军修理枪械；五是铁匠为工农武装打造梭镖、大刀、匕首等，充实武器装备；六是发动组织妇女成立慰劳队、洗衣队，慰劳红军，为红军战士洗衣服、送茶水等。

工会组织起来后，提高了工资待遇，工人干劲倍增，革命热情高涨，发挥了工人阶级应有的作用，推动了工农运动的发展。

三、积极参与苏区政权建设

（一）闽西苏区工人参与民主选举

在闽西各级苏维埃的建设过程中，苏维埃政府开展了多次民主选举活动，而每一次选举都得到了同一级工会的支持，工人群众认真选拔有威信、有能力、热情为人民办事的优秀工人当代表。历次选举由于工会发挥了柱石作用，保证了各级红色政权都有一定数量的工人参加管理。

1930 年 2 月，闽西苏维埃政府筹备处颁发的《闽西工农兵代表会（苏维埃）代表选举条例》（以下简称《选举条例》）规定：凡在闽西赤色政权所及地方，年满 16 岁以上的劳动男女均有选举权和被选举权。人民代表是由选民自下而上地进行选举产生的，农民代表由乡政府召集选民会举行初选。然后，由区政府召集被选代表到区开会复选。最后，由县苏维埃政府召集复选当选代表到县开三选会。工人代表先由城乡各业工会召集全员大会举行初选，然后由县总工会召集代表开复选会。士兵代表由连或大队士兵委员会召集士兵举行初选，然后由营或支队士兵委员会召集初选代表开复选会。再由团部或纵队士兵委员会召集复选代表开三选会。学生代表由各学校学生会进行初选，然后由县苏文化部召集初选代表开复选会。教职员代表先由区苏文化部召集全区教员开初选会，然后由县苏文化部召集初选代表开复选会。乡、区、县选出的代表，分别都参加高一级苏维埃代表大会。

《选举条例》第二条还明确规定：有下列行为之一者，本人及其家属均无选举权和被选举权，但努力革命工作，经政府许可及本人在外，其家属在三年之内无反动行为，经政府恢复其选举与被选举权者不在此列。（1）过去及现在充当反动政府之官吏、警察、衙役及白军营长以上的官长；（2）城乡绅董、族长、地保等；（3）现行反动政党党员；（4）收租 20 担以上者；（5）经常营放高利贷，或开当铺者；（6）利用资本雇用工人谋利的商人及工厂主；（7）宗教师及现在宗教徒、僧、道、尼、巫等；（8）其他有反革命行为经政府剥夺其选举权和被选举权者；（9）法律上被宣告精神错乱及不完全者。这些规定把享受民主权利的各界人士和剥夺政治权利的专政对象严格区别开来了，有利于人民民主专政，有利于分化瓦解反动营垒，有利于改造剥削阶级。

同时，苏维埃政府为使广大民众广泛地行使自己的权力，规定了各级苏维埃代表职业成分的比例：县人民代表中工人占 30%，农民占 60%，士兵占 5%，教员占 5%；区人民代表中工人占 20%，农民占 70%，士兵占 5%，教员占 5%；乡人民代表中农民占 80%，工人占 20%；城区区乡人民代表中工人、农民各占 50%。1930 年 9 月，闽西第二次工农兵代表大会制定的修正后的《苏维埃政权组织法》规定，闽西代表会议的代表，工人应占 45%；各县的会议代表，工人应占 40%；城区的会议代表，工人应占 50%，体现了苏区工人参加工农民主政权的分量。

从 1930 年至 1934 年，闽西苏区经过 3 次大规模的民主选举代表，使苏区人民的民主意识大大提高。在选举过程中严格实行差额选举，候选人名单一般比应选出代表人数多一倍，并将候选人名单张贴公布，广泛征求群众的意见。比如 1933 年上杭县才溪区的选举，下才溪乡提出候选人共 160 名（应选 91 人）。名单贴出后，群众在各人名下注写意见的很多，注“好”“不好”等字样的多，注“同意”或“消极”的也有，还有 1 人名下注有“官僚”二字。村里还出了墙报，有 20 多名候选人受到群众的批评。

为迎接第二次中华苏维埃工农兵代表大会的召开，1933 年，中央苏区开展了一次自下而上的选举运动。这次选举的要求是，“把大批最觉悟最先进最积极的分子选进苏维埃去，而把旧人员中那些不中用的分子淘汰出来”。为了实现这一要求，全总执行局总结了 1933 年以

图 1-2-17　才溪区工会旧址——列宁堂

前历次选举中剥夺“独立劳动者”参加选举和被选举的权利，削弱工人在选举中的领导作用的历史教训，强调要继续扩大工会组织，把包括手工业工人在内的“独立劳动者”都吸收到选举运动中来。各级工会在选举活动中纠正了“左”的错误倾向，加强了组织领导工作，保证了这次选举在工人阶级领导下的成功。在民主选举运动中，工会会员参加选举的达 80%，许多城市达 90%，有些工厂达 100%。选出的苏维埃代表中，工人比例大大增加，省苏代表中工人占 35%—50%。毛泽东称赞过的苏区选举运动的模范乡——上杭县上才溪、下才溪乡，选出了大家信任的代表掌握政权，上才溪乡新当选的有 54 人，下才溪乡新当选的有 41 人，而新当选的是工人与妇女。

闽西苏区所实施的选举条例，代表着劳苦大众获得了自由，各级苏维埃政府经常有群众会议与代表会议，有很多工人成为苏维埃代表，很多工会干部被输送到各级苏维埃政府当领导干部。这些人参加了政权建设后，赤胆忠心，始终如一地为苏维埃政权的巩固和发展作出了相当贡献。

（二）闽西苏区实施工农兵代表会议制度

闽西苏区各级苏维埃政府领导人是通过召开各级工农兵代表大会选举产生的，而工农兵代表是通过广大工农兵群众选举出来的。因此，苏维埃政府就充分体现了一切权力属于人民、人民当家作主的精神，它有效地维护了无产阶级和人民群众的政治权利。各级工会积极组织苏区工人参政议政，参加工农兵代表会议，行使当家作主的权利。

闽西第一次工农兵代表会议通过的《苏维埃政府组织法案》的总纲指出：“苏维埃是工农兵自己选举代表组织的政权机关，一切行动政纲都要根据工人、农民、士兵及其他贫民利益去决定，同时对小资产阶级的利益不加妨害。”“各级代表会为各该级最高机关，代表会闭幕后，所选执行委员会即代替该代表会为最高权力机关，行使一切职权。”“县及闽西两级代表任期一年，执委任期同。”“闽西政府代表会半年开会一次，执委三个月一次。县政府代表会三个月开会一次，执委一个月一次；区政府代表会二个月开会一次，执委半个月开一次；乡政府代表会半个月开会一次，执委会一周开一次。”

福建省第一次工农兵代表大会通过的决议案中强调：“城乡代表

会议应按期开会，经常讨论各种法令及上级政府决议，实施的具体办法，分配代表迅速执行，并注意解决本乡发生的一切临时问题，以满足工农贫民基本群众的要求。”城乡代表会议应努力在自己工作中，不断向工农贫民解释苏维埃政权的意义，并经常接受群众的意见及批评，实现群众的要求，使群众认识苏维埃政权，吸引大批群众干部参加苏维埃工作。

各级代表会议的主要任务是集中广大人民群众的意志和要求，讨论和决定各级政府的计划和任务。代表会议结束后，每一个代表应向群众报告政府的决议与工作，并动员领导群众为实现苏维埃的决议及群众的要求而奋斗。同时，对各级政府的领导人执行一切法令负有监督权；监督苏维埃机关正确地站在工人农民的利益上，去没收并分配土地；监督各级苏维埃机关正确地执行苏维埃政纲，以适合新阶段革命利益，巩固苏维埃区域和苏维埃政权，并向外发展；监督苏维埃机关正确地执行经济政策，特别是财政和租税政策；有向各级执行委员会建议撤换或处罚苏维埃机关人员和有关企事业工作人员的权利。

总之，工农兵代表会议制度实施后，苏区人民的民主意识极大增强，促进了各级政策法令的贯彻执行，加强了各级政府与群众的密切联系。毛泽东在全国“二苏大”的工作报告中指出：“苏维埃依靠这一制度，同广大民众结合起来，它就使苏维埃成为最能发扬民众创造力的机关，使苏维埃成为最能动员民众以适应国内战争适应革命建设的机关，这也是历史上无论什么政府所做不到的。”

（三）选拔优秀工人管理政权

苏维埃的政权建设，是在政治上实现劳动者对国家的管理，即实现工人阶级在政权建设中的领导作用。闽西苏区各级工会是苏维埃政权最主要的群众柱石，工会通过选举和培训吸收广大的工人群众去参加苏维埃政权建设，派遣大批干部与工人积极分子到苏维埃做领导工作。

各级工会为了给红色政权输送素质较好的骨干，因地制宜，按照实际需要，用最大的努力来开办各种训练班，开办补习学校，用竞赛的方法来奖励干部学习，造就人才，以适应苏维埃政权建设的需要。如龙岩县总工会、闽西总工会、省工联会都先后举办了工人培训班，培养工运骨干，培训大批干部输送到苏维埃政府的党、政、军部门去工作。如闽西木船工会委员长张思垣，被选任为福建省苏维埃副主席；连城县店员工会主席沈邦翰，被选任为连城县苏维埃政府主席。

1932 年 2 月，闽赣两省工人代表大会通过的《职工会在苏维埃的任务决议案》明确规定各级工会要“拥护和巩固苏维埃政权，扩大苏维埃区域，吸收积极分子参加苏维埃与红军的领导，使工会成为苏维埃的柱石，准备由现时民主革命转变为社会主义革命的前提。”在《组织问题决议案》中，详细提出了职工会应领导工人帮助苏维埃推行一切法令政策，协助苏维埃开展选举运动，提拔优秀工人参加苏维埃的领导工作，使苏维埃成为强有力的工农政权。为此，全总苏区执行局领导苏区工人开展了为时两个月的“拥护全苏大会和临时中央政府”的群众运动，并举办短期训练班，挑选工会工作人员和工人积极分子接受训练，以适应红色政权建设的需要。

1933 年 4 月—5 月，刘少奇亲自主持分别召开的农业工人、店员手艺工人代表大会，对继续加强苏维埃政权建设作出了决议，提出的要求是，农业工会要选派积极、勇敢、忠实的会员去同级政府的工农检查部任委员，要发动会员去参加审判官僚分子的工作，并要求会员勇敢地控告一切机关中的官僚腐败、消极怠工分子，还要求各基层工会选拔 70 名干部由全总执行局转给中央政府去工作。店员手艺工人代表大会的决议案提出：职工会与苏维埃应该建立亲密的关系，工会应该引导工人群众积极参加苏维埃各方面的工作，在一切工作中拥护与帮助苏维埃。为了响应大会的号召，店员手艺工会计划在一年内选拔 1000 名干部派到苏维埃各级机关去工作。

各级工会都认真贯彻工人代表大会的决议，把选择优秀工人管理政权作为一项重要工作。1931 年底至 1932 年，各级苏维埃政府都设立了工农检查委员会，由同一级工会输送骨干担任委员和通讯员，监督国家工作人员履行职责。从 1933 年到长征前夕，苏区各级工会输送近 1 万名工人干部到苏维埃、红军、群众团体去工作。在各级苏维埃政府机关的负责人中，工人干部占了 1/3 至 1/2。

工人参政议政，带动苏区干部树立一心为公、严于律己、奉公守法、联系群众的好作风，受到了群众的热爱和称赞。闽西群众编了一首山歌曾广泛传颂：

苏区干部好作风，自带干粮去办公。

日着草鞋干革命，夜走山路访贫农。

（四）正确处理工会与政府的关系

政府与工会的关系，历来是一个非常重要的问题。1929 年 7 月，中共闽西第一次代表大会在《关于苏维埃政权决议案》中规定：“苏维埃应和职工会建立正确的关系，所有派往苏维埃的代表，关于苏维埃的行为，应对工会有经常的报告。同时关于工会行为，亦应在苏维埃中作有系统的报告。凡工会与苏维埃一切的纠纷，应由企业中派代表所举行之特种会议解决之，凡涉及工人阶级根本利益的一切法律和处置，应预先同该地职工运动之指导机关讨论之。”《龙岩劳动法令》还提出通过工会与苏维埃政府联席会的形式解决问题。

1930 年至 1931 年，在闽西革命根据地创建过程中，苏维埃红色政权不断建立与扩大，各级工会组织也不断建立与扩大。在此期间，一些地方的工会与苏维埃政府的关系出现了不协调的状况。工会与苏维埃“形成两个对立机关”，工会对苏维埃不请示报告，苏维埃对工会没有工作指示，彼此之间不发生联系。在肃反运动中，有些地方的工会不请示报告，不经苏维埃政府的同意，擅自捉人。还有的工会错误地提出“工人监督苏维埃政权”的口号。这些不协调的关系的出现，不利于苏维埃政权的建设，削弱了工人阶级在红色政权中的领导地位。

工会与苏维埃不协调的原因是多方面的：其一，因为这是一种新生的事物，以前工会与政权的关系是对立的，在新的政权与工会的关系问题上，许多工会领导干部是不明确的，政权是自己的，工会与政府谁该听谁的，不清楚。其二，“左”倾路线的干扰和肃反扩大化的发生，妨碍了工会组织的完善与自身建设，出现了各自为政和脱离领导的现象。其三，全总苏区执行局成立后忙于革命战争和肃反运动，没有足够的注意力去解决工会与苏维埃的关系问题，直到中华苏维埃临时中央政府成立后，强化了工人阶级在政权建设中的领导地位，工会与苏维埃的关系问题才引起全总苏区执行局的重视，从理论到实际工作予以解决。

1932 年 2 月，在瑞金举行的闽赣两省工人代表大会提出各级工会要“拥护和巩固苏维埃政府”“扩大苏维埃区域”“使工会成为苏维埃的柱石”。在会上严肃批评了工会与苏维埃关系不协调的问题，使到会代表明确了工会自身的重任是要发挥柱石作用，在对待苏维埃的关系上应协调一致。1933 年 5 月，中国店员手艺工人代表大会再一次强调了各级工会“在一切工作中加强与苏维埃一致行动的联系”“职工会与苏维埃应该建立亲密和睦关系”“在一切工作中拥护与帮助苏维埃”。大会之后，处理好工会与苏维埃的关系问题引起了各级工会的高度重视。

全总执行局在对待与苏维埃的关系上，经常检查自身的工作，即使只发生了一点问题，也要立即纠正，绝不掩饰。全总执行局以身作则处理好与苏维埃的关系，并带动各级工会进一步协调与苏维埃的关系，积极参加苏维埃政府的各项工作，给了苏维埃政府极大的支持，使苏维埃政权建设取得很大的成绩。工会成为工农民主专政最重要的群众柱石。这是工会工作的巨大成就与进步，是正确引导工人运动摆脱“左”的干扰所取得的。毛泽东在中华苏维埃第二次工农兵代表大会的报告中，肯定了“工会是苏维埃政府的柱石，是保护工人利益的堡垒”。

四、积极参与苏区经济建设

（一）创办合作社，广泛开展合作社运动

1. 农业互助合作运动的开展

1929 年 3 月，红四军首次入闽，长汀长岭寨之战消灭了土著军阀郭凤鸣，解放了长汀县城。5 月，红四军再次入闽，攻克永定，三打龙岩，消灭了陈国辉部，促使闽西革命根据地初步形成，从此，一场轰轰烈烈的打土豪、分田地的斗争在纵横 300 多里的广大闽西地区掀起，至 1930 年上半年，近 80 万闽西农民分得了土地，世世代代当牛做马的贫苦农民终于成了土地的主人。翻身农民的生产积极性空前高涨，他们决心在自己分得的土地上辛勤耕作，多打粮食，支援革命战争。

第三次反“围剿”胜利之后，闽西革命根据地相对稳定，为农业生产的恢复和发展创造了条件，但由于支援革命战争，大批青壮年参加红军，并且由于战争的破坏，闽西各地普遍出现了劳力不足，耕牛、农具缺乏的困难。在此情况下，以劳动互助社和耕牛合作社为基

本形式的农业互助合作运动在闽西革命根据地蓬勃地开展起来了。

1929 年才溪暴动后，大量的男劳力当红军去了，为克服劳动力不足的困难，才溪乡农民根据以往农忙时以工换工、以人工换牛工的习惯，首先办起了耕田队。耕田队由几户人家自愿结合组成。后来，在乡苏领导下将这种小规模的耕田队扩大，大家自愿报名，一个村成立一个耕田队，选出一名队长，一个队管几个耕田小组，每组 5 人，主要是帮助红属及群众互助。耕田队将红属的地从犁田、插秧到收割都包了，而且自带饭包，不计工钱。1930 年 6 月，毛泽东第一次到才溪调研时表示“耕田队很好”，并要求将它提高一步到互助组。根据毛泽东的指示，1931 年夏收期间，才溪乡创办了中央苏区第一个劳动互助社（即互助组），成为我国农业互助合作运动的发源地。1931 年 11 月临时中央政府成立后，及时总结了才溪等地耕田队的经验，颁布了《耕田队条例》，使劳动互助组织在各苏区迅速推广。在才溪乡劳动互助社的示范下，1932 年以后，闽西苏区的农业互助合作运动得到了广泛的发展。至 1934 年，仅长汀一县就有社员 6717 人。1933 年，临时中央政府颁布了《劳动互助社组织纲要》，进一步推动了苏区劳动互助社的发展。劳动互助社在不变更个体所有制的前提下，调整了生产关系，在一定程度上打破了以一家一户为生产单位的界限，对于迅速地恢复和发展苏区农业起了非常重要的作用。

由于频繁的战争，闽西苏区许多耕牛被杀，农具被毁，一些不法商人、地主、富农故意宰杀耕牛或将耕牛大批卖往白区，加上没收地主豪绅的耕牛、农具时又弄死弄坏了许多，因此，耕牛、农具的不足成为苏区发展农业生产的一大障碍。闽西各地的无牛户占 25%。“为要解决群众的困难，争取群众的利益，就要发展耕牛运动……最好办法，是组织犁牛合作社。”① “不少的一部分农民（大约百分之二十五）缺乏耕牛，也是一个很大的问题。组织犁牛合作社，动员一切无牛人家自动地合股买牛共同使用，是我们应该注意的事。”② 临时中央政府

---

① 《中华苏维埃共和国临时中央政府土地人民委员部训令第四号——为发起犁牛合作社》（1933 年 4 月 13 日），中共江西省委党史研究室等编：《中央革命根据地历史资料文库·政权系统 7》，中央文献出版社、江西人民出版社 2013 年版，第 672 页。

② 《我们的经济政策》（1934 年 1 月），《毛泽东选集》第 1 卷，人民出版社 1991 年版，第 132 页。

于1933年三四月间，相继颁发了《关于组织犁牛站的办法》和《关于组织犁牛合作社的训令》，指示各地设立犁牛站、犁牛合作社，无代价或廉价租给无牛的农民使用，并帮助农民集股买牛。此后，闽西苏区的犁牛合作社迅速发展，如“长汀已建立了六十六只犁牛合作社，有牛一百四十三只”①。

闽西苏区群众创办起耕田队、劳动互助社和犁牛合作社等劳动互助组织后，有组织地调剂了劳动力和耕牛，通过劳动互助，帮助红属和劳力缺乏的贫苦农民种好田，为恢复和发展闽西苏区的农业创造了条件。其作用表现在：一是保证了农业生产的需要，提高了农业生产率。正如毛泽东所说：“很多的地方组织了劳动互助社和耕田队，以调剂农村中的劳动力；组织了犁牛合作社，以解决耕牛缺乏的问题……而劳动互助社和耕田队的组织，在春耕夏耕等重要季节我们对于整个农村民众的动员和督促，则是解决劳动力问题的必要的方法。”② 二是解决了红属和缺劳力户的实际困难。“劳动互助社还优待红军家属，帮助孤老。帮红军家属做工是尽义务，帮孤老做工只吃饭不要工钱。因为这种劳动互助组织对于生产起了很大的作用，采取的办法又很合理，所以得到群众的热烈拥护。”③

2.发展手工业和生产合作社

苏区党和政府充分认识到手工业是苏区国民经济的重要组成部分，广泛动员工人、农民在自愿互利的基础上，广泛地开展合作社运动，是开发与活跃苏区经济的一项重要措施。闽西党和苏维埃政府、工会，大力加强手工业生产的领导，发动手工业工人开展互助合作运动，发展手工业和生产合作社。积极倡导群众自愿组合创办生产合作社，并制定了对私营手工业的保护政策。政府不但给予合作社以生产资金和推销方面的帮助，还在税收、运输、厂房等方面给予支持。

① 王瑞编：《〈红色中华〉关于福建中央苏区报道的整理与研究》，厦门大学出版社2023年版，第467页。

② 《我们的经济政策》（1934年1月），《毛泽东选集》第1卷，人民出版社1991年版，第131、132页。

③ 《我们的经济政策》（1934年1月），《毛泽东选集》第1卷，人民出版社1991年版，第135页。

早在1929年9月，中共闽西特委就发出通告，责令各县、区要“有计划的向群众宣传，并帮助奖励群众创造合作社如生产合作社……”。1931年3月，闽西苏维埃政府颁发《合作社条例》，用法规来鼓励工农群众组织合作社。闽西苏区掀起了创办各种合作社的热潮，闽西苏区各种手工业如造纸、刨烟、织布、染布、炼铁、农具、铸锅、石灰、煤炭、造船、榨油、制糖、砖瓦、陶瓷、制伞、斗笠、缝纫、木器、竹器、打铁、鞭炮等生产合作社已有二三十种之多，尤其是传统的造纸业、刨烟业的生产合作社发展最为迅速。汀州市造纸合作社此时已有40多个。从1930年起至1931年4月中旬，永定就办起信用合作社9个，消费合作社57个，粮食调配局34个，石灰生产合作社4个。永定县是石灰资源丰富的地方，手工业工人自筹资金600余元，兴办4个石灰生产合作社，大力发展石灰生产。龙岩、上杭、永定、连城、杭武、长汀等县的手工业者，因地制宜，建立为人民生活服务的生产合作社。长汀县濯田200余名铁匠工人组织起来，日产生铁3000多斤，适应了军用和民用需要。

闽西早期建立的合作社为数不多，类型单调，后来由生产合作社发展到消费合作社，生产品种和服务项目逐渐增多。当时，合作社的领导和管理还没有摆上工会组织的议事日程，各个合作社没有统一的条文制约，无论是资金来源、经营方式、分配方法、管理章程，都是由各地各社自己决定。因而，早期组织的合作社出现了不少“冒牌货”。有的是工人与老板联合起来组织合作社，有的是没收私人企业的生产工具建立合作社，还有的是由老板借款赞助建社。比如汀州的纸业合作社，是由店员、店东组织起来的，办社资金大部分由老板借给，社员自筹的资金只有100余元，而老板借给的资金有六七百元之多，老板可以得到更多的利息分红。这些复杂的情况引起了全总苏区执行局的注意与重视，并逐步地予以解决。总的来说，早期的合作社对支持红军开创革命根据地，对开发革命根据地经济起到了积极的作用，也为合作社运动的发展奠定了基础。

1932年春至1933年8月，党和苏维埃政府以及工会制定了办社的方针、政策、章程，将合作社问题纳入苏区工会的议事日程，各级职工会加强了合作社运动的领导，苏区合作社运动进入发展阶段。

自1932年以来，国民党反动派对苏区实行严密经济封锁，“企图建立纵深 260 里的封锁网”，“来破坏苏区的经济生活”。同时，苏区“左”的经济政策导致工人运动发生偏差，许多私营工商业陷于瘫痪，越来越多的工人遭受失业痛苦。“要使苏维埃区域工人失业问题得到彻底解决，就要以工人的力量保护苏维埃政权的巩固……只有苏维埃经济向前发展的情况下，才能使工人利益得到彻底改进。”面对这一情况，苏区党组织要求职工会重视工人的切身利益，“须以最大的努力进行失业救济”，“并进行合作社运动，发展苏维埃经济”，“求得失业问题的相当解决”。

1932 年 2 月，全总苏区执行局主持召开的闽赣两省工人代表大会讨论了工人参加经济建设、组织与发展合作社的问题，作出了《失业与合作社问题决议案》，要求工会系统迅速贯彻落实。决议案强调职工会应加强对合作社运动的领导，合作社的组织形式应多样化，入社对象应是工人和农民，地主富农分子不能入社，不能将合作社变为营业性质的商店，还建议政府对合作社给以支持和优惠，发给信用贷款，减轻或免除税费。

各级职工会在贯彻这一决议案的时候，中华苏维埃共和国临时中央政府在同年 4 月 12 日公布了《关于合作社暂行组织条例的决议》，明确指出“建立与发展合作社，是发展苏维埃经济的一个主要方式，是保障工农劳苦群众利益的有力武器”，并阐明了合作社的性质和基本原则。苏区广大手工业工人和农业工人在工会领导下，积极行动起来，组织各种类型的合作社，恢复与发展手工业生产和农业生产，城乡经济日趋繁荣活跃。上半年，闽西苏区各种手工业合作社恢复了二三十种之多，长汀县纸的生产量已恢复 2/3。上杭县才溪区的合作社运动受到称赞，共建立了 32 个消费合作社，2 个布匹合作社，1 个粮食合作社，3 个药材合作社，共有股金 2531 元，加入合作社的工农群众达 4000 人。

1933 年 8 月至 1934 年 2 月，苏区各级工会开展了经济建设竞赛，合作社运动蓬勃发展。中央苏区办起各种类型的合作社 12 万余个，社员 57 万余人，拥有资金 62 万余元。其中，生产合作社 176 个，社员 3.2761 万人，股金 5.8552 万元。广大农村以农业工人为核心，成立了数以千计的犁牛合作社（见表 1-2-2）。

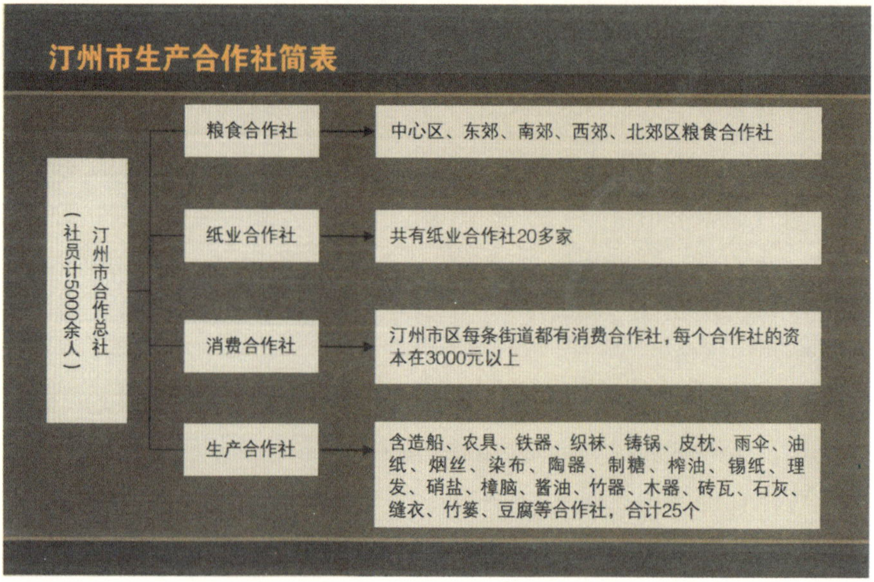

图 1-2-18　汀州市生产合作社简表

资料来源：长汀县博物馆

表 1-2-2　中央苏区合作社统计表

	1933 年 8 月		1934 年 2 月	
消费合作社	社数 社员 股金	417 个 82940 人 91670 元	社数 社员 股金	1140 个 295993 人 322525 元
粮食合作社	社数 社员 股金	457 个 102182 元 94804 元	社数 社员 股金	1072 个 243904 人 242079 元
生产合作社	社数 社员 股金	76 个 9276 人 29351 元	社数 社员 股金	176 个 32761 人 58552 元

资料来源：瑞金中央革命根据地纪念馆。

中央苏区合作社运动的蓬勃发展，对苏维埃经济建设作出了重要贡献：其一，恢复和发展了手工业生产，调节了市场，安置了失业工人。从 1933 年上半年起，苏区手工业生产增加了盐、樟脑、铁、烟、锅炉、石灰、纱、纸等产品，解决了苏区人民生产生活的需求。比如闽西纸的生产，过去几年完全破坏了，1933 年恢复了 1/3，1934 年产量已达 10 万担。其二，促进了农业生产的发展。苏区省、县两级工会办了12个农具生产合作社，加上各地星罗棋布的犁牛合作社，解决了农村缺乏耕牛、农具的困难，调剂了农村中的劳动力，农业生产得到较快发展。在闽西区域，1933年的农业生产比1932年增加了15%，其三，培养和造就了一大批“文明生意人”，为苏区经济建设提供了更多的人才。

（二）积极发展商业

1. 鼓励发展私营商业

闽西苏区建立初期，经济十分落后，商品流通主要依靠私人经营和农村圩场，尤其是肩挑小贩走村串户，小本经营，方便群众。在农村，广大农民主要靠一般五天一次的集市贸易出售自己的粮食、土产，以换取农具、肥料和生活必需品。因此，私营商业和农村圩场是闽西苏区商品流通的主要形式，它在苏区经济建设中占有重要的位置。

为了加快发展苏区经济，尽快恢复和发展私营商业显得非常紧迫，因此，苏区党和苏维埃政府采取了一系列积极的措施鼓励和保护私营商业。1929年1月，红四军在向赣南、闽西进军途中，曾颁发了文告，宣告党对私营商业的政策是“取消苛捐杂税，保护商人贸易，普通商人的财产一概不没收，不向小商人派款”，还宣布“平买平卖，事实为证，乱烧乱杀，在所必禁，城市商人，积铢累寸，只要服从，余皆不论”。1929年7月，中共闽西“一大”对商人进行了具体分析，并制定了有关政策，认为“在反帝、反军阀、反豪绅，取消苛捐杂税，保护商店口号之下，可以取得小资产阶级的同情。因此，对城乡小商人绝对不要没收商店、焚烧帐簿和废除帐目……”[①]，对于商业资产阶级，经济上也不能采取没收政策。“对大小商店应取一般的保护政策（即不没收）……但压迫穷人最厉害而为一般商人所深恶，没收后可以得到多数人同情的，在宣传工作做好后才可以没收”[②]。

1930年3月25日通过的《闽西第一次工农兵代表大会宣言及决

① 《中共闽西“一大”决议案》（1929年7月），中共龙岩市委宣传部、中共龙岩市委党史和地方志研究室、龙岩学院中央苏区研究院编：《中央苏区（闽西）历史资料汇编②》，中共党史出版社2023年版，第192页。

② 《中共闽西“一大”决议案》（1929年7月），中共龙岩市委宣传部、中共龙岩市委党史和地方志研究室、龙岩学院中央苏区研究院编：《中央苏区（闽西）历史资料汇编②》，中共党史出版社2023年版，第192页。

（八）商人条例

一、商人遵照政府决议案及一切法令、照章缴纳所得税者，政府予以保护，不准任何人侵害。
二、商人自由贸易，政府不予限制其价格。
三、商家来往帐目，政府不予取消，维持商家帐簿。
四、各地船只货物来往，如非违反苏维埃禁例物品者，输入与输出政府一律予以保护。
五、所有武装团体，不得借口逮捕犯人，骚扰商店。
六、非经县政府审判有罪之商人及闽西政府批准者，不得没收其商店，违者严办。
七、商人不得私藏枪械，违者严办。
八、商人不得操纵金融，银价涨跌须经苏维埃批准。
九、工厂、商店因亏本而倒闭者，须经工会审查，其因自己恐慌而关闭者，应限期开门营业，政府予以保护，如逾期不开者，政府将货品盘与工人经营之。
十、商人贩运或私造铜银、假造纸币者严重处分。
十一、商人所用秤斗尺，须造出一样，不得用手段来剥削工农。
十二、本条例自公布日施行。

图 1-2-19　1930 年 3 月，闽西第一次工农兵代表大会制定了《商人条例》，它是中央苏区第一部红色工商法律文献

议案》规定：“商人遵照政府决议案及一切法令，照章缴纳所得税者，政府予以保护，不准任何人侵害。”

政府还重视对商人的宣传，经常召集商人开会，鼓励他们积极办货，并与他们商量经营办法，支持他们接待白区商人。政府经济组织还派出专人帮助他们与白区商人联系，如长汀外贸总局就有人专门与白区商人联系。政府积极保护商人贸易自由，保护和优待白区商人，准许其在不违反苏维埃政策的前提下于苏区内自由贸易。从 1930 年开始，政府还发给白区商人进入苏区经营的执照，指示各级不许筹款、不许没收商品，后来又给他们以兑换现金的方便。政府对商人的货物不检查、不课税，因此，商人的经营积极性被大大调动。苏区的商人积极向白区贩运土特产品，使土特产有路可销。

1931 年 8 月，闽西苏维埃政府通报批评杭武第六区随意扣押货船、没收商店的错误，指出不要干涉赤白贸易民船的往来，外国商人开办的商店亦许其营业，不得没收。

1932 年 9 月，中央财政人民委员部发出财字第 6 号训令，要求各地注意检查各地政府有无破坏经济政策之行为，如胡乱没收商店，乱打土豪，限制市价，随意禁止出口等，一旦发现这些行为，应予以纠正或处分。

由于政府贯彻执行了正确的保护和扶植私营商业的政策，加之打倒了控制圩场的封建把头，市场贸易出现了日渐繁荣的局面。各区、

汀州市私人商业统计表（1933 年冬）

名称	数量	名称	数量
京果店	117 家	锡纸店	27 家
洋货店	28 家	金银首饰店	14 家
布匹店	20 家	小酒店	46 家
油盐店	20 家	饭　店	11 家
纸　行	32 家	客　栈	20 家
药　店	17 家	合　计	367 家
酱果店	9 家		

图 1-2-20　汀州市私人商业统计表（1933 年冬）

资料来源：长汀县博物馆

乡都有圩场，长汀的四都一区就有四都、楼子坝、溪口、谢坊等四个圩场，每圩贸易额从数百元发展到数千元，赶圩的人数少则四五百，多则千人以上。圩场贸易点多、面广、货种齐全、自由交换，既繁荣了农村市场，方便了群众，又为发展经济作出了贡献。

2. 指导签订劳动合同

1933 年 6 月，时任全总党团书记的陈云深入闽西苏区的汀州进行社会调查发现，在汀州工商业中，劳动法所规定的“八小时工作制完全没有实行”，因为“照店内工作来说，每天实在工作时间不到三小时。同时各店所作生意因为乡帮生意与城郊不同，生意忙的时间也不同（譬如接近田郊的店铺，每天上午八小时后，下午四小时以前较忙，因为这个时间内是农民到汀州来赶市的时间，本城市某些店铺因城内居民的生意较多，所以在上午八时前，下午四时后较忙），所以机械的规定八小时或者几点到几点为工作时间是不适宜的”[①]。这种“不适宜”主要是它脱离了苏区经济状况。因为在苏区经济体系中，由苏维埃政府兴建和直接领导的公营工业、商业以及由根据地劳动群

① 《怎样订立劳动合同》，中共龙岩市委宣传部、中共龙岩市委党史和地方志研究室、龙岩学院中央苏区研究院编：《中央苏区（闽西）历史资料汇编⑦》，中共党史出版社 2023 年版，第 209 页。

众组织起来的合作社手工业、商业是少量的，而大量的是私人资本开办的工厂、商店。将那种只能适用于大城市的劳动法在苏区推行，显然是错误的。

同时，在汀州工商业中，工人“星期日完全没有休息，做工也不加双倍工资。因为工人感觉到每天做工不到三小时，星期日休息不休息差不多。如果星期日要加额外工资，店内的生意老板尽可自己照顾，不愿再出双倍工资”。由此可见，“左”倾劳动法将劳动人民之间的师徒关系当作雇佣关系，强制执行标准过高的经济条例，必然会影响到苏区经济的发展与巩固。陈云经过深入调查后，认为“我们应该领导工人坚持要求八小时工作和星期日休息”，“但是，八小时工作时间的运用，星期日休息的办法，是活动的，不是机械的”，这要考虑商店营业上的特殊性。如果机械地执行只适用于大城市的劳动法，必然使企业不能担负而迅速地倒闭。

为了指导苏区基层工会或工人与老板签订好新的劳动合同，陈云在长汀连续召开了工会支部会、工人代表座谈会、资方老板座谈会，从上而下、自下而上地反复听取群众的意见和要求，充分讨论、酝酿制订劳动合同的意义和条文。在长汀，他从各工会中选出 5 个工人代表，组成签订合同委员会。陈云亲自指导京果业工人与老板订立合同。其所用的办法是：一是了解企业的实际情形，考察已订合同的实际情况和了解工人的要求。二是了解有关营业情况，京果业生意的利润，及上半年所订合同是否每一条文都实行。三是了解工人对“五一”代表大会的态度。四是以党的支部为中心去动员群众，加强党支部对工人签订合同运动的领导。五是组织工人讨论起草好的合同条文，要求工人代表与老板订立适合实际的合同条文。

汀州市店员手艺工人工会的工人王其夫与泰丰号京果雇主订立了劳动合同，这个合同全文如下：

中国店员手艺工人工会汀州市委员会代表京果业支部委员会工人王其夫今与泰丰号京果雇主订立劳动合同，条件如下：

第一条 本合同自 1933 年 7 月 1 日起，系临时双方规定无限期劳动合同，只能适用于现在本市水果业，因汀州邻近山区确无来货时，若工会认为情形有部分或全部改变时，随时有权要求部分或全部修改合同，但雇主不得借口经济封锁，故意不进货物。

第二条 工人工资照1932年下半年数额，工人王其夫每月工资大洋20元（伙食6元计算包括在内），每月由雇主另外发给理发、洗衣杂费大洋9角，工资每月1号、15号两次发给。

股东老板在店内有一定职务而支薪者与管理人员（人数均照现在不得增加）的工资在本合同有效期间均照革命以前最后一年工资数额支付，但其工资革命前在15元以内者不减不加。革命前支10元以上者，现在最多不得支付超过10元。

老板及管理人员的子弟店内当学徒者如不能做生意不给工资，能做生意者，照1932年6月份工资减半。

第三条 工作时间以8小时为标准，但工人可以按照每日店内营业时间的忙闲（忙时在店，闲时休息），每日平均计算不超过及不少于8小时工作。

第四条 工人工作六天休息一天，但是星期日店内继续营业，工人同在七天中轮流休息。

如果工会会员大会决议，决定星期日工作，将该星期工作捐助某项运动时，则星期日工作者应给全部额外工资。

第五条 每年例假劳动法所规定执行，但客家工人每年另外可以回家二月不扣工资，如不回家者，雇主津贴工资二月。例假与客家工人回家时间的选择可于店内营业较闲时，如工人有紧要事情，则不在此限。

第六条 工人有疾病在三个月以内者由雇主负责诊治药费并照给工资（花柳病及吃补药除外）。

第七条 雇主除每月十足付给工人工资以外（除老板工头外），不论工会会员或非会员的，应付百分之六为失业保险金，交社会保险局，付百分之二为工会办公费，百分之一为文化教育费，均按月交工会。

第八条 雇主承认工人组织的监督生产委员会，临时有权要求查阅帐册、货款。

第九条 本合同有效期间，劳资双方如有争执，悉按现行劳动法令办理，中央政府修正的劳动法颁布以后，依照该修正的劳动法办理。（第八条第九条，因原稿遗漏，条文大意如此，个别文字或有遗漏——陈云注）。

雇主　泰丰号

店员　王其夫

中国店员手艺工人工会汀州市委员会

公历 1933 年 6 月

通过指导汀州市京果业工人与老板签订有弹性的合同，陈云写下了《怎样订立劳动合同》一文，一方面指导苏区各县签订劳动合同，另一方面批判了执行过“左”的劳动政策造成的恶果。陈云说：“非但不能提高工人阶级的觉悟和积极性，相反地只能发展一部分工人不正确的浪漫生活，使工人群众不信任党与工会的领导，而且这种‘左’的错误恰恰被资本家利用来一方面欺骗工人，使工人脱离工会的领导，同时贯彻实施对于苏维埃政权的怠工。”

汀州市京果业合同签订后，促进了其他各业的老板与工人签订类似有弹性的合同。如 1933 年 10 月 26 日《中共福建省委工作报告大纲》中所指出的：“汀市大部分合同签订了，纠正了过去‘左’的错误。”长汀全县 18 个区就有 13 个区订立了劳动合同和集体合同。这些新的有弹性的合同的签订，既坚持和维护了工人阶级利益的立场和原则，又调动了资方人员的积极性；既纠正了一些工会干部的教条、机械、呆板的工作方法，又调整了劳资关系，为进一步繁荣汀州市的经济，支援革命战争，粉碎国民党的经济封锁，巩固革命根据地起到了很好的作用。

3. 创建合作社商业

由于国民党对闽西苏区的经济封锁日益加紧，使闽西苏区内的农副产品如粮食、烟丝、纸、木材等无法向白区外销，而农民无钱购买生活必需品和农具、耕牛等，必得纷纷粜米以资支应，因此出现苏区内粮食供过于求，米价大跌，形成了严重的“剪刀差”。于是，闽西苏区党和苏维埃政府据此及时提出：苏维埃区域的主要任务是帮助奖励群众创办合作社。因此，各种合作社如消费合作社、粮食合作社、购买合作社、贩卖合作社等合作社商业组织应运而生。

合作社商业以消费合作社、粮食合作社为主，购买合作社、贩卖合作社为辅。

消费合作社是为满足社员自己的生活需要，免除中间剥削而联合起来共同购买日用消费品的组织，所得盈利按社员购货多少的比例分配，一般以村、街道为单位建立。最早创办的是 1929 年 11 月成立的上杭县才溪乡消费合作社，初创时 80 余人，股金 40 余元，借了一些公款，开始营业，价格由社员讨论决定，社员及红军家属、红军机关和红军各部队购买时，按原价卖，卖给群众时照本赚 5%。

图 1-2-21 苏区漫画《生意兴旺的区消费合作社》
资料来源:《红色中华》第 309 期，1936 年

粮食合作社是以调节粮价、抵制商人剥削为目的，由社员自己粜米的组织，所得盈利以社员粜米多少按比例分配。

购买合作社是社员为满足自己生产或转卖的需要，免受中间剥削而联合起来共同购买商品的组织，所得盈利按社员购货多少的比例分配。购买合作社直接到产地或商品集散地采购，行情明了，价格便宜。

贩卖合作社是社员为了免受收购商人的剥削而联合起来共同贩卖自己所生产的商品的组织。它有两种：一种是个人组合的，另一种是合作社组合的。贩卖合作社既可免受中间商剥削，也可节省农民卖货的时间。

合作社商业坚持了自愿的原则、民主办社的原则和获利的原则，一切事务民主管理，社员不但享受了优先购买、低价购买的权利，而且按比例得到了分红，合作社又在获利中得到了积累，从而扩大了经

图 1-2-22　闽西苏区创办的各种类型的合作社、粮食调剂局，后来推广到整个中央苏区，涌现出上杭县才溪区等先进典型。这是苏维埃中央政府奖给才溪区的奖旗

色中華　　第三版

一個模範的消費合作社

大家來學習它的光榮的模範

在合作運動中，上杭的才溪區是模範的一區，雖然在他的工作中，還有許多缺點，但才溪區消費合作分社的工作已能使我們得到許多的經驗和教訓。

才溪區消費合作分社發展的歷史：

才溪區消費合作分社創立於一九二九年十一月間，當時組織籌備委員會，在創立時只有社員八十餘人，股金四十餘元，同時借了一些公款，立即開始成立和營業，當時在價格問題上，由全體社員大會來討論決定；社員及紅軍家屬紅軍機關及紅軍各部隊，來購買物品，照成本售出，賣與羣衆則照本賺百分之五，到一九三一年十二月結算賬目，除一切開支外，共得存餘大洋三百元，當即召集社員大會，報告工作和分配紅利，照社員股金，每一股（五角）得紅利大洋五角。這一個時期，才溪區合作分社還沒有做到他應有的工作；在今年七月間結　時，除一切開支外計得贏餘七百四十一元，經社員大會一致決定不分，作爲公積金，以充裕資本。自本年八月經濟建設大會以後，新社員大大的增多，共計現有社員一千〇四十一人，股金一千〇四十一元，這是區分社的發展情形。

才溪區合作分社工作的概況：

才溪區消費合作分社社員代表大會，產生了管理委員一人

图 1-2-23　才溪区消费合作分社作为全中央苏区 5 个先进消费合作社之一受到表彰，《红色中华》报公开号召“大家来学习它的光荣的模范”

营。因此，合作社有广泛的群众基础，深受群众的拥护与欢迎。

1931 年，闽西苏区的合作社商业有了初步的发展。1932 年 4 月，中央工农民主政府发布了《关于合作社暂行组织条例》，正式宣布“合作社为发展苏维埃经济的一个主要方式”。7 月，中央执行委员会发出《关于战争动员与后方工作的训令》14 号，要求“各地苏维埃政府应特别帮助劳动群众的合作社，尤其是消费合作社的组织与发展”。到这一阶段，汀州几乎每个乡都有了消费合作社。汀州市成立了合作总社。到 1933 年，粮食合作社也得到了普遍的发展。第二次全国工农兵代表大会前后，汀州绝大部分劳苦群众都加入了合作社。闽西各地合作社组织也如雨后春笋般发展起来。合作社商业得到了空前的发展壮大，至 1934 年，闽西发展到合作社社员 10 万人，股金 10 万元。各级政府还从财政、税收、货源、运输、房屋等方面支持合作社，如 1933 年 8 月，中央工农民主政府决定发行公债 300 万元，其中 60 万元用于支持各地合作社。

1933 年，中央国民经济人民委员部颁发的《消费合作社简章》和《粮食合作社简章》规定盈利的 50% 为公积金，50% 用于分配。为防止合作社产生弊端，中央要求合作社要以完善的商业化的经营使自己获利，同时必须废除赊账制度，严格审查账目。为此，各合作社积极想办法，学会做生意，严格财金制度，社员共同监督，大多数越办越好，盈利越来越多。

合作社商业始终坚持了为群众生产生活和革命战争服务的方向，在国民党严密的经济封锁的情况下，消费合作社千方百计地向苏区提供了食盐、布匹、洋油等必需品。粮食合作社为调剂粮食余缺、控制粮价、保证军需民用、打破敌人的经济封锁，作出了应有的贡献。

4. 建立公营商业

公营商业是在激烈的革命战争环境中，为保障苏区军民的生活，支持革命战争而逐步建立和发展起来的。

苏区建立以后，国民党对苏区实行了疯狂的军事“围剿”和严密的经济封锁。1933 年，福建省国民政府炮制了《闽省封锁推进法》，划定靠近苏区的漳平、南靖、平和等 28 县为封锁区，并设立闽江、漳江、汀江水道督察处及大埔、上杭、永定封锁督察处。在河田、朋口、白砂、旧县等处设检查卡。对食盐、火油（汽油、煤油、机油等）实行公卖，封锁县设公卖委员会，各区及重要市镇设公卖分会。公卖委员会采购盐油时，必须取得政府批准，每次采购不得超过总人口半个月的供应量，与苏区相邻的县乡则不得超过总人口 5 日的供应量，如食盐规定每人每月市秤 4 钱。同时设立了“五家连坐法”，五家中如有一家将食盐送苏区，另四家以“甘心赤化”一同论罪。凡积存食盐或火油 10 斤以上卖于别人者，枪决或严办。由于敌人严密的封锁，苏区的工业品来源基本被断绝，因而工业品奇缺，价格昂贵，如 1932 年春食盐每元能买 10 斤，煤油每元买 8 斤，1933 年食盐则贵至每元 1 斤甚至 14 小两，煤油每元 1 斤左右，布匹也涨价 4 倍。

为了打破敌人的经济封锁，抵制奸商剥削，1933 年，根据毛泽东同志“尽可能地发展国营经济”的指示，闽西苏区开始创办各种公营商业。

公营商业主要有粮食调剂局和对外贸易局。

粮食调剂局初创于闽西苏区。1929 年夏收时节，闽西出现了严重的“剪刀差”现象，极大地挫伤了广大农民的生产积极性，造成了整个社会的经济恐慌。1930 年 6 月 1 日，闽西苏维埃政府发布了《调剂米价宣传大纲》，指出米价低落，农民吃亏，农民贫穷而使市场冷落，因此调剂米价，是保护农民生产积极性的重要措施。于是 1930 年 6 月 14 日，闽西苏维埃政府发出了题为《关于组织粮食调剂局问题》的第 15 号布告，号召各地成立粮食调剂局，并对成立粮食调剂局的有关事宜作了具体规定。7 月，闽西苏区第一个

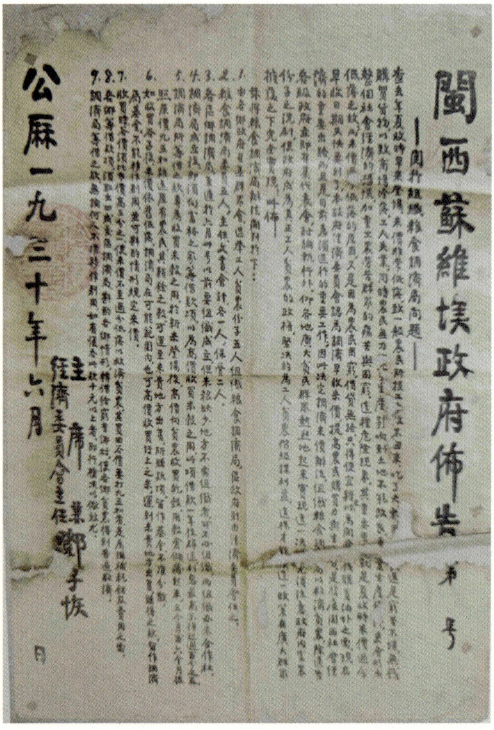
閩西蘇維埃政府佈告
第　号
—關於組織粮食調劑局問題—
公厤一九三十年六月
主席
經濟委員會主任 鄧子恢

图 1-2-24　1930 年 6 月，闽西苏维埃政府印发的《关于组织粮食调剂局问题》布告

公营商业企业——粮食调剂局建立。

1933 年 2 月 26 日，中央工农民主政府召开了第 36 次常委会，研究创办粮食调剂局。同年 3 月 4 日，毛泽东主席签署了题为《为调节民食，接济军粮》的第 39 号命令，要求各地迅速成立粮食调剂局，不久，闽西各县、区和大的圩场都成立了粮食调剂局。

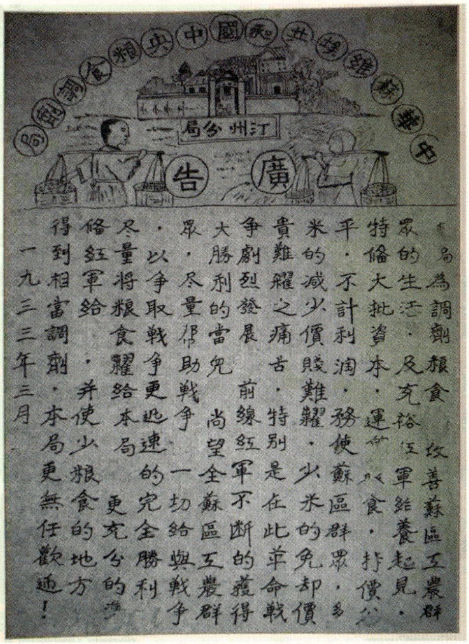

图 1-2-25　闽西第一个公营商业企业——中华苏维埃共和国中央粮食调剂局汀州分局广告

粮食调剂局的主要任务是通过购、存、调、销业务打击奸商，平抑粮价，以保障苏区军民的生活用粮，同时有计划地组织出口以从白区换回食盐、布匹、煤油、药材等生活必需品。

1930 年 10 月至 1931 年上半年，苏区的经济完全被敌人封锁，工业品很少输入苏区，因此苏区的工业品十分缺乏。同时，闽西出现的严重“剪刀差”现象使农民的农业生产积极性受到挫伤。“因为敌人的封锁，使得我们的货物出口发生困难。红色区域的许多手工业生产是衰落了，烟、纸等项是其最著者。”①

对外贸易工作是当时经济工作中最薄弱的一环，可是它在打破敌人封锁的战线上却占有非常重要的地位。为了迅速改变这种状况，“打破敌人的经济封锁，发展苏区的对外贸易，以苏区的多余的生产品（如谷米、钨砂、木材、烟、纸等）与白区的工业品（食盐、布匹、洋油等）实行交换，是发展国民经济的枢纽。苏维埃对外贸易局与各

① 《我们的经济政策》（1934 年 1 月），《毛泽东选集》第 1 卷，人民出版社 1991 年版，第 132 页。

种商业机关，必须更加健全起来”①。

1933年2月，中央工农民主政府第36次常委会决定成立国民经济人民委员部，下设对外贸易局。同年4月，规定“对外贸易局管理苏区对外贸易事宜，设法打破封锁，保证苏区境内的生产品与境外的商品，得有经常的交换，消灭农业生产品与工业生产品价格的剪刀差现象”②，以解决苏区军民的生活需要。并要求各县设立对外贸易分局，重要的交通口岸、圩镇设立采办处，以形成一个对外贸易网。

对外贸易局执行了“对外管理，对内自由”的政策。对外管理是把粮食、土纸、钨砂等重要物资的出口和食盐、布匹以及西药等产品的进口统由对外贸易局经营，但不是统治所有的进出口。对内自由是对重要的物资如粮食，通过掌握季节性的市场供求情况进行调剂，以稳定粮价。从而实现管而不死，活而不乱。

除粮食调剂局和对外贸易局外，还有中华商业公司和中华贸易公司、红色饭店等公营商业组织，中华商业公司收购土特产品运往潮汕一带销售，主要负责收购根据地出产的茶叶、烟叶、香菇、木材、药材、樟脑油等土特产运到白区销售，又从白区购回大量的西药、布匹、煤油、食盐、印刷材料、手电筒等紧缺物资，销往根据地各县，供军需民用。仅药品一项，每半月采购一次，采购额就达十几万元。由于经营有方，生意越做越红火，连国民党《申报》也惊叹“获利甚丰”。

闽西工农银行积极支持公营商业，为粮食调剂局和对外贸易局提供了大量的资金，同时还积极开展对外贸易业务。闽西工农银行在长汀水东街设立了营业部，经营布、棉、盐、煤油等物资的进口和花生、土纸等土特产品的出口，各粮食合作社也积极支持粮食调剂局和对外贸易局，如为粮食调剂局和对外贸易局收购、保管、运输粮食和其他土特产品，从而保证了出口物资的主要来源。

① 《中华苏维埃共和国中央执行委员会与人民委员会对第二次全国苏维埃代表大会的报告》（1934年1月24日—25日），中共江西省委党史研究室等编：《中央革命根据地历史资料文库·政权系统8》，中央文献出版社、江西人民出版社2013年版，第1348页。

② 《中华苏维埃共和国各级国民经济暂时组织纲要》（1933年4月28日），中共江西省委党史研究室等编：《中央革命根据地历史资料文库·政权系统7》，中央文献出版社、江西人民出版社2013年版，第716页。

汀州公营商业一览表

名称	地点	时间
汀州市粮食调剂局	长汀城关	1932年春
中华纸业公司	长汀城关	1932年冬
中华贸易公司福建省分公司	长汀城关	1933年
中华商业公司汀州分公司	长汀城关	1934年
红色旅馆	长汀城关	1932年
红色饭店	长汀城关	1932年
红色商店（小小商店）	长汀城关	1932年
红色米市场	长汀城关	

图 1-2-26　汀州公营商业一览表

资料来源：长汀县博物馆

闽西苏区在重要的市镇、交通要道都设立了公营商店，如红色饭店、旅店，汀州市就设立了好几处，招待苏区来往干部，每日不下200至300人。

由于闽西苏区党和政府实行了正确的政策，工人群策群力，私营

图 1-2-27　苏区时期长汀县城是商业贸易繁华之地，被誉为“红色小上海”。图为长汀水东街

商业、合作社商业、公营商业三条商品流通渠道互相配合，互相支持，共同发展，它们活跃和发展了苏区经济，为打破国民党的经济封锁，支援革命战争，改善人民生活发挥了重要的作用。

（三）发展与管理公营企业

1.发展公营企业

在闽西苏区，农民的小商品经济占绝对优势，几乎没有现代化的机器工业，只有少数小城镇出现了规模较小的资本主义工业。这种工业状况显然难以适应大规模的革命战争和人民群众日常生活的需要，因此苏区工会组织在党和苏维埃政府领导下，积极投入发展苏区的经济建设中，根据实际条件，发动工人群众建立和发展苏区的公营企业，为打破敌人的经济封锁、解决人民日常生活的物资需要起了重大作用。到 1934 年 2 月，中央苏区的苏维埃工厂已有 33 个，其中长汀作为当时的“红色小上海”就占了一半以上，主要有硝盐厂、纺织厂、造纸厂、冶炼厂、烟厂、印刷厂等。

（1）硝盐厂

食盐是人民生活的必需品。闽西不产盐，历来靠商人从外地运来食盐，但由于国民党严密的经济封锁，严格禁止食盐运入苏区，加之一些奸商乘机垄断食盐，哄抬盐价，因而盐价高出肉价 10 倍，一个光洋能买猪肉 8 斤，却只能买食盐 8 两。苏区军民长期吃不到盐，苦不堪言，因此，食盐问题成为闽西苏区一个非常突出的问题。为了解决食盐问题，闽西苏区党和政府领导群众掀起了熬硝盐运动。广大群众熬硝盐的积极性非常高，各县、区、乡都成立了硝盐厂，仅汀州城一下子就成立了 6 个硝盐厂，有职工 60 多人，日产硝盐 20 多斤。群众性的熬硝盐运动，有力地缓解了苏区军民食盐紧缺的问题。

（2）纺织厂

闽西地区长期以来没有种植棉花的习惯，所以纺织工业非常落后，仅在个别地方有一些手工业作坊生产土布，但自“洋布战胜土布”之后，手工作坊也日趋衰落。为了解决苏区军民的穿衣问题，根据地党和政府致力于发展纺织工业，号召农民大种棉花，然后创办了一批纺织企业。如长汀创办了解决军需的中华织布厂和解决民用的纺织厂，同时私营纺织业也开始恢复和发展。1932 年，私营纺织业得到较大的发展，到年底，长汀有的私营纺织厂拥有 30 多个工人，但由于国民党的经济封锁，棉花难以购进，而当地棉花种植少且产量又不高，因此棉花供应不足，一些私营工厂常常因待料而停工。

（3）造纸厂

闽西具有丰富的竹木资源，造纸业原是闽西的一大优势。闽西生产的土纸享誉海内外，但自“洋纸”侵入后，土纸业逐渐破产。闽西苏区建立后，党和政府采取各种有力措施致力于恢复和发展纸业生产，很快，闽西的造纸业又开始复兴，土纸作坊遍布各地。长汀、龙岩、上杭、永定等县都有许多土纸作坊，尤以长汀为最，土纸作坊遍布各区，宣城、四都、湫水等区、乡发展最快。宣城在革命前纸槽甚少，到 1934 年已增至 250 个，有工人 1500 多人，年产纸 2 万多担。闽西各地的造纸业不断发展，技术不断改进，产量不断增加，品种也有创新。由于长汀造纸业的迅速发展，中央民主政府还在长汀设立了中华商业公司造纸厂，资金 20 万元，产品畅销广州、潮汕乃至东南亚一带。

（4）冶炼厂

闽西具有丰富的铁矿、煤炭资源。随着军事工业的发展，闽西苏区党和政府日益重视炼铁业。长汀的濯田铁厂有工人 200 多人，日产生铁 300 多斤。还有长汀的南阳铁厂、南城堡铁厂，武平的店下铁厂等。生产的铁供应兵工厂和农具厂。

（5）烟厂

烟叶也是闽西的重要特产之一，尤其是永定的烤烟，以质量佳闻名全国，且有悠久的加工历史。但“洋烟”入侵以后，“洋烟打倒条丝”，烟厂纷纷倒闭。闽西苏维埃政府致力于发展烟草业，使烟草业快速地恢复和发展。龙岩、永定、上杭等地都建立了刨烟合作社。

（6）印刷厂

土地革命前，闽西的印刷业非常落后，仅长汀、龙岩、上杭三地有印刷业，比较像样的仅有长汀的毛铭新印刷所和龙岩的东碧斋印刷所两家。土地革命后，这两家印刷所成了闽西苏区主要的印刷企业。

1927 年，八一南昌起义部队途经长汀时，吴玉章、沈泽民等人曾指示长汀地下党负责人要办好印刷所，以适应将来革命的需要。1929 年 3 月，红四军首次入闽，毛泽东在其住处辛耕别墅接见长汀地下党员，当地下党负责人介绍到毛铭新印刷所时，毛泽东说，印刷

图 1-2-28　1929 年 3 月 20 日，红四军前委书记毛泽东在辛耕别墅主持召开了老裁缝工人、老佃农、老教书先生、老钱粮师爷、老衙役和老流氓头子等 6 种人的调查会。图为辛耕别墅

所有共产党员，印刷所有石印又有铅印，条件很好，应该为革命发挥作用。我们有很多宣传品正需要大量印刷。随后毛铭新印刷所即承印了许多布告、文告，如“六大决议案”“十大政纲”“红四军司令部布告”“告商人知识分子书”“告绿林兄弟书”等，实际上已成为红军印刷厂。

1931 年，取得三次反“围剿”胜利后，闽西、赣南苏区连成一片。为适应苏区各项建设的需要，印刷业急需发展。毛铭新印刷所已培养了一大批印刷技术人员，于是以毛铭新印刷所为基础，由毛钟鸣指导，从白区秘密采购了部分印刷设备和材料，在瑞金先后办起了中央印刷厂、中央革命军事委员会印刷厂和中央财政部印刷厂，分别承印中央文件、布告，《红色中华》《斗争》《红星》等报刊及钞票等票证。毛铭新印刷所则承印《青年实话》和各类学校课本、成人读物等。

1931 年秋，闽西列宁书局在汀州成立，局址先设于十字街的毛铭新印刷所内，后迁水东街大井头的汤锦发货店。苏区学校的识字课本、红军的医学书籍及地方党政机关文告等均由毛铭新印刷所印刷，闽西列宁书局发行。此后，该所还承印了革命导师马克思、列宁的画像及军用地图等。1933 年冬，毛焕章兄弟将毛铭新印刷所的设备自愿捐献给少共苏区中央局，并迁至闽赣交界的井头村，改为《青年实话》印刷所。

毛铭新印刷所为开创中央苏区的印刷业，为中央苏区的宣传、教育、文化事业作出了辉煌的贡献。

龙岩的东碧斋印书局也成了革命的印刷所，先后承印了红军、地方党政机关的文告、宣传品、教材等，为闽西苏区的革命和建设作出了贡献。

闽西苏区各地还兴办了数以千计的手工业厂、社，手工业生产有较快的恢复和发展，有造纸、织布、砖瓦、雨伞、熬盐、斗笠、木器、篾器、竹器、瓷器、陶器、榨油、刨烟、炼铁、缝纫、织布、染布、做豆腐、烧木炭、烧石灰、造农具、铸锅炉等20多种。毛泽东曾指出："两年以来，特别是一九三三年上半年起……许多手工业和个别的工业现在是在开始走向恢复，这里重要的是烟、纸、钨砂、樟脑、农具和肥料（石灰等）；有些当地从来就缺乏的工业，例如造纸、织布、制糖等，现在居然发展起来，并且收得了成效。"

2. 管理公营企业

公营企业建立初期基本没有劳动纪律，也没有稍微完备的厂规，以致产生了严重的无政府主义状况。企业管理不善，影响产品质量，原材料浪费也较严重。例如：兵工厂做的子弹，有3万多打不响的，许多枪拿到前方不能打，或者一打就坏了。200多把刺刀不能用。兵工厂的炸弹曾经发生爆炸。被服厂做好的军衣不合尺寸、不好穿、扣子一穿就掉，有的针线大约半寸长钉一针，颜色胡乱配置。某被服厂做的棉衣每件平均要少1两棉花。有的厂把做军衣的布拿去上厕所，送给老百姓，揩桌子等，各工厂的材料、器具失窃事件有很多。

1931年11月，中华苏维埃第一次工农兵代表大会通过了《关于经济策略决议案》，明确了苏区工人群众参加工厂管理的责任。从此，闽西苏区工人以主人翁的地位参政议政，管理苏维埃企业。一是实行厂长负责制。公营企业的厂长由所属上级政府机关委任。厂长对厂内的一切事务有最后决定权，并向政府负全部责任。厂长如犯错误或不执行上级命令，或玩忽职守使工厂蒙受重大损失，须受纪律或刑事处分。由于厂长统一了生产指挥权和经营管理权，公营企业的经营管理逐渐走向正轨。二是实行经济核算制。闽西苏区建立初期，公营工业刚刚开始建立，由于管理形式上只注重单纯的行政管理与工人运动，忽视了技术与业务的管理，加上经济领导机关、工厂管理部门存在着严重的官僚主义，没有制定与执行劳动纪律，没有科学地组织与计划生产，在管理和计划生产方面缺乏经验等，致使国家工厂出现了“许多不可忍耐的状况”。如生产计划完不成，生产的枪弹打不响，军衣不合尺寸，浪费、失盗等事情也时有发生，等等。为纠正上述问题，政府实行了经济核算制。三是实行民主管理。实行民主管理的主要措施是在厂长之下设立工厂管理委员会，由厂长、党支部代表、工会代表、团支部代表、工人代表及其他负责人等5至7人组成，以厂长为管理委员会主席，研究决定厂内的重大问题。同时，管理委员会内又组织“三人团”为核心领导，由厂长、党支部代表及工会代表组成，负责处理厂内的日常事务。用“三人团”的领导方式来管理工厂，是闽西苏区的首创。

1934年春，全总执行局委员长刘少奇对闽西企业管理模式进行认真调查研究后，指出：“现在各工厂必须立即制订自己完备的工厂规则，提高劳动纪律……工厂必须坚决执行这样的厂规，对任何破坏厂规者以一定的打击，工厂内部的秩序才能建立起来。”[①] 参照闽西企业“三人团”的领导管理模式，刘少奇提出了工人参加民主企业管理，协调工人与厂长、工会与厂长的关系的意见：（1）组织与运用“三人团”（厂长、工会委员长、党的书记）的领导方式来管理工厂，成立厂长领导下的管理委员会，具体管理厂内的生产和事务。（2）明确厂长在集体领导下如何处理各方关系，即厂长在处理各种问题时，必须事先与党的支部书记和工会主任商量，尽可能取得他们的同意后作出决定。如果党的支部书记和工会主任不同意时，厂长有最后决定执行的权力。（3）广泛发动职工群众献计献策，改进企业管理，建立与健全管理制度，在职工考勤、产品检验、计划制定、组织竞赛等方面都有章可循。（4）改革工资制度，实行计件与包工计酬的办法刺激工人努力生产。（5）注意改善工人生活，解决好工人的切身利益问题，以发挥工人的劳动热忱，为提高生产而斗争。

---

① 《论国家工厂的管理》（1934年3月），中共中央文献研究室、中华全国总工会编：《刘少奇论工人运动》，中央文献出版社1988年版，第180页。

苏区党和苏维埃政府十分重视刘少奇的意见，对改进企业民主管理制定了章程和措施。1934 年 4 月，中央组织局颁发了《苏维埃国家工厂支部条例》（以下简称《条例》），肯定了苏区公营企业应推行“三人团”管理制，组成“三人团”会议，共同研究和处理工厂的一切重大问题。“三人团”会议由厂长召集。某些问题如果发生争执，最后取决于厂长作结论，党支部或工会可将争议的问题提交上级研究解决。“三人团”决定的一切事务，“必须经过党的行政的支部的工会的各个系统，立即执行”。厂属各部门同样建立“三人团”管理制。条例还规定工厂应组织生产模范队，由工会挑选工人积极分子参加，在执行计划、节省原料、检验质量、开展竞赛等方面作表率。公营企业还应建立经济核算队，由工会动员工人参加，在节省时间、节约人力、提高工效、降低成本方面创造新经验，发明新工艺，作出新贡献。这样，工人参加企业管理落到了实处，工人在企业中的主人翁作用得到发挥。

《条例》公布后，苏区各级工会在全总执行局领导下，在公营工厂普遍实施了“三人团”管理制，企业面貌发生了显著的变化，工人们在“一切为了革命战争”这个目标下努力生产争作贡献。首创于闽西苏区的“三人团”管理制，是苏区红色政权诞生后的一个伟大创举，是企业管理上行之有效的变革。这个管理制的优越性，是赋予厂长对企业全面负责的权力，工人能够在企业管理中当家作主，党、政、工关系得到协调处理。

从 1933 年开始，苏区各国家工厂广泛深入地组织开展了劳动竞赛，开展了厂与厂、车间与车间、班组与班组、个人与个人之间的劳动竞赛，提出了比数量、比质量、比成本等竞赛目标，按时评比、表彰先进、评选模范。对超额完成生产任务的给予精神和物质奖励，或送上红榜；对完成任务差、不守厂规的，给予批评教育，直至处分。通过生产竞赛充分调动了工人的积极性，工业生产明显上升。如长汀斗笠厂工人加班加点，挑灯夜战，200 多人的工厂月生产斗笠 1 万多顶。长汀被服厂 1934 年 4 月超过原计划的 24%，5 月份超过 30%。每个工人每天自动义务劳动一个半小时，同时开展增产节约运动，每套衣服节约布料 8 寸，节约的布料每月可多做 360 套衣服。毛泽东同志赞扬说：“提高劳动热忱，发展生产竞赛，奖励生产战线上的成绩昭著者，是提高生产的重要方法。”[①]

（四）开展反经济封锁斗争

闽西暴动后至1930年9月，赣南、闽西连成一片，形成中央苏区革命根据地，并日益扩大，不断巩固发展，震惊了国民党反动集团。从1930年12月至1933年10月，国民党在军事上对苏区连续发动四次“围剿”，同时实行经济封锁。福建省反动政府炮制所谓《闽省封锁推进法》，成立“封锁苏区管理所”“封锁督察处”等，遍设关卡，对食盐、煤油等实行官督商办，严加控制。广东军阀也严密封锁闽粤边境，控制汀江。他们规定：凡汀江上的船只只准顺流外驶，不准回汀；往宁化、清流、连城、永定、广东的陆路要严格设站检查，不准药品、盐、煤油和其他工业品运往汀州内地。同时，也不准汀州出产的土特产外运，断绝贸易往来和商品交换。永定河的货运，不准白区物资运进苏区，严禁苏区土产输出白区，断绝苏区与白区的商品交流，造成苏区军需民用物品奇缺，物价飞涨。不仅盐巴和药品奇缺，其他急需品如煤油、铜锌、油墨等也很紧张，土特产滞销，价格暴跌。一些资本家趁机消极怠工，不要货物原料，关闭工厂商店，致使工人纷纷失业，造成苏区军民经济生活严重困难。面对这种困境，苏区工人没有被吓倒，而是不畏艰险，迎难而上，在党和政府领导下，与广大军民一起，开展艰苦的反封锁斗争，把革命根据地的物资输送到白区去，从白区换回根据地急需的用品。

为了冲破敌人残酷的经济封锁，闽西苏区工人阶级在商品流通领域中同敌人展开英勇机智、针锋相对的斗争。一方面，党和政府实行保护私营工商业的政策，保护土纸、木材、条丝烟等土特产的输出，鼓励外来的盐、布匹、糖、煤油、药材等必需品的输入，以活跃苏区经济；另一方面，工会领导广大工人出谋献策，动员老板到白区办货，他们利用各种关系通过到白区设点采购，买通关卡，伪装货包，冒充在红、白两区都有影响的大商号等办法，把白区的货物运进苏区，组织挑夫专门运输苏区所需物资，把贵重药材、器材、白硝藏在双层尿桶里，走崎岖的山路、小道辗转绕过岗哨、关卡，翻山越岭，

① 《中华苏维埃共和国中央执行委员会与人民委员会对第二次全国苏维埃代表大会的报告》（1934年1月24日—25日），中共江西省委党史研究室等编：《中央革命根据地历史资料文库·政权系统8》，中央文献出版社、江西人民出版社2013年版，第1348页。

★繁忙的汀江航运

图 1-2-29 汀江是闽粤商业贸易的黄金航运水道。史料记载，通过汀江航运到长汀码头的物资有价值 900 多万光洋的食盐、600 多万光洋的布匹、300 多吨的药品等

长途跋涉，趁夜摸黑把货物运回苏区。

闽西苏区积极领导水上工人秘密建立从苏区通向外地的交通运输线，对搞活经济起到了重要的作用。比如长汀至瑞金的秘密运输线是沟通粤赣的水陆衔接线路，在这条运输线上，长汀县苦力运输工会作出过很大的贡献。他们组织起一支 200 多人的长途挑运队，常年到边区去采购物资，又派了共产党员李英长驻上杭县城，建立物资供应点，还在白区建立了可靠的落脚点，方便苏区物资购销人员住宿及联系业务。工会还派人到汕头、漳州等白区城市同当地厂商建立贸易关系，开辟进出口物资渠道。在长汀、上杭、龙岩等地较大的乡镇，都设专人了解和互通经济情报，建立经济信息情报网。沿河则成立了河流游击队，活动于汀南、武平、上杭一带，武装保卫地下运输航线。还成立了永定通讯社，往来于大埔（经永定）至上杭之间，除传达党内文件和消息外，还护送运输布匹、食盐、西药、纸张、无线电器材、军用修械器材等。仅 1933 年 6 月就通过这条线路出口土纸 300 多担。

秘密运输线上的工人勇敢机智地躲过敌人设在运输线上的岗哨和驻军，将苏区来往人员和进出口物资安全送到目的地。通向赣州的水路上，敌人在沙河口驻有部队，专门盘查来往船排。苏区进出口物资在黑夜偷渡哨口，然后由工会组织的游击连护送进苏区，不少船工在通过敌人的哨口和暗堡时献出了生命。上杭的店员、木船工人千方百计地把食盐、棉布、中西药品、印刷用品、军用物资运往长汀苏维埃区域。1932年11月，上杭木船工人、苦力26人，因运输食盐到苏区而惨遭杀害。长汀的缝衣工人李英冒着生命危险，在上杭县城开设缝衣店作掩护，采购苏区紧缺物资。长汀的搬运工人梁咸德、梁达上等组织一批搬运工人为之运输，来往于红、白区之间。他们不畏艰险，无论寒冬腊月还是炎热夏天，肩挑重担，翻山越岭，绕过封锁线的岗哨，出色地完成任务。福建的国民党第十九路军也与苏区工会船队挂上了钩，双方物资在龙岩交换。

在反对敌人经济封锁的斗争中，闽西苏区的广大工农群众运用了各种巧妙的办法。如运盐，有的利用柴火掩盖；有的把扛猪的竹杠节打通，将盐装进去，再用竹尖塞住；有的用双层粪桶，把食盐装进下层，瞒过敌人的检查；有的渔民用绳索把经过密封的铁箱（内装贵重药品、食盐等）捆在船底，混过敌人的检查，把物资运进苏区。

1931年，由中央交通局开辟了一条由上海至香港，经汕头、大埔、永定进入苏区的长达几千里的红色交通线。它的主要任务是沟通党中央与苏区的联系，传递文件、护送干部和运输苏区急需物资，为了加强领导，在粤东和闽西设立大站、中站、小站。闽西交通总站（后称闽西工农通讯社）设在金沙古木督，它上通丰稔、白砂、涂坊、汀州、瑞金，下连铁坑、大埔、青溪。当时运送的物资有布匹、食盐、药品、纸张、电讯器材、印刷器材等。通讯社的交通员还经常带领工农群众挑担赶圩市，到白区和与苏区有联系的商店接头，通过商人在白区购进物资，然后由交通员护送到苏区，有力地粉碎了敌人的经济封锁。广大工人群众在反经济封锁的斗争中，表现着工人阶级不畏艰险、不怕牺牲的精神，他们历尽千辛万苦，甚至抛头颅、洒热血都在所不惜。

苏区各级工会不但努力抓生产和进行反封锁的斗争，而且充分宣传厉行节约的意义，使广大工人群众认识到“一切费用都要十二分节俭”“节约一文钱，即是对革命工作有一分帮助”。如1930年筹组闽西工农银行时缺乏资金，龙岩各业工人节衣缩食，认购股金。1931年，闽西苏维埃政府发动“一人一镭（铜板）”运动，这一号召得到广大工人的热烈响应。苏区福建邮务工人一年间就节省经费255元，支援苏区建设。邮务会员蓝和如等27人，在1933年4月就节约28元1角全部拿出捐献。同时蓝和如等25人又发起借谷运动（每斗价以大洋七角推算），计得借谷大洋7元5角，支援革命战争。工人们对苏维埃政府发行的经济建设公债亦争先恐后认购。如上杭邮务工人认购公债260元，获得优胜记录；汀州市各业的工人拿出一个月或半个月工资认购，数额达到4000元；上杭、宁化、新泉等地工人亦踊跃认购。这些实际行动，都是通过工会做好思想动员工作而取得的效果，有力地帮助了苏维埃政府解决经济上的困难。

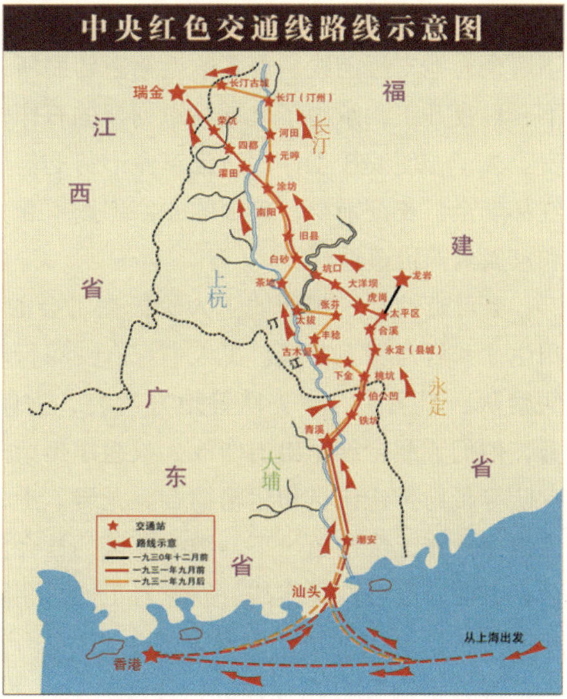

图 1-2-30　中央红色交通线路线示意图

资料来源：中央苏区（闽西）历史博物馆

五、苏区工人积极参军参战

（一）积极参与巩固闽西革命根据地

闽西、赣南两块革命根据地连成一片，中央革命根据地正式形成后，国民党为消灭革命政权，对中央苏区进行了多次“围剿”。在历次反“围剿”战争中，闽西各级工会充分发动工人群众不遗余力地支援前线。红军每次作战，闽西各行业工会都组织船队、担架队运送伤员和作战物资。闽西木船工会工人用船运送红军过汀江。连城县总工会发动以沈邦翰为首的运输工人支援红军，阻击进犯根据地的金汉鼎部队，保卫连城红色政权。敌人占领龙岩后，县总工会领导工人纠察队在城外不断袭击敌人。1933年，蒋介石集中50万兵力开始对中央苏区进行第四次“围剿”，同时进一步加紧经济封锁，中央苏区军民面临着打破敌人军事“围剿”和经济封锁两大任务。汀州工会组织木船、苦力两个行业的工人，利用行业的工作便利，冒险前往白区粤东一带买盐和西药等急需的物资，主动护送红军渡河，运送军事物资，不遗余力地支援前线。著名的毛铭新印刷所，其工人在党支部的领导下，日夜开工，承印了大批马恩列斯的石印像和红军布告、文件、宣言。为了方便编校工作和适应革命形势的需要，该印刷所从长汀迁到红都瑞金。长征前夕，瑞金的 4 家印刷所合并精简，长汀籍印刷工人和家属全部资遣返汀。

更可贵的是，闽西的工人阶级在工会的领导下，直接参军参战，用生命和鲜血保卫苏区。工人们配合红军行动，不断健全与扩充工人纠察队、赤卫队、少先队等地方武装，为保卫苏区承担各项战斗任务，他们或配合红军出击作战，或组织担架队、运输队、救护队、医疗队等帮助护送伤员和运输物资。龙岩、上杭、永定、长汀等县的工人纠察队在工会的领导下，维护苏区的社会治安，协助政府镇压反革命，有时还配合红军作战。如龙岩工人纠察队近百人曾参加抵抗杨逢年部进攻以及收缴团匪武器等战斗，后来于 1930 年 3 月奉令编入红十二军第 100 团赴东江作战；长汀的工人纠察队在 1932 年 4 月随主力红军东征漳州，又配合福建军区红军作战，在长汀的罗坑一带赶走马鸿兴部，在连城的四堡打败了地主武装的童子军；永定太平区的刨烟工人、手工业工人都组织了工人纠察队，与各乡赤卫队、少先队一起，于 1930 年春至 1932 年两次参加攻打龙潭团匪，配合红十二军“三打坎市”以及围攻新罗、抚市团匪等战斗。工人纠察队在枪林弹雨中前行，经受战争烽火的考验，为捍卫苏区立下汗马功劳。

1932 年 3 月，为巩固闽西革命根据地，开展闽南游击战争，粉碎敌人新的“围剿”，红军东路军入闽作战，攻打漳州。

1932 年 4 月 5 日，福建省苏维埃政府发出《为打破广东军阀进攻和消灭张贞宣言》，要求闽西各地的工农武装和广大工农群众到前线参加作战和扰乱敌人后方，每个工农群众自动节约 3 升米便宜卖给红军。广大工人热烈响应号召，积极组织运输队随军出发，沿途建立粮站协助红军收购粮食，在后方加紧赤色戒严。汀州市工会动员 300 多名工人参加赤卫军，配合红军东路军攻打漳州，沿途打败了罗坑保安团团长马鸿兴的部队，击退了四保反动武装童子团的阻拦，缴获了一批枪支弹药。攻打漳州头一个战役是收复了龙岩，成立了龙岩县总工会和店员工会，发动会员筹款 5000 元援助红军，并割了大量马草供给东征部队。县总工会实际上是县级雇农工会的组织，下属有各区乡的雇农工会。

1932 年 4 月 20 日，红军东征部队胜利攻克漳州，缴获步枪 2331 支、机枪 9 挺、山炮 2 门、迫击炮 2 门、子弹 13.32 万发、炮弹 4943 发、炸弹 242 枚、飞机 2 架、电话机 10 部，还有一批车床、发电机和机械修理设备。主力红军东征漳州，木船工人昼夜用木船搭成浮桥便利红军行军。红军攻克漳州，缴获大批战利品，这些战利品都要运往中央苏区长汀、瑞金。自漳州至瑞金全程 340 公里，除漳州至水潮一段用汽车、民船载运外，其余完全依靠龙岩、永定、连城、上杭、长汀的工农运输队肩挑接力运送，他们冒着枪林弹雨和生命危险，不怕山路崎岖、日晒雨淋，把大量胜利品经龙岩、长汀运至瑞金，加强了中央苏区军需建设和经济建设，备受指战员的赞扬。

“红军入漳，市民欣喜若狂。”红军在漳州协助建立了汽车工会、首饰工会，会员有两三千人。不少青年工人和学生踊跃加入红军。全总苏区执行局巡视员李文棠在汽车工会作了报告，欢迎漳州工人到中央苏区去参观。5 月上旬，由 19 人组成的“漳州工人参观团”经龙岩、长汀赴瑞金参观，沿途受到工人群众热烈欢迎，周恩来、朱德在长汀俱乐部亲自接见了参观团。这个参观团的成员后来参加了红军大学学习，自愿加入红军。

（二）建立军需工业，支持革命战争

革命战争的迅速发展迫切需要建立和发展军需工业。为了保障革命战争的供给，首先必须建立修理和制造武器、弹药，缝制军服，制造药品和卫生材料的工厂。1930 年 3 月 24 日，闽西工农兵第一次代表大会通过的《关于军事问题决议案》提出：“闽西政府办理修械处、子弹厂以增加武装。”[①] 同年 5 月，中共闽西特委决定筹建闽西兵工厂；8 月作出的《关于军事问题草案》指出：“依目前的需要，闽西应建立小型的兵工厂。”

自根据地开辟以来，各级工会组织积极动员工人群众参加苏区的经济建设，以自力更生、奋发图强的精神，克服困难，发展生产。没

---

① 《闽西第一次工农兵代表大会宣言及决议案》，中共龙岩市委宣传部、中共龙岩市委党史和地方志研究室、龙岩学院中央苏区研究院编：《中央苏区（闽西）历史资料汇编③》，中共党史出版社 2023 年版，第 190 页。

有枪支子弹，自己办兵工厂；没有衣穿，自己办织布厂、被服厂、弹棉厂；没有盐巴，自己办硝盐厂；没有煤油，自己办樟脑厂；没有铁，自己办铁厂。由于闽西苏区党和政府的重视，一批军事工业企业迅速建立，如龙岩湖洋、上杭才溪、永定虎岗、宁化曹坊、长汀四都等地都建立了兵工厂，最早建立的是龙岩湖洋的闽西红军兵工厂，该厂后来与江西官田修械所合并，成为中华苏维埃中央兵工总厂，是当时全国各苏区中最大的军工企业。闽西苏区当时建立的军工企业还有被服厂、弹棉厂、织布厂和红军斗笠厂等。

1. 闽西红军兵工厂

该厂于1930年8月创建于龙岩湖洋，称山塘兵工厂，同年12月迁往永定虎岗后改称闽粤赣军区兵工厂，毛泽民任厂长。迁厂后不久，在虎岗、西陂等地精选了一批能工巧匠作为技工。初时设备非常简陋，仅有几把锉子、榔头、钳子和几架风箱，但许多家住附近的干部、工人主动将家里有用的工具献给工厂，基本解决了简易生产需要的工具设备问题。邓子恢、罗瑞卿、萧劲光、邓毅刚等地方和部队领导非常重视和关心兵工厂，经常到兵工厂视察。每次战斗胜利，他们都派人送来慰劳品进行慰劳。闽西总工会还将一批军帽送给兵工厂的工人，勉励他们更加努力工作。1931年夏，闽粤赣军区兵工厂又迁往长汀四都。同年冬，改为福建军区兵工厂，厂长先后由祝良臣、赖启柱担任。此时，增设了木工股、炸药科。1932年4月，红军东征漳州大获全胜，缴获了大批军工器材，部分装备了福建军区兵工厂，许

图 1-2-31　1930年8月，山塘兵工厂创建于龙岩湖洋，同年12月迁往永定虎岗后改称闽粤赣军区兵工厂。图为山塘兵工厂旧址

多现代化的设备使兵工厂如虎添翼，生产得到了大发展。

1932 年，福建军区兵工厂又迁到汀州，不久又迁往瑞金平头寨。1933 年初，和官田修械所合并，成立中央兵工总厂，此时全厂职工有 1000 多人。到了 1934 年下半年，这里不仅能修理各式枪炮，还能生产地雷、手榴弹、迫击炮弹和多种子弹。

此外，武平的上峰、亭头、小澜，上杭的白砂、大阳坝、蛟洋，长汀的南阳等地，都开办过小型的兵工厂。

2. 红军被服厂

该厂是 1929 年红四军入闽消灭了长汀土著军阀郭凤鸣后在没收郭部的被服厂的基础上建立的，开始只有职工 60 多人，后根据需要不断扩大，至 1933 年发展为拥有 1000 多人的大厂。朱德回忆说："最重要的还是那家拥有新式缝纫机（日本货）的工厂。同兵工厂一样，这家工厂也属于郭凤鸣，在他的部队做军装。工厂里的工人每天要工作十二小时，现在则组织了工会，建立了两班制度，每班八小时，给红军做军服。"[①] 该厂业务分工精细，分裁剪、手工、车工等车间，还设立了产品检验组，负责产品质量检验。该厂生产了大批军衣、军帽、子弹袋等军用物资。这个厂后来改为中国共产党军事委员会国家企业被服厂第二分厂。

图 1-2-32　红军被服厂建立于 1929 年，主要生产军衣、军帽等军需品。红军第四军第一批统一的军装就是该厂生产的。图为红军被服厂旧址

3. 汀州弹棉厂

该厂于 1931 年冬建立于汀州市，有职工 20 多人，因闽西没有种植棉花的习俗，于是专门收集

① 《伟大的道路——朱德的生平和时代》，新华出版社 1985 年版，第 290 页。

旧棉花进行加工，每日加工 4000 多斤棉花，生产棉被 30 多床。棉花全部交中华织布厂生产军用布匹、药用纱布等。

4. 中华织布厂

长汀土布质坚耐用，私人经营的织布厂有 10 多家。苏维埃建立起来后，资本家大都逃亡，工人失业。汀州市苏维埃政府于是创办了中华织布厂，安置了失业工人。1930 年，该厂由分散的 9 家个体纺织厂合并组成，当时全厂职工有 60 多人，织布机 40 多台，开始生产民用布匹，后转为生产军用物资。织布厂工人生产热情很高，在原料、染料紧缺的情况下，充分利用当地资源，就地取材，尤其是利用弹棉厂加工的旧棉花生产了大量的军用布匹、纱布等，每月产量 2 万匹。1931 年 9 月后，为避免敌机轰炸，迁往瑞金沙洲坝。这时工厂有了较大的发展，职工增加到 300 多人，拥有织布机 100 多台，还有不少手摇纺机。除了生产群众日常需要的土布之外，还为红军生产大量的军用纱布、药棉和四五千套军服。

5. 红军斗笠厂

该厂是 1931 年冬在原红军军需处斗笠收购站的基础上成立的。全厂工人 108 人，其编织的斗笠全部供红军所需。1932 年下半年生产了斗笠 12000 顶。1933 年，为了扩大生产，又招收了 100 多个工人，使斗笠产量激增，这一年就生产了斗笠 27 万多顶。1934 年红军

图 1-2-33　红军斗笠厂于 1931 年在长汀建立

长征前的1月至8月，产量也超过了20万顶。

毛泽东非常关心红军斗笠厂，他曾多次深入该厂和技术人员商量将尖顶硬边斗笠加以改进。技术人员经精心研制，终于将尖顶改为平顶，粗边改为细边，还印上了“红军斗笠”四个字。改造后的斗笠既美观又实用，休息时可以垫坐，夏天可以扇风，背在身上也不易磨坏衣服，深受红军战士的喜爱。

在党和工会的领导下，闽西各行业工人克服设备简陋等种种困难，用锉刀、钳子、打铁炉和缴获的少量机床干起来，其中较大的军工厂每月能造200支枪。红军被服厂有新式缝纫机，工人实行两班制，每班8小时，日夜赶制军装，仅1929年建厂头两个月，就为入闽红军提供了7万套军装和其他军用品。中华织布厂，1930年开办时只有工人60多人，后来发展到400多人，熟练工人每日能织3匹布、80支纱布，工人们日夜生产，第一次就为红军提供了4000套军装的布料。红军斗笠厂，1931年创办时仅有30人左右，后来发展到200人，工人昼夜奋战，月产斗笠20000多顶，便利了红军行军打仗。硝盐厂在长汀就有6个，有职工60多人，所制硝盐代替紧缺的海盐，起到了救济的作用。樟脑厂，工人们利用闽西生产樟树的优势制造樟脑油，满足了军需和民用。冶炼厂，在长汀的濯田铁厂就有工人200多人，日产生铁3000余斤，另外散处闽西各地的小型冶炼厂，也为解决苏区军需民用的铁作出贡献。弹棉厂，1929年开始生产，有职工20余人，专门收集旧棉花加工，日产量约400斤棉花，全部交给红军被服厂使用。为了适应省、市苏维埃政府和红军部队的宣传工作，汀州市苏维埃政府统一接管原来两家私营印刷厂，还从龙岩调来一些印刷机器和工人，成立列宁书局，共同印制省苏、市苏和红四军的布告、传单、单据，印制马恩列斯的画像及其著作，印制中华苏维埃政府财政部发行的各种纸币、公债券、“六大”文件，以及苏维埃政府编选的教材、课本等。1932年，为了支援瑞金红色中央的印刷事业，毛泽民还抽调一批印刷机器和工人从长汀迁往瑞金，为党和政府以及红军印刷了大量的宣传材料。

闽西苏区的军需工业经历了一个从无到有、从小到大的过程。它的每一个前进的脚印，都是闽西苏区工人奉献精神的结晶，体现了苏区工人对革命战争的支持。

图 1-2-34 漫画《我们全支部工人参加红军，粉碎敌人大举进攻》

（三）努力扩大红军，保卫苏区政权

中央苏区党的第一次代表大会通过的《苏区工会运动决议案》指出："苏维埃工会运动的实际任务，是要将争取工人阶级的利益和解放，密切地与苏维埃运动全部的利益和胜利联系起来，与消灭封建势力，土地革命的利益，反帝国主义斗争密切联系起来。"1932 年 2 月，全总苏区执行局按照《苏区工会运动决议案》精神，召开了闽赣两省工人代表大会，作出了《扩大与拥护红军问题决议案》，强调了扩红是"苏维埃工会运动的实际任务"，在"苏维埃革命斗争正在向前开展的形势下，加紧扩大红军，创造铁的红军，使红军能够在大规模的革命战争中争取更伟大的胜利，是目前职工会非常重要的任务"，"广泛的动员工人群众，拥护红军，参加红军，是职工会经常的中心工作"。从此，闽赣各级职工会把扩大红军问题列为头等大事，并把做好扩红工作与发展革命战争、争取苏维埃胜利联系起来，抓紧抓实。

闽西苏区各级工会围绕"一切为了革命战争"这个中心任务，组织与动员广大工人踊跃参加红军，用自己的生命和鲜血来保卫红色政权，保卫胜利果实，在革命战争中立下了功勋。每当党和工会号召扩大红军时，广大工人群众都一呼百应，以主人翁的姿态，在群众中起模范带头作用。闽西苏区每年都有成百上千的工人参加正规红军和地方武装（工人纠察队、赤卫队、少先队为地方武装）。特别是 1930 年以后，工人参军参战的行动更加轰轰烈烈，到处出现群众张灯结彩、敲锣打鼓、戴红花、放鞭炮、欢送应征入伍青年上前线的热烈场面。各级工会持续不停地开展了猛烈扩大红军的运动，输送了一批又一批优秀工人参军作战，保卫苏区。1929 年后，闽西各地工人在工会组织下，陆续参加红军。如木船工会，从 1929 年至 1931 年，每年有上百名工人参军。各地工人参军热潮像江潮一样，一浪高过一浪。1932 年后达到高潮，出现了许多父母送儿子、妻子送丈夫、兄弟互争去参军的动人情景。1932 年的五一前夕，响应省工联会的号召，一次就有 600 人参军，其中永定 50 人，杭武 150 人，新汀 80 人，闽西木船工会 80 人，宁化 50 人，长汀、连城共 100 人。1932 年下半年，全总苏区执行局通过《扩大红军工作决议》，要求江西、福建两省自 9 月至 12 月动员 6000 人到红军中去。据统计，经过各级工会的动员，福建工人参军的人数达到 1304 人，其中绝大多数是闽西工人。1933 年一二月间，长汀工人参加红军达 700 人，木船工会原计划 120 人，结果超额 70 名，出色地完成了扩红任务。同时，工人普遍加入地方武装，开展游击战争，配合红军作战。

1933 年 2 月，全总执行局为响应党中央的号召，在同年"四一"、"五一"分别召开的苏区农业和店员手艺工人代表大会上，讨论了扩红问题。农业工人代表大会决定："创建中国工农红军农业工人师，征调 1500 个会员和 4500 个贫农与可靠的中农（每一个会员至少带领三个农民）去参加红军的工人师。"店员手艺工人工会决定："成立红军的店员手艺工人师。"这两个工人师要求在当年 6 月与 7 月先后完成任务。大会还号召："全苏区的工人加入赤卫队、少先队，来加强工人阶级对于地方武装的领导。"中央苏区各级工会和广大职工异口同声向党表示：创建工人师作为我们献给工农红军纪念日的赠品！一个猛烈扩大红军竞赛的浪潮席卷苏区各个角落。闽西苏区成千上万具有高度觉悟的各行业工人争先恐后，报名参军，奔赴前线，涌现出许多可歌可泣的动人事迹。1933 年 2 月 10 日，福建省木船工会在全总执行局"紧急动员，扩大红军"的号召下，木船工人原计划扩大红军 120 名，结果超额 71 名，永定有 30 余名青年船工参加；长汀扩大红军 2000 多人，工人占了 1/3；长汀县和田、红坊两区（注：当时的区就是现在的乡）青年参军人数一次就达 439 人，占青壮年的 80%。1933 年 11 月，河田中坊乡（注：当时的乡就是现在的村）超额完成扩大红军计划，被福建军区司令员叶剑英授予奖旗。1933 年 3 月，第四次反"围剿"胜利后，中央苏区进行扩红运动，全总发起组建工人师，经短短 5 个月发动，8 月 1 日正式组成，整师加入中国工农红军，被编为中央警卫师。该师编制三个团，其中福建组织一

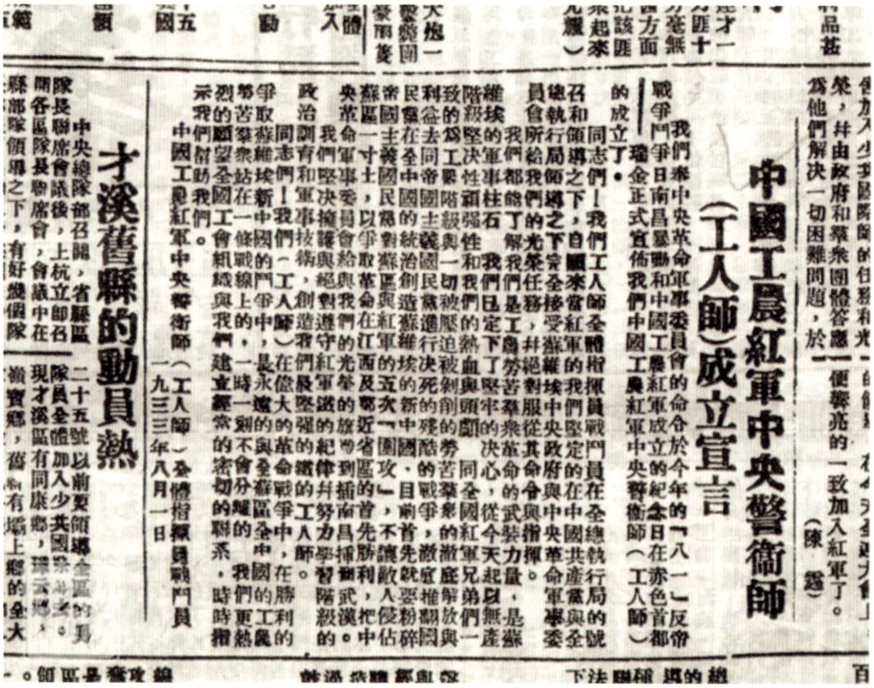

图 1-2-35 《红色中华》报道了中国工农红军工人师成立的消息

个团 1000 多人。长汀县红坊区吴坑乡的农业工会为了响应全总执行局“创造一个农业工人师”的号召，组织突击宣传队，到各区做鼓动工作，经过他们的努力，该区组织成立模范连并一致要求加入了工人师。苏区福建邮务工会募集了一批慰问品，赶赴慰劳。此外，下半年长汀、上杭不少青年工人参加了少共国际师。该师于 1933 年 9 月 3 日在江西宁都授旗成立。

1934 年 5 月，在第五次反“围剿”中，闽西工人更加奋起捍卫苏区。上杭 510 名工人参加模范队，长汀的涂坊、红坊、赤峰、濯田四乡的青工全体加入红军，清流城镇工人则有 70% 加入模范营，作战时大家奋勇当先。据《斗争》第 9、24 期和《红色中华》第 12 期报道，闽西苏区工人阶级在扩红运动中起了模范带头作用。以 1933 年为例，中央苏区有 1 万工人参加红军，其中闽西苏区工人就占了一半。上杭、龙岩、长汀等地尤为突出。汀州市整连的工人模范队加入红军。长征出发前，长汀县送到红军补充团的青工就达到 1292 名。当时全县共有 17000 多人参加了红军，荣获当时福建省苏维埃政府授予的“扩大红军模范区”称号。在 1934 年 5 月的扩红运动中，长汀 13 天

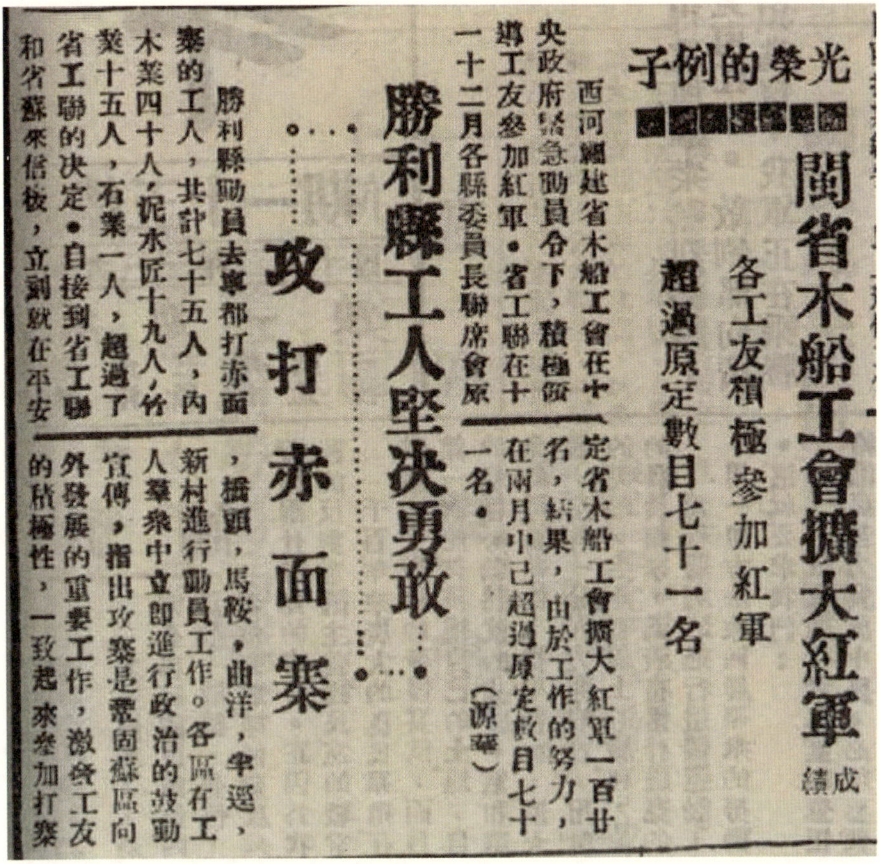

光榮的例子

閩省木船工會擴大紅軍成績

各工友積極參加紅軍

超過原定數目七十一名

西河縣延省木船工會在中央政府緊急動員令下，積極領導工友參加紅軍。省工聯在十一十二月各縣委員長聯席會原定省木船工會擴大紅軍一百廿名，結果，由於工作的努力，在兩月中已超過原定數目七十一名。（源華）

勝利縣工人堅決勇敢……攻打赤面寨

勝利縣勵員去寧都打赤面寨的工人，共計七十五人，內木業四十人，泥水匠十九人，竹業十五人，石業一人，超過了省工聯的決定。自接到省工聯和省蘇來信後，立刻就在平安，搖頭，馬鞍，曲洋，半逕，新村進行勵員工作。各區在工人羣衆中立卽進行政治的鼓動宣傳，指出攻寨是鞏固蘇區向外發展的重要工作，激發工友的積極性，一致起來參加打寨

图 1-2-36　1933 年 2 月 10 日的《红色中华》以“光荣的例子”为题，报道了福建省木船工会扩大红军的成绩

内加入红军 800 余人，被中央军委授予“红色‘五一’扩大红军的模范长汀县”奖旗。可见，闽西工人参军参战，为建立和捍卫闽西苏区作出了巨大的贡献。

闽西苏区各级党政领导根据毛泽东关于“革命战争是群众的战争，只有动员群众才能进行战争”的指示，走出了一条经由乡赤卫队、区赤卫大队、县赤卫总队、地方红军直至正规红军之路。凡有革命政权的地方都建立了地方武装。在红四军第一、二次入闽期间，帮助长汀县革命委员会组建了一支 80 余人的赤卫队，拨给 200 支枪，装备了龙岩赤卫队，发给连南农民武装 40 支枪，使地方革命政权的领导体会到掌握武装的好处。到 1929 年底，建立了苏维埃政权的县、区、乡都成立了赤卫队或暴动队，仅龙岩一县就有赤卫队 30 个

以上。

1930 年 3 月，闽西苏维埃政府成立后，各级苏维埃政府把动员起来的青壮年分别编入少先队、赤卫队、模范少先队或模范营。一般情况下每乡一个连，每区一个营，每县一个团，主要的区设基干模范营，主要的县设红军独立团。据 1932 年 4 月统计，闽西苏区拥有赤卫军、赤卫队、少先队 15 万人左右，达到了全民武装动员的程度。

各级群众性的不脱产的地方武装在各级苏维埃政府军事部的领导下，平时除担负生产任务外，还负责站岗放哨、清查奸细、镇压反革命；战时担负各种战斗勤务工作，开展游击战争，配合红军打仗，如钳制敌人、阻止敌人、迷惑敌人等任务，并随时准备听命编入正规红军，据统计，闽西的地方武装编入正规红军的近 4 万人。

按照毛泽东的建军路线和方法，闽西党组织和工会组织积极把工人武装建立起来，输送到红军部队。按照规定，工人在 18 岁以下组成儿童团，18 岁至 25 岁组成二三十人的少先队，壮年工人组成工人赤卫军，由小到大、由少到多，逐渐发展。如长汀工会组建工人武装，开始 80 多人，编成一个连，后来发展到 300 多人，编成一个团，下分为三个连。王马生同志为团长。团内配有 30 多支枪，每人一套列宁装、一顶军帽、一副绑腿和一双草鞋，平时在城区要道和附城关隘站岗放哨，维持治安，防匪防特，监督反动派和资本家，执行上级的军令。有时候工人赤卫队也外出配合红军主力参加战斗。1932 年四五月间，王马生率赤卫队随中央红军一、三军团攻打漳州。在战场上，苦力工会支部长康俊牺牲。1933 年，中央苏区扩红时，一批工人自愿报名参加了少共国际师，如 1932 年担任团市委书记的何廷一扩红时积极带领团系统的人全部参加了少共国际师。

此外，工人群众广泛开展形式多样的拥军优属活动，情景动人。各级工会组织积极宣传，号召青年男工参军参战，组织女工开展拥军优属活动，帮助红军家属解决生产生活上的具体困难。工会规定，每星期六为拥军优属日，工人自动义务耕种红军公田，帮助军属种田、挑水、劈柴、料理家务、服侍病人，女工做鞋慰劳红军。红军路过每个村庄时，工会都组织妇女慰劳队、看护队、洗衣队为红军服务，还组织宣传队表演节目，鼓励红军英勇杀敌。各行业工人节衣缩食，捐献现金、日用品到前线慰劳红军。拥军优属活动解决了红军家属在生产、生活上存在的实际困难，使红军安心在前方杀敌立功，无后顾之忧。

第三节
闽西工运红旗不倒

中央红军长征后，留在闽西的党组织领导军民同敌人展开艰苦卓绝的革命斗争。党和红军游击队紧紧依靠苏区工农群众进行顽强不屈的三年游击战争并获得了很大发展，闽西成为中国革命在南方的重要战略支点。全面抗战爆发后，原闽西中央苏区广大工人积极投身抗日救亡运动，为抗战的胜利作出了不朽的贡献。解放战争中，闽西工人阶级在党组织的领导下继续开展革命斗争，迎来了闽西全境解放。

一、坚持三年游击战争

由于“左”倾教条主义的错误，导致了第五次反“围剿”的失败。1934 年 10 月，中央红军被迫实行战略转移，撤离中央革命根据地，开始长征。中央红军出发之前，闽西苏区的一大批工会骨干分子协助中央红军实行战略转移，并组织工人开展游击战争，坚持了艰苦卓绝的三年游击战争。

（一）策应红军战略转移

闽西是中央红军长征前最后的主战场。1934 年 9 月，敌东路军进攻连城温坊，危及中央苏区东方门户——汀州。闽西苏区军民进行了著名的温坊战斗和松毛岭保卫战。

温坊位于汀连边界松毛岭的东南面，敌人以此作为进攻松毛岭的桥头堡。8 月 31 日，红一军团一万多人自北线东调长汀。9 月 1 日晚，红一军团与红九军团、红二十四师协同作战，三面包抄温坊守敌，歼灭敌第八旅。9 月 3 日，又消灭敌增援部队一个团。温坊战斗共歼灭国民党军队 3 个团 4000 余人，是红军在第五次反“围剿”中打得最好的运动战，给敌人以沉重打击。

敌人在温坊失败后，又调集 6 个师 1 个炮兵团进逼中央苏区东大门——松毛岭。为了保证中央主力红军实现战略转移，红九军团和红二十四师在松毛岭的白叶洋岭、刘坑口布下重兵，构筑了坚固的防御工事。同时工人师及闽西之红三十四师奉命暂归红九军团指挥，负责右侧防线。福建军区紧急动员苏区青年参军参战，组织了2000多名地方武装人员上前线，投入保卫松毛岭的战斗。9月26日上午，敌人调集3个师，在几十架飞机、几十门大炮的掩护下，向我军松毛岭阵地发起猛烈攻击。红九军团、红二十四师和近万名闽西地方武装连续几天几夜与敌人展开激战，双方伤亡惨重，我军防御工事基本被摧毁，红九军团被迫撤离松毛岭，进行战略大转移。整个松毛岭战役中，闽西特别是长汀和连城的苏区工人一直和红军并肩战斗。工会组织大批男性工人参军参战，修工事，挖战壕，参加担架队，转运粮食、武器弹药和伤员；女性工人则筹措粮草，赶制衣服，送饭菜，送茶水，与红军一同坚持战斗，为红军的转移提供人力、物力、财力的支持。随后，工人赤卫队在长汀中复村观寿公祠接受了红九军团分发的枪支弹药，积极组织了河田阻击战，迟滞了国民党军队的进攻，从而确保红九军团从容地撤出阵地，开始新的征程。而中复村的工人赤卫模范连、少先队则全部加入红九军团进行长征。

在松毛岭阻击战进行正酣的时候，长汀后方的工人阶级也在加班加点，积极生产。1934年9月，长汀的红军斗笠厂生产了超过20万顶斗笠，保证红军战略转移、开始长征时每个指战员都有一顶斗笠。长汀红军被服厂工人也是天天加班加点，为红军赶制被服。10月初，被服厂发给在此休整的红九军团全体指战员每人一套斜纹布薄棉衣、夹被、救护绷带、鞋子等军需物资。战士们都感激地说："我们吃的、穿的、用的，都凝聚着苏区人民的深情厚谊。"为了保证红军长征的物资需要，闽西产业工人在简陋的作坊里日夜加班，赶制了大量军衣、军帽、绑腿、夹被、斗笠、干粮袋等军需用品。长征出发前夕，仅长汀就突击完成了5万床被单、60万担粮食、20万双草鞋的支前任务。刚刚组建的汀西县响应福建省委关于收藏粮食、物资支援游击战争的号召，组建了一支拥有80多人、40多支枪的汀西河流游击队，他们昼夜活跃在汀江、濯田河上，把粮食、物资抢运到濯田，再肩挑到四都，为在四都坚持开展游击战争打下坚实基础。主力红军长征时，有大批物资未能随军转移，不能让国民党反动派占有，必须坚壁清野，就地分散处理。闽西苏区工人紧急动员，齐心协力，以最快的速度隐蔽、分散物资，不给敌人一块钨砂、一粒粮食、一颗螺丝。

中央主力红军长征后，国民党东路军 5 个师约 5 万兵力分路向汀州城推进。为粉碎国民党军队企图于 1934 年 10 月占领汀州城的计划，减轻主力红军的压力，在没有主力红军依托的情况下，工人赤卫队积极配合红二十四师参与了汀州城保卫战，在河田至汀州城外围进行了艰苦的阻击战，在敌人进攻的沿线修筑工事，挖战壕，埋地雷，打竹钉，设置障碍物，发动群众坚壁清野。红二十四师退出汀州城后，又在长汀的牛头坳、九里岭、古城一带阻击敌人 10 天，直到 11 月 1 日汀州城才被国民党军队占领，红二十四师及地方部队完成了保证长汀 10 月份不丢失的任务，粉碎了国民党军队夸口的“10 月占领汀州，11 月 1 日会师瑞金”的狂妄计划，为掩护中央主力红军安全转移作出了重要贡献。

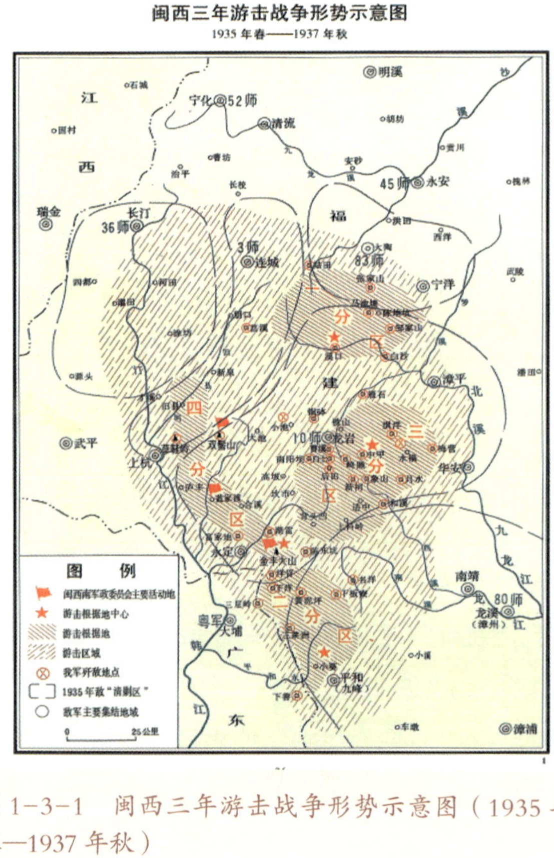

图 1-3-1　闽西三年游击战争形势示意图（1935 年春—1937 年秋）

资料来源：中央苏区（闽西）历史博物馆

（二）坚持闽西三年游击战争

汀州失守后，闽西苏区全部沦陷，闽西军民开始了艰苦卓绝的三年游击战争。在丧失政权的情况下，工会组织虽然大部分不复存在，但工人的斗争却仍持续不断。设在长汀的福建省职工联合会无法正常开展工作，很多工运骨干参加汀瑞游击队或转入地下活动坚持斗争。中共汀州城区工人支部在三年游击斗争时期掩护和转移了一大批共产党员和苏区干部，并有力地支持了汀瑞游击队的活动。他们设法与香港有关人员联系，办好手续，护送苏区干部经南昌绕道上海，前往香港。在掩护革命干部和工人的同时，工人支部在极其艰苦的条件下坚持游击活动，经常派人把盐、干粮、药品等物资送上山去接济游击队，并在工人支部成员家设立联络点，将侦察到的情报送往山上游击队。闽西木船工会整编了河流游击队，长期活跃在长汀南部、上杭、武平交界处，坚持水上游击斗争，建立秘密交通站，运送枪支、弹药、药材、布、盐等物资，掩护和转移党的干部，成为一条“永不淤积的地下航线”。

国民党军队侵占闽西苏区后，实行惨绝人寰的“三光”政策，杀害了数以万计的工农群众。为了动员苏区人民迅速投入游击战争，1934 年 10 月 3 日，中央政府和中共中央在《红色中华》发布了《为开展群众的游击战争告全苏区民众》的文告，阐明了将要开展的游击战争的重要意义，“游击战争是每个苏区工农群众保护自己的生命、儿女、土地、财产的自卫的最好方式，同时也是牵制扰乱、疲惫和分散敌人，帮助主力红军取得决定胜利的重要工具之一”，号召苏区工农群众拿起武器反抗敌人的屠杀和摧残，保卫自己的土地和家园，“最广泛的发展游击战争，以武装自卫扰乱和牵制敌人，以帮助和配合主力作战”，“应该用我们的梭标、鸟枪、土炮、快枪、一切新旧武器，武装起来，团结本村子本乡本区的群众，组织游击组、游击队”，“袭击敌人的堡垒，伏击敌人的行进部队，扑灭敌人游击部队，捉尽敌人侦探采买，断绝敌人的交通联络使敌人日夜不宁，坐卧不安”，“使敌人全部溃灭，使苏维埃红旗飘扬全国”。①

面对敌人的血腥统治与白色恐怖，党派张鼎丞、邓子恢、谭震林等人到闽西领导龙岩、永定、上杭等地的游击战争。1935 年 2 月，张鼎丞回到永定后，成立了以张鼎丞为主席的闽西军政委员会，统一领导闽西苏区的红军游击队，并立即以红八团、红九团为骨干，和龙岩、永定等地方的游击队一起，开展反“清剿”斗争。同年 4 月，留在闽西南地区坚持游击战争的我党政军主要领导人在永定县西溪乡赤

① 《中华苏维埃共和国中央政府、中国共产党中央委员会为开展群众的游击战争告全苏区民众》,《红色中华》1934 年 10 月 3 日。

寨村召开了第一次联席会议，决定在闽西军政委员会的基础上扩大成立闽西南军政委员会，从此，闽西地区的红军游击队在闽西南军政委员会的领导下，开展了广泛的、灵活的、群众性的游击战争。以工农群众为主体的游击队在闽西各县迅速建立与发展，他们依托山区开展游击活动，有效地牵制和打击了敌人。

根据闽西南的斗争形势和工人所受的痛苦及工人的要求，1936年4月，闽西南军政委员会作出了《关于职工运动工作的决定》，号召各地组织工会和建立武装，把闽西南几十万工人都组织到自己的工会中来，变成斗争有伟大的力量的集团"，要"在斗争中进行工人的武装组织"，参加粉碎敌人的"清剿"斗争，恢复苏维埃，要求"龙岩的党要最快速度去建立龙漳、龙汀汽车工人的工作，及龙岩城店员工人及各业工人的工作""杭代的党建立上杭到松源的汽车工人工作，

图 1-3-2　1935 年 4 月，闽西南党和军队领导干部联席会议在永定赤寨召开，制定了开展广泛的、灵活的、群众性的游击战争的正确方针，并成立了闽西南军政委员会，下辖 4 个作战分区。图为赤寨村

及杭河木船工人、杭城店员工人及各业工人的工作”[①]。不久，闽西南军政委员会又发表了《告闽西南工人书》，“本会坚决号召你们！武装起来！实行工人组织自己的工会，工人组织救国会，工人不加入壮丁队，自动组织抗日救国义勇军、工人自卫队，与红军站在一起，实行‘武装保卫福建’、‘武装保卫漳州厦门’，创造抗日的根据地苏维埃区域”[②]。闽西工人都积极支持游击战争，许多工运骨干参加红军游击队，坚持了三年游击战争。1934 年 6 月，连城店员工会主席沈邦翰率领县苏机关转移到长汀曹坊山区，遭到包围，沈邦翰率领明光独立营冲出重围，坚持在连城、长汀、宁化边界山区打游击。1935 年 5 月，由于叛徒出卖，沈邦翰在清流被捕，受尽酷刑，坚贞不屈，于 7 月 26 日与他的妻子吴福群一起壮烈就义。连城县第二任店员工会主席邓贵孜，在红军长征后成为连城游击队领导人之一，因队伍在战斗中被冲散，他被俘，押往漳州做苦役身亡。[③]1936 年冬，龙连汀汽车公司地下党员吴永乐组织闽西汽车工会，开展合法斗争。他布置工会骨干分头收集敌军的情报，并及时利用汽车运输之便，由驾驶员把情报送到老革命根据地白土镇。在此之前，他利用汽车公司业务上接触面广、消息灵通的优势，通过司机黄礼之搜集国民党正规军以及闽西保安团的活动情报。在三年游击战争中，永定河木船工会组织没有解散，而是转为秘密工会，划分为上河分会和下河分会，一直坚持地下活动，1935 年后，工会分别由红八团、永定县、闽粤赣边区等党委领导。活跃在永定、上杭两县的红军游击队，在张鼎丞、谭震林的指挥下，常年得到永定蓬船工会会员的秘密援助，他们为游击队购买食盐、药品、日用品等物资，并运送武器弹药，使游击队经常出奇制胜，建立了许多红色基点村，使游击根据地不断扩大到闽南、粤东一带。

上杭民船工人在三年游击战争期间不畏白色恐怖，利用职业之便

---

① 《闽西南军政委员会关于职工运动工作的决定》（1936 年 4 月 1 日），中共龙岩市委宣传部、中共龙岩市委党史和地方志研究室、龙岩学院中央苏区研究院编：《中央苏区（闽西）历史资料汇编⑧》，中共党史出版社 2023 年版，第 286—287 页。

② 《闽西南军政委员会告闽西南工人书》（1936 年 4 月 25 日），中共龙岩市委宣传部、中共龙岩市委党史和地方志研究室、龙岩学院中央苏区研究院编：《中央苏区（闽西）历史资料汇编⑧》，中共党史出版社 2023 年版，第 296 页。

③ 参见福建省总工会编：《福建工人运动史（1840—1949）》，中国工人出版社 1990 年版，第 163 页。

告闽西南工人书

图 1-3-3　1936 年 4 月，闽西南军政委员会发表《告闽西南工人书》，号召工友们武装起来，组织自己的工会、工人救国会，为自己的利益斗争到底

和经常流动的机会，暗中积极支持游击队的活动。如中部三益村船工张玉登和长坝船工廖炳春以渡河工作为掩护，担任红军游击队的交通员，接运游击队员，搜集情报，向游击队汇报，晚上为游击队运载药品、食盐、印刷品等物资，有时也为游击队发传单，扩大政治影响。

闽赣边地区的游击斗争也十分活跃，显示了秘密工会和广大工人在斗争中的作用。闽赣纸业工人游击队的武装力量曾发展到 400 余人，经常神出鬼没地活动在宁化、连城及赣东山区，骚扰和袭击敌人。主力红军撤出闽赣苏区后，原闽赣省职工联合会筹备处没有解散，在敌人的白色恐怖下，辗转闽赣边区坚持斗争。1936 年 7 月，闽赣省工会联合会发布《闽赣省工联会告工友书》，号召工人加入工会，配合红军游击队，同国民党进行坚决的斗争。

七七事变后，全国掀起轰轰烈烈的全民族抗战，闽西苏区广大工人积极声援抗日并投入斗争。闽西的缝纫工人在深秋季节昼夜不停地赶制出 1.2 万套军装，援助由闽西游击队改编的抗日队伍。龙岩等一些地方的工人联合学生，通过多种形式宣传抗日救国。龙连汀汽车运输公司的职工臣茶宝等人与西山抗日服务团合作组织剧团，公演话剧《雷雨》《假巡案》等宣传抗日，并募集一批物资和捐款慰劳抗日救国军。菲律宾华侨工人、学生近30人组成抗日随军服务团，由厦门抵达龙岩白土，受到新四军二支队的热烈欢迎。该团随军北上，在古田、汀州、吉安、玉山等地积极宣传抗日，激励人民起来抗日救国。

1938年春，闽西苏区的许多工人参加了由闽西南红军游击队改编的新四军第二支队，奔赴抗日前线，为抗日救国作出了新的贡献。

二、开展抗日救亡运动

全民族抗战爆发以后，福建各地的抗日救亡运动全面高涨，福建工人阶级率先发起抗日后援运动。闽西党组织根据抗日统一战线的方针政策，发动、组织各阶层人民，团结各党派和抗日团体，深入开展群众性的抗日救亡活动。闽西苏区广大工人也积极声援抗日并投入抗日救亡斗争，为了支持前方抗战，开展了以工业合作社为中心的生产运动，大抓战时工业、手工业生产，在抗日救亡以及抗日反顽斗争中发挥了特殊的作用。

（一）组织秘密工会

抗日战争爆发后，闽西共产党地方组织积极领导工人开展抗日救亡活动。早在1936年10月，在龙连汀汽车运输公司工作的中共党员吴永乐和当地地下党组织接上头后，秘密发展组织。他们以汽车工人工会的公开身份，利用汽车运输的有利条件，暗中收集敌军情报，不断地为地下党组织和红军游击队递送物资和信息。

七七事变发生后，吴永乐在龙连汀汽车运输公司组织协进社，团结进步青年，传阅进步书刊，组织抗敌剧团，宣传抗日。1937年9月，闽西国共再次合作，中共闽西南特委正式成立龙岩汽车工人支部，由吴永乐任支部书记。闽西地下党领导人魏金水、吴作球亲自参加了支部会议。同年11月，金门失陷后，龙岩一线运输业务萧条，二三百名职工发不出工资，公司准备裁减人员。为了维护工人的利益，吴永乐出面和资本家进行谈判，迫使公司放弃裁员的决定。

1938年5月，闽南客商办的汽车公司纷纷迁到龙岩，龙岩汽车工人支部进一步扩大，从各方面给地下党组织以有力的支持。1939年1月，中共闽西南特委将支部扩大为龙岩中心市委，负责领导龙岩、漳州、长汀、连城、峰市等地的工人运动，并秘密与各地有关党组织联系，递送物资和信息。后因汽车工会中有人身份暴露，被龙连汀汽车运输公司找借口裁减了一些人员。在1941年1月的闽西事变中，支委陈恭保等多人被捕，支部全部遭到破坏。

在抗日战争期间，闽西先后由共产党领导组织的工会有坎市蓬船工会、汀州苦力工会、龙岩木业工会、连城搬运工会。1938年3月，坚持秘密活动的中共汀州地下工人支部接受为新四军二支队筹购军用品的任务，在短时间内就采办到五六百顶斗笠、1000多张油纸和一批干电池、药品等物资，解决了军需之急。此后的几年中，该工人支部通过邮电局党员刘炳荣，利用他的工作之便，经常将上级寄来的宣传品、报刊送到党员毛旭初负责的毛新铭印刷厂印刷，并秘密分发、张贴，宣传党的抗日主张和浴血奋战的八路军、新四军的胜利消息，鼓舞各界人士支援抗战。

抗战胜利后，中共龙岩县委领导又在漳龙公路的新祠建立了秘密支部，支部共有3人，他们以供应车用木炭为名，2人在公路旁“售木炭”，1人在山中“烧木炭”，从过往汽车中秘密接送山上游击队的物资和传递信息。但1947年被叛徒出卖，支部遭破坏，2人牺牲。

（二）支持新四军二支队北上抗日

1937年冬，根据国共两党达成的协议，南方八省15个游击区的红军游击队组建为国民革命军新编第四军，闽西、闽粤边、闽赣边的红军游击队共2000多人改编为新四军第二支队，开赴前线抗日。闽西工农子弟兵北上抗日得到闽西各界人民的欢迎和拥护，同时也得到闽西工人群众的热情支持和协助。

从1937年底到1938年初，闽西工人群众积极帮助新四军第二支队做好北上抗日的准备工作。1937年秋，闽西南一、二支队驻龙岩办事处主任梁国斌在龙岩站建立中共秘密支部，领导汽车司机为办事处运送大批干部和数百名来自闽南、闽东、香港、南洋等地的青年学生和爱国侨胞上前线，接送交通员，传递文件。第二支队的工农子弟兵在龙岩整编时，龙连汀汽车司机运载新四军第二支队的所属部队从各地移驻龙岩白土集中，闽西裁缝工人昼夜赶制几千套衣服送到子弟兵手中，准备北上抗日之用。[①] 当地的工农群众做草鞋、编斗笠送到营地，热情慰问子弟兵。妇女们也组织了洗衣队，主动为战士浆洗

① 参见梁国斌：《抗日战争时期的片断回忆》，《党史研究参考资料》1980年第4期。

衣服。长汀方面，得悉新四军第二支队即将出发去前线，城区工人支部就发动工人为新四军第二支队准备了大批斗笠、电池、药品等物资。

新四军第二支队出发前，闽西工农群众踊跃参军，奔赴抗战第一线，壮大了抗日队伍。在集中整编期间，龙岩白土成了令人瞩目的抗日救亡运动中心，吸引了许多知识青年、进步分子和回国参加新四军的华侨青年。龙岩各界组织抗敌后援会，通过义卖、募捐筹集资金，支援抗敌部队。如龙连汀汽车运输公司的职工，配合龙岩西山“抗敌服务团”募捐了一批物资和现款，送往新四军，支援北上部队。龙岩东肖、红坊两区的爱国教工联合归国华侨，分别组成东肖区和红坊区“抗敌服务团”，到新四军第二支队驻地进行慰问演出，使广大指战员深受鼓舞。1938 年 2 月 27 日，新四军第二支队在白土镇广场举行北上抗日誓师大会，参加大会的有龙岩、上杭、永定、南靖、平和等地的各界代表，龙岩白土当地工农群众 6000 余人也踊跃出席大会，热烈欢送。

3 月 1 日，张鼎丞、邓子恢、谭震林率领新四军第二支队战士从龙岩白土出发，龙连汀汽车运输公司的张元寿（后任新四军兵站站

图 1-3-4　1937 年底到 1938 年初，闽西工人群众积极帮助新四军第二支队做好北上抗日的准备工作。图为新四军第二支队抗日誓师大会

长，在解放南京战役中牺牲)、黄立雄、倪镇山、郑钱贵、颜再生、何永福、游关礼、林国梁、陈天赐、曾德之10位司机自愿随军北上皖南，协助部队做好后勤运输工作。[①] 3月中旬，第二支队战士北上行军到长汀时，受到当地工农群众的夹道欢迎、热情慰问。

新四军第二支队北上后，闽西工人仍然支持留下坚持抗日斗争的工农子弟兵。1938年3月上旬，龙岩汽车工人在连城新泉将国民党省政府归还的在“漳浦事件”中缴获的红三团的枪支一部分运回龙岩白砂，交给当地留下来坚持斗争的游击队使用。

(三)参加爱国组织，开展抗日救亡活动

七七事变后，闽西各红军游击区域的共产党组织根据中共中央关于建立抗日民族统一战线的方针、政策及《抗日救国十大纲领》，为了国共合作抗日，纷纷发表声明和宣言，要求福建国民党军政当局停止内战，团结抗日，并主动提出国共两党和平谈判。7月12日，张鼎丞、邓子恢在《红旗》发表《对国民党新认识新态度》和《在为和平而奋斗的两个月中》等文章，进一步阐明了中共福建地方党组织的团结抗日政策和主张。7月18日，闽西南军政委员会发表反对日本帝国主义进攻、发动对日抗战宣言。经过3个月的和平运动和谈判斗争，闽西国共双方最终于1937年7月29日达成了第二次国共合作协议，闽西地区形成了第二次国共合作的局面。

根据抗日统一战线的方针政策，闽西党组织发动、组织各阶层人民，团结各党派和抗日团体，深入开展群众性的抗日救亡活动。1937年12月，邓子恢在《前驱》第4期发表题为《怎样开展闽西南民众抗日救亡运动》的文章，指出救亡运动的主力军是工农大众，必须充分发动群众，同时应集中各党派人士，步伐一致，共同奋斗。

1938年1月，闽西南红军游击队在龙岩白土整编为新四军第二支队。在白土整编期间，为了扩大抗日宣传，新四军第二支队政治部把来自各地的青年知识分子和从缅甸、泰国、新加坡归国的爱国华侨青年100多人组成抗日宣传队，队长为王直，下设3个分队，前往各地宣传演出，配合各地方党组织开展抗日群众运动。在新四军第二

① 参见福建省总工会编:《福建工人运动史(1940—1949)》，中国工人出版社1990年版，第181页。

支队的宣传和组织下，闽西龙岩、永定、长汀等县的抗日救亡活动蓬勃发展。1938年2月新四军第二支队北上后，留在闽西的各地中共党组织同国民党合作成立了工、农、青、妇及文化界的抗日救亡团体和各界抗敌后援会，并开展各种抗日宣传工作。如在龙岩，有中共龙岩县委组织发动的由中小学师生、归侨、商家、店员、开明士绅组成的东肖抗敌服务团；在永定，组织了岐岭青年抗日救亡同志会和永埔明光剧团等；在上杭，成立了警钟剧团、大忠剧社等；在漳平，组建了漳平战地妇女宣传队等；在长汀，厦门大学迁入后，在厦大战时服务团的带动下，省立长汀中学战时服务团、县抗敌剧团、厦大剧团、汀中剧团、省立福州工业职业学校长汀分校战时后方服务团等抗日救亡团体如雨后春笋般涌现。闽西各地的抗敌剧团和各类宣传队、服务团拿起文艺武器，走上街头，深入农村，通过举办宣传专栏、演讲会、报告会和教唱救亡歌曲、演话剧、办漫画展览等形式，宣传抗战道理，激发民众的抗战情绪，动员群众为抗战出钱出力。

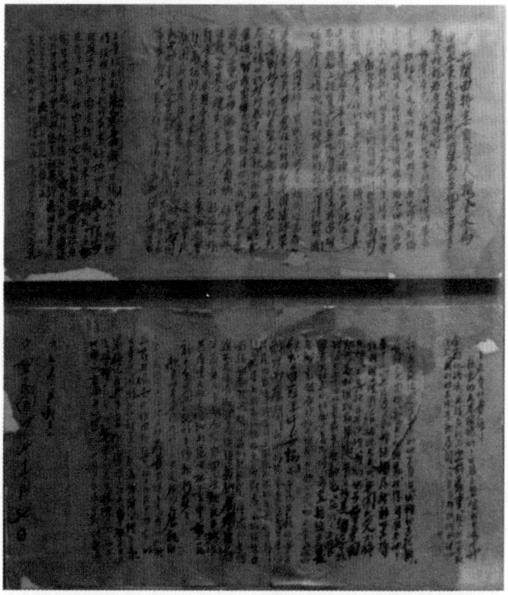

图1-3-5　中共闽西特委负责人魏金水发出的《推进抗战团结民主告龙岩各界书》

闽西工人在各抗战团体的领导下，踊跃募捐寒衣，筹款献金。1937年下半年，共产党员吴永乐团结龙岩汽车工人成立闽西汽车工人工会，该工会组织工人抗日剧社开展抗日救亡活动。1938年2月，龙连汀汽车运输公司职工配合龙岩西山的抗敌服务团走上街头，深入城镇，演出有关抗日救亡的剧目，宣传抗日。同年2月1日，龙岩红坊区教工组织抗敌服务团和剧团，积极开展抗日宣传活动，动员群众出钱出力支援抗战，并将募捐所得之款用于慰问抗敌战士。[1]多种形式的抗日救亡宣传活动，大大地激发了闽西各行各业和各界人士的爱国热忱。

为支援前方将士英勇杀敌，闽西党组织调派许多党员通过各地抗敌后援会引导工人、店员、学生以及各界民众开展认购公债、征募寒衣、抵制日货活动。在党组织的领导下，群众性的募捐、义卖、慰劳等救亡活动蓬勃开展，闽西各界群众除了积极担负救国公债、国防公债和国难防务捐外，还不断地举行主动的慷慨捐献活动，积极献金，募集寒衣、布草鞋、军毯及各种慰劳品，送给前线将士和当地驻军，出现了许多动人的情景。如龙岩妇女会组织妇女前往县城的陆军医院慰劳在厦门抗战中受伤的战士，并帮助他们洗衣，使受伤官兵得到极大的鼓舞。在献金方面，广大闽西工人情愿自己节约开支，从微薄的收入中抽出一部分生活费慷慨捐献。1939 年 4 月底，中共龙岩县委发动群众开展“一元还债”运动，在汽车工会的积极推动下，献金 9000 余元，创造了福建献金的空前纪录。在连城，募捐活动开展得十分广泛和热烈，尤其以城关和姑田两地最为突出。1940 年，仅在连城城关地区的募捐活动就进行了 7 次；为了解决伤兵的医疗经费，在连城还组织了伤兵之友社，开展慰劳伤兵活动。在姑田，仅 1940 年 7 月初参加伤兵之友社的就有 70 余人，捐款 100 多元。在永定发动的“为抗战捐献一个铜板”运动，从金丰地区开始，迅速成为全县性的群众运动。在义卖方面，闽西龙汀汽车公司职工开展义卖有抗战内容的报刊和募捐活动，工人纷纷解囊，尽力认购，在 1939 年龙岩的义卖场上，中共龙岩汽车工人特支书记吴永乐用大洋 100 元购买了一张《闽西日报》，推动了义卖的热潮。他们把义卖和募捐来的钱和物资，除送到抗敌后援会外，还直接送去慰问新四军战士。

在前方，闽西子弟不畏强敌，浴血奋战，为祖国的抗日大业作出了巨大贡献。这些业绩的取得，与中国共产党的领导和广大工农群众的大力支持分不开。正如 1938 年 8 月上旬中共闽西南特委在总结支前抗战工作时所指出的：“闽西南各地掀起了踊跃参军的热潮，广大

---

① 参见福建省总工会编：《福建工人运动史（1940—1949）》，中国工人出版社 1990 年版，第 177 页。

工农大众和许多青年参加到新四军中去，同时，热烈担负购买救国公债、国防公债和国难募捐，不断地举行自动的慷慨捐输献金、节衣缩食地资助前方抗战。”

（四）闽西华侨工人积极支援抗战

闽西是著名的侨乡，到 1937 年抗日战争全面爆发前夕，华侨人数已增至约 5 万人，主要分布在东南亚一带。抗战爆发后，身处海外的闽西华侨工人、学生、商贾，以及知识分子等爱国人士迅速团结在抗日民族统一战线的旗帜下，以空前的爱国热情同祖国人民一道共赴国难，在舆论、人力、财力和物力等方面都积极支援祖国抗日，为伟大的民族解放事业作出重大贡献。

运用一切宣传工具开展抗日宣传，激发广大侨胞的抗日救国热情。闽西华侨虽然处境各不相同，但经过长期艰苦创业，涌现出许多杰出人物，如马来西亚槟榔屿著名侨领胡泰兴和“百货巨子”吴德志、“锡矿大王”胡子春，马达维亚“百万富翁”游霖孙，印度尼西亚的“岩侨三杰”翁锦使、张茂萱、傅志川以及“爱国爱乡侨领”、“万金油大王”胡文虎等。闽西华侨由此成为华侨社会中具有较大影响的群体。抗战爆发后，闽西的不少侨领利用他们在华侨特别是闽西华侨中的威望和影响力，大力开展抗日救亡宣传，号召侨胞捐资献物，支援祖国的抗日大业。胡文虎在抗日战争时期创办了 19 家报纸，大造抗日救国的舆论，他创办的《星州日报》等“星系八大报”盛誉中南，被誉为特别响亮的抗日宣传号角。与此同时，曾道修创办的《新闻报》《南洋生活周报》、陈兰生主编的《仰光日报》、卢心远主编的《南洋商报》以及黄微主编的《华侨民报》等都在祖国抗战中发挥了巨大的海外宣传作用。同时，华侨工人、学生、商贾以及知识分子等爱国人士，纷纷联合成立各种抗日救亡团体。他们踊跃参加各种讲演团、宣传队、歌咏队、话剧团等，走街串巷，奔向城镇、村舍，向广大华侨宣传抗日救亡的道理，动员广大侨胞投入抗日洪流，为祖国的抗日战争献金献力。龙岩华侨组织的“岩青口琴队”“岩声中乐队”“岩光剧团”在抗日宣传中颇有鼓动力和感染力。

利用各种形式开展筹款工作，以实际行动支援抗战。无论是富商巨贾还是升斗小民都热情地捐款捐物。以胡文虎为例，他先后认购救国公债 260 万元，连同捐献救灾济难款 40 万元，共计 300 万元，还赠送了 4 辆救护车、数万筒纱布、7000 多磅药棉、8 大捆绒布和上百万包虎标药品。旅居马来西亚的华侨曾昭周兄弟带头捐献巨款。上杭华侨在以游杏南为会长的新加坡南洋上杭同乡会组织下，慷慨解囊；槟城龙岩会馆组织“筹赈祖国抗战伤兵难民委员会”，1939 年筹款 8000 余元，为槟城各社团之冠；缅甸闽西华侨妇女成立“妇女募寒衣队”等；1939 年，侨居越南的连城华侨吴家谋捐献了一套价值上千元的医药器械给连城临时伤兵医院。在胡文虎领导下的客属公会和南洋总会的组织和推动下，南洋各地仅新加坡、槟城等 12 个城市的华侨就从七七事变至次年年底共认购公债近 1300 万元，义捐款近 2000 万元。在这些大批捐献中，“豪门巨贾不啬金钱，工人小贩也各尽血汗”，广大侨工和各阶层侨胞的爱国行动，有力地支援了祖国的抗日战争。同时，闽西华侨工人还开展了声势浩大的抵制日货运动，在一定程度上削弱了日本的经济力量，从而也牵制了日本的军事侵略力量。

图 1-3-6　抗战期间，闽西华侨工人在舆论、人力、财力和物力等方面都积极支援。图为爱国华侨领袖陈嘉庚与厦门大学师生在长汀合影

广大闽西华侨工人不但慷慨捐献支援祖国的抗战，有的还积极应征，回国参战，投入抗日救亡的第一线。龙岩华侨黄复康，1938 年回到家乡后，参加湖邦区抗敌后援支会工作，大力进行抗日宣传；胡守愚、黄薇参加范长江等组织的战地记者访问团，回国奔赴延安，为海外侨胞如实报道所见所闻；永定华侨曾昭生、曾巨浪、曾艾荻、曾瑞练等前往延安，投身抗日前线；缅甸的永定华侨陈康容、周剑鸣、张慕云、刘文英等回国到闽粤边区参

加抗日救亡工作；菲律宾的胡健生等一批华侨青年组织了回国随军服务团，参加新四军第二支队北上抗日；胡文虎的星系报培养了大批抗日志士奔赴抗日前线。有的华侨青年归国参战，英勇捐躯，如 1938 年春，缅甸华侨陈康容回国投身抗日救亡运动，任中共永定岐岭支部宣传委员，1940 年秋被捕牺牲，年仅 25 岁。

在中华民族处于生死存亡之际，广大闽西爱国华侨工人和各界爱国侨胞慷慨捐献，有钱出钱，有力出力，团结一致，共赴国难，为祖国抗战的胜利作出了巨大的贡献。

（五）战时“工合”运动

闽西人民为了支持前方抗战，开展了以工业合作社为中心的生产运动。“工合”是中国工业合作社协会的简称。抗日战争全面爆发后，国际著名友好人士埃德加·斯诺（美籍）、路易·艾黎（新西兰籍）和国内爱国人士宋庆龄、胡愈之、阳翰笙、卢广绵和吴去菲等，为了中国的持久抗战，他们发起国际募捐，通过国际、国内组织，从香港转入广州、上海、重庆，到我国抗战后方组织中国工业合作协会，召集当时各地的失业工人兴办对抗战有利的各种工业、手工业合作社。这些合作社既安置了大批失业工人，又冲破了日伪的重重经济封锁，支

图 1-3-7　闽西人民为了支持前方抗战，开展了以“工合”为中心的生产运动。图为“工合”创立人路易·艾黎和“工合”长汀事务所旧址——汀城连邑公所

援了前方。1938 年 8 月，“工合”在武汉正式成立，从此，中国“工合”组织成了一支支援抗战的独特的经济力量。1939 年 1 月，在香港成立了“工合国际委员会”。嗣后，支援中国抗战的“工合”组织如雨后春笋般蓬勃发展，不到两年时间，就遍布全国解放区和国统区。

1939 年初，“工合”组织在江西赣州设立东南事务所，下辖闽、粤、赣、皖、浙 5 省，各省的市、县也设立“工合”事务所，全盛时期属下有县事务所（指导站）28 个，“工合”社 700 多个，社员 8000 余人。1939 年 4 月，路易·艾黎以“工合”国际委员会执行联络员和“国民政府行政院技术总顾问”的身份，带领美国化学工程教授黄文炜，技师蔡醒华、蔡慎聆从赣州来到长汀筹备长汀工业合作社协会。1939 年 5 月 4 日，东南区“工合”长汀事务所在长汀城修家祠正式成立，路易·艾黎亲自担任“工合”长汀事务所主任，范绍康、黄佐泉为指导员。随后，又进入连城开展工作，初时由长汀事务所人员兼管筹备工作，作为它的一个分支机构。后来选派了连城项信熹、江衍桢等人进入“东南工合讲习班”学习，毕业后返回连城工作。1943 年 10 月，中国“工合”东南区连城事务所在连城县姑田区中堡村后龙山下的德昭寺正式成立，共产党员毕平非任主任。

事务所是“工合”的组织指导机构，它宣传、指导社员根据社章组织起来进行生产；帮助各单位制订业务计划，核放贷款，完善会计制度进行财务监督；进行技术研究，帮助发展产品，举办社员教育和福利事业。

“工合”长汀事务所成立后，在中共地方组织和爱国进步人士的支持、帮助下，大抓战时工业、手工业生产。首先组织了城区针织、雨伞、印刷、机器等 4 个工合社，迄后逐步发展，据统计，至 1942 年，城乡工合社发展到 38 个，其中城区社除上述 4 社外，还有油纸、弹棉、铸锅、卷烟、缝纫、锯板、文具、南门纺织、西门纺织、西门斗笠 10 个社；乡区有 13 个纸业社、4 个炼铁社、2 个炼糖社、2 个砖瓦社、2 个榨油社和 1 个面粉社。共有社员近 500 人，认购股金 23000 余元（建社初期认股，以后增股未计在内），事务所货款 13 万余元，全年产值可达 100 万元。而后又根据长汀的自然资源在乡村组建了 12 个造纸社，每社社员均为 10 人，年产玉扣纸 300—400 担。到 1945 年，“工合”组建合作社共计 50 个。

全民族抗战初期，由于厦门大学和一些军政机关内迁长汀，以及福建广东沿海难民涌入，使长汀人员增加两倍。同时由于日军的疯狂破坏和经济封锁，造成日用生活品非常匮乏。“工合”工人急抗战和人民生活之所急，充分发挥积极性和创造性，为供应战时军需民用品而忘我生产。当时长汀工合社生产的斗笠和油纸，与瑞金工合社的麻鞋，宝鸡工合社的军毯一同成为前方抗日将士的“三件宝”。长汀特产玉扣纸，年产量达六七万担，行销广州、南洋。其他供应市场的产品有布匹、毛巾、袜子、皮鞋、皮箱、皮件、牙刷、肥皂、棉花、棉絮、油纸、雨伞、斗笠、药棉、纱布、纸张、文具、油墨、浆糊、账册、铁锅、切面机、熨斗、火锅、瓷器、五金制品、电镀制品等，达数百种之多，深受群众欢迎。另外，还从外地购进大批原料供应各有关合作社，使市场商品更为丰富多彩，既解决了军民生活需要，又搞活了地方经济。长汀城区印刷社拥有铸字机、中英文铜模、画线机等较先进的设备，并汇集了许多从大城市撤退来长汀且掌握较先进技术的印刷工人，是当时邻近十数县规模最大的印刷社。全社有70多个工人，其中有许多老印刷工人在中央苏区时期就为工农红军服务过，他们在共产党员、“东南工合”办事处课长毕平非和印刷社党员的直接帮助与指导下，以高度的政治热情大力印刷抗日宣传品，如《中南日报》《厦门大学学报》《汀州青年报》《申报》等，积极为宣传抗日贡献力量。

连城姑田事务所成立后，为了联系业务，办理纸张外运等事宜，在永安和南平两地分别设立了办事处。他们针对抗战时期宣传用品、纸张紧缺的情况，首先发起组织了连城县纸业协会，由协会人员分头到姑田、曲溪、莒溪、赖源等地开展工作，恢复和新建了13家纸业社。在“工合”事务所的指导下，改变原来以生产连史纸为主的传统，主要生产抗日前方急需的价格较为低廉的仿道林纸和粉连纸。事务所的工作人员大多数是共产党员。在他们的带动下，广大纸业工人自愿为支援抗战多生产纸张，多作贡献。

“工合”组织非常重视培训技术力量。1939年6月至1940年4月，东南“工合”办事处在瑞金连续举办了三期“东南区工合讲习班”，主要培养东南区五省各地“工合”事务所的指导员、会计。福建参加三期讲习班的人数共24名，其中长汀有13名，超过了福建全省的一半。长汀“工合”事务所还加强对广大社员的培训，1942 年 5 月，举办了“工合社员学习班”，城区社员全部参加了培训。通过培训，提高了社员对抗战的认识，使他们学到了组织管理知识和技能，从而使工合社更加巩固，越办越好。

“工合”组织成立不久，中共党组织为争取更多的国际舆论同情和经济援助，选派了一批中共党员加入“工合”组织，在长汀、连城的“工合”事务所及工业生产合作社中，许多共产党员直接参与或领导“工合”工作，起到了坚强的核心作用，有力地推动了工业合作生产运动的发展。如连城“工合”事务所的地下党员毕平非、许静、吴知因、张锡英、杨学修等人凭借“工合”的合法地位，活动于国民党内部和广大工人中间，在广大造纸工人中宣传进步思想、传播进步文化，帮助工人成立“姑田造纸业同业工会”和“纸炮业工会”等，以扩大党的有生力量。同时,“工合”这一合法组织又掩护了党员的活动，在抗日救亡以及抗日反顽斗争中起到了特殊的作用。

（六）闽西工人的反顽斗争

1938 年 10 月，抗日战争进入相持阶段以后，国民党顽固派在全国各地制造反共摩擦，掀起反共高潮。福建境内的国民党顽固派坚持反共反人民立场，对中共地方组织进行一系列破坏活动，取缔工农进步团体，对工人爱国行动和抗日活动横加禁止，工人运动骨干也倍受打击、迫害。在这反卖国、反投降斗争中，闽西工人义愤填膺，开展反顽斗争。

新四军第二支队北上抗日后，国民党当局就肆无忌惮地限制共产党和抗日团体的活动。在新四军第二支队北上的短短几个月内，国民党当局就蓄意制造了一系列反共事件，破坏国共合作局面。国民党闽西各地军政当局采取各种措施限制共产党和抗日团体的活动，对革命基点村进行烧杀“清剿”，对工农进步团体进行取缔，对工人的爱国行动和抗日活动横加禁止和反对，对工人运动的干部和骨干也倍加打击和迫害，蓄意制造反共摩擦。1938 年 7 月，国民党当局强令解散白土、黄坊（今红坊）抗日服务团，查禁中共闽西南特委和龙岩县委的机关报《前驱》《团结》，抓捕基层支部的共产党员，迫其承认为“汉奸组织”。同时，永定县政府下令强行解散岐岭、下洋、湖坑、湖雷、坎市等地的抗日救亡团体。此外，国民党顽固派还在龙岩、永定等地大肆搜查抗日书籍，排挤进步教职员，压制抗日救亡运动。

从1939年1月开始，闽西各地的反共事件和反共摩擦层出不穷，国民党对工会组织和工人运动也多方进行破坏。1940年3月18日，闽西国民党第六区党部指导员办事处强制工人加入他们操纵的工会，还规定工人如逾期不履行入会手续，就给予行政处分，停其职务。在1941年1月的“闽西事变”中，中共龙岩东肖区委委员、小学教员陈南坤当场被杀，中共龙连汀汽车运输公司支部负责人臣恭宝及工人七八人也同时被捕，惨遭迫害。1941年2月，岩城警宪借口检查户口，宣布戒严，包围通街衢巷，逮捕公务人员、商民、工人数十人，并劫掠商店数间，中共龙岩城区鞋业工人支部负责人星柏被捕，党组织遭到破坏。1941年2月4日，长汀国民党当局召集汀市木匠工会全体会员开大会宣布：“故意者，决停其营业。”国民党政府还规定各工厂不得雇用未加入他们所操纵的黄色工会的工人，如有违反规定，即依照《妨害国家总动员惩罚暂行条例》送执法机关严加处分。

针对国民党的反共活动，闽西党组织给予了坚决的回击。1941年1月25日，中共闽西特委发出《为反对内战，反对投降的急紧宣言》，揭露顽固派反共投降的阴谋，要求福建国民党当局立即停止摧残抗战力量的暴行、停止迫害工运干部、释放被捕人员，同时号召广大工人、农民、各界爱国人士和抗日官兵团结起来，反对分裂，坚持抗战。国民党当局的倒行逆施，遭到工人的抵制。如1942年9月，永定木器业工人林金标不顾威胁，拒不加入国民党控制的工会。在闽西党组织的领导下，各地工人坚持抗日斗争，许多工人为摆脱国民党顽固派的迫害，转入秘密斗争，不少工人积极参加中共领导的抗日组织或抗日队伍。

抗日战争期间，闽西工人阶级无论是在前方或后方，都万众一心，团结抗日，一直坚持到抗战胜利，为保卫祖国、争取民族独立作出了不可磨灭的贡献。

三、迎接闽西解放

抗日战争胜利后，国民党统治集团坚持独裁政策，发动全面内战。闽西党组织坚决执行党中央的方针，广泛开展群众性的游击战争。闽西工人阶级在各级党组织的领导下，积极参加反独裁、反内战、争取民主与和平的民主运动，配合解放大军南下，迎接闽西的解放。

（一）争取和平民主斗争

抗日战争胜利后，闽西人民同全国人民一样热切希望和平与民主，建设新中国，然而，国民党却磨刀霍霍，阴谋挑起全面内战，从未停止“清剿反共”的国民党闽西军政当局，更是紧锣密鼓地加紧内战准备，闽西弥漫着内战的黑云，局势十分严峻。

国民党福建军政当局秉承蒋介石的意志，以“反共内战”为唯一目标，伙同地方反动势力在闽西南地区进行反共部署。面对严峻的斗争形势，摆在闽粤赣边共产党面前的首要任务，是争取和平、民主，保存武装，保存干部，经受国民党长期黑暗统治的严峻考验，在有利时机到来之时迅速发展。为此，1945年8月28日至9月3日，中共闽粤边委员会在平和县水尖山召开紧急会议，会上确定了边区党委关于争取和平、反对内战、保存革命力量的新任务，并决定人民武装力量采取分散发展的方针。会议特别指出，闽西各级党组织必须采取十分谨慎的态度，精简隐蔽，整顿组织，避免硬碰硬，争取中间分子，利用合法形式，在力求生存而斗争的基础上，建立反卖国、反内战、反独裁、反特务恐怖的广大阵线，才能为最后推翻国民党的反动统治打下坚实的基础。

为了加强对福建各地工人运动的领导，1945年9月，中共福建省委在福州成立中共闽江工委、城市工作部等组织。闽江工委成立后，立即在店员、工人中和学校、交通运输等部门开展活动，加强在工人中建立组织的工作。为了加强对闽粤边区斗争的领导，1945年11月，中共闽粤边区临时委员会成立后，积极在闽西等地的城镇发展工人组织，开展斗争。1946年元旦，闽粤边临委书记魏金水发表了题为《迎接1946年的新任务》的谈话，提出重视外围白区与大乡村工作，扩大游击区，创造民主根据地。1946年1月9日，闽粤边党组织发表了《中共闽粤边临委关于革命新时期的当前任务》，向社会各界宣传了中国共产党争取和平民主的各项主张，强调要结合闽西南的社会现实，“加强白区和城市的合法运动与加强合法性的求生斗争，使民主运动与求生斗争联系起来”[1]，揭露了国民党当局内战、独裁的真面目。2月24日，魏金水又在中共闽粤边临委机关庆祝和平民主大会上发表了《掀起闽西南和平民主的热烈运动》的讲话。他在讲话中针对闽西南地区和平民主进程的曲折性和特殊性，提出必须运用各种灵活的斗争方针策略，同国民党的内战、独裁进行不懈的斗争，利用各种会议、报刊、公函、标语、口号等形式，对干部、群众、社会各界人士、知识分子等进行普遍深入的宣传教育，提高对和平民主的认识，打破沉闷的空气。各级党组织要从群众的切身利益和要求入手，领导广大群众走上反对内战、推行民主的政治斗争的道路。

为粉碎国民党的进攻，闽西各级党组织根据形势的变化，结合当地的具体实际，开始贯彻执行分散发展、隐蔽斗争的方针，创造性地开展城市与乡村的工作，利用一切可以利用的方式开展合法斗争，注意对城市学生、市民民主运动的领导。各地通过开展抗税、抗粮、抗丁、抗租斗争，极大地提高了工农群众的思想觉悟，及时隐蔽了党的组织。各地党组织负责人带头隐蔽，如连城工作团负责人戴炳辉以做木工为掩护，在北团、四堡、莒溪、新泉、庙前、赖源一带，广交农民朋友，培养力量，建立组织，为迎接对敌斗争作好思想上、组织上的准备。在游击队的分散隐蔽活动中，漳龙汽车公司的工友还帮助建立了地下联络点。1945年9月，王涛支队参谋长郑金旺及张震东率领第一大队在岩永靖边活动，主要任务是普遍发动群众，开展和平民主运动，开辟新的据点。第一大队协同地方工作团以南靖科岭为中心，延伸到南靖的梅林、桂洋、靖城等地活动。游击队还通过郑永清的哥哥联络了几个漳龙汽车公司的司机，在金山、龙山建立地下联络点，恢复了新祠、莒舟等老据点。闽西党组织和武装通过分散活动建立起来的新据点，为后来闽西普遍开展游击战争创造了条件。

抗战胜利后，由于闽粤赣边区是蒋管区的一部分，这里美货充塞市场，国货土货无人问津，工厂相继倒闭（小手工业也被波及），失业工人日见增多，闽西各地物价飞涨，比日本投降时还高几倍，如1945年11月，“米每斗（永定十六斤）已由日本投降时二百元涨到

---

① 《中共闽粤边临委关于革命新时期的当前任务》(1946年1月9日)，中共龙岩市委宣传部、中共龙岩市委党史和地方志研究室、龙岩学院中央苏区研究院编:《中央苏区（闽西）历史资料汇编⑩》，中共党史出版社2023年版，第67页。

八百九十元；猪肉由八十余元涨至二百五十元；盐由二十余元涨至八十元”[①]。在物价空前高涨的浪潮袭击下，城市市民、工人和农村的广大群众陷入饥饿的泥坑，而国民党军政当局为了打内战，强行征兵、征粮、征税，工人生活更加恶化。闽西工人为了改善待遇，不断开展经济斗争。为了加强领导，1945 年 12 月 12 日，中共闽粤边区临委发布了《关于切实领导群众开展反饥饿斗争的指示》，提出必须切实领导群众开展反饥饿斗争，要把“群众的求生斗争和粉碎国民党向我进攻的斗争联系起来”，要“广泛的开展群众公开斗争，公开抢粮、罢工、罢课、罢市等较高级斗争”。

1947 年 5 月，上海学生举行声势浩大的“反饥饿、反内战、反迫害”的示威游行，并迅速扩展到南京、北平、沈阳、昆明等十几个城市。在这次爱国民主运动的影响下，在党组织的领导下，闽西工人采用怠工、罢工和示威请愿等方式，纷纷开展“反饥饿、反迫害、反内战”的斗争，他们提出了“要饭吃、要民主、要和平”的口号，把这场斗争较为长期持久地开展下去。1947 年 7 月 3 日，中共闽粤赣边区工委发表了《告各界人士书》，指出，为了反对“独裁政府征兵征粮征税的繁重，官僚政客、高利贷的繁剥，贪官污吏土劣恶霸的豪夺，四大家族嫡系的银行对于金融的操纵，资本家克扣工人工资，封建地主对农民的高压”，闽粤赣边工农群众“要向独裁政府要饭吃，实行抗丁、抗粮、抗税、开仓来解决自己的生活，没收反共专家与贪官污吏的财产，救济饥饿的人民”，强调在斗争中要“坚决执行政协路线，反对伪国大、伪宪法、伪选举，不承认一切卖国条约”，要坚决“保护民族工商业，保护爱国民主运动、工人运动、学生运动”。[②]

1948 年 7 月，龙岩“坤记”、“东南”木器厂以陈忠民等为首的 20 多名工人得到以“坤记”木器厂老板身份做掩护的共产党员邓坤的积极支持和领导，发动全行业工人开展了抗议资方压制民主、要求提

---

① 《中共闽粤边区临委关于切实领导群众开展反饥饿斗争的指示》（1945 年 12 月 12 日），中共龙岩市委宣传部、中共龙岩市委党史和地方志研究室、龙岩学院中央苏区研究院编：《中央苏区（闽西）历史资料汇编⑩》，中共党史出版社 2023 年版，第 61 页。

② 《中共闽粤赣边委员会告各界人士书》（1947 年 7 月 3 日），中共龙岩市委宣传部、中共龙岩市委党史和地方志研究室、龙岩学院中央苏区研究院编：《中央苏区（闽西）历史资料汇编⑩》，中共党史出版社 2023 年版，第 156 页。

高生活待遇的罢工斗争。1948 年初冬，上杭工作团在溪口一带发动群众开展反“三征”（征粮、征税、征兵）的斗争，并散发《告青年同胞书》，号召工农青年不要为反动派卖命，不要拿枪杆子打自己人。随后，闽西支队队长蓝汉华率领武装攻打白砂，捕捉大地主傅浪轩父子二人，罚其款二百银元，没收其布匹财物。由于游击队连续出击，不仅解决了部分给养，而且政治上影响很大，鼓舞了群众斗志，瓦解了敌人。为配合南下大军解放闽西全境，1949 年 1 月 1 日，中共闽粤赣边区党委发布了《闽粤赣边人民武装打倒蒋介石政府十项主张》，提出“实行改善工人店员生活，适当提高资薪，实行合理征收工商业税，实行保护工商业及华侨家属”。

（二）支援人民游击战争

1946 年 6 月，国民党当局撕毁停战协定和政协协议，依仗其军事上的暂时优势向各个解放区发动全面进攻，全面内战爆发。

1946 年 11 月至次年 1 月，中共福建省委在古田召开省党代表大会，将中共福建省委改组为中共闽浙赣区委，后又改为中共闽浙赣省委，指导游击战争和各地工农运动。1946 年 11 月，根据中共中央香港分局的决定，中共闽粤边区临时委员会改为中共闽粤边区工作委员会，魏金水任书记，下设梅埔、闽西、闽西南边、闽南 4 个地委。1947 年 2 月 28 日，中共中央发出《关于在国民党统治区斗争策略的指示》，规定党在国统区的工作方针是：扩大宣传，避免硬碰，争取中间分子，利用合法形式，力求在为生存而斗争的基础上，建立反卖国、反内战、反独裁与反特务恐怖的广大阵线。根据中央的指示，3 月 9 日，闽粤边工委向各地委发出《关于新形势与新任务的指示》，分析了内战全面爆发后半年多来的国内和边区的形势，提出边区党的主要任务是集中最大力量去积极发动群众，准备发动广泛的群众性的游击战争。因此，要求闽西各地都要“开展灵活性、广泛性和群众性的游击战争”，“在群众中进行广泛的宣传攻势，以揭露敌人的欺骗、怀柔、威胁、镇压、恢复反动政权、恢复三征的阴谋”，要“利用敌人阵营内的矛盾，来分化瓦解、争取、孤立敌人，削弱敌人的力量。”

闽西地委根据中央和边区工委的指示精神，深入开展游击战争和工农运动。1947 年 8 月 20 日，中共闽西地委在永定金丰大山雨顶坪召开会议，决定成立中国人民解放军闽粤赣边总队闽西支队（简称

图 1-3-8　1947 年 2 月，中共闽粤边工委在永定何凹头召开会议，确定了先粤东后闽西南、广泛发动群众、普遍开展游击战争的战略方针

资料来源：中央苏区（闽西）历史博物馆

"闽西支队"）。根据闽粤赣边区工委关于闽西地区要"积极小搞，镇压反动派，发动群众，发展新区"的指示精神，闽西支队决定先从打击、消灭国民党基层政权开始，从开展小规模战斗开始，逐步恢复老区、创造新区，以锻炼部队、发展队伍、武装自己。此后，闽西支队在一年零四个月里，经历大小战斗 80 多次，消灭国民党自卫中队 2 个、摧毁国民党乡公所 12 个、警察所 1 个。闽西支队一连串的胜利，大大地振奋了周边群众，使永定、龙岩、平和等县的工农群众纷纷起来，积极开展反"三征"和打击反动头子的斗争，很快恢复、开辟了一批老区和新区，并在原老区和部分新区建立了民兵、农会等组织，实行减租减息。到 1948 年 4 月，永和埔边区已成为闽西地区的第一块游击根据地，纵横 50 公里，支队本身得以发展壮大。到 1948 年底，闽西支队已发展到 650 人。① 闽西地区游击战争的普遍开展和革命根据地的建立，使游击战争、政权建设、群众斗争和群众组织有了可靠的依托，也为粉碎国民党军队的六路进攻，为闽西解放战争的胜利开展，奠定了坚实的基础。

（三）迎接和配合闽西解放

1948 年底至 1949 年 1 月，中国人民解放军相继取得了辽沈、淮

① 参见《闽粤赣边纵队史》，广东人民出版社 1995 年版，第 136 页。

海、平津三大战役的伟大胜利，全国处于革命胜利的前夜，军事上转入进攻阶段。早在 1948 年 8 月的第六次全国劳动大会上，中共中央就提出：国民党统治区的工人的任务是团结全体职工和全体人民，对美帝国主义与官僚资本作斗争，对人民解放军的胜利进军作必要的和可能的配合，并在城市被解放后，帮助民主政府有秩序地接管城市。

在全国解放战争胜利发展的形势下，闽粤赣边区人民武装在取得 1948 年反“十字扫荡”“分区驻剿”胜利后，得到了进一步的发展壮大。1949 年元旦，中国人民解放军闽粤赣边纵队正式成立，新华社公开发表《中国人民解放军粤赣湘边、闽粤赣边、桂滇黔边纵队成立宣言》，阐明纵队的作战目的是“配合中国人民解放军为彻底解放全中国、建立新民主主义的新国家而奋斗”，要求“全华南的工人、农民、知识分子、华侨、工商业家、开明士绅、民主党派、人民团体，一致的动员起来，为支援本军的行动斗争，为彻底解放全体华南、全中国，建立新民主主义的新中国而奋斗”。

图 1-3-9　1949 年 1 月，中国人民解放军闽粤赣边纵队成立。图为闽粤赣边纵队司令部人员合影

1949 年 2 月 28 日，闽西地委、第七支队和永定县委负责人在永定县何凹头召开联席会议，根据边区党委的指示精神和闽西的形势，确定了“壮大自己，发动群众斗争，使各县联成一片，有力地配合友

军行动，迎接南下大军，为解放闽西人民而斗争”的方针。5月，中共闽浙赣省委在南平召开县委以上干部会议，会议期间接到中央指示，要求保护仓库，保护工厂，打击逃兵，发动群众支前，扩大队伍，以配合人民解放军顺利进军。按照中央的指示，6月30日，中共闽浙赣省委发出了《关于大军供应工作的指示》，指出长江以北各省已经全面解放了，百万大军正陆续下江南，部分解放军已进入福建省，号召沿途党组织和人民“以最大的努力，最吃苦的精神来支援大军”，基本完成兵团大部队入闽所需粮草任务，配合解放军完成解放福建的行动。在从7月下旬到8月中旬的福州战役期间，闽北、闽东、闽西南等地区广大工农群众协助人民解放军筹粮840万斤、柴草1700万斤，以及大批油、盐、鱼、肉、蔬菜等物资。福州解放后，人民解放军又发起漳厦战役，沿途的闽中、闽南党组织和游击队密切配合，积极动员工人、民工和广大群众日夜抢修公路，为解放军筹粮、带路，使解放军顺利进军闽南。

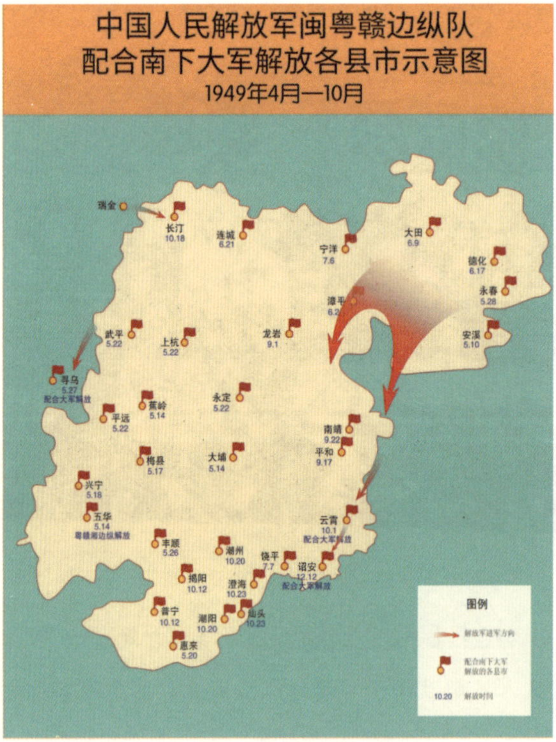

图1-3-10　闽西党组织和游击队积极动员工人、民工和广大群众日夜抢修公路，为解放军筹粮、带路，配合南下大军进军闽南

资料来源：中央苏区（闽西）历史博物馆

8月中旬，中国人民解放军第四野战军与闽粤赣边纵队在江西会昌胜利会师，闽西人民终于迎来了南下大军。在南下解放大军追击之下，国民党军第十二兵团4万多人从赣南一带分两路窜扰梅州、闽西。南撤闽西的国民党溃军，在闽西南联合司令部所属主力部队、各县独立团及地方武工队、民兵的不

断袭击下，不敢久驻，被逼向广东大埔和闽南一带逃窜。8 月 23 日，永定宣告全境解放。8 月 27 日，上杭全县解放。9 月 1 日，龙岩独立五团、章汤铭起义部队中国人民解放军第四野战军一部和龙岩独立团等 800 余人进驻龙岩城，闽西重镇龙岩宣告解放。龙岩城的店员、各业工人与广大群众一起夹道鸣炮热烈欢迎，盛况空前。9 月 4 日，闽粤赣边区党委、闽西地委、闽西南联合司令部率领部队和工作人员 3000 余人，举行了声势浩大的进城仪式，然后在中山公园举行有几万人参加的“庆祝龙岩解放军民联欢大会”。龙岩城区解放后，实行军事接管，于 9 月 8 日成立龙岩县军事管制委员会。9 月 14 日，中共闽西地委、闽西南联合司令部根据斗争的需要，在龙岩成立了闽西支前委员会，广泛动员人民支援前线，迎接大军南下，争取早日解放闽西全境。为了支援前线，保证公路交通、邮电线路的畅通，军管会任命何传福为邮政局局长，郑长燊暂代电信局局长，主持邮政、电讯的正常运转。军管会主任郑金旺专门召见漳龙汽车运输公司经理，说明党的政策，对其车队和汽车修理厂不是没收归公，而是要他继续组织营运，在军管会交通组的组织下，调集人力修复毁坏的路段，迅速恢复正常交通，以适应支前战争的需要。这年冬天，龙岩汽车工人日夜奔忙，运输军粮和军需物资，支援前线；龙岩电信工人迅速架设龙岩—永定—大埔、龙岩—漳州的电话线；龙岩公路工人星夜赶修龙连汀公路。为了团结工商界人士，龙岩县委首先着手成立商会群众团体。9 月 28 日，县商会在民众讲堂召开成立大会，到会工商界代表 200 余人。工商界人士踊跃购买军粮公债、借款给军管会，帮助解决当时的财政困难。

（四）闽西各市、县工会相继成立

福建解放前夕，中共福建省、地、市委员会十分重视在接管城市工作中发挥工人阶级主力军的作用，并且努力维护工人阶级的利益，协助工人成立各级工会组织。1948 年 5 月，龙岩木业工会成立，领导人为邓坤、陈忠民、林喜生、杨直源、魏木兴、江松仁、苏品福。

1949 年 6 月，闽粤赣地区党组织向下属指示关于城市的接收和管理的方针，其中着重提醒各级党组织应注意改善工人生活，组织工会，建立党团组织，教育广大工人群众树立主人翁的思想，揭露资本家破坏党与工人联系的阴谋，紧紧团结广大工人群众。同时，依靠有经验的老工人带动其他工人群众，发挥他们的创造性和积极性，参加企业的管理，努力生产，建设新中国。

福建省各城市解放前后，工人群众迫切希望和要求早日成立各级工会组织，在这种形势下，1949 年 6 月，福建省总工会筹备班子在华东军政委员会组织部主持下在上海成立，当时兼任中共中央华东局组织部部长的张鼎丞接见了筹备班子成员。10 月下旬，福建省工会筹备委员会在福州苍霞洲青年会礼堂召开了成立大会。在这之后，中共福建省委和各级地方党委先后抽调了许多干部，加强工会组织的筹备工作，这样，全省各地、市、县级总工会（筹备会）和基层组织就很快地组织起来了。

1949 年 6 月，连城县原国民党县长张友民宣布起义，随后县城搬运工人起来组织搬运工会，主席为周春森，会员三四十人。同年 9 月 8 日，龙岩军事管制委员会成立后，委派搞过工运的连国栋发动工人成立工会组织。9 月 20 日，解放后的龙岩的第一个工会筹备会——龙岩汽车工会筹委会成立，童炎照任筹委会主任。接着单车、印刷、挑挽、木业、渔业、电机、店员、托运、理发、鞋业、缝衣、泥水、五金、煤业、电信等工会先后在 9 月至 12 月相继成立。在此基础上，12 月 23 日，召开龙岩县总工会筹委会，有 17 个基层工会的代表 100 余人到会，中共龙岩县委领导出席会议并讲了话，会上讨论了县总工会章程草案并选举了筹委会委员，25 日，产生了常务委员会。

闽西游击根据地基本上都在农村，只有一些分散的手工业工人，很少单独成立工人组织，主要是吸收他们到农村的其他群众组织中，或选进基层民主政权中，以发挥他们的作用。到了 1949 年 5 月，闽西南解放的县城和市镇中有了较多的工人、店员和学徒等，因此在接管时把工人迅速组织起来，参加各种斗争，发展生产，改善工人生活条件，支援解放战争。各地在接管城镇之后，一般都注意做工人的工作，积极筹建工会等组织，使工人力量得到发展。

新民主主义革命时期，闽西工人运动和工会组织的建立、发展，是和革命根据地的创立、发展和巩固紧密相连的。闽西工人运动的光辉历程，是我国工人运动史上一幅壮丽的画卷。它为党在新民主主义革命时期领导工人斗争和工会工作，积累了丰富的经验，并形成了工人运动以及工会工作的光荣传统和革命精神。

第二章

社会主义革命和建设时期的闽西工运

从 1949 年新中国成立到 1956 年底三大改造基本完成，确立起社会主义基本制度，这是中国社会发生翻天覆地变化的重要时期，也是包括闽西工人在内的中国工人运动再次发生转折和新中国工人运动蓬勃发展的时期。社会主义制度确立之后，中国进入了社会主义建设探索时期，虽然有曲折，但工人阶级始终坚定不移地跟党走，为社会主义建设作出了不可磨灭的贡献。

第一节
国民经济恢复时期的闽西工运

1949 年 10 月 1 日，中华人民共和国宣告成立，揭开了中国历史的新篇章，中国工运事业进入了崭新时期。1949—1952 年，党领导人民集中力量恢复国民经济，继续完成民主革命遗留的任务。

一、国民经济恢复时期闽西工会组织的发展

1949 年 7 月 23 日到 8 月 16 日，中华全国总工会组织召开了全国工会工作会议，着重讨论了亟需解决的工会组织问题和劳资关系问题。为了实现全国工会工作会议“在一年左右基本上把全国工人阶级组织起来”的目标，中共中央于 8 月 26 日发出《关于贯彻全国工会工作会议精神加强工会工作的指示》，要求各地党委支持工会有步骤地建立和发展组织。1950 年 6 月，毛主席发布中央人民政府命令，颁布了新中国成立后的第一个关于工会的法律——《中华人民共和国工会法》(以下简称《工会法》),《工会法》对工会的组织原则作出了明确的规定，有工人、职员 25 人以上者，要建立工会基层委员会，如工厂委员会、矿场委员会等；不足 25 人者，选举组织员 1 人，享受工会基层委员会同等的权利……工会基层组织脱离生产；专门进行工会工作的委员人数应该按……工人、职员人数多寡决定。闽西各级党委、政府积极响应号召，建立各种产业工会和地方工会，把工人组织起来。

(一)有区别地废除国民党遗留的工会体系

根据中共中央《关于贯彻全国工会工作会议精神加强工会工作的指示》，1950 年 1 月 1 日，中共福建省委下发了《关于开展工人运动工作的指示》，指出：各地解放前国民党遗留的工会本质上是反动统治的利用工具，但对其改造不能和对待敌伪党政机关一样解散和接管，而应该根据特殊的历史情况和匪特控制的不同程度、群众威信，采取区别对待的办法。一是重新登记会员，成立新工会。这主要是针对反动派特务直接控制的主要工会，停止其活动，重新组织工人代表

会议，产生工筹会。二是对旧工会工作人员和匪特没有勾结情况的，采取逐步教育改造的办法，并要求争取在1月以前漳州、泉州、龙岩、莆田、福清、福安、林森等县成立工会筹委会。5月至年底全省正式成立各县、市、镇总工会。[①]闽西工会积极贯彻省总工会的指示，一年后（1951年），“经过整理整顿，旧工会会员成分基本上纯洁了，如长汀的店员工会，300多会员中便清除了100多个非工人成分的会员。干部的作风也有所进步……脱离群众的作风也有所改变……工人对这次整顿组织工作基本上是满意的”[②]。

（二）建立和发展新的工会组织

土地革命战争时期，闽西苏区建立了各种类型的产业组织工会，如搬运工人工会、运输工人工会等。新中国成立后，为了配合国家政权建设和经济建设，产业组织工会蓬勃发展。在以建立产业工会为重心的同时，闽西也注重各县、市地方工会的建设，共有龙岩县工会、上杭县工会、长汀县工会、连城县工会、武平县工会、漳平县工会、永定县工会7个地方工会。据统计，1950年7月10日，龙岩县总工会成立，下辖19个基层工会和教育工作者协会、卫生工作者协会，会员约1500人。[③]1950年1月，永定县成立工会筹备处，先后在民船、搬运、店员、手工业等系统建立18个基层工会，有会员3190人，占职工总数的64%。1951年冬，成立永定县工人联合会。1952年，成立永定县委工人运动委员会。[④]1950年1月，成立武平县总工会。1951年4月，重组县总工会，下属14个基层工会，30个工会小组，会员1220人，占职工总数的81.3%。[⑤]1950年3月，长汀县总工会成立，入会会员1400余人。[⑥]1951年6月25日，成立上杭县总工会，下辖教育、店员、民船、手工业、消费合作社等工会，拥有

① 参见《中共福建省委关于开展工人运动工作的指示》，龙岩市档案馆，0024-002-0000001-0013。

② 《中共福建省委关于开展工人运动的工作指示》，龙岩市档案馆，0024-002-0000001-0013。

③ 参见龙岩市地方志编纂委员会编:《龙岩市志》，中国科学技术出版社1993年版，第603页。

④ 参见永定县地方志编纂委员会编:《永定县志》，中国科学技术出版社1994年版，第619页。

⑤ 参见福建省武平县县志编纂委员会编:《武平县志》，中国大百科全书出版社1993年版，第503页。

⑥ 参见长汀县地方志编纂委员会编:《长汀县志》，生活·读书·新知三联书店1993年版，第549页。

会员 1678 人。[1]1952 年，漳平县工会代表会选举产生漳平县总工会筹备委员会，拥有 16 个基层工会，会员 1202 人。[2]1952 年 12 月，连城县总工会成立，同年底，全县有镇工会 3 个，基层工会 29 个，工会会员 1830 人。[3]

二、为巩固新生政权而斗争

新中国成立初期，外部，朝鲜战争爆发，影响新生政权的稳定；内部，一些不法资本家和商家试图通过囤积居奇、哄抬物价、扰乱市场秩序，挑战新生的人民政权。为此，包括闽西工会在内的各地各级工会采取各种措施，为巩固新生人民政权而斗争。

（一）参加镇压反革命活动

新中国成立之初，大陆残存不少国民党武装、土匪和有组织的特务分子，他们破坏好不容易形成的稳定局面，为了打击他们的嚣张气焰，巩固新生政权，闽西各县级工会积极参与镇压反革命活动。“为了协助政府维持革命秩序，镇压反革命，龙岩、上杭、连城都建立了工人纠察队。龙岩 1 个班 10 人，上杭 3 个班 28 人，连城 2 个班 24 人，全部都有武装。连城每逢二、五、八、墟天组织纠察队上岗，维持秩序。上杭夜间也参加巡逻。龙岩纠察队每逢集会或公审恶霸时，都主动维持秩序，起了一定的作用。”[4]这些队员在镇反、缉私、护厂中获得了一定的成绩。如，上杭纠察队在镇反中配合公安机关抓到了 40 多个反革命分子，民船水上纠察队抓到了连城恶霸反革命分子邓生财及走私银元贩 2 人，合计银元 391 元。[5]

（二）积极参加抗美援朝运动

1950 年 6 月，朝鲜内战爆发。9 月，美国出兵朝鲜，并把战火引向中国边境。10 月，中国政府应朝鲜请求，作出抗美援朝、保家卫国的决策，全国各地掀起了支援热潮。总体上看，“群众积极捐献飞

---

① 参见上杭县地方志编纂委员会编：《上杭县志》，福建人民出版社 1993 年版，第 531 页。

② 参见福建省漳平市地方志编纂委员会编：《漳平县志》，生活·读书·新知三联书店 1995 年版，第 530 页。

③ 参见连城县地方志编纂委员会编：《连城县志》，群众出版社 1993 年版，第 566 页。

④ 《省总龙岩办事处一年工作总结》，龙岩市档案馆，0024-002-0000001-0013。

⑤ 参见《1年来组织工作总结》，龙岩市档案馆，0024-001-0000002-0042。

机、大炮。据龙岩、长汀、上杭、连城等县不完全统计，有9000多名职工参加捐献活动。捐献飞机、大炮款2.98万元，手榴弹款0.2万元”[①]。具体看，1951年1月，“龙岩县职工掀起捐献手榴弹热潮，支持抗美援朝战争，共计捐献803颗，折算10606万元（旧币），其中店员工人捐献253颗”。1951年9月，龙岩各行业再次掀起捐献潮，“龙岩电厂工人邱士正……将额外收入230万元（旧币）全部捐出。教育工会职工，一中、二中、高农三校捐献了2129万余元（旧币）。第一、五、六、七、八区教工捐献了718万余元（旧币），其中又都用挑煤、种菜、养猪等增户办法来捐献”[②]。漳平县捐献1567.87元支援国家购买飞机大炮。[③]连城县工会约有2496名职工为抗美援朝捐献人民币400万余元（旧币）。[④]

图2-1-1　1951年5月，漳平各界举行庆祝国际劳动节暨抗美援朝示威游行

① 福建省龙岩地区地方志编纂委员会编：《龙岩地区志》（下），上海人民出版社1992年版，第974页。

② 龙岩市总工会工运史编写组编：《建国后龙岩市工运大事记》，内部资料，1988年，第7页。

③ 参见福建省漳平市地方志编纂委员会编：《漳平县志》，生活·读书·新知三联书店1995年版，第531页。

④ 参见连城县地方志编纂委员会编：《连城县志》，群众出版社1993年版，第567页。

（三）参加“三反”、“五反”运动

1. 参加“三反”运动。从 1951 年底到 1952 年 10 月，中共中央和政务院在国家机关和国营企业开展“反贪污、反浪费、反官僚主义”的斗争。闽西各级工会充分发动职工积极投入运动，具体情况如表 2-1-1 所示。

表 2-1-1 “三反”运动中工会组织干部贪污情况统计表 单位：人

	主席或主任				一般干部				合计			
	党员	团员	群众	小计	党员	团员	群众	小计	党员	团员	群众	小计
5 万元以下					1	6	5	12	1	6	5	12
5 万元以上	2			2		4	7	11	2	4	7	13
50 万元以上							1	1			1	1
100 万元以上							3	3			3	3
500 万元以上							3	3			3	3

资料来源：《龙岩、上杭、长汀、连城、漳平、永定县总工会关于“三反”职工干部贪污报表及基层统计报表》，龙岩市档案馆，0024-001-0000007-0001

到了 1952 年 8 月，工会组织“三反”工作力度加大，据统计，“龙岩各县……工会干部脱产学习的有 52 人，其中贪污行为的 36 人……贪污数共计 2417.5189 万元（旧币），已返回的有 634 万多，行政处分 6 人”[①]。

2. 参加“五反”运动。1952 年 2 月，在龙岩地委的统一领导下，龙岩、长汀、上杭、连城等县工会发动广大工会会员参加在私营企业中开展的“反行贿、反偷税漏税、反盗骗国家财产、反偷工减料、反盗窃国家经济情报”的“五反”斗争，抽调一批干部和优秀工人、店员进入私营工厂、商店，帮助职工和店员忆苦，认清违法资本家唯利是图的本质和他们施放“五毒”对人民的危害。龙岩店员工会组织 10 个查税组检举资方偷税漏税的行为，当年秋季查补税款达到 3.3 万元，占总额的 30%。同年 1—3 月，长汀县店员工会先后检举资方造

① 《省［福建省］总龙岩办事处 4、5 月“三反”情况报告》，龙岩市档案馆，0024-001-0000008-0010。

假账、漏税20多起，补交上年税款33万余元（旧币），查获一批逃税私油、私酒，补税款170万元（旧币）。[①]

三、国民经济恢复时期闽西工运的主要工作

在恢复经济和创建新政权期间，闽西工会的主要职能是履行维护职能、建设职能、参与职能、教育职能，同时还积极推动党的工运理论探索。工会的维护职能就是工会要维护职工群众的合法权益，这是工会最基本的职能，也是最主要的职能；工会的建设职能是指工会动员和组织广大职工群众参加建设和改革，努力完成经济和社会发展任务；工会的参与职能就是工会要发挥职工群众参政议政的民主渠道作用，代表和组织职工参与国家和社会事务管理，参与企事业单位和机关的民主管理；工会的教育职能是指工会帮助职工不断提高思想道德素质和科学文化素质。推动党的工运理论探索主要指响应中华全国总工会的号召，在现实中运用、检验和完善工运理论。具体表现在：

（一）维护工人基本权益

1. 建立劳动保险制度。新中国成立初期，闽西的劳动保险工作处于起步阶段，仅有邮电等14个企业实行劳动保险，享受职工人数为2130人。[②]如，1951年2月，漳平实施《中华人民共和国劳动保险条例》，先后有邮电、国营商业系统、煤炭、林业、采矿等行业职工享受劳动保险待遇。[③]

2. 增加职工生活福利。（1）调整工资。1951年，各级工会根据政务院财经委员会提出的工资问题，采取逐步清理、逐步统一、逐步调整的方针，在工矿企业设立八级工资制。工资制度的改革使绝大多数的工人工资都有所增加。1952年，闽西全区企业进行工资改革，90%以上的职工增加了工资，由于当时物价基本稳定，职工生活逐

① 参见福建省龙岩地区地方志编纂委员会编：《龙岩地区志》（下），上海人民出版社1992年版，第975页。

② 参见福建省龙岩地区地方志编纂委员会编：《龙岩地区志》（下），上海人民出版社1992年版，第977页。

③ 参见福建省漳平市地方志编纂委员会编：《漳平县志》，生活·读书·新知三联书店1995年版，第533页。

图 2-1-2　1952 年龙岩创办的第一个公办医院

步改善。以手工业工人工资为例，1948—1949 年，固定工月基本工资最高 14 万元（旧币）、最低 6 万元（旧币）、一般 8 万元（旧币），而 1952—1953 年，固定工月基本工资最高 20 万元（旧币）、最低 8 万元（旧币）、平均 13 万元（旧币），普通工人的生活得到一定的改善。[①]（2）其他福利。除了增加工资外，各县还建立职工俱乐部，丰富职工的精神文化生活。如，1952 年，连城县总工会建立职工俱乐部，设有图书室、宣传队、文体活动室。1959 年，全县基层工会建立俱乐部 35 个，车间俱乐部 4 个，图书室 31 个，藏书 17750 册。有 15 个基层工会建立体育协会，各项体育运动队有 13 个。[②] 1953 年，武平县总工会设工人俱乐部，组成 5 个职工业余文艺宣传队。[③]

（二）为恢复国民经济而努力

龙岩地区地处闽、粤、赣三省边界山区，山地占全区土地面积的 82.61%，全区人民一直在仅占土地面积 7.05%的耕地上从事以粮食为主的单一农业生产活动。龙岩地区工业发展落后，1949 年，全龙岩地区仅有小型工业企业 34 个，工业产值 1591 万元，人均产值仅

① 参见《解放前后劳动工资变动调查表》，龙岩市档案馆，0024-002-0000147-0029。

② 参见连城县地方志编纂委员会编：《连城县志》，群众出版社 1993 年版，第 568 页。

③ 参见福建省武平县县志编纂委员会编：《武平县志》，中国大百科全书出版社 1993 年版，第 505 页。

14.6元。[①]自然条件和经济发展水平决定了新中国成立初期，闽西工人阶级面临的主要任务是迅速恢复和发展国民经济，为新民主主义社会向社会主义社会过渡提供物质基础。

1. 协助政府稳定物价，打击投机倒把的非法活动。新中国成立不久，一些资本家利用国家暂时的经济困难，哄抬物价，囤积居奇，大搞投机倒把活动，影响人民的生活。在这种形势下，工会群众在工会组织下，积极配合相关部门进行检查黑市、查禁囤积、取缔投机等活动。如，1950年7月，龙岩县首次工人代表大会一致通过了《全县工人要积极参加反对银元流通的决议》。[②]

2. 开展爱国增产节约运动。群众性的增产节约运动是新中国成立后，党依靠工人阶级发展国民经济的重要手段。增产节约运动表现为两种形式，一是动员各行业的工人开展不同形式的劳动竞赛。1953年，在第一个五年计划执行过程中，各县工会组织领导职工开展社会主义竞赛活动，参赛单位38个，1837人，并围绕各企业的生产关键组织群众性的技术革新和合理化建议。[③]二是在区域范围内推广先进经验和方法。如，1951年2月，"龙岩县电信局线务工人李炳钧自力更生，成功创制电话上用的炭沙，摆脱了依赖外货进口的困难。省内外纷纷赶来订货"。1951年，龙岩电厂增产节约，仅机油一项每月平均节约260万元（旧币），把全城区的轻磅灯泡改装成重磅灯泡，节省了电力，又增加收入400余万元（旧币）。1952年，龙岩机器厂改进工具26种，提高生产效率3倍；龙岩粮食加工厂增加碾米量2.5倍；龙岩电厂自制耐火砖扩充路线，增加售电；邮电工人朱培、陈厚将手摇发电机改装为脚踏发电机，工作效率提高3倍；龙岩烟厂每日产烟从2箱到4箱……百货公司超额完成商品流转，在全省百货系统32个单位中获得第3名。[④]在开展增产节约运动的同时，各地工会评选出

① 参见福建省龙岩地区地方志编纂委员会编：《龙岩地区志》（上），上海人民出版社1992年版，第426页。

② 参见龙岩市总工会工运史编写组编：《建国后龙岩市工运大事记》，内部资料，1988年，第4页。

③ 参见福建省龙岩地区地方志编纂委员会编：《龙岩地区志》（下），上海人民出版社1992年版，第975页。

④ 参见龙岩市总工会工运史编写组编：《建国后龙岩市工运大事记》，内部资料，1988年，第3—8页。

劳模及先进工作者。如，1951 年，龙岩县总工会召开首届劳模大会，出席 35 人，评选出一级劳模 5 人，二级劳模 2 人，三级劳模 5 人；一等模范工作者 1 人，二等模范工作者 1 人，三等模范工作者 5 人。[①]

3. 修复完善基础设施，促进闽西经济恢复和发展。新中国成立伊始，各地基础设施破坏严重，为了维护和巩固新生政权，闽西工人阶级在军管会或工会的领导下积极修复基础设施。如，国民党军溃败逃离时破坏了龙岩到漳州的电话线，1949 年 12 月 15 日，龙岩电信局工人在龙岩军管会领导下，将电话线全线修通，至此，岩一漳一厦电话交通完成恢复。[②]1949 年底，闽西公路工人和民工积极抢修闽西公路，以龙岩为中心，南至闽南沿海、北至赣南、西至粤东的公路 482 公里，全部修通，这为闽西经济的恢复和发展起到了重要的作用。[③]

从 1949 年到 1952 年，闽西工人阶级在党的领导下，以主人翁的姿态和高涨的革命热情，投入国民经济的建设中。经过 3 年的艰苦努力，国民经济得到迅速的恢复和发展。

（三）参与民主管理

1. 废除旧制度。以废除封建把头制和改革旧企业管理制度为中心的工矿、企业民主改革，从 1951 年 8 月开始到 1952 年基本结束，分 2 批进行。全区先后参加民主改革的共有 98 个基层工会，参加人数 6114 人，通过民主改革，提高觉悟，划清敌我界限，放下一切思想包袱，积极投入改革运动。在民主建设阶段，一方面，把一些混进工会干部队伍中的封建把头、品质恶劣分子清除出去，把运动中涌现的积极分子提拔到领导岗位，纯洁了工人队伍，加强了工会的领导；另一方面，废除和改革一切不合理的制度，建立有利于生产和改善职工生活的制度。[④]

2. 建立劳资协商制度。1949 年 11 月 22 日，中华全国总工会颁

---

① 参见龙岩市总工会工运史编写组：《建国后龙岩市工运大事记》，内部资料，1988 年，第 6 页。

② 参见龙岩市总工会工运史编写组：《建国后龙岩市工运大事记》，内部资料，1988 年，第 2 页。

③ 参见龙岩市总工会工运史编写组：《建国后龙岩市工运大事记》，内部资料，1988 年，第 2 页。

④ 参见福建省龙岩地区地方志编纂委员会编：《龙岩地区志》（下），上海人民出版社 1992 年版，第 975 页。

布的《关于私营工商企业劳资双方订立集体合同的暂行办法》规定，各行业劳资双方应根据平等、自愿、协商的原则，签订集体合同，明确劳资双方之权利义务及劳动条件。集体合同签订一般经过“双方协商代表组成协商委员会——协商经过——评出职工每人的工资及协商确定”三个阶段。以漳平棉布业劳资合同为例，明确提出“资方必须接受工人群众监督，积极经营……每天工作时间一般在 10 个钟头左右。如有特殊情况，可适当延长或缩短……要建立和健全各种制度，店务会议一般每月开一次，由劳资双方轮流主持……从业人员薪资应按企业的经营情况和个人的工作为原则，采取本人提出，民主协商，经过批准决定”①。不过，在订立合同期间，也出现一些不切实际的情况，如上杭缝衣工会出现“不能超过 8 小时工作（童工减半），下午四点半下工，差一点纽扣也不能干下去”②的情况。

3. 建立各种制度，促进工会工作的规范化。一是建立民主生活会制度。经过民主选举工会，建立各种民主生活会，特别强调面向基层小组建立经常的会议制度、请示报告制度。如，长汀自 1951 年 3 月开始，每月开小组会一次，工作委员会 2 次，县委会 1 次。③二是建立针对特定对象的代表会制度。如，1951 年 11 月，长汀县总工会第一次青女工代表大会召开，主要目的是“贯彻婚姻法，使青工女工懂得新婚姻法的基本精神，为解除旧的封建婚姻法而斗争……进一步贯彻工会法，使每一个青工女工都懂得工会法的内容，并认真执行”④。三是建立报告总结反思制度。每年龙岩专区工会及各县级工会都要作工作总结报告，在报告中，一般能反思该阶段工作的不足，这也是一种民主形式。如，1951 年底，龙岩专区工会就指出了工会领导干部出现的问题：“一是没有树立依靠无产阶级思想……二是混饭吃的思想，做一天和尚撞一天钟，敷衍塞责、不推不动……三是高高在上，办公发号施令……四是工作虽积极肯干，但业务水平低。”⑤这种批评有助

① 《为你县［漳平县］棉布业的劳资合同经专署劳动科提出意见转发你们［漳平县工会联合会］研究执行由》，龙岩市档案馆，0024-002-0000189-0089。

② 《3 年来本专区［龙岩专区］工会工作检查总结报告（初稿）》，龙岩市档案馆，0024-001-0000018-0001。

③ 参见《1 年来组织工作总结》，龙岩市档案馆，0024-001-0000002-0042。

④ 《长汀县总工会第一次青女工代表大会计划》，龙岩市档案馆，0024-002-0000037-0048。

⑤ 《1 年来组织工作总结》，龙岩市档案馆，0024-001-0000002-0042。

于改正工作态度和提高工作水平，从而促进工会健康发展。四是完善工会财务制度。财务制度没有建立以前，工会的经费管理存在着混乱的现象，没有充足的经费保障导致工会工作开展受到了很大的限制。由于没有相关监督、惩罚制度，贪污、浪费、遗失公款情况时有发生。如长汀县古城工会主席陈学桂贪污了 321 万元（旧币），上杭县民船工会干部贪污 100 多万元（旧币）。1951 年，建立了工会财务制度，规定了会费、工会经费、文教费的上缴留用比例、使用范围，自上而下建立了财务机构和工作制度，使工会经费逐步走向独立。[①]

4. 建立产业工会组织章程。闽西地区产业工人工会较多，因此也制定了产业工会组织章程。如，1950 年龙岩县就颁布了《福建省公路运输工会龙岩县委员会章程》，章程明确规定了“会员代表大会每 6 个月举行一次”；规定了“会员代表的名额及选举办法”；规定会员享有“选举权和被选举权”，可以“提出自己不能解决的困难问题，要求本会委员提供帮助”，等等。[②]

（四）加强职工思想政治和文化教育

1950 年 6 月，根据全国总工会的建议，政务院发布了《关于开展职工业余教育的指示》，对教育的对象、内容、机构等作出了明确规定。指示指出，开展职工业余教育是提高广大职工政治、文化和技术水平的重要方法之一。

1. 加强职工政治教育。职工政治教育主要体现在加强学习党的方针政策。如，在抗美援朝期间，各县工会都组织职工家庭签订爱国公约，在签订五大国和平公约的倡议书上签名。据龙岩、长汀、上杭、连城等县不完全统计，各厂矿、企业召开各类型时事会、控诉会 113 次，参加职工 47057 人次，有 6100 名职工参加订立爱国公约 689 个；有 8211 人在要求签订五大国和平公约的倡议书上签名，有 4737 人参加投票反对美国武装日本。[③] 其中，连城县工会组织 80% 以上的职工家庭签订爱国公约，2366 名职工在要求签订五大国和平公约的

---

① 参见《3年来工会工作总结》，龙岩市档案馆，0024-001-0000004-0031。

② 《福建省公路运输工会龙岩县委员会章程》，龙岩市档案馆，0024-002-0000001-0046。

③ 参见福建省龙岩地区地方志编纂委员会编：《龙岩地区志》（下），上海人民出版社 1992 年版，第 974 页。

倡议书上签名，2496 名职工参加投票反对美帝国主义武装日本。[①] 漳平县总工会有 680 名职工订立爱国公约和参加反对美国侵略朝鲜、武装日本的和平签名活动。[②] 永定县工会结合“五反”斗争，在民船、搬运等行业开展反封建把头斗争，进行民主改革，清洗混进工会的不纯分子。[③]

2. 加强职工文化教育。新中国成立之初，工人队伍文化水平较低，职工中的文盲、半文盲比重高，在一些特殊行业，如煤矿、搬运、矿山、建筑行业的职工的文盲、半文盲比例更高。由于国民经济亟需恢复，提高工人的文化知识水平成为紧迫的任务。武平县总工会于 1951 年起开办职工业余文化学校，开设初小班，共有学员 74 人。[④] 上杭县总工会于 1951 年下半年创办职工业余学校，开展扫盲活动，之后职工扫盲班发展为高级班、中级班、普通班和速成识字班，

图 2-1-3　龙岩县第三届职工业余文艺汇演

① 参见连城县地方志编纂委员会编：《连城县志》，群众出版社 1993 年版，第 567 页。

② 参见福建省漳平市地方志编纂委员会编：《漳平县志》，生活·读书·新知三联书店 1995 年版，第 531 页。

③ 参见永定县地方志编纂委员会编：《永定县志》，中国科学技术出版社 1994 年版，第 620 页。

④ 参见福建省武平县县志编纂委员会编：《武平县志》，中国大百科全书出版社 1993 年版，第 575 页。

有教师 10 人，参加学习的职工达到 303 个班次，有 6087 人入学。[①]连城县总工会于 1951 年创办职工业余学校，到 1952 年，全县有职工业余学校 5 所，开设 14 个班，学员 590 人。[②]漳平县于 1952 年开始举办职工文化学习班、速成识字班，到 1957 年 7 月，全县有 1240 名职工脱掉文盲帽子。[③]

（五）理顺产业工会与地方工会的关系，推动党的工运理论探索

新中国成立初期，中国工会的组织领导是按照产业和地方相结合的原则，建立全国性产业工会和建立各级地方工会两个体系同时进行。随着工会组织的迅速发展，理顺产业工会和地方工会的组织领导体制和运行机制，使新建工会组织得到巩固的问题凸显出来。1951 年 6 月，全国总工会党组扩大会议针对工会组织建设中存在的问题作出指示，决定将已建立的产业工会根据其工作发展与集中程度分成三类，其中规定搬运、店员、手工业、教育、医护工作者等产业工会在全国可以只成立工作委员会，已成立的产业工会，其工作方式必须改变为工作委员会的工作方式，不直接发指示，以地方工会为主。随后，永定县总工会取消第四区手工业工会[④]，之后又取消了区乡手工业工会。连城新泉的数据更直观地说明了手工业工会被取消的情况，如表 2-1-2 所示。

表 2-1-2　连城新泉手工业工会取消会员情况

	原有职工数	已取消人数	现有会员数	取消日期
建筑	589	245	344	1952 年 11 月
木排	73	5	68	1952 年 11 月
裁理	94	72	22	1952 年 11 月
刨烟	53	0	53	1952 年 11 月
造纸	221	169	52	1952 年 11 月

资料来源：《5 年来本区［龙岩专区］撤销工会基层组织情况》（1955 年），龙岩市档案馆，0024-002-0000195-0120

① 参见上杭县地方志编纂委员会编：《上杭县志》，福建人民出版社 1993 年版，第 532 页。

② 参见连城县地方志编纂委员会编：《连城县志》，群众出版社 1993 年版，第 568 页。

③ 参见福建省漳平市地方志编纂委员会编：《漳平县志》，生活·读书·新知三联书店 1995 年版，第 532 页。

④ 参见《永定县总工会取消第四区手工业工会的情况报告》，龙岩市档案馆，0024-002-0000108-0022。

第二节 过渡时期的闽西工运

经过三年国民经济恢复和新生人民政权的巩固，从 1953 年起，在党的过渡时期总路线的指引下，中国开始制定实施第一个五年计划。这就要求工会必须依据党在过渡时期的总路线精神来确定工人运动的主题，团结动员广大职工参与到工业化和社会主义改造事业中。

一、过渡时期闽西工会组织的发展

（一）工会数量

这个时期闽西工会数量较国民经济恢复时期多。1954 年，武平县工会改为县工会联合会，1957 年 7 月，恢复为武平县总工会，有基层工会 65 个，会员 1728 人。[①]1954 年 6 月，连城县有基层工会 41 个，会员数达到 2374 人。[②]根据 1956 年 2 月各县的统计，截至 1955 年底，龙岩专区各县级工会分布在煤矿、电业、石油、教育、文艺、医务、机关、手工业等产业，具体情况如表 2-2-1 所示：

表 2-2-1　1955 年各县工会组织基本定期综合统计报表

	基层工会数	工会会员数	职工数	占比（%）
龙岩县	56	2928	3924	74.62
永定县	35	1139	1977	57.61
上杭县	52	2535	3129	81.02
武平县	28	1038	1494	69.48
长汀县	40	1834	2738	66.98
连城县	35	1367	2024	67.54
漳平县	35	1059	1764	60.03

资料来源：数据来自龙岩市档案馆 1955 年各县统计报表

---

① 参见福建省武平县县志编纂委员会编：《武平县志》，中国大百科全书出版社 1993 年版，第 503 页。

② 参见连城县地方志编纂委员会编：《连城县志》，群众出版社 1993 年版，第 567 页。

1956 年，永定县第一次工人代表暨积极分子代表大会召开，正式成立永定县总工会，拥有工业、交通运输、邮电、商业、教育、机关、财政金融、供销社、粮食、搬运 10 个行业的 37 个基层工会，拥有会员 1783 人。[①]

这里尤其值得注意的是，闽西县级工会开始关注改造后的资本家加入工会的问题。长汀县工会向省工会龙岩专区办事处请示："公私合营长汀电厂会计杨文林……1945 年到 1950 年从事经商，剥削为生……1951 年吸收为电厂会计后，到 1954 年间，电厂基层工会认为该员表现还好而吸收入会。虽然有人持不同意见，但长汀县工会认为，根据 1954 年 8 月 9 日，中华全国总工会关于会员问题的决定草案第三条规定……认为杨文林本人虽是资本家出身，但参加工作达四五年之久，认为可以吸纳为工会会员。"[②]

（二）工会干部队伍结构

工会自身在开展工作的实践中，选拔吸收一批优秀工人、先进人物和知识分子从事工会工作。

从工会干部总数看，1956 年，龙岩专区经省工会确定各县工会编制名额，"专区指导员 3 人，龙岩县 6 人，上杭县 4 人，武平县 3 人，永定县 3 人，漳平县 3 人，长汀县 5 人，连城县 3 人，宁化县 2 人，永安县 4 人，共 36 人。按照编制，目前办事处多出 2 人"[③]。

从干部年龄和学历看，根据上杭县 1953 年底统计的《文教经费、会费、调剂金等其他经费供给的工会脱离生产干部简明登记表》，年龄在 20—35 周岁的工会干部为 22 人，占总人数（29 人）的 76%；其中初小文化 4 人、高小文化 7 人、初中文化 11 人、高中文化 7 人。相比当时的文盲、半文盲率，工会干部的文化水平总体较高。[④]

① 参见永定县地方志编纂委员会编：《永定县志》，中国科学技术出版社 1994 年版，第 620 页。

② 《关于资本家参加工会问题的请示》，龙岩市档案馆，0024-002-0000247-0008。

③ 《为我区［龙岩专区］工会干部目前情况及存在问题请研究解决由》，龙岩市档案馆，0024-002-0000247-0002。

④ 参见《文教经费、会费、调剂金等其他经费供给的工会脱离生产干部简明登记表》，龙岩市档案馆，0024-002-0000228-0012。

二、闽西工会参加和推动社会主义改造

1953年12月，中共中央对党的过渡时期总路线进行详细的阐述："从中华人民共和国成立，到社会主义改造基本完成，这是一个过渡时期。党在这个过渡时期的总路线和总任务，是要在一个相当长的时期内，逐步实现国家的社会主义工业化，并逐步实现国家对农业、对手工业和对资本主义工商业的社会主义改造。"闽西工人阶级积极参与对农业、手工业和资本主义工商业的社会主义改造，发挥了积极作用，促进了改造的顺利完成，使社会主义基本制度在中国建立起来。

（一）支援农业合作化

1.思想上认识农业合作化运动的重要性。1955年11月，龙岩专区工会"首先应在党委统一领导下，组织县工会干部认真学习党中央和毛主席关于农业合作化问题的指示……联系思想实际，批判错误观点……实事求是地检查与改进，支持农业合作化方面的工作，制定出配合农业合作化的计划和具体办法"①。

2.实践中支持农业合作化运动。闽西工会通过多种途径推进农业合作化发展。（1）为农业合作化运动提供人力和物力支持。为了支持农业合作化发展，1954年1月，"龙岩县工会联合会为加强工农联盟宣传教育，组织工人访问团90余人，分三个队下乡访问，并赠送农民礼物、铁锹、良种等"②。长汀县抽调干部3人（其中2人长期，1人短期），去进行农业互助合作工作；③漳平抽调2人短期性做农业互助合作工作。"工人努力做好小型农具、改良农具的制造与各种农具的修配工作，并保证农具价格耐用，操作容易，适合农村需要，帮助农民（解决）使用技术上的困难。"④（2）整顿工会，支持农业合作化运动。如，永定县"为了有利于农业生产互助合作的发展，更主要的是为了巩固工农联盟和有利于城乡物资交流的畅通，在1956年6月

① 《函告关于目前我区［龙岩专区］工会工作的意见》，龙岩市档案馆，0024-001-0000035-0013。

② 龙岩市总工会工运史编写组编:《建国后龙岩市工运大事记》，内部资料，1988年，第10页。

③ 参见《各专、县工会各级干部中抽调参加农业互助合作、其他中心工作情况》，龙岩市档案馆，024-002-0000196-0043。

④ 《函告关于目前我区［龙岩专区］工会工作的意见》，龙岩市档案馆，0024-001-0000035-0013。

底，把现有区乡工会全部撤销”[1]。

（二）支持手工业社会主义改造

1. 了解手工业发展概况。如，龙岩县工会调查发现，1954 年，龙岩县城关镇原有手工业户 274 户。雇佣关系和师徒关系 109 户，占 31.75%。劳资关系很少，不易划分。独立手工业者 157 户。手工业工厂 23 家。91% 以上都是个体小手工业者。产品繁多，生产工具落后，行业分散，资金少，季节性困难存在。[2]

2. 采用生产合作的形式对手工业进行改造。召开基层干部和积极分子座谈会，说明我们来意，说明国家在过渡时期对手工业社会主义改造的重要意义。经过他们讨论，提出调查方法，然后由工作组提出补充调查办法。工作组本身掌握重点行业，如纺织、打铁、木器等行业，一般行业由基层干部和积极分子分片包干，定期汇报。

（三）积极参加对资本主义工商业的社会主义改造

1. 政策宣传教育。闽西工会通过回忆、对比、诉苦等方法，有效地提高了职工的阶级觉悟和政治觉悟。截至 1954 年 1 月，龙岩县邮电、农林、水利、店员、教育、机关、公路运输、建筑、手工业、搬运、财政金融等工会参加过 1—5 次过渡时期总路线教育活动的职工数为 1347 人次。[3]1955 年第三季度，龙岩专区汇报“各县均召开了店员工会……动员和组织他们积极协助政府做好对私营商业进行全面安排的工作……对协助政府清理店中资财、揭发资本家消极经营、抽走资金等不法行为起了积极作用”[4]。

2. 工会积极投入对资本主义工商业的改造工作。虽然对资本主义工商业的改造有一定的难度，但各县工会还是突破困难，取得了一定成绩。（1）调查本县资本主义工商业的情况。如，长汀在 1954 年对京果业王峻丰的家庭、工人工资支出等情况做了详细的了解。[5]类似的还有连城店员工人林启明主动联合三个店工和资方召开劳资座谈会，直接揭露了不法资本家逃资和抵抗改造的阴谋，指出资方 1952

---

① 《同意撤销区乡工会工作计划》，龙岩市档案馆，0024-002-0000195-0047。

② 参见《龙岩县城关镇手工业调查工作简报》，龙岩市档案馆，0024-002-0000147-0025。

③ 参见《总路线及统购统销政策教育活动》，龙岩市档案馆，0024-002-0000137-0001。

④ 《关于 1955 年第三季度工会工作情况简报》，龙岩市档案馆，0024-001-0000035-0031。

⑤ 参见《长汀县京果业王峻丰商店情况调查》，龙岩市档案馆，0024-002-0000146-0043。

年纯利 1005 万元……使资本家不得不承认错误，当众作出检讨。①为了防止资本家在国家安排的改造中趁机抽逃资金、扩大开支的行为，上杭县加强市场管理小组领导，更多地掌握资本家的活动情况，及时提供给对私改造部门，以便及时教育资本家和进行揭发。（2）解决资本主义工商业改造过程中出现的问题。对工商业工人担心的失业、降工资等问题都给予了较好的解决办法。“凡是以国营企业为主进行公私合营的企业……原则上均按照国营企业职工的工资福利待遇进行处理……凡是以私营企业为主，国家派员进行合营企业……可结合合营工作进行工资改革。”②不过，在公私合营中，确实出现一部分工人收益下降的情况，龙岩县工会在一份报告中指出：“1953 年内私营工商业普遍获利很大，而职工工资无适当调整，且年终双节均已全部取消。因此，职工群众普遍要求政府对分配做统一和具体规定。”③

到 1957 年底，龙岩地区基本完成对私营工业的社会主义改造，据统计，全区有公私合营企业 372 家，被改造的私方人员 352 人，股金 101 万元。如，龙岩县 9 家私营纺织厂联合（入股资金 17.72 万元）成立私营龙岩联侨纺织厂。1953 年，龙岩县私营龙门造纸厂成为全县第一个公私合营企

图 2-2-1　20 世纪 50 年代龙岩县公私合营后的月宫照相馆

① 参见《连城县工会联合会 1954 年 11 月份工作简报》，龙岩市档案馆，0024-002-0000138-0041。

② 《关于新公私合营工业企业职工工资及资方代理人员待遇问题处理的指示（初稿）》，龙岩市档案馆，0024-002-0000061-0027。

③ 《呈请示复关于我县［龙岩县］私营商店公私合营工厂年终利润分配问题由》，龙岩市档案馆，0024-002-0000146-0001。

业。1956 年，有龙岩电厂、县织布厂、造纸厂、白土电厂、水泥厂、皮革厂、酒厂、适中电厂、德春堂酒厂、酱油加工厂、糕饼加工厂 11 个，职工 299 人，产值 143.68 万元，占全县工业总产值的 19.27%。1958 年，公私合营企业有龙岩电厂、织布厂、皮革厂、碾米厂 4 家，职工 115 人，产值 12.46 万元，占当年工业总产值的 0.73%。从 1958 年开始，私营企业全部过渡为公私合营企业；城区、农村仅有少数缝纫、木器、修理等行业的个体户。又如，1954 年 12 月，漳平县工会参加了县财委组成的工作组，对棉布私商进行改造，在城区私营棉布商家共 13 家，建立经销的 8 家，转业 4 家，处理 1 家。①

三、过渡时期闽西工运的主要工作

闽西工会在党的过渡时期的工作主要是维护职工基本权益、参与建设、民主管理、加强职工政治技术文化教育、推动工运理论探索等方面。

（一）保障职工基本权益

1. 加强劳动保护。1954 年，为贯彻中央“安全生产”的方针，各厂矿企业将劳动保护措施的实施方案列入财务预算计划。一些县级工会提出了更为细致的保护措施。如，1954 年，上杭县工会提出“女工生育给以假日，工资照付。老弱和残废工人，由家属代替生产；装卸包装等较繁重的生产采用补贴工资的办法”②。长汀县 1954 年规定，“职工老了，在劳保范围内给予每月 6 斗米生活补助……店员、建筑、民船三个单位有 3% 或 2% 福利收入”③。又如，在寒冷季节下拨职工冬季困难补助费，补助对象为工资低、家庭人口多、工作又经常（加班）、收入少、负担重、长期疾病、无法工作、生活受困的职工。④

2. 为职工家庭提供适度的保障。闽西工会通过多种途径为职工家

① 参见《漳平县工会联合会等委员工作简报》，龙岩市档案馆，0024-002-0000138-0044。

② 《上杭县工会联合会为改善码头工会劳动组织及改进各种制度的工作情况报告》，龙岩市档案馆，0024-002-0000140-0067。

③ 《长汀县工会联合会宣传财务劳保工作总结》，龙岩市档案馆，0024-002-0000141-0038。

④ 参见《接省［福建省］工会关于下拨职工冬季困难补助费问题的通知》，龙岩市档案馆，0024-002-0000254-0056。

庭提供保障。(1)为职工工作稳定家庭后方。为了让工人能安心工作，龙岩专区工会成立了托儿所。如，上杭县 1953 年 4 月 11 日成立的工人托儿所配有管理人员 2 名，保姆 5 人……一年托儿童次数 1812 次。①1956 年冬季，长汀县工会联合会为困难职工提供冬季生活困难补助费，总计 695 元②，龙岩县工会补助预算 222 元③。(2)对因公死亡的职工家属给予照顾。1953 年，龙岩专区按《劳动保险条例》规定，职工因公死亡，发给 3 个月企业平均工资作为丧葬费，并按月付给其供养直系亲属抚恤金，供养直系亲属 1 人者，为死者本人工资的 25%；2 人者，为死者本人工资的 40%；3 人以上者，为死者本人工资的 50%。此项抚恤费付到受供养者失去供养的条件为止。职工因病或非因公死亡时，付给本企业 2 个月的平均工资作为丧葬补助费，并一次性付给供养直系亲属救济费，供养直系亲属 1 人者，为死者本人 6 个月工资；2 人者，为死者本人 9 个月工资；3 人以上者，为死者本人 12 个月工资。④

3. 增加工人工资。1956 年下半年，国家对企业(包括国营企业、供销合作社企业、全行业公私合营前的企业)、事业单位和国家机关的工资制度进行改革。全区人均月工资由 38.77 元增加至 44.25 元，增长幅度为 14.13%。

(二)积极投身大规模工业建设

根据党在过渡时期总路线的要求，国家制定了 1953—1957 年国民经济发展的第一个五年计划，基本任务是：集中主要力量发展重工业，建立国家工业化和国防现代化的初步基础；发展交通运输业、轻工业、农业和商业。为此，闽西工会积极投身大规模工业建设，具体表现在：

1. 开展劳动竞赛活动。1953 年，在执行国家第一个五年计划中，闽西各县工会开始有组织地领导职工开展社会主义竞赛活动，竞赛活

① 参见《上杭县工人托儿所 1953 年工作总结报告》，龙岩市档案馆，0024-002-0000150-0012。

② 参见《长汀县工会联合会职工冬季生活困难补助费名册》，龙岩市档案馆，0024-002-0000254-0064。

③ 参见《职工冬季困难补助金预算书》，龙岩市档案馆，0024-002-0000254-0062。

④ 参见福建省龙岩地区地方志编纂委员会编：《龙岩地区志》(下)，上海人民出版社 1992 年版，第 1084 页。

动围绕企业生产的关键，组织群众性的技术革新和合理化建议，增产节约运动逐步深入。[①] 在生产竞赛中，1954年，漳平县第一季度增产584万元。[②]1955年，上杭县“电厂完成了年度总计划的102.6%，完成总产值的100.56%，纯利润也完成了114.18%，单位成本降低了13.84%”[③]。1956年，连城县总工会组织全县职工开展以支农为中心的比、学、赶、帮、超的社会主义劳动竞赛活动，全县工商业系统涌现出先进生产者318名，超额完成工业产值49.6%。[④]

不过，在竞赛过程中也出现了一些偏差，如上杭县就发现“一些工厂企业开展劳动竞赛往往单纯追求数量，盲目性与突击性很大，生产既无计划也不均衡。如，电厂在过去分机房组、外线组，但由于没有计划指标，因此形成不专业的现象，往往发生了事故却找不出原因来，或者相互推诿”[⑤]。

2. 开展合理化建议、技术革新和推广先进经验活动。

（1）开展合理化建议活动。这个时期为了实现工业化及第一个五年计划，各地工会组织广大职工开展合理化建议活动。如，漳平县1954年第一季度提出合理化建议18个，被执行的合理化建议17个。长汀县1954年第一季度提出合理化建议10个，被执行的合理化建议4个[⑥]；1955年第一季度提出合理化建议18个，被执行的合理化建议11个[⑦]。1955年各县第四季度合理化建议情况如表2-2-2所示。

---

① 参见福建省龙岩地区地方志编纂委员会编：《龙岩地区志》（下），上海人民出版社1992年版，第975页。

② 参见《龙岩、长汀等县工会训练干部生产竞赛民主改革情况统计表》，龙岩市档案馆，0024-002-0000137-0001。

③ 《上杭县工会联合会一年二个月工会工作检查总结报告》，龙岩市档案馆，0024-002-0000191-0027。

④ 参见连城县地方志编纂委员会编：《连城县志》，群众出版社1993年版，第568页。

⑤ 《上杭县工会联合会1954年劳动竞赛与对私改造中工会工作的情况报告》，龙岩市档案馆，0024-002-0000140-0079。

⑥ 参见《龙岩、长汀等县工会训练干部生产竞赛民主改革情况统计表》，龙岩市档案馆，0024-002-0000137-0001。

⑦ 参见《工会组织基本定期综合统计报表（长汀）》，龙岩市档案馆，024-002-0000188-0017。

表 2-2-2　1955 年各县合理化建议情况表　　单位：个

	提出建议	采纳建议	节约价值（元）	推广先进经验（件）
龙岩县	27	19	4820	7
永定县	17	7	3234	（缺）
上杭县	14	12	700	9
武平县	12	8	294	（缺）
长汀县	（缺）	（缺）	1065	1
连城县	30	12	4233.7	（缺）
漳平县	（缺）	（缺）	（缺）	（缺）

资料来源：数据来自龙岩市档案馆 1955 年各县统计报表

（2）技术革新运动的开展。合理化建议活动的开展，极大地激发了职工群众的创造热情和创造活力，由此推动了群众性的技术革新运动的兴起与发展。在这期间涌现了如龙岩电厂林月彬、严世珍等先进典型，前者的技术改进每年可增加生产 3600 度电力，价值约 1152 万元；后者的技术改进每年可增加生产 9000 度电，价值约 2880 万元。[①]

（3）推广先进经验。先进经验大多是从先进生产者的生产实践中总结出来的，尤其是那些具有普遍意义的重大生产技术改造，大都是企业领导、工人、工程技术人员“三结合”共同创造的劳动成果。

3. 开展购买公债活动。1954 年，中国进入大规模经济建设时期，面对当时脆弱的国民经济基础，党和国家决定从 1954 年到 1958 年连续 5 年发行国家经济建设公债。在宣传教育下，闽西广大工人职工认识到社会主义性质的公债是为了加速国家建设，逐步改善人民物质生活和文化生活。因此，在推行公债的过程中，广大职工都以实际行动热烈地拥护和响应政府的号召。如，1954 年，连城 12 个私营企业工会职工 1021 人，共认购了公债 5218 万元，超出预计 2500 万的一倍以上。[②] 长汀县公私企业厂矿各基层总计购买公债 1424.5 万元。[③]

4. 贯彻粮食统购统销政策，响应节约粮食号召，支持工业化发

① 参见《1954 年工会工作基本情况调查综合统计报表［福建省工会联合会龙岩办事处］》，龙岩市档案馆，0024-001-0000024-0017。

② 参见《连城县工会联合会 1954 年工作总结》，龙岩市档案馆，0024-002-0000139-0060。

③ 参见《呈送公私营企业等工人认购公债统计表请查收》，龙岩市档案馆，0024-002-0000143-0009。

展。农业是国民经济基础，工业化发展进程（尤其是工人所需的口粮）离不开农业提供的粮食。为此，1953 年 10 月，中共中央通过了《中共中央关于粮食的计划收购与计划供应的决议》，以此来解决城市粮食问题，间接支持工业化发展。闽西各地工会积极贯彻落实该政策以支持工业化发展。如，上杭县“家庭在农村的职工都写信回去，有的亲自回家动员家庭卖余粮，据两个基层不完全的汇报，职工动员家庭出售余粮 26893 斤”[①]。在节约粮食方面，民船码头二工会每月可节约 1200—1400 斤左右。码头工人以前每天要吃 1 斤 10 两左右，通过学习减少到 1 斤 2 两左右，平均每人节约了 8 两。以 139 人为计，每天可节约粮食 69.5 斤。杭峰线民船工人，从每人每天 2 斤粮食节约到航行时每人每天 1.5 斤，非航行时每人每天 1 斤。以 400 人计算，在航行时每天可节约 200 斤，在非航行期间也可以节约 400 斤左右。[②]

在工人阶级的努力下，龙岩地区从恢复时期到 1953 年起的第一个五年计划时期兴建了一批工业项目。全区工业生产 1950—1957 年以每年递增 18.59% 的速度增长。1957 年，全区工业总产值 6224 万元，比 1949 年增长 2.91 倍。[③]

（三）民主管理

这个时期各县均召开了工会会员代表大会。如，1953 年 3 月，长汀县总工会第一次会员代表大会召开，连城县总工会第一届第一次会员代表大会召开。以民主选举的方式选出代表，如长汀县每 38 个会员产生代表 1 人。工会会员代表大会指出工会工作的优点和不足，接受合理的会员提案，如连城县总工会第一届第一次会员代表大会就采纳了 20 件会员提案。[④]

与此同时，一些县还召开女工代表大会，以维护女工权益。如，

---

① 《上杭县工会联合会一年二个月工会工作检查总结报告》，龙岩市档案馆，0024-002-0000191-0021。

② 参见《上杭县工会联合会一年二个月工会工作检查总结报告》，龙岩市档案馆，0024-002-0000191-0021。

③ 参见福建省龙岩地区地方志编纂委员会编：《龙岩地区志》（上），上海人民出版社 1992 年版，第 160 页。

④ 参见《连城县总工会第一届第一次会员代表会议总结》，龙岩市档案馆，0024-002-0000076-0093。

1953年7月，上杭县总工会召开第一次女工代表会议，出席代表28人，代表全县608名女工，涵盖手工业、店员、搬运、教育、财政金融、医务等各行业。在这次会议上，评选出4名女工劳动模范。[①]

（四）加强职工思想政治教育和文化技术教育

1. 加强职工思想政治教育。这个时期的政治学习主要是对总路线和"一五"计划的学习。龙岩专区各级工会以各种形式组织学习党在过渡时期的总路线，"明确建设时期总方针和农村互助合作的方向、道路和前途……划清社会主义与资本主义的界限，特别是划清无产阶级与资产阶级的界限、工人与非工人思想的界限"[②]。

2. 加强职工文化技术教育。这个时期闽西各级工会继续坚持加强职工文化技术教育工作，有计划地扫除文盲。如，武平县1953年开办职工业余学校，设扫盲班，有150名工人达到高小以上文化水平。[③]1953年，龙岩县城区、雁石、白沙创办职工学校，有学员400人。[④]据1954年上半年的统计，有龙岩1所、长汀1所、上杭1所、武平2所、连城2所、永定2所、漳平2所，合计共11所职工业余学校，并适当地配备了34名专职教员。[⑤]1955年，根据龙岩县、上杭县、永定县、连城县、武平县的统计，职工业余学校有专任教师14人，兼职教师35人，专任教师的月工资约为34.16元。[⑥]与此同时，通过订立师徒合同等形式进行技术学习，为此龙岩专区工会屡次强调，避免把劳资关系、雇佣关系和师徒关系混淆起来，师徒制和资本家剥削工人是不同的，不能否认师徒制的合理性。

（五）推动党的工运理论探索

1. 工会的基本任务是生产还是福利的问题。早在1951年9月，

---

① 参见《上杭县总工会关于召开第一次女工代表会议简报》，龙岩市档案馆，0024-002-0000080-0022。

② 《关于1954年上半年宣传教育工作的意见》，龙岩市档案馆，0024-001-0000020-0001。

③ 参见福建省武平县县志编纂委员会编：《武平县志》，中国大百科全书出版社1993年版，第505页。

④ 参见龙岩市地方志编纂委员会编：《龙岩市志》，中国科学技术出版社1993年版，第605页。

⑤ 参见《1954年上半年职工学校半期工作总结》，龙岩市档案馆，0024-001-0000022-0037。

⑥ 参见《1955年全国职工调查基本报表（龙岩专区职工业余学校）》，龙岩市档案馆，0024-001-0000034-0010。

李立三为全总起草的文件列出了工会的五项基本任务，其中前四项是巩固人民民主专政政权、完成民主改革、改造工人阶级和发展生产，第五项为“争取在增加生产的基础上逐步改善工人生活”。这本意是在生产发展的基础上充分考虑工人阶级的利益，不过在执行过程中出现了重福利轻生产的情况。如，1954年，中共龙岩地委机关工会指出：“有些同志……单从经济观点出发，认为工会完全就是为了上级可以（拿工会费）来当一部分的经费，来搞自己的福利工作。要缴纳比党费、团费略高会费时，又感到进工会好处不多。”[①]于是出现了工会员工虚假申请工会补助的情况。如，长汀县工会在调查中发现新桥工会职工有“少债报多债、无债报有债、结婚债务报病债、分娩债务报病债、借款过税报病债、农业合作基金贷款报病债”[②]的情况。为此，1954年，省总工会龙岩专区办事处强调“当前工会存在狭隘的经济主义倾向，重福利，不重视生产”，强调“职工生活改善必须在发展生产的基础上”，批评私营企业中只重视工人眼前利益的现象。[③]

2. 工会与行政的关系。早在1950年1月，中共福建省委就在关于发展工人运动的指示中提出：“工会工作无论在公营或私营企业中，都要团结工人和职员，为发展生产而努力。在公营企业中……实行民主管理，主动搞好党政工作关系，注意防止行政中的官僚主义。”[④]

在工会和行政的关系上，一部分人没有意识到在公营企业中已经没有了阶级抵抗和剥削的存在，个人与国家的利益是一致的，反而认为工会和行政对立，认为行政是搞生产，工会是搞福利，认为工会是保护工人利益，应代表工人向行政要福利，认为这样才是站稳了立场，才是为工人办事。[⑤]在具体业务中，工会与行政出现职权不清的情况。一是工会代替行政。如，1954年，上杭县工会认为“个别基层

① 《中共龙岩地委机关工会一年来工会工作总结》，龙岩市档案馆，0024-002-0000139-0054。

② 《关于职工和职工家属因病负债困难补助工作检查情况的通报》，龙岩市档案馆，0024-002-0000255-0039。

③ 参见《福建省总工会龙岩办事处1953年工作综合总结报告草稿》，龙岩市档案馆，0024-001-0000019-0001。

④ 《中共福建省委关于开展工人运动工作的指示》，龙岩市档案馆，0024-002-0000001-0003。

⑤ 参见《3年来全专区［龙岩专区］工会工作检查总结报告》，龙岩市档案馆，0024-001-0000019-0030。

工会代做了行政事务，如建筑工会因行政机构未建立，工会还是在做调配、估价、看工程等工作。搬运工会未成立行政领导机构，一切点货、接货、交货、调配的还是由工会出面，使工会工作还是停留在这些行政事务的圈子里"[①]。又如，武平县松香厂 1956 年的生产成本提高了 11.81%，其主要原因是"工厂企业的主管行政单位对先进生产者运动没有很好地抓起来，单纯地依靠工会"[②]。二是行政代替工会。在劳动竞赛方面，"行政出面布置，工会也没有发动职工讨论计划指标，行政包办代替。名堂上挂了个劳动竞赛……对劳动竞赛的具体工作不了解"[③]。

中国共产党在关于工会问题的论争中提高了工会工作的理论水平，把马克思主义工会理论运用于解决工会工作的问题，既取得了积极的探索成果，也留下了处理马克思主义中国化进程中党内的不同认识、不同观点的经验教训。

---

① 《省工代会议材料汇报》，龙岩市档案馆，0024-002-0000142-0044。

② 《武平县工会联合会第三季度先进生产者运动情况会报》，龙岩市档案馆，0024-002-0000257-0077。

③ 《上杭县工会联合会一年二个月工会工作检查总结报告》，龙岩市档案馆，0024-002-0000191-0021。

第三节 社会主义建设时期的闽西工运

1956 年党的八大的召开意味着中国进入了社会主义建设时期，闽西工会团结广大职工群众积极投入到社会主义建设中。

一、闽西工会组织的发展

在社会主义建设探索第一个十年期间，龙岩地区基层工会数量稳步发展。1965 年较 1951 年的基层工会数量和会员人数都有所增长，如表 2-3-1 所示：

表 2-3-1　1965 年与 1951 年工会情况比较

年份	职工数		会员数			基层工会数	
	人数	比 1951 年增长（%）	人数	占职工总数（%）	比 1951 年增长（%）	个数	比 1951 年增长（%）
1951	18196		14772	81.18		242	
1965	40070	120	29383	73.33	98.9	587	143

资料来源：福建省龙岩地区地方志编纂委员会编：《龙岩地区志》（下），上海人民出版社 1992 年版，第 973 页

其间，1958 年 11 月，龙岩县工会联合会复称龙岩县总工会，有基层工会 113 个，会员 5663 人。1963 年，龙岩县总工会所属基层工会增至 130 个，会员 10419 人。1965—1966 年，龙岩县总工会举办班组长、工会小组训练班 10 期，1239 人受训，基层组织日臻健全。①1957 年 7 月，武平县总工会恢复，有基层工会 65 个，会员 1728 人。1965 年，武平县基层工会增至 91 个，会员 2639 人，占职工总数的 74.4%。②

① 参见龙岩市地方志编纂委员会编：《龙岩市志》，中国科学技术出版社 1993 年版，第 604 页。

② 参见福建省武平县县志编纂委员会编：《武平县志》，中国大百科全书出版社 1993 年版，第 503—504 页。

“文化大革命”时期，工会工作受到干扰，一些机构被取消。

二、闽西工运的发展

社会主义建设时期，闽西工运受“左”倾错误的影响在工作中发生一些偏差，主要体现在工会系统的整风反右斗争扩大化、“大跃进”导致生产下降、“工会消亡”风出现和“文化大革命”冲击工运等方面，不过，闽西工会努力纠“左”，尽量减少负面影响，保障生产顺利推进。

（一）“左”倾错误影响下的闽西工运

1. 工会系统的整风反右斗争扩大化。1957年4月，全党开始了反对官僚主义、宗派主义和主观主义的整风运动。刚开始整风运动还是有序地进行，如，连城就指出：“某些领导作风官僚主义，没有密切联系群众，深入厂店解决生产工作上的困难。如百货公司经理整天坐在楼上办公室，不给职工解决问题。”[①]这些批评是有益的。不过，随后，整风运动扩大化，如，上杭县工会就认为“反右派斗争是相当长时期的事情，今后要转入深入细致进行对职工的反右派阶级斗争教育”[②]。

2. “大跃进”的盲目。受“大跃进”的影响，一些生产部门制定了不切实际的目标。如，1958年龙岩市商业局提出了30天跃进规划：“仅生产资料供应方面，建立肥料加工厂1所，年产颗粒肥料100万斤，牛骨粉3万斤；建立铁、竹、木、农具加工厂80所；创办硫磺加工所1座，年产量3万斤；建立煤矿厂1所，建立纸业加工厂1所。”[③]这个时期在“左”的错误影响下，不顾实际条件，“大炼钢铁”“大办工业”，以致后来不少企业被迫下马，致使全区工业生产从1958年到1962年，每年平均递减2%。[④]这个时期全区全民工业企业全员劳动生产率一直在2000元以下徘徊，其中1961年最低，仅为

① 《关于组织工人学习正确对待人民内部矛盾的情况报告》，龙岩市档案馆，0024-002-0000277-0179。

② 《关于继续广泛深入进行反右派阶级教育及开展增产节约宣传教育的意见》，龙岩市档案馆，0024-002-0000277-0136。

③ 《龙岩县商业局苦战30天跃进规划》，龙岩市档案馆，0024-001-0000041-0007。

④ 参见福建省龙岩地区地方志编纂委员会编：《龙岩地区志》（上），上海人民出版社1992年版，第157页。

1207 元（1957 年全区全民工业企业全员劳动生产率为 5918 元）。[①]

3.“工会消亡”风出现。1958 年 8 月，《关于在农村建立人民公社问题的决议》下达后，“工会消亡”的问题也被提出，并在工运领域形成了以取消县工会为主要内容的“工会消亡”风。1958 年 12 月，龙岩专区工会与地委工交部合并，作为工交部的政工科。龙岩、永定、连城、清宁、武平、漳平六个县的总工会同时并入各县工交部。1960 年 5 月，全国总工会向中共中央报送了《关于当前城市人民公社的发展情况和几个问题的报告》。报告认为，以国营厂矿为中心的城市人民公社在生产、交换、分配和人民生活福利方面能够充分发挥作用，各地要办好这类公社。新的形势下，在已经建立起公社的地方和社办工厂企业中，不再建立工会和发展会员。“工会纳入城市人民公社”是“工会消亡”风的继续，闽西工会也不例外，“有条件的厂矿应成立公社，成立公社后的厂矿工会工作可以由公社逐步代替。没有成立公社的企业单位还应进行工会工作”[②]。

4.“文化大革命”冲击工运。“四人帮”千方百计争夺工运领导权，篡改工会的性质、作用、任务，颠倒工会工作的路线是非和理论是非。如，“个别的甚至把工会搞成了帮会……有的把搞打砸抢的人当作先进分子，作为依靠力量，而把劳模、先进人物当作保守势力加以歧视和排挤”[③]。

（二）闽西工运纠正“左”倾错误

1. 尽量减少“文化大革命”造成的影响。尽管“文化大革命”给工会带来了极大影响，但闽西工会还是尽量减少负面影响。如，1976 年 9 月，关于批判所谓“三株大毒草”的小册子发下来，武平县染织厂工会参照报刊拟了一份批判提纲，经过研究压了下来，没有印发，同时向有关人员进行党的组织观念的教育。[④]

2. 揭批查“四人帮”反革命集团的斗争。粉碎“四人帮”后，中

---

① 参见福建省龙岩地区地方志编纂委员会编：《龙岩地区志》（上），上海人民出版社 1992 年版，第 160 页。

② 《福建省龙岩专区工会 1959 年上半年工作安排》，龙岩市档案馆，0024-001-0000043-0001。

③ 《关于在整党整风中整顿建设工会组织的意见（初稿）》，龙岩市档案馆，0024-004-0000048-0004。

④ 参见《武平县总工会 1977 年工作情况汇报》，龙岩市档案馆，0024-004-0000045-0089。

共中央领导全国人民开展了揭批查“四人帮”反革命集团的斗争。龙岩地区工会在1976年11月发布了《关于放手发动职工群众揭发批判王张江姚反党集团罪行的通知》，要求“工会组织要在各级党委的领导下，放手发动群众……揭露‘四人帮’反党篡权的斗争大方向……开展学、接、揭、查，要运用各种类型的声讨会、批判会和大字报、批判专栏等形式，大揭大批‘四人帮’的罪行”[①]。1977年，武平县“召开了批判会228场，参加批判会的有5467人次，发言人数达到1007人。出批判专栏157期，批判文章1986篇”[②]。揭发批判所谓的“工运黑线统治论”和“三会一团”等谬论；批判他们煽动无政府主义、鼓动停工停产、破坏工人阶级优良传统和作风的行为；批判他们破坏正常管理制度，攻击发挥技术人员作用，反对关心群众生活等方面的谬论和罪行，基本上摧毁了“四人帮”在工运领域的帮派体系。

三、闽西工运的主要工作

在社会主义建设时期，闽西工运的工作主要围绕维护职工基本权益、发展生产、民主管理、职工教育等方面展开，虽然有曲折，但总体上在曲折中前进，这也为改革开放后闽西工运的发展提供了经验和教训。

（一）维护职工基本权益。社会主义建设时期，闽西工运在工资、互助、文化生活、安全生产及保护等方面维护工人的权益。

1. 增加工资。1959年，龙岩进行工资调整，升级的重点是产业部门。1963年7月，在全民所有制单位进行工资调整，升级的重点是工人和工资较低的干部，全区列入调整范围的职工29826人。按照“上层不动，中层少动，下层多动”的原则，调资升级的有14060人，升级面为47.14%。月工资总额增长176582元，升级者人均月增资12.56元。全区人均月工资由41.7元增加至46.97元，增长12.64%。[③]

① 《关于放手发动职工群众揭发批判王张江姚反党集团罪行的通知》，龙岩市档案馆，0024-004-0000041-0084。

② 《武平县总工会1977年工作情况汇报》，龙岩市档案馆，0024-004-0000044-0078。

③ 参见福建省龙岩地区地方志编纂委员会编：《龙岩地区志》（下），上海人民出版社1992年版，第1082页。

2. 互助帮扶。一是建立职工互助储金会。职工互助储金会是社会主义集体经济组织，职工群众依靠自己的经济力量，帮助职工解决生活上的临时困难。如，武平支行职工互助储金会从 1962 年 1 月到 1965 年 5 月，会员增加至 57 人，积累股金 1519 元，放出贷款 5926 元，帮助 49 个职工解决了临时困难，与此同时，收回贷款 5973.8 元，[①] 避免了资金只储不助以及资金回收难的问题。二是工会帮扶。在 1959—1961 年的困难时期，党和工会贯彻“一手抓生产、一手抓生活”的方针，组织职工开展农副业生产。据闽西地区 291 家企业统计：兴办农牧场 30 个、专业队 435 个，参加职工 4056 人；垦殖蔬菜杂粮基地 15649 亩；养殖家禽家畜 7.09 万头、鱼 55.94 万尾。1961—1962 年，福建省总工会和省财政厅下拨福利金 40.62 万元，有 25% 的职工享受到困难补贴。[②] 连城县总工会在 1963 年对困难职工给予定期补助和临时补助，先后给 38 个单位的 2161 名职工发放困难补助款 16 万余元；1964 年对 1800 名困难职工发放补助 3.7 万余元。[③] 即便在“文化大革命”期间，闽西各县工会也尽量地改善工人生活。如，连城“有的单位为解决工人吃菜问题，允许每人开荒一里地种菜……有得越开越多，开了六七分……（这样）一可以减轻国家负担，二可以增加个人收入，对公对私都有利”[④]。

3. 丰富工人的文化生活。主要是通过文体活动丰富工人的文化生活。如，1957 年 5 月，武平县举办县直机关职工体育运动会，有 121 名运动员参加。1957 年秋，总工会与团县委联合举办“长跑运动月”活动，有 318 名职工参加。1958 年，举办“五一”文艺汇演，有 20 个职工业余文艺队参加。1958—1969 年，总工会设电影放映队，深入林区、厂矿巡回放映。自 1959 年起，机关、企业广泛开展“劳卫制”锻炼，推行广播操。[⑤]

---

① 参见《关于武平支行职工互助储金会的通报》，龙岩市档案馆，0024-002-0000400-0131。

② 参见福建省龙岩地区地方志编纂委员会编：《龙岩地区志》（下），上海人民出版社 1992 年版，第 977 页。

③ 参见连城县地方志编纂委员会编：《连城县志》，群众出版社 1993 年版，第 569 页。

④ 《连城县总工会关于 4 个月来的工作情况汇报》，龙岩市档案馆，0024-004-0000030-0067。

⑤ 参见福建省武平县县志编纂委员会编：《武平县志》，中国大百科全书出版社 1993 年版，第 505 页。

4. 加强安全生产、职工劳动保护。一是安全生产。从1959年第三季度开始，从专区到各县由有关部门组成安全生产运动委员会，开展全民性安全生产活动。同时，加强劳动安全的宣传教育工作，1960年，全区共举办大型报告会342次，各种座谈会5255次，现场会60次，展览会15次，演戏68场，有线广播1914次，以及其他印刷品、标语、诗歌、黑板报等宣传活动，受教育面达591262人次；并开展安全大检查，建立和健全安全组织机构，修订安全操作规程，建立安全委员会445个，成员2583人，安全小组3193个，安全员57524人，事故发生率有所下降。① 1959年，龙岩县公安、工会、劳动等有关部门负责人组成劳动安全委员会，各厂矿相应建立安全委员会，车间建立安全小组，多数企业配有安全值日员。县劳动部门组织安全检查团，全面检查各厂矿劳动保护措施。当年全县厂矿伤亡7人，比1958年下降58.3%，有15个厂矿无伤亡事故。②1966年，永定县政府要求各单位将劳动保护措施纳入生产计划，规定各企业每年应在固定资产更新和技术改造资金中，安排10%—20%用于劳保。龙岩专署还拨给永定县瓷厂劳保专项费1.64万元。③ 二是重视劳动保护。实行第一个五年计划进入社会主义建设时期后，职工的劳动保护工作得到重视。如，武平县在1960—1962年期间创办职工医院1所，专门治疗职工职业病患者。④ 自1964年起，地区（专区）防疫站对有关厂矿接触粉尘的人员进行体检，对矽肺病人采取调换工种、疗养等措施。1965年，上杭县对安乡锰矿、县农械厂等企业的77名矽尘作业工人进行健康检查，其中11人不适宜从事原工种工作，予以妥善安置。1973年和1975年，对全县厂矿的防尘、防毒、防暑及“三废”处理等设施做初步改造，以防范尘毒危害。⑤ 三是建立合理

---

① 参见福建省龙岩地区地方志编纂委员会编：《龙岩地区志》（下），上海人民出版社1992年版，第1064页。

② 参见龙岩市地方志编纂委员会编：《龙岩市志》，中国科学技术出版社1993年版，第574页。

③ 参见永定县地方志编纂委员会编：《永定县志》，中国科学技术出版社1994年版，第654页。

④ 参见福建省武平县县志编纂委员会编：《武平县志》，中国大百科全书出版社1993年版，第505页。

⑤ 参见上杭县地方志编纂委员会编：《上杭县志》，福建人民出版社1993年版，第643页。

的劳动保险制度。如，1957 年后劳动保险覆盖面逐步扩大到交通运输、建筑等行业；1962 年，全区实行劳动保险条例的单位 59 个，享受职工 1.36 万人，占职工总数的 38%。[①] 省总工会对连城庙前锰矿关于实行劳动保险的报告作出批示："自 1965 年 7 月 1 日起，以每月所提劳动保险金的 30% 上缴总工会作为劳动保险总基金。70% 存委员会做劳动保险基金，支付职工劳动保险待遇之用。"[②] 四是重视女性保护。这个时期尤其注意对女工的劳动保护，"（由于）纺织 80% 是女工，应建立一些照顾孕妇的制度，如怀孕 3 个月以前，7 个月以后，减少一般的会议；根据健康情况调换轻便工作，怀孕 7 个月以上的女工给予工间休息时间等"[③]。此外，闽西各工会还积极调动职工的聪明才智提高劳动保护水平。如，龙岩专区工会调查发现"龙岩电厂发动职工利用废料做成飞轮罩，花钱少又很牢固。在外线方面……电杆上钉上'木排高压危险切勿靠近'（的指示牌）……并印发了保护宣传语……龙岩电厂的劳动保护工作做得比较好"[④]。

（二）发展生产。在社会主义建设时期，虽然发生"左"的错误，但是工会依然通过多种方式发展生产。

1. 开展合理化建议活动。1958 年后，闽西地区职工开展以技术革新、技术革命为中心的增产节约运动和"六好企业"的厂际竞赛。如，1959 年，上杭县有 773 名职工提出合理化建议 20226 件，其中被采纳 1638 件；有 112 人参加技术革命，改革发明 262 件；有 275 人完成技术革新项目 900 件。[⑤]1959 年，连城县工交系统职工提出技术革新和合理化建议 3384 项，实现 1292 项，为国家节约资金 920115 元。[⑥] 即便在"文化大革命"期间，工会也充分发挥工人积极性发展生产。如，武平松香厂改直接火炼香为蒸汽炼香，"在安装过程中，一台蒸汽锅炉足足有 5 吨重，没有吊车。工人们发扬大庆工人

---

① 参见福建省龙岩地区地方志编纂委员会编:《龙岩地区志》(下)，上海人民出版社 1992 年版，第 977 页。

② 《批复连城庙前锰矿"关于实行劳动保险的报告"》，龙岩市档案馆，0024-002-0000399-0040。

③ 《关于检查劳保工作情况和问题的汇报》，龙岩市档案馆，0024-001-0000040-0005。

④ 《关于检查劳保工作情况和问题的汇报》，龙岩市档案馆，0024-001-0000040-0005。

⑤ 参见上杭县地方志编纂委员会编:《上杭县志》，福建人民出版社 1993 年版，第 533 页。

⑥ 参见连城县地方志编纂委员会编:《连城县志》，群众出版社 1993 年版，第 568 页。

阶级人拉肩扛的革命精神，硬是把它拖进厂房竖立起来。工人李志雄大胆提出用竹片代用，取得成功。经过 3 个月连续作战，终于攻克了设计、设备、技术三大难关。为国家节约资金 5 万元”[①]。

2. 开展劳动竞赛。闽西各县工会开展形式多样的劳动竞赛。1956 年在全国工矿企业和基建领域开展了一次规模空前的群众性劳动竞赛，工会积极配合、推动此项运动。连城县通过一年的生产者运动，“职工生产积极性都有所提高，这对工业系统完成全年生产总值占计划的 149.65%，交通、邮电、商业超额完成国家计划起了重大的推动作用”[②]。1962 年以后，各县工会组织职工开展以支农为中心的增产节约运动、以班组为基础的社会主义劳动竞赛。[③]如，1962 年，连城县开展以提高质量、降低成本、节约原材料、增加品种、提高劳动生产率的劳动竞赛。[④]1960—1962 年，武平县开展支农服务竞赛活动，组织职工送货下乡、服务上门，促进农业发展。1963—1966 年，在企业中开展“五好”（政治工作好、企业管理好、生活服务好、干部作

图 2-3-1　1968 年龙岩染织厂的女工们

① 《端正思想路线小厂多作贡献》，龙岩市档案馆，0024-004-0000039-0068。

② 《1956 年工会工作检查与 1957 年几项主要工作意见》，龙岩市档案馆，0024-002-000277-0163。

③ 参见福建省龙岩地区地方志编纂委员会编：《龙岩地区志》（下），上海人民出版社 1992 年版，第 975 页。

④ 参见连城县地方志编纂委员会编：《连城县志》，群众出版社 1993 年版，第 568 页。

图 2-3-2 1970 年龙岩特钢厂第一代钢铁工人

风好、完成计划好）和“工业学大庆”的评比竞赛活动。[①]在“五好”活动中，仅 1964 年一年，龙岩地区就“培训了班组长 600 人，占班组长总数的 40%。龙岩、连城、长汀、上杭已组织 91 个班组开展联赛，比去年增加 44 个”[②]。各地也涌现出了学习榜样，如永定涂尚儒在“五好”活动中，带动永定酒厂改进技术，“地瓜酒的出酒率由原平均 40% 提高到 93.7%，金狗头酒从 30% 提高到 40%，46 度白酒从平均 78.12% 提高到 80%”[③]。

“文化大革命”结束后，为了把被“四人帮”破坏造成的损失夺回来，把国民经济搞上去，1977 年 5 月，红旗机器厂开展以“四赛四比”（赛学习、比红专，赛团结、比风格，赛管理、比纪律，赛指标、比贡献）夺优胜红旗为内容的社会主义劳动竞赛活动。[④]

3. 推广先进经验。社会主义建设时期，中国共产党非常重视先进经验的推广，以便更好地推动经济发展。如，“上杭印刷厂的平台机

---

① 参见福建省武平县县志编纂委员会编：《武平县志》，中国大百科全书出版社 1993 年版，第 506 页。

② 《今年“五好”运动的开展情况》，龙岩市档案馆，0024-002-0000370-0139。

③ 《涂尚儒同志先进事迹》，龙岩市档案馆，0024-002-0000372-0268。

④ 参见《印发福建红旗机器厂“社会主义劳动竞赛条例（试行）”》，龙岩市档案馆，0024-004-0000049-0063。

图 2-3-3　1956 年 9 月始建的龙岩沉缸酒厂

推广了广东先进经验，安装滞止具……减轻了劳动强度，加快了机器运转速度，提高了工人产量……学习推广广东丰顺县印刷厂圆盘机，利用脚踏车轮拉链来改装，大大提高了机器运转速度，减轻工人操作中的劳动强度”。在工厂内部，“工人自己设计制造磨刀机，解决过去刀片寄往外省、外县磨刀停机待片影响生产任务，以及节约了来回计费和磨刀工费。排版小组创造表格、集中盘推广与改进、新式排版桌，线条、空地、铅条分类、连串字盘等先进经验”①。

4. 宣传先进分子。社会主义建设的全面展开为工人阶级发挥劳动积极性、创造性提供了广泛的舞台，在劳动竞赛、技术革新运动中，各行各业涌现了许多先进模范。龙岩专区工会大力宣传表彰先进分子，以激励工人阶级以更大的热情投入到社会主义建设中。如，龙岩专区工会宣传了连城养路工梁德一家、长汀县棉针织合作工厂张美英小组、长汀养路工区林步新同志、连城庙前锰矿第二班班长周启寿、漳平县矿务局施能寸等先进事迹。据不完全统计，1964 年，“组织职工学习群英会标兵的先进思想、先进经验。龙岩、漳平二县组织

① 《关于上杭县印刷厂工会“提合理化建议及推广先进经验的总结”的通报》，龙岩市档案馆，0024-002-0000291-0122。

标兵先进事迹报告会 19 场，直接倾听报告的职工达 7000 余人……90% 以上的职工，（大家利用）3—7 个晚上组织学习标兵的先进思想业绩”①。“文化大革命”结束后，闽西基层工会认识到要“教育职工充分认识实现四个现代化的重大意义，提高工人群众的政治、经济、管理、技术、文化水平”②，因此要求职工“努力学政治、学文化、学技术、学科学、学经济、学管理……精通技术业务，掌握现代新技术……挖潜改造，做到企业、车间、班组……年年都有新成果，努力攻克科学技术难关”③。为此，闽西工会表彰一批劳模、先进生产（工作）者，如，福建省交通厅公路局漳平工区表彰了黄发源、俞玉亭、江树、黄增光、黄忠发、陈林经、谢成美等先进分子④；永定矿务局表彰陈卿群、兰丁金、罗金财等先进分子⑤，以激励工人。

在一系列推动生产发展措施的基础上，工业生产得到一定的发展。1972 年，永定县工业总产值比 1965 年增长了 2.58 倍。1974 年，龙岩酒厂提前完成当年年生产计划，总产值比计划额超了 15.05%，比 1973 年增长 14%；总产量超计划 24.37%，比 1973 年增长 24%；上缴利润比计划超 1.24%，比 1973 年增长 34.5%；税金上缴超计划 35%，比 1973 年增长 52.4%；成本比计划降低 1.51%；劳动生产率比计划提高 15.4%，比 1973 年提高 10%。⑥永定煤矿 104 掘进队受到中央煤炭工业部表扬，被命名为“勇于创新的 104 掘进队”。⑦

（三）推动民主管理。在社会主义建设时期，闽西工会建立职工代表大会制度、大力推行“两参一改三结合”运动、整顿与健全工会，促进民主管理发展。

1. 建立职工代表大会制度。1957 年，中共中央决定试行职工代

---

① 《龙岩专区工会关于贯彻省［福建省］工交“群英会”以来的工会工作情况汇报》，龙岩市档案馆，0024-002-0000378-0030。

② 《工会简报 长汀》，龙岩市档案馆 0024-004-0000051-0018。

③ 《龙岩专区工会 坚决贯彻全国劳动模范座谈会精神为实现新时期总任务而奋斗——出席省劳动模范座谈会的劳动模范、先进生产者倡议书》，龙岩市档案馆，0024-004-0000054-0059。

④ 参见《全国、省、地区劳动模范，先进生产（工作）者调查表》，龙岩市档案馆，0024-004-0000055-0056。

⑤ 参见《全国、省、地区劳动模范，先进生产（工作）者调查表》，龙岩市档案馆，0024-004-0000055-0074。

⑥ 参见《龙岩县总工会 1974 年工作总结》，龙岩市档案馆，0024-004-0000034-0095。

⑦ 参见《永定县总工会 1975 年工作情况汇报》，龙岩市档案馆，0024-004-0000037-0055。

表大会制度，职工不仅有权听取厂长的工作报告，审查企业的生产、财务、技术计划和劳动工资计划，提出各种建议，而且有权审查和讨论企业内部有关职工生活福利的各项经费的开支，在不违反上级机关的指示、命令的条件下作出决议。如，漳平县工会在1958年提出了关于扩大企业民主管理、建立职工代表大会制度的工作方案，其中强调“在选举中应注意代表要有群众性和广泛性”[①]。宁化确定以各种工种为选举单位，按人数比例分配名额，由工会提出候选人，以无记名投票的方式选举产生代表。[②]地方国营龙岩机器厂制定了扩大企业民主管理、建立职工代表大会制度的工作计划：第一阶段是统一领导思想，明确工作方向，进行组织分工，拟定工作计划；第二阶段是针对职工思想，深入进行思想发动；第三阶段是职工代表大会正式开始及大会后的工作。[③]

2. 推行“两参一改三结合”运动。“两参一改三结合”运动实质是在厂矿企业中搞好群众工作。龙岩专区工会通过调研，就如何推动该项活动提出了不少有益的建议。如，在推动干部参加生产劳动方面，可以通过以普通劳动者态度参加劳动、分情况采取不同方法参加生产、跟班劳动、搞试验田等方法。工人管理有两种，一种是职工代表大会，另一种是车间小组日常管理。工人参加管理主要是要权力下放。面对“三结合”中技术人员与工人结合得不够的情况，采取技术研究小组、参谋会、诸葛亮会、新产品试制生产技术审查等吸收工人参加，使工人和技术人员结合起来的方法。[④]

3. 整顿与健全工会组织，推动民主管理。在揭批“四人帮”行为之后，闽西各基层工会在思想、组织和作风上对工会进行整顿。一是思想整顿。主要是组织工会干部和职工群众，学习马列和毛主席关于无产阶级专政下继续革命的理论和工业理论……深入揭批“四人帮”

---

① 《印发“扩大企业民主管理，建立职工代表大会制度的工作方案”》，龙岩市档案馆，0024-002-0000290-0090。

② 参见《关于扩大企业民主管理，建立职工代表大会制度的工作总结》，龙岩市档案馆，0024-002-0000276-0130。

③ 参见《地方国营龙岩机器厂扩大企业民主管理，建立职工大会制度的工作计划》，龙岩市档案馆，0024-002-0000273-0001。

④ 参见《福建省龙岩专区工会1959年上半年工作安排》，龙岩市档案馆，024-001-0000043-0001。

及其亲信爪牙对工运战线的干扰破坏。明确工会的性质、任务和作用以及工会工作的根本原则，牢固树立工会必须接受党的绝对领导的思想，围绕党的中心任务开展工会工作，牢固树立全心全意依靠工人阶级的思想，加强工人阶级的革命大团结。[①] 二是组织整顿。“在党委的统一领导之下，根据无产阶级革命事业接班人的五项条件和老中青三结合的原则，把那些经过阶级斗争考验……有一定群众工作经验，受到群众拥护的同志，选拔到工会的各级领导岗位上来。”[②] 三是作风整顿。在作风整顿上，要求“各级工会干部要……坚持群众路线，实事求是，坚持民主集中制，坚持集体领导和分工负责相结合的原则。要深入实际，密切联系群众，调查研究，总结经验，以点带面，推动工会工作”[③]。

1973 年 4 月，中共中央发出文件，指出整顿工会要以基层为重点。闽西各地工会纷纷响应号召，“连城基层 60 个，开代表大会有 20 个；武平 40 个基层工会整顿 20 个；上杭 80 个基层工会整顿 30 个；长汀 48 个基层工会整顿 14 个”[④]。在整顿过程中，“既要注意工会组织的阶级性，谨防阶级敌人混入，保持工人阶级队伍的纯洁，又要注意工会组织的群众性，对进步的、中间的、后进的职工都要吸收进来，防止关门主义。凡以工资收入为自己生活资料之全部或主要来源的体力劳动者与脑力劳动者，承认工会章程，均可加入工会会员”[⑤]。如，知识分子不仅加入了工会，而且他们还有资格成为工会九大代表，因为《福建省出席中国工会第九次全国代表大会代表产生办法和名额分配方案》规定：“财贸、文教、科研、农林、城镇集体所有制企业等方面应有适当比例……各方面的先进工作者、企业党政干部、

① 参见《关于转发县［长汀县］总工会整建工会组织意见的通知》，龙岩市档案馆，0024-004-0000051-0026。

② 《中共永定县委批转县总工会〈关于整顿和筹建基层工会的请示报告〉》，龙岩市档案馆，0024-004-0000051-0010。

③ 《关于转发县［长汀县］总工会整建工会组织意见的通知》，龙岩市档案馆，0024-004-0000051-0026。

④ 《关于抓紧筹建地、县工会组织部的通知》，龙岩市档案馆，0024-001-0000076-0001。

⑤ 《永定县革命委员会政治处关于整顿、健全工会工作的意见》，龙岩市档案馆，0024-004-0000031-0108。

工程技术人员和教师等代表要占1/3”[①]，民主管理得到有效发展。

（四）加强职工思想政治和文化技术教育。加强对职工的政治、文化和技术教育一直是闽西工运坚持的工作。

1.加强职工思想政治教育。一是“关于正确处理人民内部矛盾”的学习。党的八大对我国的主要矛盾作出了正确的判断，1957年2月，毛主席作了题为《关于正确处理人民内部矛盾的问题》的报告，之后工会系统便积极组织学习和贯彻。如，上杭县工会“向职工宣传有关正确处理人民内部矛盾问题……应该联系本单位本部门的实际情况分析本厂、本企业存在的内部矛盾……工会与行政之间的配合、工会的民主制度问题，生产—生活—教育三方面问题，关于工资奖励、业余时间支配和生活福利问题，地方和基层问题”[②]。为此，上杭县工会统一安排了18个晚上的业余时间，分小组学习讨论。县工会派出一人专门负责领导这一学习活动。在职工学习提高认识的基础上，结合本单位的情况，揭发了一些在生产、工作中的主要矛盾。[③]

二是学习经典著作。该时期闽西各地工会采取多种学习形式，推动职工群众学习经典著作的热潮。“据不完全统计，1965年上半年，全区共办了51个‘毛选’学习班，学员达到2218人，漳平、龙岩二县举办4个‘毛著’学习讲座（听众大部分是班组干部），有400余人。武平县7个工交企业上半年举行19次‘毛著’学习讲座，听众达2700人次以上。龙岩县总工会还办了3期辅导员训练班，培训了辅导员80人。”[④]1974年，龙岩“地、县工会联合举办了一期（有）20多名（工人）参加的短期脱产工人理论辅导员读书班，系统学习了马克思的《哥达纲领批判》……在10天内写了辅导讲稿……在工人文化宫举办业余学习《哥达纲领批判》讲座……吸收了1500多名基层理论队伍骨干听课……经过40天，已经讲了《资本主义私有制是无产阶级受剥削受压迫的祸根》《分配问题上的两条路线斗争》《无

---

① 《福建省出席中国工会第九次全国代表大会代表产生办法和名额分配方案》，龙岩市档案馆，0024-004-0000053-0092。

② 《关于在学习和向职工群众宣传正确处理人民矛盾问题中工会应注意的几个问题的通知》，龙岩市档案馆，0024-002-0000277-0086。

③ 参见《关于政治思想教育工作情况简报》，龙岩市档案馆，0024-002-0000277-0127。

④ 《县工会主席会议的情况报告》，龙岩市档案馆，0024-002-0000379-0027。

产阶级革命必须走武装夺取政权道路》《社会主义时期的国家只能是无产阶级革命专政》等课程”[①]。“永定11个基层工会开办理论学习班39期，参加人数924人，县总工会开办理论学习班3期，参加人数120人。”[②]1974年9月21日，龙岩特钢厂建立工人政治理论队伍，以工段为单位，组织工人理论学习小组，每个班组培养2—3名理论骨干，由厂政治处、工会分别举办政治夜校和工人理论学习班，统一编班上课，每周二晚上为厂工人政治理论队伍活动时间。

三是开展社会主义教育活动。闽西工会通过“三史”（家史、村史、革命史）教育，在职工中开展社会主义教育活动。1961年，连城县总工会组织老工人讲师团开展“三史”教育，受教育者有8000余人次。1963年，发动全县职工开展向雷锋和王杰学习的活动。[③]从1936年8月起，龙岩县总工会和专区工会先后组织“老工人讲师团”在龙岩和各县企事业单位、学校巡回宣讲“三史”161场，47194人次受到社会主义教育。[④]

2. 加强职工文化技术教育。龙岩地区工会一如既往地加强职工文化技术教育。如，1960年，参加龙岩县职工业余学校和各厂矿业余学校学习的职工达2783人，其中扫盲班772人，高小班978人，初、高级技工班167人，初、高中班862人，大专班4人。1963年，龙岩县有职工业余学校18所，79个班，学员1892人，超额完成省总工会分配的招生任务的81%。[⑤]1964年，龙岩专区职工实际入学人数为6335人，超额完成计划。[⑥]到了1965年，“入学总人数达到10482人，其中举办各种文化班116个，学员4994人，技术班54个，学员1453人”[⑦]。即便在“文化大革命”期间，各县工会依然

① 《龙岩县总工会1974年工作总结》，龙岩市档案馆，0024-004-0000034-0095。

② 《永定县总工会1975年工作情况汇报》，龙岩市档案馆，0024-004-0000037-0055。

③ 参见连城县地方志编纂委员会编：《连城县志》，群众出版社1993年版，第567页。

④ 参见福建省龙岩地区地方志编纂委员会编：《龙岩地区志》（下），上海人民出版社1992年版，第976页。

⑤ 参见龙岩市地方志编纂委员会编：《龙岩市志》，中国科学技术出版社1993年版，第605页。

⑥ 参见《龙岩专区职工教育1963、1964入学巩固对比统计表》，龙岩市档案馆，0024-002-0000368-0001。

⑦ 《唐维福同志在10月31日县工会主席会议上的讲话（记录稿）》，龙岩市档案馆，0024-002-0000379-0056。

注重文化技术教育，为生产发展提供智力保障。如，“龙岩特钢厂开设了电工、机械、数学、语文、美术等专业和一个矿区分校（矿山知识、电工、机械、数学、扫盲等5个班），参加学习的职工有500多人”①。“漳平办了12个科技班，学员120人，19个文化班，学员355人（其中10个文盲班、92人，9个高小班、243人）”②。为贯彻毛主席“七二一”指示精神，1975年7月21日，龙岩特钢厂“七二一”工人大学成立，设炼铁、冶金机械、冶金电气三个专业，第一届学员36名。

总之，在社会主义建设时期，闽西的工运事业坚决服从党的领导，贯彻落实党的路线方针政策，在理论和实践上都取得了一定的成绩，为社会主义建设作出了不可磨灭的贡献。

---

① 《龙岩县总工会1974年工作总结》，龙岩市档案馆，0024-004-0000034-0095。

② 《漳平县总工会1975年工作总结和1976年工作计划》，龙岩市档案馆，0024-004-0000037-0050。

第三章

改革开放和社会主义现代化建设新时期的闽西工运

1978 年党的十一届三中全会召开，中国迎来了历史性的转机。改革开放的开启和中国工会九大的召开，为中国工人运动和工会工作指明了方向，标志着中国工人运动和工会工作开始迈入改革开放和社会主义现代化建设新时期。1978 年至 1991 年，改革开放初期的闽西工运在整顿恢复后，迅速融入全面改革开放的大潮中，工人运动和工会工作蓬勃发展。1992 年，邓小平南方谈话和党的十四大的召开，推动计划经济体制向市场经济体制的历史性转换，闽西工运的工作也随之发生转变。1992 年至 2002 年，闽西工运面对时代新变化，研究新情况、解决新问题，创造性地开展工作，以主人翁和主力军的姿态，支持改革、投身改革，为社会主义现代化建设贡献力量。进入 21 世纪后，党的十六大提出了全面建设小康社会的历史任务，这成为工人运动的主题。2003 年至 2012 年，闽西工运在推进全面建设小康社会中充分发挥工人阶级的主力军作用，抓住新机遇、战胜新挑战，坚定不移地向着中国特色社会主义工会发展道路前进，着力各项工作创新，使 21 世纪的闽西工运展现出欣欣向荣的新局面。

第一节
改革开放初期的闽西工运

改革开放使中国工人阶级和工会事业迎来了蓬勃发展的新时期，龙岩地区工会紧跟党的步伐，将工作重心转移到社会主义现代化建设上来，脚踏实地地号召和带领工人阶级为四个现代化建功立业，工人运动和工会工作发生历史性转折。

一、改革开放初期闽西工会组织的发展

（一）工会组织建设情况

1. 工会组织的恢复和整顿

在“文化大革命”中，龙岩地区各级工会组织受到极大冲击。粉碎“四人帮”后，龙岩地区工会积极着手进行各级工会组织机构的恢复和整顿。

一是选配领导。工会的组织整顿，关键是整顿好领导班子。根据省委文件精神，要求建立全新的领导班子，在党委统一领导下使工会组织能积极主动、独立负责地开展活动。[①] 龙岩地区总工会发布的《关于在整党整风中整顿建设工会组织的意见（初稿）》强调，注意领导来自基层、干部来自工人。领导班子经过会员代表大会或会员大会民主选举产生后（基层工会委员一般 3—9 人，可根据工作需要而定），由同级党委（支部）批准，报上一级工会备案。基层工会主席应是同级党委（支部）的领导成员。同时要划分好工会小组，民主选举小组长。[②] 龙岩地区工会系统通过选拔，任命马安然为龙岩地区工会（省总工会龙岩办事处）主任，邓荣照为龙岩县总工会主席[③]，卢煌茂为永定县总工会副主席，刘炎煊为上杭县总工会主席，宋玉山为漳平县总工

① 参见《龙岩县一九七九年工会工作总结》，龙岩市档案馆，024-004-0000068-0024。

② 参见《中共永定县委批转县总工会〈关于整顿和筹建基层工会的请示报告〉》，龙岩市档案馆，24-004-0000051-0010。

③ 参见《关于邓荣照等同志职务任免的通知》，龙岩市档案馆，024-004-0000048-0001。

会副主席，韩俊才为连城县总工会主席，卞广如为长汀县总工会副主席，陈菊为武平县总工会主席[①]。新任的工会领导班子认真搞好思想作风建设，认真贯彻群众路线，形成做好工会工作的坚强领导核心，成为各级党委领导工人运动强有力的“参谋部”。

二是组织建设。龙岩地区工会按照《中国工会章程》规定，积极恢复和建立产业工会和基层工会。凡是符合建立工会组织要求的企业、事业、机关单位（有会员 25 人以上的，可建立基层委员会；25 人以下的，参加附近性质相近的工会基层组织，或者成立联合基层组织），要求尽快恢复和建立工会组织。各基层工会像雨后春笋一样恢复和建立起来。如永定县基层工会，原有基层工会 48 个，会员 4961 人，到 1979 年底，基层工会达到 130 个，占应建数 135 个的 96.3%；会员达 11779 人，占职工总数 14365 人的 82%；还建立了财贸、教育 2 个产业工会；全县专职工会干部 32 人，其中县工会干部 8 人，基层工会干部 24 人。通过整顿，基层工会活动逐渐活跃起来，组织比较健全，经常性开展各类活动。[②]

三是发展新会员。龙岩地区工会按照《中国工会章程》的规定和省总工会意见，积极做好吸收会员的工作。发展新会员时坚持工会的阶级性和群众性，谨防地、富、反、坏、右和新老资产阶级分子混入工会，已入会的应清除出去。除此之外，职工群众中包括先进的、中间的、后进的，凡是要求参加工会的都让他们参加。龙岩地区各级工会把职工群众最广泛地组织起来，团结在党的周围，组织浩浩荡荡的工人队伍，并且经常召开积极分子会议，进行培养教育。

2. 工会组织的发展情况

随着工会工作的恢复和发展，龙岩地区基层工会组织不断壮大，组织数量稳步增加，为开展工会工作提供了组织保证。1980 年，龙岩地区各系统已建立基层工会 1095 个，占基层工会总数的 94%；发展工会会员 95670 人，占职工总数的 80%，比“文化大革命”前增加了两倍多。1981 年，龙岩全区已有 1138 个企事业单位建立了工会组织，发展工会会员 105729 人，建立起一支拥有 12511 人的工会积

---

① 参见《出席省工会“六大”代表分系统名单》，龙岩市档案馆，024-004-0000072-0040。

② 参见《永定县一九七九年工会工作总结》，龙岩市档案馆，024-004-0000068-0095。

极分子队伍。1992 年，龙岩全区有基层工会组织 1895 个，工会组建率达 85.61%；工会会员发展到 177381 人，职工入会率达 91.18%，使开展各项工会工作有了一定的群众基础。[①]

（二）工会机构改革情况

1982 年，全国总工会和各级地方工会领导机关进行了机构改革，改革核心是精简机构、提高办事效率、密切联系群众。龙岩地区工会组织按照中央的方针政策和全国总工会的要求，在地方党委的统一领导下，根据本地、本级工会的实际情况进行了机构改革。

龙岩地区工会发布的《关于基层单位工会主席配备和管理问题的通知》规定：企事业基层单位，除职工人数很少的以外，均应选配相当于本单位党政副职一级的干部担任工会主席，副主席按企业中层干部的正职配备。各级党组织对基层现任工会主席要逐个分析、区别情况、妥善解决。现任工会主席应德才兼备、受群众拥护、能胜任工作。符合同级党政副职条件的干部均按这一级的管理权限办理任职审批手续，如不符合条件的，应予调整。现任工会主席是同级党政副职干部兼任的，又适合做工会工作的，应专职从事工会工作，不再兼任党政职务。凡是党组织选调担任工会主席的，应按工会民主程序补选。[②]经龙岩市委常委研究决定，地委同意，龙岩市总工会机构改革后，副主席为陈宗辉、曾北兴，原任市总工会主席、副主席职务，一律免除，陈宗辉同志原任中共龙岩市委来信来访办公室副主任职务，亦给予免除，不再办理免职手续；[③]邱森发同志任市总工会主席[④]。根据中央办公厅文件规定，工会主席要经过会员代表大会或会员大会选举产生，不要安排年老体弱不能胜任工作的同志担任。1983 年 9 月 19 日，中国人民建设银行龙岩地区中心支行工会委员会召开工会会员大会进行工会组织改选，经无记名投票产生工会委员，副行长蒋仁龙任工会主席。[⑤]

---

① 参见福建省龙岩地区地方志编纂委员会编：《龙岩地区年鉴（1988—1992）》，中国大百科全书出版社 1994 年版，第 194 页。

② 参见《关于基层单位工会主席配备和管理等问题的通知》，龙岩市档案馆，024-004-0000121-0045。

③ 参见《关于市总工会副主席配备的通知》，龙岩市档案馆，024-004-0000145-0006。

④ 参见《关于邱森发同志任职的通知》，龙岩市档案馆，024-004-0000145-0007。

⑤ 参见《关于基层单位工会主席配备和管理等问题的通知》，龙岩市档案馆，024-004-0000121-0045。

此外，根据文件精神，凡未被选为同级党委（支委）委员的基层党员工会主席，可以列席同级党委（支委）有关会议；未被选为县委委员的县总工会主席，可以列席县委有关会议。[①]这次机构改革，通过理顺工会的外部关系，切实把工会建设成为党领导下的独立自主、充分民主、职工信赖的工人阶级的群众组织。

（三）工会干部队伍建设

实现四个现代化，不但需要一支强大的熟练技术工人队伍，而且需要一大批又红又专的技术干部和管理干部。培养和造就一支有理想、有道德、有文化、有纪律的“四有”工会干部队伍，是新时期中国工会面临的一项重要任务。1980 年龙岩地区工会干部情况为：从文化程度上看，县工会和厂矿工会正副主席 44 人中，初中以下的 39 人（其中高小以下 13 人），占 88.6%。[②]职工素质与四化建设需求不匹配，为更好地适应新时期工会工作的要求，龙岩地区工会积极恢复和加强工会干部队伍建设，开展了有计划地、分期分批轮训干部的工作。一是选派工会干部参加学习。1980 年 9 月—11 月，选派 14 名工会干部前往省总干校学习，以党的十一届五中全会精神为指导，学习党的思想路线、社会主义经济理论和企业管理基本知识，学习工会建设的基本理论和工会业务。二是开展创先进工会小组活动。号召各级工会开展创先进工会小组活动，先进工会小组要努力做到思想政治工作好、先进生产者活动开展好、带领职工学习好、组织建设好、团结职工好。在工会干部队伍建设中，龙岩地区工会按照工会章程，严格遵守各项组织制度，认真开展工会各项工作，涌现了一大批先进工会基层组织、先进工会小组和先进工会工作者。

二、闽西工运在改革大潮中维护发展和稳定

（一）龙岩地区工会对工运方针的学习贯彻

改革开放之初，要实现工人运动和工会工作的历史性转折，首要问题是方针政策的转变。对此，中国工会给予高度重视，并从中国工会九大起就进行了积极探索。1978 年中国工会九大提出的工会工作

① 参见《关于基层工会主席列席同级党委有关会议的通知》，龙岩市档案馆，024-004-0000121-0054。

② 参见《关于当前工会工作情况和几点建议》，龙岩市档案馆，024-004-0000081-0012。

方针是：在中国共产党的领导下，遵循党的十一大路线，团结、教育、吸引广大职工不断提高政治觉悟，掌握现代科学技术，积极参加管理，广泛开展社会主义劳动竞赛，努力提高劳动生产效率，并在发展生产的基础上逐步改善职工群众的物质文化生活，为实现新时期的总任务而奋斗。1983年中国工会十大提出的工会工作方针是：以四化建设为中心，为职工说话、办事，维护职工的合法权益，加强对职工的思想政治教育和文化技术教育，建设一支有理想、有道德、有文化、守纪律的职工队伍，充分发挥工人阶级在社会主义物质文明和精神文明建设中的主力军作用。1988年中国工会十一大提出的工会工作方针是：以经济建设为中心，立足改革全局，把发展社会生产力和维护职工具体利益结合起来，增强基层工会活力，实现工会的群众化、民主化，团结教育广大职工为建设有中国特色的社会主义而奋斗。改革开放新时期工会工作方针的确立与发展，为开辟工人运动和工会工作新道路奠定了坚实的基础。

1.学习贯彻中国工会九大精神

1978年10月11日—21日，中国工会第九次全国代表大会召开，这是在党和国家及中国工人运动和工会工作行将发生历史性转变的关键时刻召开的一次重要会议[①]，距1957年12月召开的中国工会第八次全国代表大会已有21年。12月18日—22日，党的十一届三中全会召开，开启了改革开放新时期，对当代中国的命运产生了深远的影响，被誉为决定当代中国命运的关键会议。中国工会九大和党的十一届三中全会召开后，龙岩地区各级工会积极学习贯彻十一届三中全会和工会九大精神，联系实际，深入揭批林彪、“四人帮”破坏工人运动和工会工作的罪行，拨乱反正，分清路线是非，彻底肃清其流毒和影响。同时，把注意力转移到社会主义现代化建设上来，进行思想上的大解放、工作上的大提高、作风上的大转变，明确了新时期工人阶级的历史使命，工会工作的方针、任务以及工会组织在社会主义现代化建设中的重要地位和作用，基本扭转了“工会组织可有可无”的观念，克服了工会工作矮人一等的自卑感。广大工会干部安心工会工作，增强了做好工会工作的光荣感、责任感和紧迫感，精神振奋，

① 参见李玉赋主编：《新编中国工人运动史（修订版）》下卷，中国工人出版社2020年版，第471页。

积极性充分调动，在工会战线上勤勤恳恳、兢兢业业地工作。在党的十一届三中全会和中国工会九大精神的鼓舞下，在中共龙岩地委和各县委的直接领导下，龙岩地区各基层工会代表大会陆续召开。1978年12月21日，漳平县工会第五次代表大会召开；1979年1月9日，永定县工会第六次代表大会召开；1979年1月14日，上杭县工会第十次代表大会召开；1979年4月10日，龙岩县工会第九次代表大会召开，会议强调要紧紧跟上全党工作着重点的转移，工会的一切工作、一切活动都要围绕社会主义现代化建设这一中心进行。①

2. 学习贯彻中国工会十大精神

中国工会十大以党的十二大路线为指引，在思想、政治、组织各方面把我国工会工作推向了更高的水平。龙岩地区各级工会纷纷传达贯彻中国工会十大精神，迅速掀起学习、宣传、贯彻工会十大精神的热潮。龙岩地区七县（市）工会分别召开专题会议，大力宣传工会十大召开的意义、大会盛况和主要精神，宣传大会表彰的工会先进集体和工会积极分子的事迹；着重学习李先念同志的致辞、倪志福同志的报告以及新的工会章程。各级工会干部带头认真学习工会十大文件，深刻领会文件精神，层层举办学习班，培训骨干，开展学习工会十大文件的辅导活动。通过宣传、学习，使广大工会干部和职工明确工会十大是我国工人运动发展史上的一次重要会议，明确新时期工人阶级的历史使命和光荣任务，明确工会工作的首要职责，明确新时期工会工作的方针，明确加强工会建设的方向。为进一步贯彻落实中国工会十大精神，龙岩地区各县（市）工会在充分准备的基础上，召开了代表大会。1984年4月9日—11日，上杭县工会第十一次代表大会隆重召开，各县（市）工会领导观摩。②1984年5月，龙岩、漳平、永定、武平、长汀、连城六县（市）先后隆重召开了工代会，会议贯彻落实中国工会十大精神，总结工作、确定任务、表彰先进、组新班子，动员广大职工立志改革，站到振兴闽西经济、实现四化的前列。

3. 学习贯彻中国工会十一大精神

中国工会十一大后，全区各级工会把学习工会十一大精神作为工

---

① 参见《龙岩县工会第九次代表大会决议》，龙岩市档案馆，24-004-0000073-0031。

② 参见《上杭县工会第十一次代表大会隆重召开》，龙岩市档案馆，0024-004-0000134-0068。

会建设的重要任务来抓，1988 年 11 月 18 日—24 日，地区工会副主任到各县、市巡回传达中国工会十一大精神，各县、市党政四套班子领导参加了传达大会。各级工会干部带头学，纷纷制定学习计划，在学习过程中将大会与小会相结合、普及与提高相结合、学习与贯彻相结合、投身改革与自身改革相结合，明确全面深化改革中工人阶级的历史使命和根本任务。截至 1988 年 12 月 28 日，全区为学习宣传工会十一大精神，组织传达会 648 场，办学习班 192 场，宣传栏 367 期，受教育人数达 104206 人次。[①]

（二）龙岩地区工会领域的拨乱反正

工会九大后，工会系统的拨乱反正工作全面展开，中国工会运动从此掀开了新的一页。全国总工会平反错案的积极行动，有力地推动了各地工会平反工作的深入进行。龙岩地区各级工会冲破了“左”倾思想束缚，纷纷出台《关于在整党整风和整顿企业中整顿建设工会组织的意见》，有力地推动了新时期工人运动和工会工作的健康发展。

1. 平反冤假错案

龙岩地区工会根据解放思想、实事求是的指导思想，对在“文化大革命”中受到不公正对待的同志进行彻底平反、恢复名誉。1979 年 1 月 6 日，龙岩地区工会向中共龙岩地委组织部提交了《关于石麟生同志成份问题的复查意见》，为石麟生同志平反。[②]1980 年 7 月 4 日，中共龙岩地委发布《关于给石麟生同志恢复名誉的通知》。1979 年 1 月 8 日，龙岩地区工会向中共龙岩地委组织部提交了《关于吴宝善同志问题的复查意见》，为吴宝善同志平反。[③]1980 年 5 月 6 日，中共龙岩地委发布《关于为赵健群同志彻底平反恢复名誉的决定》，“文化大革命”初期原给赵健群同志开除党籍的处分无效，强加的一切诬蔑不实之词予以推倒，审查过程中所形成的材料，予以法理销毁，散失在外的一律无效。[④]

---

① 参见《学习工会十一大精神教育情况表》，龙岩市档案馆，0024-004-0000283-0071。

② 参见《关于石麟生同志成份问题的复查意见》，龙岩市档案馆，0024-004-0000068-0001。

③ 参见《关于吴宝善同志问题的复查意见》，龙岩市档案馆，0024-004-0000068-0001。

④ 参见《关于为赵健群同志彻底平反恢复名誉的决定》，龙岩市档案馆，0024-004-0000082-0001。

2. 思想整顿和建设

一是揭批“四人帮”。各级工会的整顿坚持以揭批“四人帮”为纲，把思想整顿放在首位。通过深入批判“四人帮”炮制的“工运黑线统治”论和对工会的种种污蔑，拨乱反正，狠肃流毒，认真总结经验，分清路线是非，砸碎精神枷锁，清除余毒。[①]明确了新时期工会组织在四化建设中的重要地位和作用，纠正那种认为“工会组织可有可无”“工会工作可做可不做”的糊涂思想，真正树立起搞好工会工作的光荣感、责任感和紧迫感。牢固地树立了接受党的绝对领导的思想，在政治上、思想上、工作上服从党委的一元化领导，绝不搞工团主义、独立王国、帮派活动；坚持毛泽东思想，坚持党的基本路线，举旗抓纲，围绕党的中心任务开展各项工作，端正工会工作方向；加强工人阶级的革命团结，把职工群众团结在党的周围。[②]

二是组织理论学习。揭批“四人帮”的同时，龙岩地区工会组织职工、家属重点学习《毛泽东选集》第五卷及工会十一大文件精神，并将此项学习摆在工会工作的首位来抓。龙岩地区工会制定具体的学习计划，结合各个时期的党的中心工作，提出具体的学习内容和要求；建立健全班组的学习制度，做到学习时间有保证，政治学习有劲头；建立切实可行的学习汇报、检查制度，做到有布置有检查，及时掌握学习进度，防止流于形式，地区邮电局、特钢厂等单位建立了学习汇报日，以便检查督促；加强学习的组织领导，在党委的统一布置下，领导干部、工会干部、理论骨干带头学，带动家属学，如无线电厂、染织厂、邮电局、特钢厂等都是这样做的。龙岩地区工会要求厂矿企业普遍做到班组有理论辅导员，车间有理论小组，工厂有理论队伍。这样，通过抓牢抓实学习，不断地进行理论宣传，克服在一些同志中存在的因循守旧、消极等待、强调外因、计较条件的无所作为的思想，树立起对党对工人阶级高度负责的精神，以严肃的态度、严格的要求，揭矛盾、找差距，开展批评与自我批评，解决好路线、干劲、作风和团结等问题，解放思想，振奋精神，努力工作。此外，龙

① 参见《中共永定县委批转县总工会〈关于整顿和筹建基层工会的请示报告〉》，龙岩市档案馆，24-004-0000051-0010。

② 参见《部分基层工会职工学习交流汇报会会议记录》，龙岩市档案馆，024-004-0000048-0077。

岩地区工会还开展了“工业学大庆”群众运动和揭批“四人帮”斗争，大大促进了职工、家属的思想革命化，用马列和毛主席关于无产阶级专政下继续革命的理论和工运理论武装工会干部和群众，解决工会路线和方向问题。不断提高职工的政治觉悟，自觉地担负起新时期工人阶级的历史使命。

3. 作风整顿和建设

根据党的十一届五中全会关于整顿党风党纪、加强和改善党的领导的精神，龙岩地区工会切实改进工作作风和工作方法，面向基层，深入基层，服务基层，恢复和发扬党的实事求是和群众路线的优良传统，克服官僚主义，在四化建设中更好地发挥党的助手作用和党联系群众的纽带作用。一是到基层去，认真做好调查研究工作。龙岩地区工会深入群众、深入实际，和工人实行“三同”，1/3 的干部到基层调查、蹲点，经常同职工群众座谈，了解新情况，研究新事物，掌握政策，总结经验，抓好典型，指导工作。二是联系群众、关心群众，替群众说话，做好群众工作。龙岩地区工会克服把密切联系群众同接受党的领导对立起来的糊涂观念，做到时时刻刻不脱离群众，时时刻刻密切联系群众，时时刻刻关心工人利益，反映工人呼声，把广大工人群众团结在党的周围，遇事同群众商量，做工人群众的贴心人，使工人群众有话乐于向工会讲，有事愿意找工会办，让工会成为党和工人群众之间有效的“传动装置”，成为受到群众拥护和信任的“工人之家”。[①] 三是干部群众同甘共苦，艰苦创业。龙岩地区工会鼓足革命干劲，恢复和发扬党的优良传统和作风。各级工会干部带头学大庆，振奋革命精神，和职工群众一起大干苦战，坚决克服无所作为、畏难怕苦等思想情绪。同时，保持和发扬艰苦奋斗的作风，清除资产阶级的生活作风，清理工会财务、财产，反对贪污盗窃，堵塞漏洞。

总的来说，中国工会九大以来，龙岩地区工会在我们党和国家历史的伟大转折中，积极贯彻执行党的十一届三中全会以来的路线、方针、政策，稳步向前发展。各级工会组织遵循解放思想、实事求是的原则，以经济建设为中心，不断清除“左”倾错误思想的影响，认真

① 参见《全县工人阶级动员起来，站到现代化建设的最前列——在上杭县工会第六次代表大会上的工作报告》，龙岩市档案馆，024-004-0000073-0120。

进行了思想上、组织上、作风上的整顿和建设，各项工作不仅得到恢复，而且有了新的发展。

三、改革开放初期闽西工运的主要工作

改革开放初期，龙岩全区各级工会组织认真学习和贯彻十一届三中全会和中国工会九大、十大、十一大精神，紧紧围绕经济建设这个中心，全面履行工会职能，广大职工群众和工会干部满腔热情地投入四化建设，开展工会工作，以实际行动书写新时期工人运动和工会工作伟大复兴的新篇章。

（一）广泛维护职工的利益

邓小平在中国工会九大致辞中指出：工会组织必须密切联系群众，使广大工人都感到工会确实是工人自己的组织，是工人信得过的，能替工人说话、替工人办事的组织。因此，工会是党领导的群众组织。工会九大以来，龙岩地区各级工会组织积极协助党和政府，采取措施，改善职工生活，维护职工的根本利益，做了大量的工作。

1.关心职工生活福利

工会是关心群众生活、保障工人福利的组织，是保护工人利益的堡垒。工会组织关心职工生活福利，解除职工的后顾之忧，体现党和政府对广大职工的关怀。

一是做好特殊关怀。春节期间对坚持生产的职工进行慰问，除在精神上慰问外，还带去猪肉等物资，职工反映很好；对伤病职工进行慰问；对有特殊困难的会员给予经济补助；对退休职工协助行政做好安置工作；对病故会员赠送花圈，致以悼念。1988—1992年，共对职工进行困

图3-1-1　煤矿“红娘”办公室为青年矿工介绍恋爱对象

难补助12.71万人次，补助金额561.93万元，发放节日慰问款和救灾慰问款近30万元，用各种方式扶助贫困职工3957人次，这些慰问使职工感到社会主义社会的温暖。此外，工会也关心职工的人生大事，积极帮助职工解决婚姻问题。1984年，龙岩地区各煤矿先后成立红娘办公室，热情为青年矿工介绍恋爱对象，支持和帮助外地姑娘来煤矿安家。

二是改善职工伙食。龙岩地区工会组织企业职工食堂进行竞赛，始终抓住比、学、赶、帮，总结和推广先进经验这个中心环节，收到了良好效果。通过竞赛，企业职工食堂面貌发生了很大的变化：各企业党、政、工领导越来越重视食堂工作，充实了设备，调配了一批骨干力量，加强了炊管人员的思想政治教育，积极解决他们的工资、奖励、劳保等问题，调动了他们的工作积极性；饭菜质量显著提高，花样品种相应增加，服务态度逐步改进，服务项目不断扩大，有条件的单位还开展了多种多样的农副业生产，种菜、养猪、加工副食品，办起小粮店和小卖部等；建立健全管理制度，提高食堂经营管理水平，许多食堂都建立了各种规章制度和岗位责任制，做到物资用量有计划，质量有检查，成本有核算，进出仓库有手续，账目民主公开，事事有人管，千方百计杜绝或减少各种漏洞，降低伙食成本；通过评比，树立榜样，表彰先进。[①]食堂改善伙食得人心、顺民意，职工普遍反映："工会抓到点子上了。"随着企业生产实行经济责任制，后勤部门也探索着实行经济责任制。1983年，龙岩贮木场职工食堂实行"定营业额奖惩办法"，改善了食堂的管理，调动了炊管人员的积极性，取得了显著效果。1984年，龙岩油泵油嘴厂通过二届三次职工代表大会讨论制定的"职工食堂定额包干责任考核办法"也深得人心。[②]

三是复办托儿所。做好婴幼儿的保健和教育工作是党和国家的一项战略任务。为实现四个现代化，使战斗在生产第一线的广大干部、职工解除后顾之忧，集中精力搞好生产、工作，龙岩地区各级工会恢

---

① 参见《龙岩地区职工生活工作情况和今后意见》，龙岩市档案馆，024-004-0105.01-0065。

② 参见《龙岩油泵油嘴厂试行职工食堂定额包干制》，龙岩市档案馆，024-004-0000129-0081。

复办起了幼儿园或托儿所。截至 1979 年底，省、地属厂矿共办托幼组织 125 所，入托儿童有 2588 人，占应入托儿童数的 58%。[①] 龙岩风动工具厂幼托所等单位专心搞好幼托工作，精心培育祖国的小花朵，幼托工作越做越好。幼托的场地和设备也不断改善和充实，增加了活动项目，保教质量有所提高，解除了职工的后顾之忧。

四是抓好群众互助互济工作。龙岩地区工会大力开展群众性的资金互济活动，依靠群众自己的力量，解决职工群众生活上的某些困难。如漳平县溪南采购站工会坚持办好互助储金会，1979 年筹集 899.8 元，全站 16 名职工，平均每人 56.23 元，较好地解决了职工的临时困难。[②] 截至 1980 年 10 月，全区已建立职工互助储金会 1051 个，会员人数达 56448 人，占职工总数的一半，储蓄金额 70 多万元。[③] 同时，发扬优良传统，组织职工开展生活互助活动，帮助职工解决实际生活困难，如建房、修房、搬家、婚丧嫁娶等，往日零散的生活服务也已经发展成定点服务，建立了照相点、缝纫点、家电修理点、理发点、修表点等。这对于树立社会新风尚、给职工提供生活方

图 3-1-2　龙岩照相公会营业处

① 参见《关于进一步发挥工会组织作用的建议》，龙岩市档案馆，024-004-0084.03-00083。

② 参见《漳平县一九七九年工会工作总结》，龙岩市档案馆，024-004-0000068-0068。

③ 参见《关于当前工会工作情况和几点建议》，龙岩市档案馆，024-004-0000081-0012。

便起到了积极作用，形成了亲帮亲、邻帮邻、阶级友爱、互助互济的良好氛围。

2. 加强职工劳动保护

抓好安全生产、文明生产是关系职工切身利益的一件大事，也是最大的福利。据统计，1977—1980 年，龙岩地区企业工伤事故频繁而严重，4 年累计 82 起，死亡 96 人；伤亡事故较多集中在煤炭、地质、林业、交通和基建等系统。职业病情况也不容乐观，截至 1980 年 6 月底，全区患有矽肺病的工人达 1124 人，其中已死亡 220 人。[①]可见搞好劳动保护工作的重要性和紧迫性。

一是做好职业病的普查治疗。龙岩地区具有丰富的煤、铁、锰、铅、锌、石灰石资源，是福建的主要矿区，接触有毒物质的职工较多。为做好职业病的防治工作，在地区行政公署领导下，成立地区职业病普查领导小组，由地区工交办、地区卫生局、地区劳动局、地区工会、地区医药站、地区二院、地区职防院等七个部门抽调人员组成。工会专门负责普查的宣传教育和群众组织工作，定期对全民所有制和县以上集体所有制工矿企业进行生产环境卫生学调查，对接触有毒有害物质的职工进行职业性健康体检，摸清龙岩地区有毒有害物质对职工健康危害的情况。凡经普查，对生产环境中有毒有害因素超过国家规定卫生标准的厂矿企业，要求积极进行整改；对尘毒危害严重的厂矿企业，要求劳动部门给予限期治理；对查出矽肺、中毒的病患者，由普查工作队送地区职防院或省职防院治疗，各有关厂矿企业对病患者的工作、生活进行妥善处理。[②]1979 年 2 月，龙岩地区矿山井下工人有 17000 余人，体检 15000 余人，确诊 1—3 期矽肺病的达 1084 人，一氧化碳、铅、汞中毒 131 人。[③]在地委、地区行政公署的重视和领导下，经过积极筹备，龙岩地区职业病防治院于 1979 年 8 月开始收容矽肺和职业中毒病人。

二是做好安全生产宣传教育。龙岩地区工会把群众劳动保护工作

---

① 参见《赵成坤同志在全区工会工作会议上的讲话》，龙岩市档案馆，024-004-0000081-0053。

② 参见《关于全区开展职业病普查工作的通知》，龙岩市档案馆，024-004-0000071-0085。

③ 参见《赵健群同志在地区工会群众生产工作会议上的讲话》，龙岩市档案馆，024-004-0000078-0050。

摆上工会工作的重要议事日程，领导经常过问，重大事故亲自抓。运用各种宣传阵地，广泛开展安全生产、文明生产的宣传教育，提高广大职工严格遵守安全生产规章制度和操作规程的自觉性；广泛发动群众监督、督促企业行政切实改善生产技术设备和工人的劳动条件，消除事故隐患，减少尘毒危害，坚持安全生产，文明生产；及时总结推广安全生产、文明生产的先进经验，树立榜样，做好劳动保护工作，做到生产大上、事故大降。1982 年 3 月，龙岩地区分期分批举办劳动保护技术培训班，培训内容为：劳动保护概述、伤亡统计报告规程、建筑安全技术、防火防爆、防尘防毒等。1988—1992 年，龙岩地区共举办安全培训班 1253 期，培训 3.72 万人次，广泛开展群防群治、家属安全协管和煤矿企业季度安全例会活动，有效减少了事故的发生。

三是做好劳动保护机制建设。龙岩地区工会加强劳动保护的制度建设和组织建设，积极协助行政部门，在对劳动保护状况进行调查的基础上，制定各种劳动保护和安全生产的条例、制度、法规等，由行政部门认真执行。1980 年，上杭化肥厂成立了安全生产委员会，制定了《安全生产管理条例》，对新工人进行安全教育，开展事故分析，加强安全生产工作。1983 年，龙岩地区建立了一批基层劳动保护工作委员会，重大伤亡事故统计报告制度也逐步建立起来。1992 年底，龙岩地区基层工会劳动保护监督检查委员会发展到 253 个，车间工会保护委员会发展到 382 个，工会小组劳动保护检察员发展到 3190 名。

3. 开展文化体育活动

党的十一届三中全会以来，龙岩地区职工群众文体工作经过拨乱反正，得以恢复和发展，初步形成了有领导、有组织、有骨干、有一定设备的文化队伍。

一是文体设施得到完善。龙岩县工人文化宫是 1966 年建成的，由于“四人帮”的干扰，一直没有对外开放。为了开辟文体阵地，丰富职工业余生活，1979 年国庆，龙岩县工人文化宫正式对外开放。工人文化宫积极配合体委、科委等有关部门，举办图书阅读、电影放映、科学讲座、文艺创作、时事宣传、灯谜游戏、美术摄影、音乐歌咏、文艺晚会等活动，活跃职工文体生活，并经常举办政治、科技、业务、法制等讲座，提高了各级工会干部和各种骨干的政治理论、科学技术和工会业务水平。文化宫还利用橱窗配合党的中心工作，举办图片展览，开设影评园地，对推动职工业余文艺创作起了积极作用。[①]1981 年 8 月，龙岩市工人文化宫职工业余文工队成立，遵循党中央“关心群众业余文化生活”的指示，开展了丰富多彩的文艺活动。1987 年，全区有俱乐部 135 个，图书室 726 个，藏书 56.75 万册，电影放映单位 58 个，录放像设备 194 套，闭路电视 25 个，还有体育场（馆）、游泳池、旱冰场等。龙岩特钢厂新建游泳池，7 月 14 日—15 日，龙岩市第八届运动会游泳比赛在此举行。工会充分利用这些文体阵地开展形式多样、丰富多彩的文体活动，活跃了职工的文体生活。

二是文化服务质量提升。1979 年省总工会在厦门召开文化宫、俱乐部会议后，龙岩地区工会的工人俱乐部立即增加了活动项目和开放时间。如长汀县工人俱乐部不但开展书报杂志的阅览，而且开展了借书业务，还有各种棋类、球类活动；开放时间也增加了两个下午和一个晚上。增加开放活动项目和时间以来，每个晚上参加活动的人数都在 200 左右，借阅图书更为踊跃，参加活动的人不仅有职工，还有学校里、社会上的青少年，各方面反映较好，活跃了职工文娱生活。[②]上杭县工人俱乐部在服务态度上做到“三保证”：不论工作人员外出开会还是请假，都有人代，开放时间有保证；如逢节日增加开放日，节日开放有保证；保证书刊及时上架。

三是硬件平台的投入。1979 年，漳平煤矿工会为了改善职工文化生活，在行政方面的大力支持下，花了一万多元建立了电视转播站，大大满足了职工的文化生活要求；永定县矿务局工会建造了电影院 4 个，购买电视机 25 台，电影机 5 部，职工文化生活过得丰富多彩。1987—1992 年，主要依靠工会自筹资金兴建的龙岩市职工之家、武平工会大厦、地区工会职工宿舍和改建的龙岩市工人文化宫，部分地改善了工会的办公、活动条件。

四是节日活动的丰富。积极开展各种文体活动，活跃职工文化生

① 参见《龙岩县一九七九年工会工作总结》，龙岩市档案馆，024-004-0000068-0024。

② 参见《长汀县一九七九年工会工作总结》，龙岩市档案馆，024-004-0000068-0035。

活。如1979年“三八”“五一”“五四”“国庆”节日期间，龙岩地区各级工会举行篮球、射击等运动比赛，举办文艺晚会等娱乐节目。1980年，漳平县工会组织了25次体育竞赛，吸引广大职工踊跃参与。1983年五一劳动节，各厂矿都举行了健康有益的文体活动：龙岩矿务局工会举办文艺座谈会，龙岩钢铁厂举办职工摄影展览，龙岩市举办首届滑旱冰表演、龙津河划龙舟活动等，受到职工的欢迎。1991年，龙岩首届山茶花节成功举办，既丰富了职工的文化生活，也促进了闽西对外经贸的繁荣。

图3-1-3　1991年，龙岩举办首届山茶花节，花车、舞龙舞狮、锣鼓等表演精彩纷呈

（二）开展服务经济的运动

工会九大以来，龙岩地区工会紧紧围绕着社会主义现代化建设，把发展生产力同维护职工利益结合起来，围绕改革和建设，动员和组织广大职工广泛深入开展服务经济建设的各类活动，不断探索创新，使其具有鲜明的时代特色。

1.开展劳动竞赛为四化立功

劳动竞赛是发展社会主义生产力的有效手段之一，以提高经济效益为中心，在中国革命和建设的各个历史时期都发挥过重要作用。工会必须以生产为中心，广泛深入地开展增产节约运动，这是工会工作的优良传统。各地工会积极响应全国总工会和省总工会的号召，以多种行之有效的形式组织职工开展增产节约运动，龙岩地区也不例外，紧紧围绕经济建设，广泛发动、精心组织职工参加多层次、多形式、适合本单位生产经营特点的社会主义劳动竞赛。1979 年 8 月，龙岩地区工会与工交办、劳动局联合开展全区锅炉同工种竞赛，在竞赛中搞好锅炉增产节约，千方百计提高供汽供热的质量和热能效率，把煤耗大幅度降下来。1979 年 9 月，龙岩县总工会发动广大职工开展以增产节约为中心的“五个一”（提一条以上合理化建议、参加一项技术革新活动、节约一百元、做一件有益于加强企业管理的事、同创一等以上优质产品）竞赛活动，抢时间、争速度，在安全生产的前提下，为增产作贡献，取得可喜的成效。1980 年，根据全总《关于动员职工为四化立功，深入开展增产节约运动，迎接党的十二大召开的决议》，采取多种形式，大张旗鼓地宣传和发动群众，搞好小指标竞赛和计分计奖，组织广大职工投身到为四化立功的洪流中去。1990—1992 年，龙岩地、县（市）工会组织开展了县（市）、企业职工之间的“三三”活动，即职工之间开展每人每年提一项合理化建议，搞一项技术革新，增收节支 100 元的“三个一”竞赛；班组之间开展创合格班组、信得过班组、先进班组的“创三组”升级赛；企业之间开展比质量、比节能、比效益，赶超全省、全国和国际先进水平的“三比

图 3-1-4　1986 年，龙岩拖拉机厂车水马龙，职工们投身到为四化立功洪流中

三赶超”竞赛。[①] 在增产节约劳动竞赛中，工会始终站在运动的前列，发挥了带头、骨干和桥梁作用。

2. 重视现代科学技术的革新

工业是社会生产力发展的重要标志，加快工业的发展速度，对于实现四个现代化具有决定性的作用。高速度地发展工业生产，努力提高劳动生产率，是我们工人阶级的首要任务。高速发展生产力，必须掌握最先进的现代化技术。邓小平同志在工会九大致辞中强调：“工人阶级要用最大的努力来掌握现代化的技术知识和现代化的管理知识，为实现四个现代化作出优异的贡献。”[②] 龙岩地区工会热烈响应党中央的号召和指示，鼓励广大工人努力掌握现代科学技术，高速度地发展社会生产力。

一是积极组织工人学技术。地区农械厂电工班采取多种形式，坚持学技术，努力掌握新技术，效果很好。其方法是：(1) 由班里技术员、老师傅当老师，联系生产实际，上好业务技术课；(2) 开展技术互助活动，老带新、新帮老，取长补短，共同提高；(3) 坚持岗位练兵，苦练基本功；(4) 针对生产关键，大家动脑筋、想办法、攻难关，先后完成了许多重要技术革新项目，在技术上既练了兵，又为增产节约作出了贡献。[③]

二是大搞技术革新和技术革命。在全国、全省科学大会的鼓舞和推动下，龙岩地区工会积极挖掘企业生产潜力，赶超国内外先进水平。如公交战线的“双革”有了较大发展，1978—1979 年两年来，据不完全统计，全区公交企业共实现“双革”项目 1200 多个，推广或正在推广应用的重大新工艺、新技术有 19 种，研制成功 120 多种新产品。以上项目中，获得全国科学大会表彰的有永定煤矿电机综合保护装置、漳平电厂沸腾炉烧石煤及白煤、龙岩电厂火力发电厂烧低热值煤及节油技术措施三个项目。由于大批技术革新项目结硕果，对

---

① 参见福建省龙岩地区地方志编纂委员会编：《龙岩地区年鉴（1988—1992）》，中国大百科全书出版社 1994 年版，第 194 页。

② 《全县工人阶级动员起来，为实现四个现代化而奋斗——在永定县工会第六次代表大会上的工作报告》，龙岩市档案馆，024-004-0000073-0061。

③ 参见《地区工会副主任王志贺同志在全区重工系统班组经验交流会上的讲话》，龙岩市档案馆，024-004-0000078-0144。

龙岩地区工业生产的发展起了重要的作用。[1] 实践证明，坚持走挖潜、革新、改造的道路，能够为四化建设作出大贡献。

三是开展技术表演与比赛。积极组织和引导广大职工学业务、学技术，努力提高业务技术水平，提高劳动效率。1979 年 4 月，漳平煤矿工会组织工人开展技术表演，包括炊事技术表演、机电技术表演，提高了广大职工学技术、钻技术的热情。1992 年，龙岩地区工会根据省总工会等单位联合提出的在全省开展百万职工岗位技术练兵的活动方案，在各行各业普遍开展了技术比武与考核活动，掀起老人献绝活、青年工人拜师学艺的群众性岗位技术练兵比武热潮，总结推广了新的操作法，提高了职工的业务技术素质，提高了服务质量和经济效益。据统计，全区有 721 个基层单位的 42369 名职工参与技术比赛活动，评选出 4198 名技术业务能手。[2]

图 3-1-5　1985 年龙岩卷烟厂车间，女工们认真工作，争当技术业务能手

四是开展群众性技术协作。群众性的技术协作活动，是工会组织职工群众学习掌握新技术、推广先进经验、依靠集体智慧和力量、解

① 参见《在地区增产节约劳动竞赛汇报会上的小结》，龙岩市档案馆，024-004-0000078-0103。

② 参见福建省龙岩地区地方志编纂委员会编：《龙岩地区年鉴（1988—1992）》，中国大百科全书出版社 1994 年版，第 195 页。

决生产技术难关、提高劳动生产率、加快四个现代化建设步伐的重要方法。龙岩地区各级工会参照全国总工会草拟的《群众技术协作组织条例试行草案》，以基层为主，以业余活动为主，从生产实际需要出发，组织劳模、技术革新能手和工程技术人员围绕本行业本企业的技术革新项目，组织攻关。1982 年，国家成立中华全国职工技术协作委员会，在委员会的推动下，1982 年 12 月 4 日，经地区科协、地区工会、地区机械工程学会、地区重工业局共同研究，并经必要的筹备，正式成立"龙岩地区金属切削刀具队"，确定每月 5 日为刀具队委活动日，每季一次全体队员活动。龙岩地区许多企业还建立了技协组织，由能工巧匠、工程技术人员、有专业知识的干部组成的"三结合"职工技协队伍，围绕提高经济效益，大力开展技术攻关、技术交流、技术培训，活动成效显著。龙岩地区建立职工技术服务中心，积极组织力量，开展跨地区横向技术协作，职工技协队伍进一步扩大，范围进一步拓展。群众性技术协作把广大职工的积极性引导到学习提高技术、掌握新技术上来，向大搞技术革新和技术革命要劳力、要时间。

3. 开展职工合理化建议活动

职工合理化建议活动不仅给企业、国家带来了巨大的经济效益和社会效益，而且对改善经营管理、增强企业活力起了重要作用，体现了广大职工当家作主的主人翁责任感和致力于四化建设的献身精神。龙岩地区各级工会会同生产技术、劳工等部门开展群众性合理化建议活动。参加职工合理化建议活动的有生产第一线的工人，也有企业决策人员、工程技术人员、管理人员、后勤人员和离退休人员。如 1980 年漳平县全县有 8 个单位 76 名职工提出合理化建议及技术革新项目共 109 件，其中可计算创造价值 19 件 11484 元，提高了生产力，促进了生产的发展。[①]1988 年 1 月，地区工会召开群众生产等 5 项工作总评会议，认真总结贯彻 1986 年国务院修订的《合理化建议和技术改进奖励条例》及省总工会《关于在全省开展"百万职工献计策，年增价值 1 亿元"合理化建议活动的决定》。1988—1992 年，全区各级工会在合理化建议和技术改进活动中注意抓组织领导、宣传活动、确立重点、制定细则、完善制度、落实奖励 6 个环节，建立登记

① 参见《漳平县 1980 年工会工作基本情况》，龙岩市档案馆，024-004-0000083-0001。

表、汇总表、成果表、奖金明细表、统计台账、转办单等“四表一账一单”，做到领导与群众、竞赛鼓励与物质鼓励、经常性活动与活动月、内容与形式“四个结合”，取得明显效果。1988—1992年，全区累计有20.24万名职工提出合理化建议190035项，被采纳的建议可增创经济效益19299.73万元。①

（三）恢复和发展民主管理

“文化大革命”期间，职工代表大会制度陷于停顿，粉碎“四人帮”后，特别是十一届三中全会以来，党中央和全国总工会非常注意恢复这一维护职工当家作主地位和权利的职工代表大会制度。1981年7月，中共中央、国务院正式批准了《国营工业企业职工代表大会暂行条例（草案）》，使职工代表大会作为企业管理的一项根本制度，首次用具有法规性的文件加以确认，标志着我国以职工代表大会制度为核心的企业民主管理开始纳入法治建设的轨道。根据上级会议精神，龙岩地区工会把维护职工群众当家作主的地位和权利作为自己应尽的职责和义务，协同有关部门在企业、事业单位推行职工代表大会制度，认真搞好民主选举。

1. 恢复和重建职工代表大会制度

实践证明，党委领导下的职工代表大会制度是个好制度，搞好职工代表大会工作，是推动工会工作全面开展的关键。邓小平同志在中国工会九大致辞中指出：“为了实现四个现代化，我们所有的企业必须毫无例外地实行民主管理，使集中领导和民主管理结合起来。今后企业的车间主任、工段长、班组长要由本车间、工段和班组的工人选举产生。”② 龙岩地区工会积极推进恢复和建立职工代表大会制度工作。1979年，长汀县总工会进行了建立职工代表大会制度和民主选举车间主任、班组长的试点工作。邮电局、农械厂、轻机厂先后召开了职工代表大会；印刷厂、酒厂、化肥厂、汽车修配厂、食品厂、塑料厂、文化用品厂、铝制品厂等单位进行了民主选举车间主任、班组长的试点工作，效果良好。酒厂实行民主选举班组长后，选出的班组长工作主动、认真负责，调动了工人生产积极性，提前超额完成了生产

① 参见福建省龙岩地区地方志编纂委员会编：《龙岩地区年鉴（1988—1992）》，中国大百科全书出版社1994年版，第195页。

② 《邓小平文选》第2卷，人民出版社1994年版，第137页。

计划，厂领导也感到工作好做了，过去工人大小事情找厂里，现在班组长有职有权有责、工人信任、领导放心，形成上下一心搞生产的局面。[①] 民主选举车间干部、工段长、车间主任后，干部树立了为人民服务的光荣感，工人树立了当家作主的责任感，加强了干群团结，促进了生产发展。实践证明，民主选举好处多，调动了班组骨干和工人群众当家作主的积极性，提高了班组工作水平，推动了各项生产工作，领导、骨干、群众三满意。[②] 截至 1992 年，龙岩地区建立职代会制度的单位有 1189 家，龙岩各县大部分企业都恢复了职代会制度，并在参与企业经营决策、维护职工利益、民主选举和评议干部方面发挥了重要作用，取得显著成绩，标志着龙岩企业民主管理和职工代表大会制度开始进入新的历史发展阶段。

2. 推动企业职工民主管理的发展

龙岩地区工会本着对革命事业高度负责的精神，依靠党的领导和群众的支持，同企业行政密切配合，团结和带领群众，把搞好企业管理、推动企业职工民主管理的发展的任务很好地担当起来。

一是广泛深入地向职工群众宣传职工代表大会制度的意义和作用。使广大职工充分认识到自己在企业中当家作主的地位，认识到自己责任的重大；使每一个职工都懂得，企业的生产和管理搞得好不好，不仅是企业领导的责任，也是职工的责任。作为一个职工，不仅要把自己岗位的任务完成好，还要关心整个企业，关心党的路线、方针、政策在企业的贯彻执行情况，关心企业各方面的问题。这是贯彻好职工代表大会制度的重要条件。只有广大职工群众敢于揭露企业生产和管理方面存在的矛盾，提出问题，发表意见，才能集思广益，找到解决问题的好办法，从而促进企业管理的不断改进。

二是教育和组织职工群众以主人翁的姿态积极参加企业管理。教育职工自觉地维护企业实行高度集中的行政领导，自觉地维护生产指挥系统的高度权威，模范执行岗位责任制，严格遵守规章制度，加强团结，与官僚主义的管理方法和一切侵犯工人民主权利的行为进行毫不妥协的斗争。上杭县饮食服务公司于 1980 年 11 月通过民主选举产

---

① 参见《长汀县一九七九年工会工作总结》，龙岩市档案馆，024-004-0000068-0035。

② 参见《赵健群同志在地区工会群众生产工作会议上的讲话》，龙岩市档案馆，024-004-0000078-0050。

生职工代表，建立了职代会制度，成立10个月，先后召开了4次会议，讨论事关职工切身利益的大事，每次会议都有决议。通过4次职代会决议的贯彻，有力地推动了企业经营管理，进一步落实了经济责任制，提高了企业的竞争能力，加强了职工的组织纪律性，调动了职工当家作主、民主管理企业的积极性，职工劳动热情高涨，扭转了工作被动、经营亏损的困难局面。①

三是充分发扬民主，切实保障职工的民主权利，使他们真正做到当家作主。职工代表大会的关键是充分发扬民主。每一次职工代表大会要讨论和解决什么问题，事前要广泛听取群众意见，不能只是由领导说了算。凡是大多数职工关心和要求解决的问题，都应当列入议题，认真讨论。开会时，一定要广开言路，让群众畅所欲言，充分发表意见，绝不能只是领导号召，群众保证，把会议变成表决机器。大会结束后，工会组织一定要抓好决议的贯彻落实，定期组织职工代表检查决议和提案的执行情况，对做得好的加以表扬，不好的加以督促。② 长汀红旗机器厂1979年恢复职代会，为职工群众办了许多好事，多年积累的生活福利问题也解决了。如该厂1969年建厂以来，职工长年饮用污脏的河沟水，雨季到来，农田里的农药、化肥都会流入河沟，威胁着职工健康。1979年，该厂召开四届职代会，根据群众提案，作出了“千方百计打井找水源”的决议，督促企业领导下大决心请地质、水文、打井队等有关单位协助，终于打出了一口日出500吨水的好井，接着在生活区建起了9个供水池，铺设了管道，从而解决了长期未能解决的饮用水问题，广大职工高兴地说：“有了职代会，我们就能喝上当家作主的甜水。”③

3. 加强职工代表大会自身的建设

职工代表大会，是组织职工群众参加管理，监督干部，行使政治民主、生产技术民主、生活民主的权力机关。加强职工代表大会自身的建设，龙岩地区工会主要做好以下几项工作：

---

① 参见《民主管理企业好处无穷——上杭县饮食服务公司》，龙岩市档案馆，024-004-0000089-0067。

② 参见《全县工人阶级动员起来，站到现代化建设的最前列——在上杭县工会第六次代表大会上的工作报告》，龙岩市档案馆，024-004-0000073-0120。

③ 参见《加强领导 积极推行职工代表大会制》，龙岩市档案馆，024-004-0000096-0071。

一是抓好职代会的制度建设。根据中央指示精神和全总起草的关于《国营工业企业职工代表大会条例（试行草案）》和《关于民主选举企业基层领导人若干问题的意见》，地区工会出台《关于在企事业中推行职工代表大会制度的情况报告》，基层党委加强领导，并调整充实工会领导班子力量，使工会真正能够担负起作为职代会工作机构的重任。[①]通过实行内部分配公开化、民主决策程序化、评议干部规范化、干部联系群众经常化、职工培训制度化，建立监督机制，强化职工民主管理，推进了职代会制度的建设。

二是抓好职代会“四个环节”。即组织群众民主选举职工代表；广泛征集和督促处理职工的提案；上下结合确定大会议题，并做好大会的组织工作；传达大会决议和组织职工代表对决议贯彻执行情况进行检查。无论哪个环节，都必须充分发扬民主，真正尊重职工的意见，发挥职工代表的作用，严格履行民主程序，防止和克服“领导发号召，代表作保证”的形式主义做法。

三是发挥职代会“三个作用”：教育、组织、监督。教育工人严肃认真地行使民主权利，以主人翁的高度责任感管好企业；教育干部增强民主观念，正确认识公仆和主人的关系，全心全意依靠群众办好企业。如长汀县农械厂建立职代会后，提高了职工的主人翁责任感，职工精神面貌有了六个变化：执行规章制度自觉了、出勤率提高了、工作责任心强了、参加学习的人多了、开起大会人到齐了、厂内秩序更好了，这说明职代会是职工自我教育的好课堂。[②]组织就是会同有关方面，做好大会的筹备和组织工作。监督，就是使企业的重大问题都要经过职工代表大会讨论，使企业的领导人员认真听取职工的意见，接受职工的批评和监督。

龙岩地区职工代表大会制度朝着行使职权规范化、开展活动经常化、组织体系网络化的方向发展，它标志着中国企业民主管理发展到一个新水平，为增强企业活力、推动改革和建设的发展注入了强大的动力。

① 参见《关于当前工会工作情况和几点建议》，龙岩市档案馆，024-004-0000081-0012。

② 参见《加强领导 积极推行职工代表大会制》，龙岩市档案馆，024-004-0105.08-0026。

（四）重视和加强职工教育

工会组织历来十分重视职工教育工作，工会九大以后，龙岩地区各级工会组织根据全国总工会和省总工会的统一部署，在加强职工教育方面做了大量形式多样、卓有成效的工作。

1. 开展思想政治教育

工会工作很重要的一个内容就是围绕党的中心工作进行思想政治教育，使工人真正发挥他们的积极性。1983 年 7 月，中共中央正式批转了《国营企业职工思想政治工作纲要（试行）》（以下简称《纲要》），成立了全国职工思想政治工作领导小组，努力做好新时期的思想政治工作。龙岩地区各级工会积极贯彻《纲要》，充分利用自己拥有的宣传、教育、活动阵地的优势，广泛开展职工思想教育。

一是开展形势教育。1979 年，围绕当前工作重点的转移，围绕四化建设，加强对职工群众的思想政治教育工作。大力组织职工群众深入学习、宣传、贯彻党的十一届三中全会精神、工会九大精神，深刻领会全党工作着重点转变的重大而深远的意义，把大家的思想统一到社会主义现代化建设上来，使每个人都透彻理解转变的伟大意义，调动所有人的积极性，使人人都自觉、主动地为社会主义现代化建设贡献力量。1980 年，根据《为实现党在新时期的总路线而奋斗》的学习辅导材料，组织全体职工学习，提高职工对党和党的路线的认识，坚持和服从党的领导，自觉执行党的路线、方针、政策，提高职工的阶级觉悟，增强主人翁的责任感和实现四化的紧迫感，加强组织性、纪律性。1981 年，把学习《关于建国以来党的若干历史问题的决议》（以下简称《决议》）当作工会工作中心任务来抓，组织广大职工认真学习《决议》，畅谈学习心得，领导带头学，联系实际学，坚持正面教育，贯彻疏导方针，自觉纠正不正之风。

二是开展读书活动。从 1983 年起，全区职工响应全总号召，广泛开展读书活动。头两年重点是读好《中国近代史》《科学社会主义》《中国工人阶级》3 本书。1985 年后，则以有关思想、道德、纪律、民主与法制等内容为主。到 1987 年，全区参加读书活动的人数达 37698 人，占职工总数的 24.4%。这 5 年中，全区先后举办书评、演讲员训练班 20 多期，培训 500 多名骨干。从中选出一批优秀书评、演讲员到各厂矿、企业巡回展览、演讲 700 多场，累计有 29 万人次受到共产主义和人生理想前途的教育，3名职工在全省工会系统书评比赛中分别获得书评第一、二、三名的好成绩。全区还发动约1万名职工参加1984年全国职工知识竞赛，1506名参加1985年全国职工知识竞赛，11870人参加1987年全国法律知识竞赛。通过读书活动，职工思想政治素质有所提高，精神面貌改观。全区受到表彰的自学成才优秀职工有98人。1986年起，配合司法部门组织职工学习《宪法》《刑法》《经济合同法》等法律，增强职工的民主与法制观念。1988—1992年，参加读书自学活动的职工每年均保持在3万人左右。

三是开展青工教育。职工思想教育的重点要放在青年职工教育上。龙岩地区工会协同共青团和有关部门，采取疏导的方针，从"怎样做一个好工人"入手，对青工进行坚持四项基本原则的教育，进行革命前途、理想、人生观和道德品质的教育，特别是加强纪律和法治教育。1981年，在深入开展"学雷锋、树新风"和以"五讲""四美"为内容的文明礼貌活动中，龙岩地区工会不断地对青年进行道德品质教育，表彰先进、带动后进，做到好人好事有人夸，坏人坏事有人抓。同时，通过制定"青工守则"、签订"师徒合同"等多种形式，广泛开展自我教育、互帮互学活动，努力使青工在四化建设的实践中把自己锻炼成为有理想、有道德、有知识、有体力的新一代。[①]连城公路段工会在做好青工的思想政治工作这一块有成功的经验：领导干部以身作则，教育子女作出榜样；讲究方法，多鼓励、启发、诱导，多帮助；开展灵活多样、新鲜活泼的青年活动；建立一支群众性的思想政治工作队伍，从各方面关心培养青年职工。连城公路段工会做到关心青年、爱护青年，全段绝大多数青工思想稳定，遵守纪律，没有出现青工打架闹事、参与赌博、走私贩私等现象，全段新老工人团结一心、上下齐努力，保证出色地完成护路养路生产任务。[②]

2.开展文化技术教育

举办职工业余教育，是工会的老传统，是提高职工综合素质的好办法。由于"四人帮"的摧残和破坏，这项事业遭到了一场浩劫，整

① 参见《1980年工作回顾和1981年工作意见——永定县工会六届四次常委扩大会的报告》，龙岩市档案馆，024-004-0000083-0015。

② 参见《我们是怎样做好青工的思想政治工作的》，龙岩市档案馆，024-004-0000103-0092。

整耽误了一代人，造成了科学技术上严重青黄不接的局面。要实现四个现代化，高速度发展社会生产力，必须有一支掌握现代科学技术的强大的熟练技术工人队伍，因此工会把组织广大职工学习科学技术摆在突出的位置。1979 年以来，职工文化教育逐步恢复和发展。本地区工会积极响应党的号召，在党委和上级工会的直接领导下，在广大职工的迫切要求和各级党组织的支持下，复办或开办职工业余学校，使职工业余教育事业得到了进一步恢复和发展。1982 年 5 月 18 日，龙岩地区职工教育管理委员会成立，郭兴文任主任委员，不断加强职工业余教育的机制建设。①

一是复办职工业余学校。1979 年 5 月，上杭县总工会与县教育科、科委密切配合，把城区职工业余科技夜校恢复起来，开设了英语进修班、数理化基础班、机电技术班。该举措受到当地职工的欢迎，报名人数 312 名，通过入学检测，按照择优录取的原则，招收 144 人。要求通过两年的学习，英语班能借助英语词典，基本看懂通俗的外文报刊；数理化基础班，基本达到相当于初中毕业的程度，为培养技术人才打下基础；机电技术班，要求达到相当于中等技术学校毕业的水平，为培养大专技术人才打下基础。②1979 年 5 月，长汀县工交办、县总工会、县科协联合开办了职工业余学校机械、电气专业班。校址设在县总工会，利用县总工会的会议室作为教室。1979 年 8 月，龙岩染织厂恢复职工业余教育，设置初中代数班、高中代数班、制图和织造班，报名空前踊跃，达到了 366 人，超出了预期。1979 年 11 月，漳平潘洛铁矿办起了职工业余学校，开设了机械制图、数学、英语三个班，学员 115 名。③1980 年 7 月，龙岩县职工中心业余学校复办，共 21 个班级，1031 名学员；基层办学单位有 38 个，全县参与业余学习的职工有 9200 多人，占职工总数的 20.4%。到 1986 年，全区创办职业教育的企事业单位和学员人数，由 1979 年的 58 个、9813 人，分别增至 370 个、27985 人。7 年累计参加文化、技术学习的职工达到 12.99 万人次，平均每年有学员 14433 人。同时，职工

① 参见《关于成立龙岩地区职工教育管理委员会的通知》，龙岩市档案馆，0024-004-0105.11-0017。

② 参见《上杭县总工会职工业余科技夜校复办》，龙岩市档案馆，024-004-0000058-0001。

③ 参见《漳平潘洛铁矿职工业余学校越办越好》，龙岩市档案馆，024-004-0000058-0001。

“双补”（文化补课和技术补课）工作成绩显著，全区经过初中文化考试合格的有 26618 人，合格率 92.5%；初级技术补课考试合格的有 17288 人，合格率 78%。龙岩、上杭、连城三所县（市）职工学校和龙岩市职业中专经上级验收合格，批准享受全日制学校同等待遇。在办学实践中，龙岩地区工会取得了教学结合生产、因材施教等巩固发展业余教育的新鲜经验。为不断提高教学质量，各县总工会每季度召开一次碰头会，每半年召开一次总结会，交流办学和教学经验。

二是培育专兼职相结合的教师队伍。随着各类学校的复办，龙岩各县陆续配备了一些专职教师和办学人员，但大量的是兼职教师，形成了一支专、兼职相结合的教师队伍。教师和办学工作人员的来源：（1）退休老教师和退休干部；（2）聘请的普通中学在职教师；（3）兼课的厂矿企业技术人员和能工巧匠；（4）办学单位按规定配备的专职教师。根据劳动总局、教育部、全国总工会联合通知规定，按职工总数的 3‰—5‰配备专职教师和办学人员，列入技术人员编制。兼职教师按国家财政规定，按课时发给津贴酬金。为了保证教学质量，各地都重视对教师的选配工作。上杭县采取工厂推荐、学科试教的办法，择优挑选。实践证明，凡是教师事业心和责任心强，教学质量高，班级学员的到课率就高，学校巩固率就高，学校在职工中就能树立威望，学习成效就显著。有些单位为了调动教师的积极性，促使他们树立事业心和光荣感，期终还进行评比“教学积极分子”活动，并给予必要的精神鼓励和物质奖励，起到了良好的作用。①

职工业余教育成效显著。1980 年 8 月底的统计数据显示：全区已办起各级各类职工教育学校 112 所、各种文化技术班和短训班 352 个，参加学习的职工 16294 人，入学率为 14.04%。② 各县总工会职工夜校已恢复上课，初步形成了一个从扫盲班、小学、初中、高中、中专到大专都有的学习政治、文化、技术和业务的业余教育体系，以满足不同程度职工的不同学习要求，对提高职工的文化水平，培养和充实技术力量，推进生产的发展，初步展示出职工业余教育的重要作用。广大职工

---

① 参见《大力恢复和发展职工业余教育，为打好实现四个现代化的第一个战役作出积极贡献》，龙岩市档案馆，024-004-0000071-0012。

② 参见《关于龙岩地区职工教育检查汇报会议的纪要》，龙岩市档案馆，0024-004-0084.06-0001。

为四化建设迫切要求学习文化科学技术，如上杭、长汀等县复办职工学校后，开设的班级大都超过原来的招生计划，名额一再突破，班级一再扩大，有的甚至80余人一个班，以满足广大职工学习文化技术的要求。[①] 龙岩地区广大职工如饥似渴地学文化、学技术，学习氛围浓厚了，闲谈、喝酒、打架的少了，“象棋迷”“扑克迷”成了学习积极分子，职工的精神面貌起了可喜的变化。很多工厂出现了夫妻同学、父子同窗、师徒同桌、干群同班，互帮互教、互相竞赛的生动局面。工厂里涌现了一批废寝忘食、勤奋学习、勇于创新的“革新迷”。企业的管理水平也有了提高，许多工厂的领导干部和车间主任带头参加学习，对生产的指挥更实际、更得力了。随着教育事业的恢复和发展，涌现出了一批像龙岩染织厂、风动工具厂、上杭轻工机械厂、长汀红旗机器厂、潘洛铁矿、漳平汽车修理厂、连城铅锌矿等办学办得快、效果好的先进单位，为培养四化建设人才作出了贡献。职工业余教育的恢复和发展，在提高广大职工的文化技术水平，补充急需的技术力量，推动增产节约运动的开展，树立好学上进的革命风尚，正确地引导青年工人为四化贡献青春和力量，促进安定团结等方面，都起了积极的作用。

1978年至1991年，十几年的改革开放，改变了中国的经济和社会生活面貌，为社会主义事业注入了蓬勃的生机和活力。改革开放初期的龙岩地区工会，在党的统一领导下，解放思想，全面推进工会各项工作。把加强和改善职工思想政治工作放在领先地位，把带领职工为四化贡献力量作为中心任务，把关心职工切身利益作为首要职责，把加强会员管理教育、增强工会组织战斗力作为组织保证。围绕党的中心任务，坚持以“四化”为中心活跃工会工作，用“为四化立功”等富有时代气息的口号激励广大职工，把工会工作转到以“四化”建设为中心的轨道上，积极稳妥地进行工会改革，推动龙岩地区工会运动在开拓中奋进。

① 参见《大力恢复和发展职工业余教育，为打好实现四个现代化的第一个战役作出积极贡献》，龙岩市档案馆，024-004-0000071-0012。

第二节
社会主义市场经济体制改革中的闽西工运

1992 年初，邓小平视察南方并发表重要讲话，中国改革开放进入了一个崭新的阶段。1992 年 10 月党的十四大的召开，为改革开放的推进和中国特色社会主义现代化事业的发展指明了方向，也开启了建立社会主义市场经济体制的新阶段。建立社会主义市场经济体制是一场全新的探索，向工人阶级提出了新的历史任务和挑战。工人阶级牢记新的历史使命，紧紧围绕党的中心任务，在体制转换中开创工会工作的新局面、铸造新辉煌。

一、闽西工会组织的发展

在建立社会主义市场经济体制的伟大事业中，面对新的机遇和挑战，龙岩市各级工会组织带领工人阶级以主人翁和主力军的姿态，积极支持改革、投身改革，奉献智慧和力量，克服困难，勇于探索，为建立社会主义市场经济体制作出巨大贡献。

（一）工会组织建设情况

1. 工会组织总体情况

龙岩地、县（市）工会遵照省委“新经济组织发展到哪里，党、工、团组织就建到哪里”的指示，积极推进工会的组建步伐。1993 年，全区共有基层工会 1930 个，比上年增长 1.85%；职工总数 199466 人，比上年增长 3.2%。1995 年，全区共有基层工会 2266 个，职工 21.77 万人，工会会员 19.73 万人。1997 年，全市共有基层工会 2182 个，职工总数 208201 人，会员人数 194702 人。1998 年，全市共有基层工会 2260 个，职工总数 203262 人，会员人数 190100 人。1999 年，全市共有基层工会 2089 个，职工总数 193315 人，会员人数 181353 人。2000 年，全市共有基层工会 2421 个，职工总数 194144 人，会员人数 181675 人。2001 年，全市共有基层工会 3163 个，职工总数 265177 人，会员人数 256769

人。2002 年，全市共有基层工会 3068 个，会员人数 22.92 万人。全市各级工会按基层工会规范化建设的要求，逐步做到组织健全、制度完善、维权到位、作用发挥，围绕中心，服务大局，实现企业与职工双赢的目的。

2. 成立龙岩市总工会

1996 年 11 月 20 日，国务院批准撤销龙岩地区和县级龙岩市，设立地级龙岩市，市人民政府驻新设立的新罗区。1997 年 6 月 15 日—16 日，龙岩市工会第一次代表大会在龙岩召开。龙岩市总工会成立后，迅速完成市、区工会事权划分工作，落实内设机构和人员编制，建立健全机关的各项规章制度，规范办事程序，明确内部分工，提高办事效率，增强内部团结，实行月工作督察制度，从组织上、职能上基本完成从省总工会派出机构到地方工会的转变。①

3. 组建非公有制企业工会

改革开放进入新阶段，为适应经济发展、形势变化的要求，本地区各级工会不断拓展工作领域，除继续在国有、集体所有制企事业单位组建工会外，还逐步在党政机关、乡镇企业、外商投资企业、私营企业和其他经济组织中建立工会，发展会员，在乡（镇、街道）、村（居委会）建立工会联合会，形成一个又一个工会组建高潮，不断推进闽西工运事业向深度广度发展。

促成工会组建高潮的举措：

一是制度保障。1993 年 5 月底，地区工会会同地委组织部、地区人大工委联络处、外经委、经委、财委、农委 7 个部门联合下发《关于加快外商投资企业工会组建工作的意见》。1994 年，地区工会与地区乡镇企业联合发出《关于加快乡镇企业工会组建步伐和加强工会工作的意见》，地委办公室、行署办公室转发地区工会《关于加快我区外商投资企业、乡镇企业、私营企业组建工会工作的报告》。2000 年，市委批转市总工会《关于加快非公有制企业工会组建工作的意见》和《关于进一步加强新建企业工会组建工作的意见》，对统一有关方面的思想认识，共同抓好加快工会组建步伐和加强工会工作

① 参见龙岩地区地方志编纂委员会编：《龙岩地区年鉴（1997）》，方志出版社 1997 年版，第 219 页。

起了重要的作用。

二是机制构建。1994年，地委组织部与地区工会联合召开工会组建工作会议，工会组建工作首次成为党政关注的问题，形成“党委重视，政府支持，部门配合，工会运作”的氛围。2000年，龙岩市成立以邓保南为组长，有关部门负责人为成员的非公有制企业工会组建工作领导小组。市、县、乡三级工会总动员，在工商、税务大力支持、提供有关资料的基础上，对各自辖区内的新建企业进行拉网式调查，发放宣传材料1万多份，基本掌握企业数、职工数和法人代表等情况，建立了台账。2001年，以市委名义，召开有各县（市、区）党委分管副书记、组织部部长、工会主席和各乡（镇、街道）党委副书记兼工会主席（主任）参加的非公有制企业工会组建工作会议。市总工会联合市委组织部、市委党校举办非公有制企业工会组建工作培训班，全市134个乡（镇、街道）党委副书记兼工会主席（主任）参加了为期一周的培训。市、县两级工会实行工会组建工作目标责任制，建立健全激励机制，强化督促检查，从工作模式、工作机制、工作格局、工作方法和会员管理体制等方面进行创新。

三是经验总结。2000年4月，市总工会和市委组织部在武平召开全市新建企业工会组建工作经验交流会，进一步确立“先搭台、后充实、再完善，逐步规范”和“攻克难点，以点带面，不拘形式，方法多样”的新建企业工会组建工作思路。取得较大实效的工作措施是排出最有影响的企业，重点做好工作，带头组建工会，由此带动同行业组建工会。2001年，市总工会开展“基层工会组建年”活动，各级工会把非公有制企业工会组建工作作为重中之重，采取有效措施，形成党委领导、政府支持、部门配合、工会运作的组建工作新格局，实行目标责任制，建立健全激励机制，积极建设乡（镇、街道）、村（居委会）、企业“小三级”工会组织网络和联合基层工会，提高工会组建率。[①]本地区各级工会组织始终把非公有制企业工会组建工作作为重中之重，列入重要议事日程，采取切实有效的措施，大力营造良好环境，努力推动形成党委领导、政府支持、部门配合、工会运作的组

① 参见龙岩市地方志编纂委员会编：《龙岩年鉴（2001）》，海潮摄影艺术出版社2001年版，第193页。

建工作格局。

工会组建工作的具体情况：

一是加强乡镇企业的工会组建。1988 年，闽西开始在乡镇企业中建立工会，在“离土不离乡”的亦工亦农的农民工中发展会员。7 月 25 日，永定县第二水泥厂工会成立，成为本区域首家乡镇企业工会。1991—1992 年，地区工会大抓乡镇企业组建工会工作，与 1987 年相比，乡镇企业工会增加 46 个。1994 年，新增乡镇企业工会 174 家，相当于前 5 年组建总和的 3.3 倍。

二是加强外商投资企业的工会组建。1986 年前后，龙港运输公司等几家港澳投资企业相继成立工会组织，为本区域外商投资企业工会组建提供了样板。1994 年，大抓外商投资企业、乡镇企业、私营企业组建工会工作，外商投资企业工会组建取得明显成效。龙岩三德兴水泥企业有限公司一直拖延建立工会，县级龙岩市人大常委会领导和有关部门负责人亲自到该企业督办，该公司工会终于于 1994 年 12 月 30 日成立。当年，本地区新建外商投资企业工会 131 家，相当于前 10 年组建总和的 5 倍。

三是加强私营企业的工会组建。1993 年 12 月 4 日，武平县裕丰制衣公司工会成立，开本地区私营企业工会组建之先河。1994 年，新建私营企业工会 8 家。

四是加强机关事业单位的工会组建。机关事业单位工作人员是工人阶级的组成部分，在机关事业单位组建工会十分必要。1991—1992 年，地区工会大抓党政机关组建工会工作，地委书记、行署专员带头加入工会，地直机关工会于 1991 年 12 月 30 日成立，标志本地区党政机关组建工会工作取得实质性进展。这两年，年新增基层工会均达 100 家，与 1987 年相比，党政机关工会增加 287 个。

五是积极推进乡（镇、街道）、村（居委会）、企业“小三级”工会组织网络和联合基层工会建设，做到成片组建、整体推进、广泛覆盖职工。1997 年 12 月 23 日，连城县莲峰镇工会联合会成立，标志着我市工会网络向乡（镇、街道）一级延伸。1998 年 3 月 21 日，永定县总工会与县编制委员会办公室共同转发《关于乡（镇）工会工作委员会机构专兼职干部配备的建议》和县委《关于永定县乡（镇）党政群机构改革方案的通知》，加快乡（镇)工会组建的步伐。6 月中旬，全县 24 个乡（镇）全部建立工会工作委员会，配备了 9 名专职工会干部。6 月 22 日—24 日，该县举办首次乡镇工会上岗培训班。1999 年 7 月 15 日，本市首家村（居委会）工会在漳平市桂林街道下桂林村成立，当年漳平市、新罗区实现组建村级联合基层工会“零”的突破。2000 年，全市 134 个乡（镇、街道）全部建立工会工作委员会或工会联合会。2002 年，全市所有乡（镇、街道）工会工作委员会又经选举改为工会委员会或工会联合会。龙岩市发挥乡（镇、街道）工会的作用，赋予它基层工会和地方工会的双重职能。永定县总工会依托乡镇工会，10 月就组建了 36 家工会。2001 年，全市成立的 101 家联合基层工会，覆盖 784 家企业。长汀县组建针织产业工会联合会，带动组建 27 家基层工会，发展会员 4000 多人。新罗区小池镇背斜村工会联合会，覆盖 63 家竹凉席加工企业（加工户），发展会员 500 多人。漳平市永福镇花卉协会工会工作委员会，覆盖 101 家花卉公司，发展会员 1064 人。新罗区马坑村、西安村建立村联合基层工会，覆盖 18 家小企业。

六是大胆尝试在个体从业人员、城镇外来务工人员中发展会员、组建工会。大革命时期，闽西工会拥有大批非企业从业人员的工会会员，新中国成立后，大量这类从业人员被关在工会大门外，改革开放后，本地区工会大胆尝试在个体从业人员、城镇外来务工人员中发展会员、组建工会。1994 年 12 月 31 日，龙岩市客运三轮车工会举办成立大会，在福建省非工资收入的从业人员中率先进行发展会员、组建工会的探索。2001 年，市总工会与市公安局联合下发《关于在全市城镇外来务工人员中建立工会组织的通知》，首先在新罗区西陂镇进行试点，西陂镇外来务工人员工会联合会已有会员 300 多人。漳平市总工会联合计生部门在

图 3-2-1　龙岩市总工会依法维护外来务工人员合法权益

菁城街道等地发展外来务工人员 2644 人入会。武平县总工会在 8 个乡镇成立个私工会联合会，发展会员 3246 人。漳平卷烟经销网工会联合会也把众多个体工商户和外来务工人员组织到工会中来。国有煤矿企业发展近千名外包工入会，建筑、邮电等企业也发展部分临时工、招聘工入会。本地区还发挥商业大楼、厂房、车间业主的作用，逐步建立大楼工会，扩大职工覆盖面。龙岩中心城区的国贸商厦、公路大厦、工会大厦相继建立大楼工会。

七是应对企业改制对工会组织建设的冲击。1996 年以来，随着国有、集体企业改革的深入，部分职工下岗分流，造成在岗职工减少，工会会员流失；部分非公有制企业破产转业、关闭，工会自行消失；加上工会组建力度有所减弱，本地区基层工会数、会员数逐年大幅度减少，1999 年最甚，基层工会数比上年减少 171 家，建会单位职工总数减少 1 万人，工会会员减少 0.87 万人，前 10 年成立的 758 家非公有制企业工会尚存 523 家，消亡 31%。2000 年后，市总工会把组建工作列为重点工作，克服企业改组、改制带来的影响，再掀工会组建高潮。

八是加强基层工会规范化建设。2002 年，全市开展“基层工会建设年”活动，市、县两级工会认真抓好非公有制企业工会的规范化建设。全市新组建非公有制企业工会 428 家，发展工会会员 14145 人。工会经费审查组织、女职工组织及企业劳动争议调解组织基本上同时建立。市、区总工会在新罗区中城街道办事处、西安居委会、森宝（龙岩）实业有限公司、龙岩工程机械有限公司、龙岩金源木业有限公司开展多层面各具特色的基层工会规范化建设试点，按照“六有”（有班子，有牌子印章、有制度、有场所、有队伍、有经费）要求和市、区总工会编撰的《非公有制企业工会工作要求》《职工（代表）大会制度》《工资集体协商制度》《企业劳动争议调解制度》《劳动保护监督检查制度》《工会经费审查工作制度》等范本开展工作。上杭县总工会、连城县总工会为基层工会统一制作了《基层工会规范化建设一览表》，帮助基层工会健全工作机构，完善工作制度。全市 595 家非公有制企业工会开展规范化建设，基本上达到“六有”的要求。2003 年，市、县两级工会以谋划企业发展、共创企业辉煌为抓手，按建会、建制、建家的要求，选择 515 家有 50 名以上职工、生产经营正常的非公有制企业工会，由212名市、县、乡三级工会干部挂钩联系，面对面地指导开展“谋发展、创五好、促建家”活动，使这些企业工会按基层工会规范化建设的要求，逐步做到组织健全、制度完善、维权到位、作用发挥，实现企业与职工双赢的目的。2003年5月，市总工会被全国总工会授予新建企业工会组建工作先进单位称号。

（二）工会机制建设情况

1.创新机关工作体制

根据全总关于认真解决工会领导机关的体制、机制、机构、管理、作风、方法和人员素质等方面不适应形势任务要求的突出问题的指示精神和市委突出创新体制重点、实施创新战略的要求，1999年，市总工会从年初开始，从七个方面创新机关工作体制，建立了首问首办负责制、督查督办制、办事效能投诉制、维护援助承诺制、工作失误责任追究制、集中抓重点机制、目标考核制。在创新机关工作体制的基础上，认真制定整改方案，又建立健全10余项制度，初步形成学习教育机制、科学决策机制、决策执行机制、服务机制、责任机制、监督机制等，建立了一套科学的机关工作运行机制。[①]2000年，市总工会开展机关效能建设，制定《市总机关效能建设责任制》《市总机关效能建设考评制度》《市总机关干部违规待岗制度》等，狠抓各项机关效能建设措施的落实，办事程序、承诺等上墙公开，设立职工办事处，方便职工到市总工会办事。市总工会党组加强对机关党建工作的领导，落实党风廉政建设责任制，搞好老干部工作。市总工会被市委评为“党建工作先进单位”，市总工会机关党支部被市直党工委评为“先进基层党组织”。

2.完善职工权益机制

2002年，市总工会在建立健全职工权益机制上取得较大成效。一是建立和完善职代会制度。国有企业和集体企业职代会正常运作，非公有制企业职代会开始试点。发挥职代会在关系企业发展和职工切身利益等重大事项中依法行使民主管理的作用。佳丽斯家纺公司等改制企业较好地完成了职代会制度的延续和衔接。二是建立和完善集体

① 参见《龙岩市总工会1999年工作总结》，龙岩市档案馆，0024-001-0000166-0048。

合同制度和工资集体协商制度。做好企业工资集体协商的扩大试点工作，330 家非公有制企业签订了工资协议，占应签企业总数的 20%，走在全省的前列。三是推动建立劳动关系三方协调机制，坚持工会与政府联席会议制度。市级劳动关系三方会议制度于 2002 年 5 月 20 日建立。2002 年 1 月和 12 月，市政府与市总工会召开两次联席会议，研究解决职工关心的企业改革、就业、医疗保险等问题。四是健全职工维权援助中心。2002 年，收到职工来信 179 件，接待职工来访 215 人次，提供法律咨询 66 件。12 月 13 日，还成立了市法律援助中心市总工会职工法律援助站。五是完善工会劳动保护监督检查机制。670 个非公有制企业建立工会劳动保护监督检查委员会或设置劳动保护委员会。市、县两级工会进行了 43 次安全检查、37 起职工伤亡事故调查处理和 4 项“三同时”项目的审查、验收，积极参与对违法使用苯及其化合物的企业、违法开采的小煤窑的专项整治活动，开展“安康杯”安全竞赛和工会劳动保护监督三个《条例》知识竞赛。六是实施职工素质工程，建立增强职工竞争力的长效机制。①

（三）工会干部队伍建设

加强工会干部教育工作，提高工会干部素质，是关系到工会自身的生存和发展的大问题。根据全省工会干部培训规划要求，本地区各级工会切实搞好工会干部教育工作。

1. 推荐干部参加培训进修

1992 年，推荐各县（市）工会正、副主席或基层工会副科级以上干部参加工会领导干部培训班学习；选送有宣讲能力的干部参加省总《工会法》学习班；推荐工会干部参加中国工运学院的进修学习，就读工会学专业劳模本科班、劳动经济专业大专班、劳动保护管理大专班等。

2. 自主组织干部学习培训

1999 年，根据省总规定，龙岩市总工会组织各级工会专职干部学完中华全国总工会组织编写的《马克思主义基本原理》《经济管理概

---

① 参见龙岩市地方志编纂委员会编:《龙岩年鉴（2002）》，海潮摄影艺术出版社 2002 年版，第 188 页。

论》《劳动法学》《工会学》《工会领导学》《当代工运》六本书，并认真做好工会干部自学考试工作。[①]2000 年，充分发挥新落成的闽西职工科教培训中心的作用，培训工会保障工作干部 396 名，工会女职工工作干部 220 名，市直机关基层工会主席 78 名等，大大提高了工会干部的素质。[②]2001 年，市总工会与市委组织部、市委党校联合举办非公有制企业工会组建工作培训班，全市 134 个乡（镇、街道）的党委副书记兼工会主席（工委主任）接受了为期一周的培训，还对新组建工会的非公有制企业工会主席进行培训。市总工会获全国工会干部培训教育先进单位称号。

3. 依托活动提升业务能力

2001 年，为贯彻党的十五届六中全会《中共中央关于加强和改进党的作风建设的决定》，根据市委关于开展“争当好公仆、争创新业绩”活动要求，市总工会从工会的实际出发，制定《关于开展“争当好公仆，争创新业绩”活动的实施意见》，提出以“双争”活动为载体，边学边整，边整边改，为基层和职工群众办实事办好事。市总工会向基层工会和相关部门发出千封调查问卷，广泛征求党政群部门、企事业单位、基层工会和职工、会员群众对工会工作的意见。参加联系百家企业、走访千户职工家庭、帮助万名职工解忧难活动，组织工会干部深入矛盾较多的企业，配合企业做好职工的思想政治工作，变上访为下访，排忧解难，化解矛盾，促进稳定。各县（市、区）总工会也在地方党委的领导下，有条不紊地开展“双争”活动。[③]2002 年，市、县两级工会机关扎实开展“双争”和“向‘扶贫主席’李贺学习，争当职工贴心人”的活动，增强工会干部对职工的感情、对事业的责任心。“双争”活动开展以来，广大职工干部思想上有明显进步，政治上有明显加强，作风上有明显转变，纪律上有明显增强，工作效率明显提高，党群干群关系明显改善，基本实现了“牢记宗旨、转变作风、标本兼治、优化环境、促进发展”的目标要求。[④]

---

① 参见《关于加强工会干部教育工作的意见》，龙岩市档案馆，024-004-0000398-0067。

② 参见《龙岩市总工会 2000 工作总结》，龙岩市档案馆，0024-001-0000173-0022。

③ 参见《龙岩市总工会 2001 工作总结》，龙岩市档案馆，0024-001-0000174-0040。

④ 参见《关于表彰全市“争当好公仆、争创新业绩”活动先进集体和先进个人的决定》，龙岩市档案馆，0024-001-0000181-0007。

二、闽西工运在市场经济中淬炼和转型

（一）龙岩市工会对工运方针的学习贯彻

改革开放进入新阶段，由社会主义计划经济向社会主义市场经济的转变是中国社会的一场深刻变革，这场历史性转变必然推动党、工人阶级和全国人民的阶段性任务发生变化，也必然使工会的方针也随之发生转变。1993 年，中国工会第十二次代表大会提出今后一个时期工会工作的方针是：坚定不移地贯彻执行党的以经济建设为中心、坚持四项基本原则、坚持改革开放的基本路线，在维护全国人民总体利益的同时，更好地表达和维护职工群众的具体利益，全面履行各项社会职能，充分发挥民主渠道和社会调解作用，团结和动员全国职工，巩固和发展安定团结的政治局面，为把我国建设成富强、民主、文明的社会主义现代化国家而奋斗。1998 年，中国工会第十三次代表大会提出了工运事业跨世纪发展的指导方针：在中国共产党的领导下，高举邓小平理论伟大旗帜，全面贯彻党的十五大精神，坚持基本路线和基本纲领，坚定不移地推动全心全意依靠工人阶级方针的落实，突出工会的维护职能，充分发挥民主参与、民主监督和社会调节作用，不断加强工会的群众化、民主化、法制化建设，更好地为职工群众服务，团结、教育和动员广大职工为深化改革、促进发展、维护稳定，把建设有中国特色社会主义事业全面推向 21 世纪而努力奋斗。

中国工会十二大、十三大，是中国工运史上承前启后、继往开来的盛会。本地区各级工会层层认真传达大会精神，精心组织好广大职工和工会干部的学习，采取座谈讨论、讲座、辅导报告、知识竞赛、测验等有效方式，不断扩大职工学习面，提高学习效果。通过学习，使广大职工和工会工作者明确党中央对工人阶级和工会工作的基本态度，明确新时期工人阶级的历史地位和肩负的历史使命，明确新时期工会工作的方针和任务。各级工会充分发挥工会拥有的宣传教育阵地的作用，利用广播、电视、宣传栏、黑板报、厂报等宣传舆论工具，广泛宣传大会精神，在社会上造成强大的舆论声势。本地区各级工会认真抓好当前工作，以大会精神为指导，把工会十二大、十三大提出的方针任务具体落实到基层。

（二）龙岩市工会积极投身社会主义市场经济

随着社会主义市场经济体制的建立、国有企业改革的持续深化、非公有制经济的不断发展，社会经济成分、组织形式、就业方式、利益关系和分配方式进一步多样化，经济关系、劳动关系更加复杂，工会参与社会利益关系和劳动关系协调的责任更大；随着修改后的《工会法》的颁布实施，要依法坚决履行维护职工合法权益的基本职责，需要工会干部队伍整体素质的提高，也需要在思想上认清工会所肩负的历史使命。1999 年，龙岩市总工会组织广大职工学习江泽民同志在国有企业改革和发展的五次座谈会上的重要讲话，认清肩负的历史使命，自觉站在改革的前列。2000 年，全市近 5 万名职工参加全国班组学习《国有企业改革和发展百题问答》竞赛活动，市总工会获全国优秀组织奖。市、县、企业工会从改革方案讨论、通过到实施，始终配合企业党政做好职工的思想政治工作，教育职工正确对待改革中利益关系的调整，支持和参与改革，同时，提出工会的政治主张和政策性建议，保证了改革方案、措施的实施。如长汀县总工会举行“百家工会、万名职工”为国有企业改革和发展作贡献活动；麒麟水泥股份有限公司开展以“企业改革为什么，我为改革做什么”为主题的大讨论，讲清企业的困难和形势，改革的意义、办法和措施，发展的前景，使职工树立主人翁意识和使命感。[①] 通过学习与教育，引导广大职工深刻理解和坚决贯彻中央和省、市对改革特别是国有企业改革作出的一系列重大决策，充分认识深化改革的必要性、重要性、紧迫性和艰巨性，不断增强改革意识和大局观念，自觉地站在改革的前列，为深化改革献计出力。本地区各级工会旗帜鲜明地支持改革、理直气壮地维护职工合法权益。

（三）参加政治斗争，维护社会稳定

本地区各级工会组织按照中央和省、市委部署，积极组织和动员职工参与政治斗争，维护社会稳定。1996 年，驳斥李登辉“两国论”。1999 年 5 月 8 日，我国驻南斯拉夫使馆被炸，市总工会多次召开座谈会，对此进行强烈抗议、严厉谴责，向全市广大职工发出公开

① 参见龙岩市地方志编纂委员会编：《龙岩年鉴（2000）》，中国社会科学出版社 2000 年版，第 196 页。

信，要求广大职工化义愤为力量，做好本职工作。1999 年针对极少数用“法轮功”蛊惑人心、破坏社会稳定的事件，市总工会及时召开座谈会，传达中央的有关通知精神，坚决拥护中央处理和解决“法轮功”问题的决策，帮助受“法轮功”裹挟蒙蔽人员进行教育转化。

三、体制转换中闽西工运的主要工作

在体制转换中，龙岩市工会系统上下认真思考和探索如何充分发挥工会组织作用，推动工会工作在向市场经济过渡中进行有效转型与有力突破。认真贯彻党的全心全意依靠工人阶级的指导方针和全国总工会工会工作总思路，围绕“改革、发展、稳定”的工作大局，深入实施《劳动法》《工会法》，切实履行维护职工合法权益的职责，提高职工队伍素质，加强工会自身建设，带领广大职工在推进闽西新一轮创业中建功立业，各项工作取得较好成绩。

（一）职工利益得到切实维护

1. 加强福利保障工作

一是实施“送温暖工程”。“送温暖工程”是工会的一项特色工作，本地区各级工会全面履行工会对特困职工承担“第一责任人”职责。（1）在实施“送温暖工程”中，注重在形成共识、建立机制、落实措施、狠抓督查上下功夫。市总工会 2000 年初制定了《关于落实“第一责任人”做好帮扶特困职工工作的实施意见》，提出了实现这项重点工作新突破的具体要求，统一了思想认识，明确了工作职责。建立一个由党委领导、政府组织、各部门齐抓共管的城市特困职工扶贫解困机制，建立机关单位挂钩帮助特困职工的制度。（2）在实施“送温暖工程”中，市总工会满怀对职工群众的阶级感情，做第一知情人。全市建立健全了特困职工档案、下岗职工档案和在校特困职工子女档案，实施动态管理，做到发现一户登记一户、解困一户注销一户。在此基础上，组织各级工会干部走家串户摸实情，进行核实、分类，做到对特困职工知底、知情、知心，分别掌握了特困职工、下岗职工中老红军、离休干部的后代，先进模范人物及其后代，工会干部，伤残人员，双下岗人员的数量和基本状况，为制定重点帮扶措施提供可靠依据。（3）在实施“送温暖工程”中，市总工会以高度的政治责任感，认真当好第一报告人。建立、健全了重要信息、紧急信息报送制度，各级工会及时地将特困职工情况向同级党政部门通报，共同研究帮困措施，对发生特殊困难的情况也能做到逐级及时上报，引起党政部门的高度重视，促成问题的解决。1996 年 8 月 8 日发生的洪灾中，长汀、永定、上杭、武平、连城等县遭受严重损失；2000 年 8 月 23 日—26 日，受当年 10 号台风“碧利斯”影响，龙岩市受灾严重。全市各级工会一方面会同党政部门组织职工奋起抗灾、生产自救、重建家园；另一方面，了解受灾职工生产生活情况，发动职工募捐，力所能及地帮助受灾职工解决实际困难。（4）在实施“送温暖工程”中，市总工会切实履行工会的基本职责，力所能及地帮助特困职工解决实际困难，当好第一帮助人。[①]1996 年 12 月 22 日，地委办公室、行署办公室批转地区工会《关于进一步实施“送温暖工程”的意见》，行署拨出 5 万元作为 1997 年元旦、春节慰问专款。[②]（5）在实施“送温暖工程”中，市总工会采取措施不断提升“送温暖工程”基金。1998 年，各级工会建立送温暖基金组织 56 个，元旦、春节期间，筹集送温暖活动资金，走访慰问 228 家困难企业、3213 名特困职工、10402 名下岗职工以及部分劳模先进人物、离退休职工、伤病职工和工会干部，把党和政府的温暖送到千家万户。[③]“送温暖工程”基本实现经常化、制度化、社会化。

图 3-2-2　龙岩市总工会实施“送温暖工程”

二是实施“再就业工程”。各企业工会认真协助企业党政部门做好富余职工的分流安置和再就业工作。1998 年，市总工会把协助政府做好富余人员分流安置和

① 参见《龙岩市总工会 2000 年工作总结》，龙岩市档案馆，0024-001-0000173-0022。

② 参见福建省龙岩地区地方志编纂委员会编：《龙岩地区年鉴（1995—1996）》，方志出版社 1996 年版，第 158 页。

③ 参见福建省龙岩市地方志编纂委员会编：《龙岩年鉴（1998）》，方志出版社 1998 年版，第 174 页。

下岗职工再就业列为本年重中之重的工作。2月28日，挂牌成立“职工再就业咨询服务中心”和“女职工再就业服务中心”。职工再就业咨询服务中心深入调查，建立下岗职工档案，完善信息网络，沟通用工信息，多次举办供需见面会，在社会上引起很大反响。还开通下岗职工再就业咨询电话，建立工会领导接待日制度，举办再就业技能培训班，向下岗职工赠送《帮你找工作》一书，树立再就业先进典型。1998年，市总工会被省总工会评为保障工作先进单位，职工再就业咨询服务中心被评为再就业培训先进单位。同时，市总工会督促各级工会认真抓好这项工作，积极推进再就业工程：全市工会系统已建立再就业工作信息点120多个，登记求职人员1806人，举办技能培训班33期，培训下岗职工2250人，为3800多名下岗职工提供咨询服务，帮助1674名下岗职工实现再就业。[①]2001年，全市共举办培训班44期，培训2432人次，帮助1193名下岗职工、失业人员实现再就业。[②]本地区各级工会组织从维护改革发展稳定大局的高度，建立工会再就业工作“一把手”负责制，做到主席亲自抓、分管主席具体抓、职能部室扎实抓，工会干部以深厚的阶级感情做好下岗失业人员再就业的各项工作。[③]

三是挂钩帮扶特困职工。作为职工的“娘家人”，工会坚持不让一名困难职工掉队，想方设法帮他们解困脱困。1998年，市总工会开展“百会千干”助特困献爱心办实事活动，即由几百个工会组织、几千名工会干部与在动态管理中的困难企业、特困职工，建立一帮一、结对子的挂钩帮扶解困制度，全市比较完整地建立3023户特困职工的三级（市、县、基层）档案，地方工会、产业工会和各级工会干部挂钩联系183家困难企业、2941户特困职工，部分县（市、区）还由工会牵头建立党政领导干部挂钩联系困难企业、特困职工制度。2001年，龙岩市总工会健全完善和总结推广党政群机关事业单位挂钩帮扶特困职工制度，全市有471个党政群机关事业单位的1699名

① 参见福建省龙岩市地方志编纂委员会编：《龙岩年鉴（1998）》，方志出版社1998年版，第174页。

② 参见《龙岩市总工会2001工作总结》，龙岩市档案馆，0024-001-0000174-0040。

③ 参见《认真贯彻全国、全省再就业工作会议精神 充分发挥工会组织在促进再就业工作中的积极作用》，龙岩市档案馆，0024-001-0000184-0077。

领导干部，联系困难企业256家，帮扶困难户1247户，100%的特困职工户都得到了不同程度的帮扶。[①]

四是成立困难职工救助中心。2002年4月24日，龙岩市困难职工救助中心成立，这是福建省首家困难职工救助中心。年底，更名为龙岩市困难职工帮扶中心。市困难职工帮扶中心履行特困救助、信访接待、协调关系、牵线搭桥、就业指导、法律援助六项职能；本着帮政府分忧、替企业解难、为职工服务，救急救难、快捷帮扶，对符合条件的特困职工给予力所能及的救助的工作宗旨，通过资金或实物救助，助学帮扶救助，挂钩帮扶救助，协助落实最低生活保障救助，协调劳动关系救助，法律政策咨询、法律援助，提供再就业援助，督促企业工资按时足额发放救助，给予因突发原因造成生活极其困难的外来务工人员中的工会会员，合法权益被侵害的困难职工群体，因突发疾病、灾害造成家庭极度困难的职工和特殊困难的劳模以力所能及的救助。截至2002年底，市困难职工帮扶中心已帮扶特困职工1862人次，法律援助 215 人次，落实党政机关单位挂钩帮扶60户，助学644人，促进纳入最低生活保障线的特困职工782户、受保人数2632人。2002年，困难职工帮扶中心出资1万元，与新罗区中城街道办事处等单位创办下岗职工一条街；提供用工信息1300多条，直接帮助27名下岗职工及其子女再就业；会同劳动和社会保障部门组织欠薪问题检查，清欠工资39万多元。2002年，龙岩市总工会向市人大、市政府、市政协提出解决困难企业特困职工大病医疗保险的建议，挤出资金3万多元，为5家市属困难企业的60名特困职工集体投医疗保险和商业互助医疗保险，促成龙岩贮木场等困难企业的职工纳入基本医疗保险，帮助华龙机械厂等破产、解散企业的职工参加医疗保险。1998年以来，市、县两级建立社会保险监督委员会，由同级工会副主席任主任，办公室设在同级工会，每年都组织人员对各社保经办机构年度基金收支情况进行审查，据实向同级政府报告。截至2002年底，全市市、县两级工会全部成立困难职工帮扶中心，在福建省率先形成帮扶网络。[②]

---

① 参见《龙岩市总工会2001工作总结》，龙岩市档案馆，0024-001-0000174-0040。

② 参见龙岩市地方志编纂委员会编：《龙岩年鉴（2002）》，海潮摄影艺术出版社2002年版，第189页。

2. 加强劳动争议处理

图 3-2-3　2002 年龙岩市总工会率先在全省成立困难职工帮扶中心

龙岩市总工会认清形势，把握大局，创造性地做好维护职工合法权益的工作，努力为合法权益受到侵害的职工提供法律咨询服务和必要的法律援助，不断提高做好职工维权工作的本领。

一是不断推进劳动争议机制建设。1993 年 6 月国务院颁布《劳动争议处理条例》后，龙岩地区工会部分企业调整、充实了劳动争议调解委员会，地、县（市）工会还会同同级劳动局举办了调解主任、调解员培训班，做到持证上岗、依法维护，提高调解人员工作能力。1997 年，全市工会有 771 家企业建立劳动争议调解委员会，调解劳动争议案件 193 件，调处率 93.26%，绝大部分劳动争议案件解决在基层，消除在萌芽状态，调解不成而申请劳动仲裁的案件大幅度减少。在开展纪念劳动争议处理工作恢复 10 周年活动中，龙岩市汽车运输总公司劳动争议调解委员会获全国总工会表彰。①2000 年，龙岩市总工会积极做好城市企业矛盾纠纷排查调处工作，参与劳动争议案件的处理，会同企业及有关部门做好企业改制中的政策法规宣传工作，参与解决、处理有关职工下岗分流安置、拖欠养老统筹金、置换职工身份应支付职工经济补偿金等问题，维护职工的合法权益，保证企业改革顺利进行，稳定职工队伍，保持社会的安定。2002 年，龙岩市总工会推动建立劳动关系三方协调机制，市级劳动关系三方会议制度于 5 月 20 日建立。

二是成立维权援助中心。1998 年 8 月，市总工会制定《关于工会系统推进依法治市的实施意见》，成立法律信访部。1999 年 4 月

① 参见龙岩地区地方志编纂委员会编：《龙岩地区年鉴（1997）》，方志出版社 1997 年版，第 219 页。

图 3-2-4　2002 年 12 月 13 日，成立市法律援助中心市总工会职工法律援助站

30 日，市总工会职工维权援助中心成立，县（市、区）总工会相应成立职工维权援助中心。职工维权援助中心开通专线电话，郑重承诺做到有难必帮、有诉必接、有访必查、有案必援，确保职工的合法权益得到维护①；专门成立信访信息小组，热情接待、认真处理职工来信来访，办结职工诉求。2000 年，受理职工来信 193 件，接待来访职工 214 人次，做到事事有回音、件件有落实，基本履行了职工维权援助中心成立时的郑重承诺。② 同时，市总工会建立健全职工维权服务中心运行机制，制定《职工维权援助服务中心运行规定》，实行市、县联动，通过法律咨询、调解、疏导教育、理顺情绪，把大多数矛盾消解在萌芽状态和基层，市总工会获评全省工会信访工作先进单位。2001 年，市、县两级工会聘请 1032 名职工热点信息员，上报的专报信息有不少得到市委、市政府领导的重视，较快地解决了职工工资被拖欠等群体性问题，协调稳定了企业劳动关系③。12 月 13 日，还成立了市法律援助中心市总工会职工法律援助站。市、县两级工会形成了全面的职工维权援助服务网络，做到有分管领导和专人负责，努力提高职工法律咨询、法律服务的质量，更好地接待、处理职工的来信来访。

3. 加强职工劳动保护

一是加强安全隐患的排查整改。各级工会积极参与安全检查，排查安全隐患，提出整改意见，参与企业职工伤亡事故的调查处理。1998 年，各级工会切实履行群众监督职责，共参加安全检查 2154 次，查出事故隐患 2648 条；进行目标跟踪，督促企业限期整改，积极开展创建安全生产合格班组活动，合格班组达 91.8%；参与职工伤

① 参见《龙岩市总工会 1999 工作总结》，龙岩市档案馆，0024-001-0000166-0048。
② 参见《龙岩市总工会 2000 工作总结》，龙岩市档案馆，0024-001-0000173-0022。
③ 参见《龙岩市总工会 2001 工作总结》，龙岩市档案馆，0024-001-0000174-0040。

亡事故处理 141 起；参加新建、扩建、改建项目“三同时”会审和验收 104 项，为本市获全省 1998 年度安全生产责任制考核第一名献计出力。2002 年，完善工会劳动保护监督检查机制，670 个非公有制企业建立工会劳动保护监督检查委员会或设立劳动保护委员会。

二是全面加强职工安全意识。1993 年，共举办各种安全培训班 349 期，培训职工 9841 人次，漳平煤矿工会等荣获全国安全生产群众监督检查先进单位称号；1996 年，在职工中广泛开展“查隐患、反违章、保安全”活动，全区 13 个班组获全省安全生产先进班组称号，漳平煤矿被国家煤矿部授予部级防尘标准矿井称号；1998 年，市总工会举办贯彻全国总工会颁布的劳动保护三个《条例》培训班；2002 年，开展“安康杯”安全竞赛和工会劳动保护监督三个《条例》知识竞赛。安全培训的全面加强和安全竞赛的广泛开展，有效地减少了事故的发生。

（二）服务经济的运动如火如荼

本地区各级工会把发展作为工会工作的第一要务，紧紧围绕经济建设，服从和服务党和政府的工作大局，动员和组织广大职工积极支持和参与改革，结合自身特点，卓有成效地开展各类服务经济的活动。

1. 劳动竞赛成效显著

1993 年，龙岩地区企业工会在广大职工中广泛开展以“双增双节”为中心内容，以创最佳经济效益、创最优服务质量为目标，以“优质、降耗、促销、安全、效益”为重点的劳动竞赛、合理化建议、技术革新、技术协作和发明创造等活动。全区开展竞赛活动的基层单位有 1507 个，比上年增长 10%；参赛职工达 156510 人，“双增双节”效益达 1.5 亿元。7 万多名职工参加岗位练兵，41062 名职工参加各项技术比赛，2943 名职工获得业务技术能手称号。通过竞赛，22 名先进职工和 4 个先进企业、先进班组荣获省五一劳动奖章和奖状，8 名先进女职工荣获省女职工标兵称号，多名先进职工和 1 个先进班组荣获全国五一劳动奖章和奖状。[①]1997 年，龙岩市各级工会举

① 参见福建省龙岩地区地方志编纂委员会编：《龙岩地区年鉴（1993）》，中国大百科全书出版社 1995 年版，第 127 页。

行“10 万职工大练兵、献计策、比贡献”活动，此系列活动覆盖面广、规模大、形式多、效益好。全年有 1667 个基层工会、17.05 万名职工参加竞赛，累计增收节支 1.96 亿元。其中，职工提出合理化建议 5.38 万件，被采纳 1.94 万件，已实施 1.03 万件，增创价值 1.26 亿元。1998 年，龙岩市各级工会认真落实市委、市政府转发的《龙岩市总工会关于动员和组织全市职工开展新一轮创业建功活动的实施意见》及市总工会关于实施主力军再创业工程的部署，针对本地区、本单位生产（工作）的重点、难点问题，层层制定实施方案和活动计划，精心组织广大职工参加岗位创优建功、学邯钢献计策比贡献、重点工程立功竞赛、安全生产竞赛等活动，全市全年“双增双节”创价值 18181 万元。2000 年，市总工会制定《关于促进闽西加快发展，提升区域经济综合竞争力的工作方案》，组织和动员广大职工为实现本区“九五”计划和年度经济发展目标，全面提升闽西区域经济综合竞争力建功立业。

2. 合理化建议创价值

市总工会动员和组织全市广大职工开展合理化建议和技术改进活动，激发职工创造力，推进技术创新。1993 年，全区 1055 个基层单位的 112183 名职工提出合理化建议 41704 件，已采纳 23080 件，实施 11461 件，创造经济价值 6475.64 万元，单项创经济价值 10 万元以上的建议近 100 项。如漳平电厂燃烧锅炉脱油系统改造的建议，创值 154 万元；长汀县水泥厂采用碳渣替代部分原料的建议，创值 121.8 万元；武平农垦水泥厂采用生料配料微机应用的建议，创值 100 万元。[①]1995 年，龙岩地区提合理化建议 11.33 万件，被采纳 3.73 万件，已实施 1.51 万件，增创价值 1.35 亿元。年创值 50 万元以上的合理化建议重大成果项目有 16 项，其中漳平电厂喷射高回流燃烧器应用，年创值 800 万元；龙岩卷烟厂计算机系统应用，年创值 500 万元。[②]1998 年，职工提出合理化建议 68840 件，被采纳 29616 件，已实施 13904 件，累计增创价值 13360 万元。1999 年，在全市

① 参见福建省龙岩地区地方志编纂委员会编：《龙岩地区年鉴（1993）》，中国大百科全书出版社 1995 年版，第 128 页。

② 参见福建省龙岩地区地方志编纂委员会编：《龙岩地区年鉴（1995—1996）》，方志出版社 1996 年版，第 157 页。

开展“合理化建议月”活动，编辑《龙岩市职工合理化建议和技术改进优秀成果汇编（1994—1999）》，收录144项优秀成果。“双增双节”创造价值2.21亿元，其中，职工提出合理化建议7.49万件，被采纳2.75万件，已实施1.56万件，增创经济价值1.44亿元。①2000年，全市职工提出合理化建议63827件，被采纳42472件，已实施20576件，增创经济价值1.36亿元。2001年，全市1937个基层单位、16万多名职工参加经济技术创新活动，增创经济效益3.16亿元，其中已采纳、实施的职工合理化建议10792件，开展技术革新298项、实施技术攻关1102项、推广新技术199项、开发新产品66项、创造或引进先进操作法52项，开展技术比赛1349场。②龙岩市总工会把实施职工经济技术创新工程作为工会服从服务党的中心工作的最佳结合点和切入点，精心组织各种形式的经济技术创新活动，在创新和实效上下功夫，取得了很好的成绩，为经济增长作出了应有的贡献。

（三）民主管理制度不断创新

1.加强企业民主管理建设

一是以职代会为基本形式的职工民主管理进一步加强。1993年，全区召开职代会的单位926家，占已建立职代会制度单位的80%，比上年提高了3个百分点；培训职工代表9503人，比上年增长13.5%；有340个单位开展民主评议干部活动，共评议3360名中层以上党政工副职领导，受到奖励的365人，被免职的16人，职代会制度的健全与完善，巩固和发展了企业民主制度建设的成果。③1995年3月25日，龙岩地区工会提出《关于在深化改革中进一步加强工会组织建设民主管理工作的意见》，地委办公室、行署办公室及时批转各县（市）委、政府和企业单位执行，《福建工运》予以转载，在全省推广。④1998年，1360个单位坚持和完善职代会制度，1221个单位

① 参见福建省龙岩地区地方志编纂委员会编：《龙岩年鉴（1999）》，中国社会科学出版社1999年版，第168页。

② 参见《依法坚决履行维护职工合法权益的基本职责》，龙岩市档案馆，0024-001-0000184-0028。

③ 参见福建省龙岩地区地方志编纂委员会编：《龙岩地区年鉴（1993）》，中国大百科全书出版社1995年版，第127页。

④ 参见福建省龙岩地区地方志编纂委员会编：《龙岩地区年鉴（1995—1996）》，方志出版社1996年版，第157页。

坚持业务招待费使用情况向职代会报告制度，1570个单位开展民主评议领导干部活动，促进基层单位的领导班子建设，市总工会被省总工会评为民主管理先进单位。2000年，龙岩市各级工会贯彻《福建省保障企业职工民主参与权利规定》，坚持和完善以职代会为基本形式的企事业民主管理制度，组织职工参与企事业和社会事务的民主管理、民主监督。市总工会与市委组织部联合发出《关于建立健全职工代表大会民主评议企业领导干部制度的实施意见》，会同有关部门开展职代会民主评议企业领导干部、企业业务招待费向职代会报告等工作。市、县两级工会配合企业工会做好职工代表培训工作，提高职工代表的素质和参政水平，指导企业开好职代会，审议好企业重大事项。[①]2002年，国有企业和集体企业职代会正常运作，非公有制企业职代会开始试点，发挥职代会在关系企业发展和职工切身利益等重大事项中依法行使民主管理权利的作用，佳丽斯家纺公司等改制企业较好地完成了职代会制度的延续和衔接。

二是进行厂务公开试点与推广。1999年，市、县工会会同纪检、组织等有关部门在290家企业进行厂务公开的试点，推行面达54.9%。龙钢有限责任公司的职代会民主评议企业领导干部，武平白水泥有限公司的大宗原燃材料公开采购，漳平煤矿的井巷投标，长汀棉纺厂的工资、奖金分配公开等工作均取得明显效果。1999年6月4日，龙岩市总工会与市纪委、市委组织部、市经委、市财委、市监察局等部门建立了“龙岩市厂务公开工作联席会议制度”，成立了厂务公开办公室，以市总工会为依托。[②]全市实行厂务公开的企业已达290家，占应实行数的54.9%，其中，市、县两级重点联席企业39家，部分实行单位已初见成效。2000年，龙岩市各级工会会同纪检、组织等部门在全市451家国有、集体企业开展厂（企）务公开，在全市大、中、小学校开展校务公开，对首批实行厂务公开的企业进行考核验收，厂务公开在本市国有、集体企业全面推行。大多数实行厂务公开的企业基本上做到了大宗物资、原辅材料采购公开，工程招投标

---

① 参见龙岩市地方志编纂委员会编：《龙岩年鉴（2000）》，中国社会科学出版社2000年版，第196页。

② 参见《关于要求建立龙岩市厂务公开工作联席会议制度和成立厂务公开办公室的报告》，龙岩市档案馆，024-001-0000165-0032。

公开，经营承包方案公开，人事任免安排公开，分配方案公开，在公开内容、公开形式、公开程序、公开时间上做到“四规范”，极大地调动了职工积极性，密切了企业党群关系，增强了企业凝聚力和经济效益。

三是认真推行企业民主制度的建设。1990 年—1992 年，按照省总工会等 3 家组织开展百家企业民主制度建设试点的部署和《福建省全民所有制工业企业职工代表大会实施细则》的要求，本地区在 555 家企事业单位推行企业民主制度建设，通过内部分配公开化、民主决策程序化、评议干部规范化、干部联系群众经常化、职工培训制度化建立监督机制，强化了职工民主管理，推进了职代会制度的建设。1992 年，建立职代会制度的单位 1189 家，当年召开职代会的单位 992 家，提交职代会审议的方案 6993 件，职代会提出提案 10787 件，实现 6614 件，有 56 家单位民主选举行政领导人，有 443 家单位对 3988 名领导干部进行评议，经评议受到奖励的有 628 人，被免职的有 57 人。1993 年 5 月，龙岩地区及长汀县的企业民主制度建设领导小组被评为全省企业民主制度建设先进单位，龙岩钢铁厂等 10 家企事业单位被评为全省民主制度建设先进企事业单位。1995 年 4 月，地委办、行署办批转地区工会《关于在深化改革中进一步加强工会组织建设和民主管理工作的意见》，各级工会以健全完善职代会制度为重点，巩固发展企业民主制度建设的成果，绝大多数单位的职代会对集体合同、厂长（经理、校长、院长）工作报告等涉及职工权益的重大事项进行认真审议。有 544 家国有企业（占 83%）认真执行国家监察部、国家经贸委、全国总工会的《关于国有企业实行业务招待费使用情况向职代会报告制度的规定》精神，建立企业业务招待费向职代会报告的制度，王灿辉获全国职工民主管理先进工作者称号。1997 年，市总工会提出《关于全心全意依靠职工群众办好企业和进一步加强工会工作的意见》，把推动党的全心全意依靠工人阶级根本指导方针在本市的贯彻落实作为工会工作的重点，加强以职代会为基本形式的职工民主管理，将对企业领导干部的评议和民主监督作为职代会的工作重点，认真总结龙岩粉末冶金厂依靠职工群众办企业的经验，推荐到全省、全国工会全心全意依靠职工群众办企业的经验交流会上交流。11 月 17 日，全市全心全意依靠职工群众办好企业现场经验交流会在龙岩卷烟厂召开，漳平市委、市政府和龙岩卷烟厂等 12 家企业介绍了经验。1998 年 3 月，经市总工会推荐，市政府表彰 10 家依靠职工民主管理企业的先进单位和 10 名依靠职工民主管理企业的优秀党政工领导。2000 年以来，龙岩市国有企业实行战略性改组，市总工会坚持企业改革方案和措施要提交职代会审议或通过，得到政府的支持，职代会发挥了较好的作用。

四是发挥职工代表的作用。职代会能不能发挥应有的作用，职工代表的素质是关键。各级工会都十分注重对职工代表的培训，提高职工代表的参政能力和议政水平。龙岩汽车运输总公司长期以来始终坚持职工代表巡视制度，既使党政领导及时了解职工思想动态，为党政领导在生产经营方面的科学化决策提供可靠依据，又扩大了职工民主管理的参与面，促进了职代会决定的落实。1993 年，客运公司职工代表小组向总公司九届一次职代会提交一份题为《建议对客车经营采取国有民营的经营方式进行承包经营》的提案，经职代会审议立案，决定在客运公司首先实施，然后由点到面，全面铺开。总公司党政工领导十分重视职工这一提案，果断制定了几条措施，经过一年的实施，取得很好的实效，其中，划小了核算单位，真正落实了经营自主权，实现利润超计划 50.33%，从上年亏损 400 多万元一跃为盈利 45 万元；消化了工资总额增支及历史潜亏等 274.6 万元，归还各种外债 1071.53 万元；进行运行机制转换，82.1% 的客货运车辆实行承包，其中全集资车 28.1%、半集资车 51.42%、全额租赁车 19.5%，一次性收回固定费用 900 多万元，职工成为劳动者、经营者和产权所有者，激发了职工的积极性；车辆结构调整，提高了实载率；发展第三产业，安置劳动组合后分流人员 381 人，占总分流人员的 36.23%。这条好的提案促进了企业经营机制的转换，被省交通厅评为优秀提案。

2. 推行签订集体合同制度

一是集体合同制度的试行。建立平等协商和集体合同制度，是社会主义市场经济条件下切实维护劳动者权益的重要手段和基础性环节，对于促进劳动关系和谐稳定具有十分重要的作用。1995 年，龙岩地、县（市）工会把推行平等协商签订集体合同制度作为贯彻实施《劳动法》的重点工作来抓，主要是与当地劳动行政部门联系，起草建立平等协商签订集体合同制度的意见，并由县（市）政府批转，各县（市）普遍举行培训班或召开厂长、工会主席、劳工科长参加的工作会议，做好宣传发动工作，制定规划、达成共识。仅一年时间，全区 67 家企业的工会代表职工与企业就劳动报酬、工作时间、休息休假、劳动安全卫生、福利保障等事项进行平等协商，签订集体合同，其中各县邮电局在全市率先全部签订。[①]

二是集体合同制度的推进。龙岩市努力推行平等协商签订集体合同制度，以契约的形式从源头上维护职工的合法权益。1996 年，加大集体合同制度的推行力度，将推行工作列入工作目标管理考核和模范（先进）职工之家复查验收内容。地区工会和劳动局密切配合，靠前指导，坚持从企业实际出发，先推行、后提高，先协商、后签订；条件不成熟的企业可签订单项合同。在全区推广武平县总工会以系统（产业）为依托、整体推进的成功经验，以及上杭县总工会在粮食、供销系统实行产业行政与产业工会平等协商签订集体合同、所属企业签订补充合同的做法，均取得良好效果。1996 年，全区有 677 家企业和企业化管理的事业单位建立平等协商机制，签订集体合同，比上年净增 610 家；有 68 家外商投资企业签订集体合同，占已建立工会组织的外商投资企业的 37.36%，超额完成全国总工会规定的 30% 的指标；有 24 家乡镇企业和 3 家私营企业也签订了集体合同。[②]龙岩市、县工会坚持把推行平等协商和集体合同制度作为工会调整劳动关系、维护职工利益的主要手段，1999 年，武平白水泥有限公司经协商谈判，职工工资总额比上年提高 8.1%。2000 年，市总工会认真总结 5 年来推行平等协商签订集体合同制度的经验，实事求是地评估这项制度，努力推进这项工作的规范化。[③]2002 年，进一步完善集体合同制度和工资集体协商制度，做好企业工资集体协商的扩大试点工作，330 家非公有制企业签订了工资协议，占应签企业总数的 20%，走在全省的前列。

① 参见福建省龙岩地区地方志编纂委员会编：《龙岩地区年鉴（1995—1996）》，方志出版社 1996 年版，第 158 页。

② 参见福建省龙岩地区地方志编纂委员会编：《龙岩地区年鉴（1995—1996）》，方志出版社 1996 年版，第 179 页。

③ 参见《龙岩市总工会 2000 工作总结》，龙岩市档案馆，0024-001-0000173-0022。

三是注重对集体合同的后期管理。注重抓集体合同的中后期管理和合同兑现、续订或修订工作。1996年，永定矿务局在集体合同签订一周年之际，认真对合同条款进行补充修改。龙岩邮电局在全区率先由职代会通过《平等协商制度实施办法》《劳动法律法规监督检查实施办法》，对集体合同的中后期管理工作进行广泛调研。12月20日，漳平市总工会、劳动局联合召开集体合同中后期管理工作会议，对集体合同的中后期管理工作提出具体实施意见。此后，大部分企业加强了对集体合同的中期管理，检查集体合同的履行情况并向职工（代表）大会报告，绝大多数集体合同得到兑现。①

3. 建立工会与政府的联席会议制度

工会与政府的联席会议制度，是工会参政议政的新形式、新发展。1996年，龙岩地区工会组织全区各级工会围绕“全心全意依靠工人阶级”的总课题，就政府和职工普遍关心的热点、难点问题进行调查研究，为召开政府与工会联席会议作准备。1996年11月22日，龙岩市政府与市总工会举行首次联席会议，就工会提出的5个方面的16个议题内容进行讨论、协商。1996年11月28日，漳平市政府与市总工会举行首次联席会议。在总结龙岩、漳平两市成功召开政府与工会首次联席会议的基础上，1996年12月12日，地区行署发出《关于实行政府与工会联席会议制度的通知》，决定从本年起，在本区实行政府与工会联席会议制度。②1997年2月4日，地区行署与地区工会举行首次联席会议，就地区工会提出的19个问题进行认真讨论，达成共识。长汀、上杭、武平、永定、连城5县相继建立这一制度。至1997年12月15日，市、县两级都已召开首次联席会议，漳平市于12月18日举行第二次联席会议。③同年，市、县两级联席会议共涉及依靠职工群众办企业、动员职工参与改革和建设、提高职工技术素质、扶贫解困送温暖、工会建设与发展等方面的议题94项，经讨

① 参见龙岩地区地方志编纂委员会编：《龙岩地区年鉴（1997）》，方志出版社1997年版，第218页。

② 参见福建省龙岩地区地方志编纂委员会编：《龙岩地区年鉴（1995—1996）》，方志出版社1996年版，第179页。

③ 参见龙岩地区地方志编纂委员会编：《龙岩地区年鉴（1997）》，方志出版社1997年版，第220页。

论达成共识，形成会议纪要下发执行，至年底，已落实64项。当年5月20日—21日，福建省推行政府与工会联席会议座谈会在龙岩举行，龙岩市、三明市介绍了推行经验，游宪生市长在讲话中指出，龙岩市政府与工会联席会议制度建立以来，进展较快，成绩较显著，较好地解决了企业和职工反映强烈的、同时也是当前政府密切关注的一些困难和问题，促进了龙岩的改革、发展、稳定，保证了撤地设市工作的顺利进行。至2002年，龙岩市政府与工会联席会议共举行5次，取得很好的效果。

（四）职工教育全面有序开展

1.开展思想政治教育

一是开展时事教育。理论学习活动持续深入。1998年，市总工会发出《关于认真学习贯彻〈中共中央关于在全党深入学习邓小平理论的通知〉的通知》，对学习邓小平理论作出系统的安排和部署，要求结合工会实际，重点学好邓小平关于工人阶级与工会的理论。1999年，组织广大职工认真学习《邓小平理论职工读本》，近10万名职工参加全国班组学习邓小平理论知识竞赛，市总工会获全国优秀组织奖。“三个代表”重要思想学习全面推进。2000年，江泽民同志“三个代表”重要思想一发表，市总工会就及时下发《关于深入学习贯彻江泽民同志“三个代表”重要思想的通知》，提出学习、宣传的意见，自觉用“三个代表”的要求，认真实施经济技术创新工程，参与国有企业改革与发展。2002年，各级工会继续深入学习贯彻“三个代表”重要思想，组织广大工会干部认真学习江泽民“5·31”重要讲话和党的十六大会议精神，动员和组织广大职工为发展闽西，建设社会主义物质文明、政治文明、精神文明，实现闽西全面建设小康社会目标作贡献。

二是开展法制教育。持续开展《工会法》《劳动法》学习。《中华人民共和国工会法》（以下简称《工会法》）于1992年4月3日正式颁布实施。龙岩地区工会积极学习、宣传、贯彻、落实《工会法》和《福建省实施〈中华人民共和国工会法〉办法》，宣传声势大，地区工会把5月定为《工会法》宣传活动月，永定、龙岩、连城6000多名职工踩街宣传；学习面广，全区各县（市）总工会举办骨干培训班32期，培训人数1500人左右，各系统工会和基层工会共举办学习《工会法》培训班1000多期，参加培训的工会积极分子、职工有8万多人次；贯彻落实抓得紧，举办《工会法》知识竞赛活动等。在学习、宣传《工会法》的同时，认真抓贯彻、落实，加快工会组建步伐，1992年全年新成立基层工会100个。2002年，龙岩市各级工会深入学习、宣传、贯彻2001年第一次修订后的《中华人民共和国工会法》，举办近百次的讲座和培训班，100%的专职工会干部参加了培训；组织6万名职工参加《工会法》知识竞赛，举办《工会法》文艺宣传活动50多场次。1994年7月5日，全国人大第八次会议审议通过《中华人民共和国劳动法》(以下简称《劳动法》)。7月12日，全总召开电话会议，要求各级工会组织认真学习、贯彻《劳动法》。7月13日，全总和劳动部在北京联合举行《劳动法》颁布实施座谈会。龙岩地区工会以贯彻实施《劳动法》为契机和突破口，带动工会各项工作，推动自身改革和建设，努力把工会工作提高到一个新的水平，在改革、发展、稳定中更好地发挥作用。1995年，全区各级工会开展以《劳动法》为主题的知识竞赛和演讲比赛，帮助和指导职工全面理解《劳动法》及其配套法律法规、规章，增强职工学法、用法的自觉性；普遍举办《劳动法》培训班，职工知法面达80%以上；同时，各

图3-2-5　龙岩市总工会开展《工会法》知识竞赛活动

企业工会配合有关部门认真清理与《劳动法》相抵触的厂规厂纪，进行修订，维护职工的合法权益；加大检查、监督用人单位执行《劳动法》的力度。

三是开展道德教育。龙岩地区各级工会广泛开展“三德”（职业道德、社会公德、家庭美德）教育，职工的事业心和责任感有较大提高。1995 年，学雷锋、树新风活动呈现出单位高度重视、组织细、声势大的特点，仅龙岩市总工会组织的学雷锋为民服务一条街活动，就有 74 个基层工会的 1808 名职工参加，服务项目 48 项，服务群众 4 万多人次。1995 年，龙马集团公司荣获全国职业道德先进集体和全省职业道德“十佳”先进集体称号，长汀县汀州医院戴俊生获全省职业道德“十佳”先进个人称号，龙岩市总工会、武平县总工会获地区级文明单位称号，漳平、永定、上杭、连城 4 县（市）总工会继续保留地区级文明单位称号。1997 年，龙岩市开展“10 万职工职业道德标兵竞赛”活动，全市 1089 个基层工会、3154 个班组、4.2 万名职工参加全国职业道德知识竞赛，市总工会获全省竞赛组织奖，2 个班组获全国竞赛先进班组称号；各级工会普遍开展职业道德演讲比赛和评选职业道德标兵活动，龙岩市急救中心被评为省职业道德“十佳”单位和“全国五一劳动奖状”先进班组，龙岩电业局被评为省职业道德先进单位。[①]2001 年，围绕学习贯彻《公民道德建设实施纲要》，深入开展社会公德、职业道德、家庭美德教育活动，提出做好“爱国守法、明礼诚信、团结友善、勤俭自强、敬业奉献”的基本道德规范教育，促进以德治市与以法治市的有机结合，营造加快发展的优良社会环境。[②]

2. 开展文化技术教育

一是开展职工技能培训。2000 年，大力实施职工素质提升行动，注重加强职工的职业技能培训，全市有 13.6 万名职工参加岗位练兵，职工发动面达 71.59%，职工参加技术培训 12.37 万人次。近万名职工参加计算机知识的学习和应用，经过 50 多场比赛，层层选拔，龙

---

① 参见龙岩地区地方志编纂委员会编：《龙岩地区年鉴（1997）》，方志出版社 1997 年版，第 218 页。

② 参见《在市总一届八次全委（扩大）会议上的讲话》，龙岩市档案馆，0024-001-0000184-0004。

岩代表队参加全省大赛，获得个人总分第一名、团体总分第三名的好成绩，其中，2 名职工被选入福建队参加全国大赛，为福建队夺得团体总分一等奖作出了贡献。2001 年，围绕建设“数字福建”的需要，大力普及计算机应用技术，组织 3 万多名职工学习计算机知识，举办近百期计算机知识培训班，6000 多名职工参加培训和测试，有 28 支队伍、84 名职工参加市总工会举办的比赛并获得好成绩。

二是建立女职工周末学校。1999 年，市总工会在女职工中开展“女职工成才自我达标”活动。全市共有 43050 名女职工学政治、6385 名女职工学科学、19266 名女职工学文化、5381 名女职工学管理、27625 名女职工学技术业务、22435 名女职工学实用技能。市、县两级工会女职工委员会认真抓 38 个试点单位，把成才自我达标活动与促进下岗职工再就业相结合，组织下岗女职工主动适应改革发展的大趋势，不怨天尤人，积极参加多层次、多形式的职业技能培训和转业转岗培训，根据自己重新择业的需要读书自学，掌握新的知识和技能。①2000 年，5.4 万名女职工参加成才自我达标活动，3.2 万名女职工实现自我达标，涌现出 1 名全国先进女职工，6 名省女标兵，7 名省先进女职工工作者，3 个省女职工工作先进集体，1 户家庭美德金榜奖。2002 年，市、县两级工会全部建立女职工周末学校，女职工成才自我达标活动参与面达 70% 以上，市总工会再次荣获“全省工会调研工作先进单位”称号。

三是实施职工素质工程。2002 年，市总工会在全省率先提出实施职工素质工程的构想，组织对 718 家企业、68772 名职工的技术素质进行调查，在此基础上制定实施意见，把职工素质工程作为工会的重点工作列入目标管理考核。市、县和各企业单位工会制定实施方案和职工培训计划、岗位练兵计划，组织职工学习《公民道德建设实施纲要》(以下简称《纲要》)，发动 3 万多名职工参加全国学习《纲要》知识竞赛，10.67 万名职工参加岗位练兵，4.7 万名职工参加计算机知识学习，7.58 万名职工参加读书自学活动，5.2 万名女职工参加成才自我达标活动，1.5 万名职工参加各类技能鉴定。12 月 3 日，市政府

① 参见福建省龙岩地区地方志编纂委员会编:《龙岩年鉴（1999）》，中国社会科学出版社 1999 年版，第 168 页。

转发市总工会、市劳动和社会保障局制定的《龙岩市2002—2005年度"职工素质工程"规划》，要求到2005年，技术工人要达到职工总数的80%，其中中、高级工要达到40%，工人技师达到1500名。①

在工会九大的祝词中，邓小平说，斗争的实践证明，我国工人阶级不愧是久经考验的立场坚定的革命领导阶级。在建立社会主义市场经济体制的新阶段，龙岩市各级工会组织顺应改革开放的历史趋势，围绕经济建设中心，紧密结合工会实际，转变既有的思维方式和工作方法，创新思路和工作方式，最大限度地把广大职工组织到工会中来，最大限度地维护广大职工的合法权益，最大限度地保护、调动和发挥广大职工的积极性、创造性。龙岩市各级工会组织努力探索新形势下紧贴闽西经济社会发展实际的工作思路，开展了有工会特色、深受职工群众欢迎的活动，充分发挥工会组织广泛联系职工的桥梁纽带作用，创造性地开展富有特色的工作，切实做到既维护职工群体的合法权益，又服务中心、把握大局，引导广大干部职工积极支持改革、参与改革。

① 参见龙岩市地方志编纂委员会编：《龙岩年鉴（2002）》，海潮摄影艺术出版社2002年版，第190页。

第三节
全面建设小康社会中的闽西工运

进入 21 世纪，中国国内外环境发生了深刻的变化。世界多极化趋势深入发展，经济全球化加速推进，科技革命日新月异，国际竞争日趋激烈。国内市场经济体制初步建立，改革开放逐步进入攻坚时期，困难与机遇并存。面对十分复杂的国内外形势，党和政府审时度势，提出了全面建设小康社会的战略目标，这也成为工人运动的主题。在全面建设小康社会的伟大实践中，中国工人阶级坚定跟党走，积极主动地投身于经济建设和社会发展的历史潮流中，担当有为，为经济发展和社会进步作出了新的重大贡献。

一、全面建设小康社会中闽西工会组织的发展

在全面建设小康社会的伟大事业中，闽西工会组织按照“扩大覆盖面、增强凝聚力”的要求和“组织起来、切实维权”的工作方针，坚持“党建带动工建、工建服务党建”，大力推进工会组织建设。

（一）工会组织建设情况

1. 工会组织总体情况

随着我国社会生活和社会结构的深刻变化，新的社会阶层出现，工人阶级队伍进一步发展壮大。2003 年，全市共有基层工会 2959 个，职工总数 241344 人，工会会员 229784 人。2004 年，全市共有基层工会 3131 个，工会会员 244414 人。2005 年，全市共有基层工会 3655 个，职工总数 29.06 万人，工会会员 28.02 万人，全市组建工会净增 506 家、发展工会会员净增 34489 人，分别完成省总工会下达任务的 160.63%、253.33%，被省总工会评为 2005 年度工会组建工作优秀单位。2006 年，全市共有基层工会 4150 个，职工总数 33.30 万人，工会会员 32.90 万人。2007 年，全市共有基层工会 4856 个，工会会员 40.4 万人，与 2006 年相比，全市基层工会净增 706 个、涵盖法人单位净增 1116 家、工会会员净增 74687 人，分

别完成省总工会下达任务的149.26%、192.75%、195.7%，居全省前列。2008年，全市基层工会组织达5527家，会员44万多名。2010年，新组建基层工会783家、涵盖企业1308家、发展会员58635人，超额完成省总工会下达的目标任务，会员入会率排在全省第一位，组建率排在全省第三位，基层工会法人资格登记4186家，排在全省第一位。

2. 建立进城务工人员工会

随着中国城镇化进程快速推进，农民工人数迅速增长。工会十四大鲜明地指出："一大批进城务工人员成为工人阶级的新成员。"这标志着农民工的工人阶级身份得到党和政府的正式承认。[①] 2003年，龙岩市总工会贯彻全总《关于切实做好维护进城务工人员合法权益工作的通知》精神，制定下发《关于建立灵活就业人员、进城务工人员工会组织的实施意见》，对在灵活就业人员、进城务工人员中发展会员、建立工会组织提出具体意见，并确定在新罗区西安社区进行试点。11月14日，市总工会成立进城务工人员工作委员会，这一做法在全市得到推广。截至2003年底，全市有条件的社区和各县（市、区）总工会共建立25个进城务工人员或灵活就业人员工作委员会，吸纳进

图3-3-1　龙岩市总工会为进城务工人员办实事

① 参观李玉赋主编：《新编中国工人运动史（修订版）》下卷，中国工人出版社2020年版，第626页。

城务工人员会员20216人。不少加入工会的进城务工人员、灵活就业人员，手持“会员证”到各级地方工会寻求法律援助、权益保护，追回被拖欠的工资。市总工会部署在外出务工人员集中的乡镇做好外出务工人员的调查摸底工作，建立外出务工人员工会组织，动员外出务工人员加入工会，至2003年底，全市已发展外出务工人员会员749人。①

（二）工会机制创新情况

1. 成立企业发展服务队

2005年，根据市总工会二届四次全会的要求，市总工会机关组建企业发展工会服务队，开展“保持先进当先锋、服务企业促发展”主题实践活动，之后，在县级工会全面铺开，由市、县、乡（镇）三级工会组织的有200多名工会干部参加的近百支企业发展工会服务队重点对438家非公企业开展服务工作，服务队坚持每周有一天以上的时间深入企业服务，规范企业工会的运作，维护职工的合法权益，实现“企业得发展、职工得实惠、工会得提高”的“三赢”。②2006年，近百支企业发展工会服务队坚持以438家非公企业为重点开展服务，每周都深入企业了解情况，协调有关部门帮助企业和职工解决自身无力解决的困难和问题。

2. 工作机制创新整合

市总工会把县级工会工作机制创新整合作为重中之重，摆上重要议事日程，做到主席、党组书记亲自抓，分管副主席具体抓，把工作任务、责任落实到部室和具体人员，形成全会抓的良好氛围。做到创新整合工作贯穿全年工作始终；召开“服务企业发展、创新工作机制”现场会，交流机制创新整合的做法；成立工会机制创新项目推介、整合、申报工作小组，规范完善社会化维权联动机制，变单体、单环节维权为整体性、联动性、有序性的维权，实现维权网络的社会化、规范化。2005年，积极探索矿山企业职工权益维护机制，全市申报的7个整合项目主题鲜明、内容丰富、机制完善，破解了县级工会人

① 参见龙岩市地方志编纂委员会编：《龙岩年鉴（2003）》，方志出版社2003年版，第203页。

② 参见龙岩市地方志编纂委员会编：《龙岩年鉴（2005）》，方志出版社2006年版，第206页。

员少、经费紧、基础弱、任务重的难题，得到上级工会的好评。龙岩市总工会对机制创新整合工作高度重视、措施有力、认识到位、思路清晰，抓得早、抓得紧、抓得实，创新项目多且基本符合要求，整合取得了明显的效果。

（三）工会干部队伍建设

1. 重抓工会干部培训

2004 年，龙岩市总工会制定《干部教育培训计划》，强化工会干部的教育培训工作，市、县两级工会选派干部到省总工会轮训，采取各种形式对工会干部进行适应性岗位培训，提高工会干部的整体素质。2006 年，组织全市 133 个乡（镇、街道）工会主席集中到市委党校进行适应性岗位培训，加强社会主义荣辱观教育和反腐倡廉教育，开展“访民情、听民意、帮民富、保民安”活动，落实党风廉政建设责任制，推动机关党建和精神文明建设，市总工会荣获第九届省级文明单位称号，连续第四次被市委授予党建工作先进单位称号。2007 年，市总工会班子成员带领多名工会干部参加省总工会在厦门举办的《中华人民共和国劳动合同法》骨干培训班。2008 年，针对企业工会干部变动大的实际情况，市总工会会同省总工会干校举办了企业工会干部培训班，100 多家企业的工会主席参加培训。

2. 调动工会干部积极性

2006 年，建立企业工会主席激励和保障机制，为有 50 名以上职工的市直属非公有制企业工会主席投意外伤害保险，给予 50 多位履职较到位、工作开展较好的非公有制企业工会主席以适当经济补贴。2007 年，各级工会认真贯彻《企业工会工作条例》，开展“企业工会建设年”活动和“工会组织亮牌子示职责、工会干部亮身份许承诺”活动，市总工会设立工会干部权益保障基金，市、县两级工会积极筹措资金，为非公企业工会主席投人身安全保险，继续给予履职较到位、工作开展较好的非公企业工会主席一次性经济补贴。这些举措，调动了企业工会干部的积极性，推进了基层工会的规范化建设。

3. 建立无为问责制度

为提高机关工作效率，切实解决机关部分工作人员中存在的“干多干少一个样”“不求有功，但求无过”“守摊子、混日子”“无所作为，无所用心”等问题，2005 年 9 月 28 日，市总工会机关干部职工大会通过《龙岩市总工会机关工作人员无为问责制度》（以下简称《制度》）。该《制度》规定的应问责的无为行为主要指：不履行或不正确、及时、有效地履行规定的职责，导致工作延误、效率低下的行为；因主观努力不够、工作能力与所负责任不相应，导致工作效率低、工作质量差、工作任务不能按计划完成的工作状态。《制度》还规定了认定程序和问责形式。

二、闽西工运在全面建设小康社会中开创新局

龙岩市各级工会紧紧围绕目标任务，全面布局、突出重点，深化调研、创新体制，研究新情况，总结新经验，解决新问题，以改革创新精神加强自身建设，不断增强工会组织的吸引力和凝聚力，努力开创中国工会事业的新局面。

（一）龙岩市工会对工运方针的学习贯彻

在新世纪世界大势和国家发展大势已经形成的情况下，审时度势，确定正确的工运方针，以指导工人运动和工会工作的开展。在党和国家工作大局中发挥作用，是中国工人运动和工会工作面临的现实首要任务。2003 年 9 月，中国工会第十四次全国代表大会提出，以“三个代表”重要思想统领工会工作全局，充分认识新世纪新阶段工人阶级和工会组织的重要地位与作用，进一步增强做好工会工作的使命感和责任感。2004 年 12 月，在全国总工会十四届二次执委会上，正式将“组织起来、切实维权”确定为工会工作的方针。2008 年 10 月，中国工会第十五次全国代表大会提出，坚持走中国特色社会主义工会发展道路，建设中国特色社会主义工会。

龙岩市各级工会认真学习贯彻中国工会十四大、十五大精神。2003 年，龙岩市各级工会紧紧围绕发展第一要务和闽西全面建设小康社会的宏伟目标，以及市委、市政府、省总工会的重大部署，有针对性地开展“三大系列”活动，最大限度地调动广大职工的积极性、创造性，为闽西发展建功立业，在推进改革、发展、稳定中发挥了工会组织应有的作用。2004 年，龙岩市各级工会开展“共谋企业发展、共创企业辉煌、共享改革成果、共建和谐社会”系列活动，注重工作创新，打造工会品牌，取得较好的工作成效。2006 年，龙岩市各级工会贯彻落实中华全国总工会《关于坚持走中国特色社会主义工会发

展道路的决议》和“组织起来、切实维权”的工会工作方针，服从服务于全市工作大局，忠实履行工会的社会职能，工会工作水平整体提升。广大工会干部通过学习，树立科学的发展观、正确的政绩观，增强政治意识、大局意识、团结意识和群众意识，把党的主张变成职工群众的自觉行动。加强工会工作能力建设，不断提升工会的工作能力和水平，为中国共产党的执政能力建设服务。

（二）为全面建设小康社会保驾护航

社会主义市场经济体制建立以来，我国的劳动关系状况从总体上讲是稳定协调的，大多数职工的合法权益得到了保障。与此同时，在各种类型的企业特别是非公有制企业中，劳动关系复杂多变，协调难度加大，劳动争议案件和职工群体性事件呈上升趋势。西方敌对势力打着“维权”旗号，别有用心地介入和炒作劳动关系矛盾，企图把一些非对抗性问题演变成对抗性问题、局部问题演变成全局问题、经济问题演变成社会政治问题、国内问题演变成国际问题，动摇我们党的执政地位。面对这些复杂情况，龙岩市各级工会坚定不移地走中国特色社会主义工会发展道路，坚决贯彻执行“组织起来、切实维权”的工会工作方针，激发职工创造性，推动科学发展，最大限度地把广大职工群众凝聚在党的周围，永远听党话、跟党走。

2008年美国的“次贷危机”引发了全球性金融危机，我国经济增长速度也出现明显下滑，引发了不少农民工提前回乡的“返乡潮”现象，随后返乡农民工重新进城务工的问题也日益突出。为应对国际金融危机，2009年全市13.6万名职工、1058家企业开展以“同舟共济保增长、建功立业促发展”为主题的“共同约定行动”：企业不因经济危机影响而裁员，稳定就业岗位，不把职工推向社会，按时足额发放工资；企业工会带领全体职工与企业建立命运共同体，共对危机、共谋发展；职工爱岗敬业，勤奋工作，与企业共担风险、共渡难关、不随意辞职，全力以赴为企业发展努力工作，积极应对国际金融危机，确保全市保增速、保稳定目标的实现。面对复杂的劳动关系，2009年市总工会牵头联合市直党政有关部门在中心城市122家市属以上企业和新罗区部分企业启动和谐劳动关系、和谐环境关系、和谐社会关系“三位一体”的和谐企业创建活动试点工作，为构建平安和谐龙岩、促进经济社会又好又快发展奠定坚实基础。2010年，召开

图 3-3-2 2011 年 3 月 9 日，召开龙岩市和谐企业创建工作会议

全市和谐企业创建工作推进会，重点抓好工业园区、规模以上企业创建活动的开展工作，发挥他们的引领示范作用，推动企业普遍开展和谐企业创建活动。①

全面建设小康社会是造福包括工人阶级在内的广大人民群众的伟大事业，也就是工人阶级自己的事业。在这个历史进程中，工人阶级既是建设者，又是受益者。因此，龙岩市各级工会积极发挥工人阶级的主动性和创造性，引导工人阶级站到全面建设小康社会的最前列，为全面建设小康社会保驾护航。

三、全面建设小康社会中闽西工运的主要工作

我国进入全面建设小康社会、加快推进社会主义现代化的新阶段，经济体制深刻变革，劳动关系深刻变动，职工队伍深刻变化，龙岩市各级工会围绕中心、服务大局，在工会工作领域作出新的贡献。

（一）切实保障职工合法利益

1. 深入开展职工帮扶活动

一是实施工会促进再就业工程。2003 年，龙岩市各级工会扎实实施工会促进再就业的“86318”工程，即到 2005 年底，全市工会培训 8000 名下岗失业人员，为 6000 名有就业意愿的下岗失业人员创造一次就业机会，帮助 3000 名“4050”人员和夫妻双下岗人员实现再就业，帮助 1000 名下岗失业人员中的特困人员实现解困，扶持办好 8 个再就业示范、培训基地。市总工会在工会大厦一层设立再就业服务窗口，设置电子显示大屏幕，滚动发布就业信息，在部分社区

① 参见龙岩市地方志编纂委员会编：《龙岩年鉴（2010）》，方志出版社 2010 年版，第 199 页。

和失业人员较多的企业设立就业信息联系点和信息宣传栏。2003 年，为下岗失业人员提供各类就业岗位信息 3651 条，全市工会共建立 33 个再就业培训基地和 22 个下岗职工再就业示范基地，

图 3-3-3　龙岩市总工会举办下岗失业职工再就业培训班

这些基地根据下岗失业人员的需求，先后举办服装、针织、种植、养殖、烹饪、家政服务等培训班 85 期，共培训下岗失业人员 4525 人，提供就业岗位 3568 个，帮助下岗失业人员 2944 名，有 500 名困难的下岗失业人员解困。[①]2005 年，工会联合劳动保障部门、工商联开展“民营企业招聘周”活动，发挥工会再就业培训基地和再就业示范基地的作用，全年共举办培训班 231 期，培训 4926 人，帮助 3758 人实现就业和再就业。2009 年，全市工会共举办 15 场大型就业招聘会，提供 24800 多个岗位，帮助 3500 多名下岗职工、农民工实现就业、再就业。

二是创新送温暖活动措施。2007 年“两节”期间，市总工会改变以往送温暖的形式，突出一个“实”字，从多方面重点为农民工送温暖：从单一送钱送物向送法律、送文化、送技能、送岗位、送平安、送健康、送资金、送物品拓展；组织服务农民工平安返乡活动，帮助 4969 名农民工订购车票、集体返乡包车；以每人 200 元的标准，资助 520 名农民工参加职业技能培训和鉴定；筹集 483 万元资金，走访慰问 3125 名困难职工、农民工、劳动模范和离退休老同志；发放 43.8 万元助学金，扶助 538 名困难职工和农民工子女就学，资助 407 名在校就读、生活极度困难的农民工子女每人 500 元；对市直属单位

① 参见龙岩市地方志编纂委员会编：《龙岩年鉴（2003）》，方志出版社 2003 年版，第 203 页。

特种重病住院的贫困农民工实施医疗救助；设立流动电影院，组织工会电影宣传队进社区、进工地慰问演出近百场，农历大年三十深入马坑矿业、龙厦高速铁路工地与农民工共度新春佳节等。[①]

图 3-3-4　市总工会持续到一线开展高温慰问活动。图为 2008 年 8 月 8 日，原市委常委、统战部部长、市总工会主席黄海英（右二）到企业慰问现场

三是促进帮扶中心提升。2003 年，市、县两级工会在本级帮扶中心建设的同时，在产业（系统）工会、有困难职工 20 人以上的企业和重点乡（镇、街道）工会成立帮扶中心服务站，初步形成全市工会的市、县、乡三级帮扶网络和以困难职工帮扶中心为“龙头”、机关事业单位党员干部为骨干、党政部门齐抓共管、全社会共同参与的困难职工帮扶机制。市困难职工帮扶中心完善政策帮扶、培训就业帮扶、特困帮扶、法律援助帮扶 4 个工作部门和服务平台。2003 年 8 月，市困难职工帮扶中心通过全国总工会首批验收并授牌。

① 参见龙岩市地方志编纂委员会编：《龙岩年鉴（2007）》，方志出版社 2007 年版，第 235 页。

2004 年，市总工会制定《困难职工帮扶中心达标验收标准》，从组织建设、制度建设、设施建设、作用发挥、资金筹集和管理等方面提出具体要求。10 月，在永定县召开帮扶中心“窗口”规范化建设现场观摩会，市、县两级工会拨出专款，腾出场地，配备专职工作人员和办公设施，高标准地建好帮扶中心的服务“窗口”，规范运作，成为工会帮扶困难职工的平台、联系职工群众的桥梁、工会工作的第一“窗口”。全年市、县两级困难职工帮扶中心共帮扶困难职工 3097 人次，生活救助 155 人次，帮扶总额 123.09 万元，帮扶中心工作再上新台阶。2005 年，把非公企业职工、进城务工人员纳入帮扶范围，把服务企业发展、帮助职工尤其是进城务工人员提高职业技能列入帮扶内容，全年共帮扶困难职工 7211 人，发放救助金 531 万元。

2007 年，加强困难职工帮扶中心规范化建设，全市各级工会完善帮扶机制、创新帮扶载体、整合帮扶资源、提升帮扶水平，较好地推进了职工群众最关心、最具体、最现实问题的解决，努力把帮扶中心办成困难职工之家。市总工会投入近 12 万元，按标准化、规范化建设的要求，对帮扶中心办公场所进行全面装修和设施添置，完善办事程序、帮扶标准等有关制度，实行一站式、一条龙集中办公，县（市、区）帮扶中心基本达到规范化建设要求。11 月，市帮扶中心通过省总工会规范化建设达标验收，帮扶中心成了困难职工之家。

2008 年，落实“有困难找工会”，帮扶工作取得实效。建设一批规范的乡（镇）、社区帮扶服务站，并在帮扶中发挥积极作用。龙岩市成为全省第一个市、县两级帮扶中心全部实现省级达标的设区市，其中市帮扶中心和永定县帮扶中心先后成为全国先进帮扶中心，市总工会被省农民工工作联席会办公室评为 2008 年度福建省农民工工作先进集体。

2009 年，在健全完善市、县、乡镇、企业（社区）工会帮扶网络，叫响做实“职工、农民工有困难找工会”的同时，创办“职工服务中心"和“古田职工服务中心”，将“困难职工帮扶中心”提升为“职工服务中心”，从服务困难职工向服务全体职工转变，从服务城市向服务农村拓展，进一步完善服务机制、创新服务载体、整合服务资源、拓展服务范围、提高服务水平。2009 年，市困难职工帮扶中心先后被中华全国总工会、福建省总工会授予“工人先锋号”称号，7

图 3-3-5　2003 年 2 月，召开龙岩市千家单位万名干部连心帮扶行动动员大会

个县（市、区）困难职工帮扶中心均通过省总工会考评达标。

四是开展连心帮扶行动。2003 年初，市总工会牵头发起并与市委组织部、宣传部、市直机关党工委联合，在全市各级党政群机关、事业单位和部分效益好的企业开展为期 3 年的“千家单位、万名干部”连心帮扶行动，市委书记张燮飞批示，“这项活动很有意义”，要“认真组织好”。2003 年，全市共有 1455 个单位、670 名处级以上领导、6.49 万名干部职工参加连心帮扶行动，5.9 万名干部职工参与“一日捐”活动，共捐资 175.5 万元。各帮扶单位通过定期走访，与被帮扶户共商解困措施，从资金、物资、信息以及解决就业、就学、就医困难等渠道，重点帮助 1345 户困难职工和部分下岗失业人员解决生产生活问题。至年底，已有 186 户特困职工脱贫解困，增进了机关干部与职工群众的联系，转变了工作作风。[①] 2004 年，经市总工会提议，市连心帮扶行动领导小组在全市组织开展“帮扶解困达标”活动，全年全市筹集“两节”送温暖慰问资金 619 万元，参与连心帮扶的单位走访慰问困难职工 10393 户，重点帮助 1345 户困难职工和部分下岗失业人员，在档困难职工 100% 得到经常性帮扶和资金、物资资助，1936 名困难职工在学子女全部得到资助，共发放助学金 115.5 万元，在全省率先做到特困职工在学子女 100% 得到资助。2005 年，全市困难职工户 100% 得到参与单位的挂钩帮扶、100% 得到经常性帮扶，从小学到大学的在学子女 100% 得到全程就学帮扶。3 年累计有 1094 户困难职工脱困脱钩。各参与连心帮扶的单位根据自身的优势和被帮扶户的

① 参见龙岩市地方志编纂委员会编：《龙岩年鉴（2003）》，方志出版社 2003 年版，第 203 页。

实际，为困难职工送技术、送信息、送项目、送政策、送法律、送物资，实实在在地帮助困难职工解决生产生活中的实际困难。

2. 积极推进劳动关系协调

一是完善协调劳动关系三方会议制度。市总工会积极参加龙岩市三方会议关于劳动合同、集体合同签订、欠薪问题的预防监控，开展和谐稳定劳动关系示范工业园区活动等问题的调查、协商工作，较好地协调了劳动关系。2003 年，市、县两级工会积极推进协调劳动关系三方会议制度的不断完善，1566 个企业建立劳动争议调解委员会，全年共调解处理 246 件劳动争议案件，市、县两级工会参与劳动争议案件仲裁 80 件，职工胜诉 95%。2007 年，全市各级工会坚持抓住发展和谐劳动关系这一主线，深入开展创建劳动关系和谐园区、和谐企业活动，积极会同劳动保障等部门进园区、进企业，全市企业劳动关系协调稳定，市总工会荣获 2006—2007 年全国农民工工资支付情况专项检查先进单位。

二是扎实开展“法律援助在工会”活动。各基层工会实施各具特色的创新项目：漳平市的进城务工人员合议庭，采取“四优先”（优先立案、优先调解、优先庭审、优先移交执行）的措施，受理审结进城务工人员权益争议案，追回被拖欠的工资和事故伤害赔偿，为经济困难的进城务工人员减免诉讼费，较好地维护了进城务工人员的合法权益；连城县的首席维权员制度，较好地解决了职工权益被侵犯第一信息、第一责任人的问题，自运作以来，100 名维权员活跃在基层，受理、处理职工投诉；永定县的“职工 110”，实现了工会的快速反应，提高了办事效率；新罗区的维权服务队、连城县和武平县的携手联创机制、上杭县古田镇的品牌工会建设等工作机制创新也较有特色。这些创新项目的实施，在“组织起来、切实维权”中发挥了较好的作用，打造了闽西特色的工会工作品牌。2005 年，开展“法律援助在工会”活动，接待处理职工信访 401 件，涉及 1759 人，实施法律援助 7 件，下达劳动法律监督建议书 75 件。

三是建立职工维权“110”联动机制。2009 年，市总工会牵头联合市劳动保障局、司法局、公安局等 9 家单位建立龙岩市职工维权“110”联动机制，充分整合和利用社会维权资源，为职工群众提供更加方便、快捷、及时、有效的诉求渠道，建立上下协调、左右贯通、反应快速的社会联动维权机制，切实维护职工合法权益。职工维权“110”联动机制的主要任务为：信访接待、咨询服务、纠纷协调、法律援助；工作程序为：职工维权“110”协调中心接到职工诉求后，按照归口办理、属地办理和“谁主管、谁负责”的原则，及时将诉求件分类处理，各成员单位开通职工维权热线电话，联动机制正式开始运作。

3. 加大劳动保护监督力度

一是加大劳动保护监督检查力度。2003 年，486 个基层工会建立工会劳动法律监督委员会，下发整改意见书 34 份，涉及 3081 名职工。2005 年，组织企业职工参加“安康杯”竞赛活动，在 159 个有证煤矿建立工会组织、配备 569 名安全生产群众监督员，在 162 家企业推行“一法三卡”制度，维护职工的生命安全和身体健康。2007 年，全市各级工会继续深入开展“安康杯”竞赛活动，在企业广泛推行“一法三卡”制度，开展职工代表安全生产巡查活动，全市工会共参加安全生产检查 2320 次、参加“三同时”审查验收项目 142 项，有效减少和避免了职业危害与危及职工生命安全的重大事故，保障了职工的生命安全和身心健康。

二是加强特定群体劳动保护。首先是女职工工作有新的发展。2004 年，市、县两级女工委开展“女职工特殊疾病保险”活动，为 43 名困难女职工投保 129 万元，消除后顾之忧。2006 年，各级工会女职工组织认真实施女职工素质提升工程和女职工建功立业工程，贯彻《中华人民共和国妇女权益保障法》和《福建省企业女职工劳动保护条例》，开展预防和控制艾滋病知识以及妇科预防保健知识宣传竞赛活动，较好地提升了女职工素质，

图 3-3-6　龙岩市总工会加强安全生产宣传教育工作

维护了女职工的特殊权益，发挥了“半边天”作用。2007年，全力推进女职工特殊保护专项集体合同工作，全市单独签订集体合同和有集体合同附件的单位占集体合同签订单位的51.7%；开展关爱女农民工行动、争创女职工建功立业标兵岗和标兵等活动，实施女职工素质提升工程，较好地维护了女职工的特殊权益，提升了女职工素质。其次是切实维护农民工合法权益。2006年，全市各级工会认真贯彻落实胡锦涛总书记关于维护农民工合法权益的重要批示和国务院《关于解决农民工问题的若干意见》，把维护农民工合法权益作为重中之重，摆上议程，狠抓落实，在全省率先叫响、做实“农民工有困难找工会”的口号。建立农民工之家，在农民工聚集的社区建立农民工工会工作委员会；建立农民工维权机制，在农民工聚集的社区设立农民工权益投诉站、帮扶服务站，成立市农民工权益维护协调中心、农民工维权法律顾问团和农民工法律援助志愿者队伍；建立农民工有关档案，做好农民工权益维护的基础性工作；创办农民工夜校和农民工宣传活动阵地，认真抓好农民工职业培训工作；配合劳动保障等部门做好追讨“欠薪”工作；牵头会同市直11个部门开展“千家单位、万名干部”连心帮扶农民工系列服务活动；元旦、春节期间看望慰问春节住院和未回家过年的农民工等。2008年，为解决农民工看病难、看病贵的问题，市、区工会扶持创办的新罗区曹溪农民工医院正式挂牌，这是经卫生部门核准的福建省首家农民工医院。2009年，持续扶持曹溪农民工医院建设，并在东宝工业集中区设立分部暨医疗帮扶站，进一步解决好农民工的就医问题。

图3-3-7　龙岩市成立农民工法律援助志愿者维权法律顾问团，依法维护农民工合法权益

图 3-3-8　2009 年 1 月 20 日，原市总工会党组书记、副主席钟万福欢送农民工返乡情景

（二）服务经济的运动屡建功

为适应社会主义市场经济发展要求，龙岩市各级工会组织开展了各种形式的以建功立业为主要内容的服务经济的运动，激发广大职工的主人翁责任感和工作热情。

1. 建功立业活动丰富多彩

2003 年，组织开展以争当创新模范、技术攻关能手、岗位标兵、生产安全标兵和谋划发展最佳工会组织为主要内容的“创新、创优、创一流，为闽西发展作贡献”活动，提高职工队伍素质，提高企业的经济效益、社会效益和机关、事业单位的工作效率，推进项目带动战略的实施。全市职工合理化建议被采纳实施 11935 件，累计增创价值 14635 万元。2006 年，全市各级工会围绕学习贯彻胡锦涛总书记在福建和龙岩考察时的重要讲话精神，主动融入大局，组织力量对全市职工队伍职业技能状况进行调查研究，开展“当好主力军、作为‘10+3’、建功‘十一五’”系列竞赛活动、“百家企业、万名技术工人培训”大行动、重点工程立功竞赛活动和矿山企业“安全生产群众监督年”活动，组织和动员广大职工在实施“十一五”规划、推进“10+3”产业发展中建功立业。职工合理化建议被采纳实施1.4万件，当年增创效益1.47亿元[①]；2010年，全市各级工会组织在全市重点工程建设项目中开展“比项目进度、比工程质量、比技术创新、比科学管理、比成本控制、比安全生产”的“六比”立功竞赛活动，引导全市职工积极投身“五大战役”，推动龙岩实现跨越发展，不断把竞赛活动推向新的高潮，促进全市重点项目建设。服务经济的活动如火如荼地开展，极大地激发了广大职工的劳动热情和创新能力，进一步发挥了工人阶级在促进国民经济又好又快发展中的主力军作用。

2. 经济技术创新方兴未艾

为更好地服务企业和职工自主活动，推动全市职工自主创新活动的广泛深入开展，2008年8月8日，市总工会在全国工会中率先创办职工自主创新服务中心，为职工营造了良好的自主创新服务环境，搭建了大展身手的服务平台。至2008年底，仅5个月时间，职工申报自主创新成果就达83项。在2008年“6+18”中国海峡项目成果交易会和海峡两岸职工创新成果展中，全市工会选送39项职工创新成果参展，获得金奖6项，银奖10项，铜奖11项。[②]2009年，市总工会、市科技局联合举办龙岩市首届职工自主创新成果展，共征集职工自主创新项目425项，参展项目达265项，对接项目348项，签约项目9项。首届职工自主创新成果展得到市委、市政府的高度重视和支持，被列为第六届中国龙岩“11.18”投资项目洽谈会的一项重要活动内容。2010年，重点开展以“五小”（小发明、小创造、小革新、小建议、小节约）为主要内容的技术创新竞赛，引导职工围绕节能减排、资源循环再利用开展群众性技术攻关和发明创造。

3. 招商引资带动取得实效

2003年，在开展“招商引资促发展，争当先锋谋发展最佳工会组织”活动中，各乡镇工会和机关单位工会积极组织和动员干部职工参与招商引资活动，推进项目开发与建设，全市以工会组织为主引进

① 参见龙岩市地方志编纂委员会编：《龙岩年鉴（2006）》，方志出版社2007年版，第223页。

② 参见龙岩市地方志编纂委员会编：《龙岩年鉴（2008）》，方志出版社2008年版，第220页。

的项目有 24 个，总投资为 2.4 亿元。市总工会通过工会网络推介项目，积极争取有实力的企业家来龙岩进行投资考察，动员工会干部和海外亲戚来龙岩兴办企业。2004 年，市总工会组织县（市、区）工会主席和市项目中心干部到泉州，利用泉州企业用工招聘会平台，宣传闽西发展环境，推介招商引资项目。全年市总工会和长汀、连城、永定、新罗等县（市、区）总工会共引进 8 个项目，投资 1970 万元、663 万美元和 1360 万港元；各级工会协助引进 37 个项目，投资 10.53 亿元。市、县、乡三级工会主动做好工会引资项目的跟踪服务工作，帮助企业办理注册登记手续，解决项目落地的困难以及招收和培训员工问题，使企业能够顺利投产。2006 年，主动服务项目带动战略的实施，制定《关于在新一轮大发展中服务项目带动战略的意见》，积极协调和帮助企业解决项目开发、落地、开工建设、招收和培训员工等问题。组织编印《共谋企业发展、共铸企业辉煌，欢迎您来龙岩投资兴业》的宣传小册子，宣传龙岩投资环境，推介招商引资项目。

图 3-3-9　2006 年 5 月 6 日，原市委常委、统战部部长、市总工会主席黄海英慰问重要工程项目

（三）企业民主管理不断深化

1. 坚持和完善职工代表大会制度

非公有制企业建立职代会制度的试点工作有所进展。2003 年，全市有 467 家非公有制企业建立职代会制度，职工参与民主决策、民主管理和民主监督的意识逐步增强，部分企业已做到有关企业生产、经营以及职工收益分配等重大事项提交职代会审议，国有及国有控股企业、集体企业的公开工作和事业单位的校务公开、院务公开工作进一步发展，取得较好成绩。2004 年，认真贯彻执行《福建省非公有制企业职工代表大会暂行规定》，387 家公有制企业、849 家非公有制企业建立职代会制度；86 家企业建立职工董事制度，40 名工会主席进入董事会；56 家企业建立职工监事制度，27 名工会主席进入监事会；1032 家国有企事业单位、529 家非公有制企业推行厂务公开，从源头上做好职工合法权益的维护工作。2005 年，会同有关部门进一步推行厂（校、院）务公开，制定下发厂务公开考评标准，有 1063 家单位实行厂务公开，共选出 20 家厂务公开示范单位。

2. 坚持和完善集体合同制度

集体合同制度和工资集体协商稳步推进。2003 年，全市有 1321 家非公有制企业签订集体合同，533 家非公有制企业开展工资集体协商，集体合同中期管理有所加强，部分非公有制企业通过职工代表大会向职工报告集体合同履行情况。2007 年，2965 家企业建立平等协商签订集体合同制度，1237 家企业推行工资集体协商，从源头上有效维护职工、农民工合法权益。2010 年，将集体合同、工资集体协商工作作为连心帮扶行动和开展和谐企业创建活动的重要内容，加强与工资集体协商协调指导小组成员单位的配合，形成推进合力，指导企业探索工资集体协商的有效形式，开展区域性、行业性工资协商，重点抓好开发区内企业、行业主管的企业推行工资集体协商工作。加强指导员队伍建设，举办工资集体协商代表培训班，提高工资集体协商指导员的协商能力和水平。全市 3311 家企业建立工资集体协商制度，覆盖职工 22.36 万人，建制率排全省第二位；3431 家企业签订集体合同，签订率排全省第二位。

（四）职工教育持续深入开展

1. 开展思想政治教育

工会十四大明确提出，要用社会主义核心价值体系教育引领职工，不断提高职工队伍的思想道德素质。龙岩市各级工会先后组织开展“十六大精神进基层”“知荣辱、树新风、促和谐”等主题教育，大力弘扬民族精神和时代精神，努力为推动科学发展、促进社会和谐提供思想基础和精神动力。2005 年，按照中央、省委、市委的统一部署，市、县两级工会机关开展保持共产党员先进性教育活动，经测评，群众满意度为 100%。同时，开展“为发展添砖加瓦争创一流业绩，为党旗增光添彩争当先锋模范”活动和绩效评估，争创第九届省级文明单位，落实党风廉政建设责任制，取得较好成效。2009 年，弘扬劳模和老区精神，做好职工的形势政策和思想教育工作，举行各类教育活动近千场，5 万多名职工接受教育。通过思想政治系列教育，努力为推动科学发展、促进社会和谐提供思想基础和精神动力。

2. 开展文化技术教育

一是开展“创建学习型组织，争做知识型职工”活动。中共十六大在全面建设小康社会的目标中提出要“形成全民学习、终身学习的学习型社会，促进人的全面发展”。为贯彻这一精神，龙岩市各级工会按照科教兴国、人才强国战略的要求，深入开展“创建学习型组织，争做知识型职工”活动，着力维护职工的学习权、发展权，促进职工文化技术素质提升。2004 年，市总工会联合市经贸委、市劳动和社会保障局、市直党工委等 11 个单位，成立领导小组，制定工作制度和评估体系，建立 30 家活动联系点和示范基地，通过开展“八个一”系列活动（组织广大职工参加一次“创争”知识竞赛，举办一次“创争”活动征文赛，组织职工读好一本书，组织职工举办一次以上的业务培训，举办一次以上的职工技能比赛，召开一次“创争”经验交流会，开展一次学习日活动，选树一批“创争”先进典型），推动“创争”活动的深入开展，组织 7 万多名职工参加全国“创争”活动知识竞赛。[①]2009 年，广泛开展“创争”活动，全市 3000 多家企业工会、10 万名职工持续开展“创建学习型组织，争做知识型职工”活动，推动职工素质提升。

二是开展读书自学活动。为适应 21 世纪初国内外环境变化对工

① 参见龙岩市地方志编纂委员会编：《龙岩年鉴（2003）》，方志出版社 2003 年版，第 194 页。

人阶级提出的新要求，龙岩市各级工会着力打造一支能够承担起 21 世纪工人阶级历史使命的高素质的职工队伍。2004 年，8.57 万名职工参加读书自学活动，一些单位建立“日读千字、周写一文、季看一书”的制度，不少单位结合工作实际，每月举办一次学习日活动。2008 年，通过组织读书活动月，开展读书有感演讲，推动职工读书活动，涌现出一批自学成才职工。全市工会创办“职工书屋”68 家，其中，省级以上“职工书屋”7 家。2010 年，把大中型企业、工业园区作为“职工书屋”建设重点，在完善 116 家市级以上“职工书屋”示范点建设（其中国家级 12 家、省级 11 家）的基础上，又建设 35 家市级以上“职工书屋”示范点，为职工、农民工学习提供一个良好环境。

三是加强职工教育培训工作。龙岩市各级工会一直致力于全面提高职工的综合素质，为企业可持续发展提供智力支持和人才保证。2004 年，近 5 万名职工参加提高工作水平的业务培训。市、区两级工会联合成立中心城市进城务工人员夜校，有计划地对进入工会的进城务工人员进行各种技能培训。2007 年，全市各级工会把帮扶职工、农民工提高职业技能素质作为工作重点，深入开展牵手连心培训就业帮扶行动，与有关企业联合创办一批职工、农民工培训基地，帮扶职工、农民工参加技能培训和技能鉴定。全市工会共培训帮扶职工、农民工 26904 人次。2008 年，各级工会以企业为主体，主动帮助企业制定培训方案，落实培训经费，全面实施技能培训、技能练兵、技能比武、技能晋级、技能帮带“五位一体”的职工素质工程，开展造就技术工人队伍的“百、千、万”技能培训行动，全年举办培训班 500 多期，通过多种渠道培训职工、农民工近 3 万名，1 万多名职工获得职业技能证书，有效提高了职工素质，增强了职工就业竞争力。2009 年，发挥工会“大学校”作用，组织职工 15 万多人次参加岗位培训，以中职学校为依托，创立 15 个职工技能培训基地，举办各类培训班 110 期，培训职工、农民工 6600 人次，有 1400 多名职工（其中包括 520 名农民工）取得职业技能等级证书。实行工会、学校、企业三结合办法，实施培训、就业一揽子计划，为企业输送 2000 多名有初级工以上证书的急需技能人才，为企业发展提供人才支撑。

总之，全面建设小康社会时期，龙岩市各级工会组织围绕市委、市政府确定的建设闽粤赣边联结沿海、拓展腹地的生态型经济枢纽，使闽西成为海峡西岸经济区重要增长极的目标，持续利用好工会组织的特点、优势、渠道和措施，引导广大职工积极参与、支持、服务改革、发展和稳定工作，积极参与、支持、服务生态型经济枢纽建设，为构建和谐社会作出积极贡献。全市各级工会成为党的方针政策的宣传者、和谐社会的维护者、企业改革发展稳定的推动者、职业道德建设的倡导者和基层组织建设的示范者。在中国工会十二大祝词中，胡锦涛盛赞我国工人阶级是一支特别能战斗的队伍，始终是推动社会前进的最基本的动力。事实也充分证明了工人阶级是进行社会主义现代化建设的主力军，是巩固发展全国安定团结政治局面的重要因素。

第四章
中国特色社会主义新时代的闽西工运

党的十八大以后，中国特色社会主义进入新时代。以习近平同志为核心的党中央始终关心关爱工人阶级，高度重视并有力领导推进党的工运事业和工会工作。习近平总书记每逢“五一”国际劳动节都以不同方式向职工群众致以节日祝贺，每到一地考察都深入基层看望劳动模范、慰问职工群众，亲临全总机关与劳模代表座谈，多次给劳模和一线职工等回信，领导召开党的历史上第一次中央党的群团工作会议，亲自谋划指导产业工人队伍建设改革和工会改革，为党的工运事业和工会工作领航掌舵、把关定向。龙岩市广大职工群众牢记习近平总书记和党中央的殷殷嘱托，坚定不移听党话、跟党走，诚实劳动、勤勉工作，锐意创新、敢为人先，汇聚起奋进新时代的磅礴力量，在打赢脱贫攻坚战、全面建成小康社会、统筹推进疫情防控和经济社会发展、有效应对风险挑战中发挥了重要作用，展示出龙岩市工人阶级团结奋斗的时代风采。在这一伟大历史进程中，龙岩市各级工会坚持以习近平新时代中国特色社会主义思想为指导，全面贯彻习近平总书记关于工人阶级和工会工作的重要论述，认真落实中央和省委、市委党的群团工作会议部署，紧紧围绕党委政府中心大局，持续保持和增强政治性、先进性、群众性，聚焦主责主业、坚持改革创新、勇于担当作为，开创了具有时代特征和闽西特色的工运事业和工会工作新局面。

第一节
坚持党对工运事业和工会工作的领导

党的十八大以来，习近平总书记多次就工会自觉接受党的领导作出重要指示、提出明确要求，强调工会工作是党的群团工作、群众工作的重要组成部分，是党治国理政的一项经常性、基础性工作，“工会工作做得好不好、有没有取得明显成效，关键看有没有坚持正确政治方向；坚持正确政治方向，就是要坚持中国共产党领导和我国社会主义制度”“在坚持党的领导这个根本问题上，工会必须旗帜鲜明、立场坚定”。[①] 进入新时代，龙岩各级工会始终把坚持自觉接受党的领导作为根本政治原则和根本政治保证，并全面、有效地贯彻落实到工会工作全过程和各方面。

一、始终坚持工会工作正确方向

（一）坚持不懈用习近平新时代中国特色社会主义思想凝心铸魂

福建是习近平新时代中国特色社会主义思想的重要孕育地和实践地，闽西苏区老区承载着习近平总书记的关心关怀和殷殷嘱托。龙岩市各级工会坚持用习近平新时代中国特色社会主义思想坚定理想、锤炼党性、指导实践、推动工作，传承弘扬习近平总书记在福建工作期间开创的重要理念和重大实践，不断提高政治判断力、政治领悟力、政治执行力，深刻领悟“两个确立”的决定性意义，增强“四个意识”、坚定“四个自信”、做到“两个维护”，学思用贯通、知信行统一，始终在思想上政治上行动上同以习近平同志为核心的党中央保持高度一致，确保龙岩市工运事业始终沿着习近平总书记指引的方向阔步前行。

2012 年，龙岩市各级工会把学习宣传贯彻党的十八大精神作为工会首要政治任务，制定下发《龙岩市工会学习宣传贯彻党的十八大

---

① 习近平：《论坚持党对一切工作的领导》，中央文献出版社 2019 年版，第 282 页。

图 4-1-1　2012 年，原市委常委、统战部部长、市总工会主席阮开森（中间）到市职工服务中心调研

精神的通知》，组织广大职工认真学习领会党的十八大提出的一系列新观点、新论断、新举措，把学习贯彻党的十八大精神转化为做好工作的强大动力。2013 年，认真学习贯彻习近平总书记系列重要讲话精神，特别是习近平总书记在同全国劳动模范座谈时的重要讲话、同中华全国总工会新一届领导班子成员集体谈话时的重要讲话精神，结合学习贯彻中国工会十六大精神，组成 10 个宣讲组深入 1650 多家厂矿企业和 12000 多名职工中，广泛宣传党的十八大和十八届三中全会精神，教育、引导、激励全市广大职工为实现中国梦贡献智慧和力量。2014 年，把学习贯彻党的十八大和十八届三中、四中全会精神与学习贯彻习近平总书记系列重要讲话精神紧密结合起来，广泛组织工会干部和职工群众深入学习领会习近平总书记关于治国理政的一系列重要思想，重点是学习领会好习近平总书记来闽来岩考察时的重要讲话精神、关于工人阶级和工会工作的重要讲话精神，切实把思想和行动统一到党中央精神上来。2015 年，把学习中央、省委、市委党的群团工作会议精神，以及习近平总书记系列重要讲话精神作为重大

政治任务，举办各类宣讲活动160多场次。2016年，深入学习贯彻习近平总书记在知识分子、劳动模范、青年代表座谈会上的讲话、在庆祝中国共产党成立95周年大会上的讲话等系列重要讲话精神，举办各类宣讲活动200多次。2017年，把学习宣传贯彻习近平新时代中国特色社会主义思想和党的十九大精神作为首要政治任务，组织开展党的十九大精神“进基层、进园区、进企业、进车间、进班组”宣讲活动。

2018年，把学习宣传贯彻习近平新时代中国特色社会主义思想和党的十九大精神，与学习宣传习近平总书记同全总新一届领导班子成员集体谈话时的重要讲话以及中国工会十七大精神紧密结合起来，通过举办专题读书班、培训班、主题党课、一周一学习等活动112次，推动相关精神进企业、进班组、进职工头脑。2019年，通过工会领导干部（遵义）素质提升班、“学习强国”平台、职工书屋“红古田”读书会、五一大讲堂、宣传小分队等，动员广大工会干部、职工群众深入学习宣传贯彻习近平新时代中国特色社会主义思想及习近平总书记关于工人阶级和工会工作的重要论述，及时跟进学习习近平总书记重要讲话和指示批示精神，把精神传达到基层、宣传到职工。2020年，强化“第一议题”制度，通过全委会、党组会、党组理论学习中心组会议、专题培训等，认真组织学习《习近平谈治国理政》（第三卷）、《习近平在福建》系列采访实录，及时跟进学习习近平总书记重要讲话、重要指示批示精神；联系实际学习贯彻党的十九届五中全会精神，学习贯彻习近平总书记给郑州圆方集团全体职工的回信精神和在全国劳模大会上的重要讲话精神。2021年，分阶段、分专题深入学习贯彻习近平总书记重要讲话、重要指示批示精神，及时跟进习近平总书记来闽考察时的重要讲话精神、在全国劳模表彰大会上的重要讲话精神、在五一国际劳动节前夕的重要指示批示精神和七一重要讲话精神等140项内容。

2022年，第一时间对龙岩市工会学习宣传贯彻党的二十大精神进行研究部署，组织劳模工匠、工会干部成立宣讲队伍，开展“党的二十大精神在身边”、劳模工匠“微宣讲”活动105场。2023年，扎实开展学习贯彻习近平新时代中国特色社会主义思想主题教育，牢牢把握“学思想、强党性、重实践、建新功”总要求，以走在前、树标

图 4-1-2　2023 年 4 月 26 日，原市委常委、市总工会主席邓菊芳与一线环卫工人面对面宣讲

杆的高度自觉，一体推进理论学习、调查研究、推动发展、检视整改等重点措施。深入开展中国工会十八大精神宣讲和贯彻落实工作。2024 年，充分发挥“关键少数”领学促学作用，抓好“第一议题”制度落实，跟进学习习近平总书记重要讲话、重要指示批示精神等 50 余项内容，进一步提升工会干部政治素养与能力。

（二）精准发力、扎实推动新时代各类主题教育纵深开展

在全党开展集中性学习教育，是我们党推进自我革命的重要途径，也是一条重要经验。进入新时代以来，龙岩市各级工会自觉主动把思想和行动统一到党中央决策部署和省委、市委工作安排上，以高度的政治责任感和使命感，高质量开展好历次集中性学习教育，推动全市工会系统党员干部思想解放、能力提升、作风转变、担当作为。

1. 党的群众路线教育实践活动。2013 年 6 月 18 日，中共中央召开党的群众路线教育实践活动工作会议，对全党教育实践活动进行动员部署。龙岩市总工会党的群众路线教育实践活动于 2014 年 2 月正式启动，至 2014 年 9 月基本完成。市总工会认真贯彻落实中央和省委、市委要求，紧紧围绕“为民、务实、清廉”的主题，按照“照镜子、正衣冠、洗洗澡、治治病”的总要求，圆满完成学习教育、听取意见和查摆问题、开展批评，以及整改落实、建章立制各环节任务，达到了转变作风、教育干部、凝聚民心的预期效果。

2.“三严三实”专题教育。2015年4月，中共中央办公厅印发《关于在县处级以上领导干部中开展“三严三实”专题教育方案》。2015年5月开始，龙岩市总工会在机关处级以上领导干部中开展“严以修身、严以用权、严以律己，谋事要实、创业要实、做人要实”的“三严三实”专题教育，坚持问题导向，真抓实改，着力解决“四风”上存在的问题，健全完善了11项制度。

3.“两学一做”学习教育。2016年2月，中共中央办公厅印发了《关于在全体党员中开展“学党章党规、学系列讲话，做合格党员”学习教育方案》。龙岩市总工会自2016年4月起，在全市工会系统党员干部中部署开展“两学一做”学习教育，结合工会实际，开展“一周一部一主题”特色活动，推动工会党员干部在精神状态上有新转变、素质能力上有新提升、工会工作上有新举措、创新服务职工上有新作为。

4.“不忘初心、牢记使命”主题教育。2019年5月13日，中共中央政治局召开会议，决定从2019年6月开始，在全党自上而下分两批开展“不忘初心、牢记使命”主题教育。龙岩市总工会严格对标

图4-1-3　2019年10月30日，龙岩市总工会开展“不忘初心、牢记使命”主题教育专题党课

对表中央部署和省委、市委要求，高站位、高起点、高质量、高实效推进主题教育。认真开展8个专题研讨，通过专题调研形成的5篇调研报告中，4篇分获“2019年度福建省工会理论研究优秀论文（调研报告）”一、二、三等奖；梳理查摆问题11个，整改落实9个，需长期推进2个；坚持边学边查边改，着力解决了金秋助学、中小学四点半课后服务、城镇困难职工脱困解困、农民工法律援助、职工医疗互助等一批职工群众最急最忧最盼的实际问题，主题教育取得了实实在在的成效。

5. 党史学习教育。2021年2月，中共中央印发《关于在全党开展党史学习教育的通知》，就党史学习教育作出部署安排。全市各级工会围绕“学党史、悟思想、办实事、开新局”，注重融入日常、抓在经常，组织工会干部和职工群众到红色旧址开展现场教学，组织开展“学党史工运史，颂党恩悟思想”等主题活动5场次，承办“忆工运学党史践初心跟党走”全省职工大学习“云”分享活动，开设“党史上的工运记忆”等3个学习专栏，切实发挥中央苏区工人运动史馆的党史学习教育阵地作用，营造了党史学习教育的良好氛围。

6. 学习贯彻习近平新时代中国特色社会主义思想主题教育。2023年3月30日召开的中共中央政治局会议决定从2023年4月开始，在全党自上而下分两批开展学习贯彻习近平新时代中国特色社会主义思想主题教育。龙岩市总工会牢牢把握“学思想、强党性、重实践、建新功”总要求，以走在前、树标杆的高度自觉，一体推进理论学习、调查研究、推动发展、检视整改等重点措施。举办主题教育读书班3期，开展中心组专题学习和集中研讨3次；梳理问题清单3个，制定整改措施9条，边学边改取得扎实成效；强化调查研究，班子成员领题调研，7项调研成果入选“2023年度福建省工会理论研究优秀论文（调研报告）”。

7. 党纪学习教育。为深入学习贯彻修订后的《中国共产党纪律处分条例》，经党中央同意，自2024年4月至7月，在全党开展党纪学习教育。龙岩市总工会把党纪学习教育作为重大政治任务，高起点部署、高标准开展、高质量推进，精心组织开展集中学习、专题读书班、交流研讨、参观廉政教育基地、警示教育会、专题党课等活动，推动党纪学习教育走深走实。

（三）坚决扛起全面从严治党政治责任，以高质量党建引领工会工作

龙岩市各级工会深入贯彻新时代党的建设总要求，牢牢把握工会工作的政治定位和工会组织的政治属性，坚决扛起全面从严治党的政治责任，坚持以党的政治建设为统领，严守党的政治纪律和政治规矩，深入推进党建和党风廉政建设，加强财务和资产监督管理，强化经费审查审计监督，抓好工会系统“1+X”专项督查（“1+X”专项督查，纪委是“1”，发挥监督作用，履行协调抓总的职能；相关职能部门是“X”，发挥部门职能监督作用，履行主体责任。目前，纳入“X”的职能部门已涵盖人社、财政、审计、外事侨务、机关事务管理、工商、地税、国税、总工会、交警10个单位），常态化开展廉政警示教育，严格落实民主集中制、请示报告制度、“三重一大”集体研究等制度规定，主动接受派驻纪检监察组监督，一体构建不敢腐、不能腐、不想腐机制，以高质量党建引领保障全市工运事业和工会工作高质量发展。

1.始终把政治建设摆在首位。把坚持党的领导作为工会工作的最高政治原则和根本保证，深刻领悟“两个确立”的决定性意义，增强“四个意识”、坚定“四个自信”、做到“两个维护”，始终在思想上政治上行动上同以习近平同志为核心的党中央保持高度一致。坚持不懈用习近平新时代中国特色社会主义思想凝心铸魂，深学笃行习近平总书记关于工人阶级和工会工作的重要论述，传承弘扬习近平总书记在福建工作期间开创的重要理念和重大实践，找准工会贯彻落实的结合点、切入点、着力点，切实把习近平总书记的殷殷嘱托，转化为推动全市工会工作高质量发展的生动实践。

2.深化党风廉政建设和反腐败工作。贯彻落实《党委（党组）落实全面从严治党主体责任规定》，制定出台《龙岩市总工会制度汇编》，并适时修订完善，形成用制度管理、按制度办事、靠制度管人的长效工作机制。2020年，开展“以案促改”工作，紧盯工程项目建设、专项资金分配使用、评先推优、选人用人等重点领域，制定了80项廉政风险防控措施，同时切实强化制度执行力度，扎紧制度“篱笆”。加强财务和资产监督管理，严格依法依规管理、使用工会经费和资产，从严从实抓好常规审计和“1+X”专项督查，一体推进不敢腐、不能腐、不想腐机制建设，营造风清气正的良好政治生态。

3. 严守党的政治纪律和政治规矩。认真贯彻《关于新形势下党内政治生活的若干准则》《中国共产党党内监督条例》等党内法规，加强和规范党内政治生活。健全市总工会向市委、各级工会向同级党委请示报告工作制度，做到重大事项、重大问题及时请示报告，确保党的主张落实到工会工作的各方面。积极配合 2020 年五届市委巡察、2024 年六届市委巡察工作，做好巡察“后半篇文章”。严格落实中央八项规定及实施细则精神和省、市实施办法，贯彻落实市委文件精神，力戒形式主义、官僚主义，切实为基层减负，驰而不息纠治“四风”。

4. 扎实推进机关作风专项整治。深入开展“大学习、大调研、大落实”活动，大力弘扬“马上就办、真抓实干”等优良传统，坚持“一线工作法”“脚底板工作法”，发扬“冲冲冲”工作作风，常态化开展工会干部赴基层蹲点、“百名工会干部挂百企访千企”工作，激发奋发有为、昂扬向上的精神风貌，保持与职工群众的血肉联系，切实把作风建设成效转化为维权服务的实际行动。

二、加强职工思想政治引领

龙岩市各级工会坚持以习近平新时代中国特色社会主义思想为指导，主动肩负起紧密团结职工群众、为党凝聚人心的政治使命，紧紧抓住职工思想引领这个牛鼻子，举旗铸魂、守正创新、厚植优势，向上提升理论高度，向下延伸实践深度，不断拓展新渠道、开辟新阵地，着力打造闽西红土地“岩工”宣传工作品牌，教育引导广大职工坚定不移听党话、矢志不渝跟党走，确保龙岩工运事业和工会工作始终在党的领导下，与时代发展同步伐、与职工群众心连心、与人民事业共命运。

（一）党的理论宣传有形有感

党的十八大以来，龙岩市各级工会认真贯彻落实习近平总书记关于“让党的创新理论‘飞入寻常百姓家’”的重要指示精神，倾力打造“接地气、冒热气”的劳动一线职工思政课堂。市总工会成立了一支由 122 名工会领导干部组成的宣传宣讲队，深入园区、企业、车间、班组，面向一线职工开展党的创新理论、身边榜样等专题宣传宣讲 1000 余场次，参与职工 15 万余人。组织 88 名劳模（工匠）成立 8 支宣讲队，通过主题宣讲、典型宣讲和线上线下联动等形式，开展“小故事大内

图 4-1-4　2024 年 8 月 5 日，市总工会领导走进羊古墩工会驿站开展党的二十届三中全会精神微宣讲

容，身边人讲身边事”等有特色、接地气的劳模工匠宣讲活动 1300 多场，大力弘扬劳模精神、劳动精神、工匠精神。实施“新思想·‘心’驿站”专项行动，推行“工会驿站 + 思想引领”工作模式，依托 140 余家“10 分钟工会服务圈”服务站点，通过微宣讲、报刊赠阅、互动交流等职工喜闻乐见的形式，将看得见的驿站服务与看不见的思想引领有机结合起来，让工会的思政教育“有形”更“有感”。

（二）主题宣传教育活动有料有益

龙岩市各级工会紧扣党委、政府工作大局，把实施“中国梦·劳动美”主题宣传教育活动作为职工群众思想政治引领建设工程的重要载体，坚持不懈用社会主义核心价值观铸魂育人，紧扣职工关切开题作答、释疑解惑，动员广大职工积极投身经济建设主战场，在新时代新征程上充分发挥主力军作用。

突出“中国梦·劳动美”“劳动创造幸福”等主题宣传教育，围绕“学习宣传贯彻党的十八大”、“喜迎党的十九大”、庆祝建党百年、新中国成立 70 周年、新中国成立 75 周年、改革开放 40 周年、“喜迎二十大、建功新时代”等重大节点，紧扣“强国复兴有我”“凝心铸魂跟党走　团结奋进新征程”“礼赞劳动创造·彰显工匠风采”“汇聚‘工’力量·建设新龙岩”等主题，组织开展“三送三进”、职工工装

图 4-1-5　2017 年 3 月 2 日，举办“弘扬雷锋精神·共创文明城市”主题志愿服务一条街活动

风采大赛、职工演讲比赛、职工书画摄影展、职工文化体育等系列活动 760 余场次；积极开展“两节”期间“写春联·送祝福”职工书法公益活动 300 余场，送出春联近 300000 副；配合举办福建省职工联合会成立 85 周年、90 周年纪念活动；建成开放中央苏区工人运动史馆、福建省职工联合会历史展馆等一批红色工运场馆；打造全国、省、市级职工书屋 219 家；依托职工书屋举办读书交流活动近 400 场，把中国梦和社会主义核心价值观融入其中，切实凝聚共识，汇聚力量，坚定广大职工听党话、跟党走的政治信念。

2012 年以来，龙岩市总工会文明单位创建工作见行见效，连续三届获评省级文明单位。每年组织开展“弘扬雷锋精神·建设美丽龙岩”“传承雷锋精神·弘扬时代新风”“大爱龙岩·福满闽西”等主题的学雷锋志愿服务一条街活动。全市共组织 3000 多家机关部门、企事业单位近 2 万名志愿者为 10 余万名职工群众提供便民惠民利民志愿服务；举办道德讲堂 80 余场；推荐候选对象参加职工职业道德建设“双十佳”、“最美人物”、“最美劳动者”、“最美职工”、“最美职工家庭”评选等活动。

（三）工会意识形态工作有力有为

龙岩市各级工会认真贯彻习近平总书记关于意识形态工作的重要

论述，全面落实意识形态工作责任制，强化工会网络安全和网络意识形态工作，团结职工群众唱响主旋律。

推行“主流媒体 + 新媒体 + 工会阵地”宣传模式，推动工会宣教工作由单打独斗走向联合运转、由相对封闭走向开放多元、由自成体系走向整体联动。充分利用《闽西日报》、龙岩电视台、龙岩人民广播电台等媒体资源，以“中国梦·劳动美”为宣传主线，常年开设“劳动创造幸福”“凝心铸魂跟党走　团结奋斗新征程”等专栏，宣传各级劳模工匠的典型事迹及工会重点工作，在城区户外大屏、办公场所和小区楼宇电视等载体上全方位、多角度宣传展示劳模工匠先进人物风采事迹，让“三种精神”无处不在、如影随形。发挥工会“网端微屏”作用，积极运用网站、微信、今日头条、抖音等新媒体创新传播方式，讲好职工故事、传播工会声音、展示工会形象，在“龙岩工运”微信公众号开设“岩声·工运”“岩声·工道”“岩声·工友”“岩声·工匠”“岩声·工语”等系列专栏，定期刊发维权案例、心理健康服务、招聘信息等职工关心关注的热门话题，同步开展职工工装风采大赛、职工演讲比赛、主题征文活动、职工趣味体育活动等线上文体活动，让微信公众号成为职工了解工会“娘家人”的窗口，服务全市广大职工破百万人次，吸引粉丝近 7 万名。

深入开展“网聚职工正能量　争做八闽好网民”“国家网络安全

图 4-1-6　2023 年 4 月 27 日，龙岩市企业职工工装风采大赛在龙岩市工人文化宫举办

宣传周”等主题活动，推动工会宣传教育和网络工作专班工作机制，做好网络舆情实时监测，强化工会用网治网能力，积极弘扬主旋律、传播正能量，不断巩固壮大主流思想舆论，助力打造清朗网络空间。

第二节
充分发挥工人阶级的主力军作用

习近平总书记指出，“工人阶级是我国的领导阶级，是我国先进生产力和生产关系的代表，是我们党最坚实最可靠的阶级基础，是全面建成小康社会、坚持和发展中国特色社会主义的主力军”[①]，要坚持全心全意依靠工人阶级的根本方针，充分调动广大职工群众的积极性、主动性、创造性，积极投身全面推进强国建设、民族复兴的伟大事业。进入新时代，龙岩市各级工会始终坚持把服务中心大局、推动社会经济发展作为工会工作的第一要务，广泛团结动员全市职工以主人翁的姿态和主力军的担当，围绕加快建设“机制活、产业优、百姓富、生态美”的新龙岩，在建设闽西革命老区高质量发展示范区、奋力谱写中国式现代化龙岩新篇章的征程上建功立业，奏响“咱们工人有力量，咱们工会有作为”的时代强音。

一、深化产业工人队伍建设改革

推进产业工人队伍建设改革，是习近平总书记亲自谋划、亲自部署、亲自指导的重大改革。党的十八大以来，习近平总书记多次就推进产业工人队伍建设改革发表重要讲话、作出重要指示。龙岩市深入学习贯彻习近平总书记关于产业工人队伍建设改革的重要论述精神，认真贯彻落实全国总工会、福建省总工会工作要求，围绕“造就一支有理想守信念、懂技术会创新、敢担当讲奉献的宏大的产业工人队伍”，扎实推动产业工人队伍思想引领、建功立业、素质提升、地位提高、队伍壮大等重要任务落实见效，形成了从“试点探索”到“面上覆盖”“区域开展”的良好态势。

---

① 中共中央党史和文献研究院编：《习近平关于工人阶级和工会工作论述摘编》，中央文献出版社2023年版，第21页。

（一）建立产业工人队伍建设改革工作机制

龙岩市委、市政府高度重视产业工人队伍建设改革，将产改工作纳入龙岩国民经济和社会发展“十四五”规划。2019 年 10 月，市委、市政府研究出台了《关于推进新时代龙岩产业工人队伍建设改革的十五条措施》。市委、市政府先后制定下发了有关产业专项规划、扶持产业政策措施、落实技能人才薪酬分配指引方案等落实产改政策的文件 50 多份，有力地推进了各项产改政策落地见效。市委常委会会议每年专题研究产改工作，市委历次全委会在报告中提出新时代推进产业工人队伍建设改革内容。

2023 年 12 月，市总工会印发了《关于进一步推进产业工人队伍建设改革助力民营经济发展壮大的六条措施（试行）》，要求提升民营企业产业工人技术技能、激励民营企业产业工人创新创造、促进民营企业产业工人成才成长、支持民营企业工会建会建家、推动劳模工匠“助企行”落实落细、增强民营企业产业工人的幸福感获得感。

（二）推动产业工人队伍建设改革纵深发展

2024 年 10 月，《中共中央　国务院关于深化产业工人队伍建设改革的意见》印发，充分体现了习近平总书记和党中央对工人阶级和工会工作的高度重视、对广大产业工人的关心关怀，为进一步深化产业工人队伍建设改革指明了前进方向，注入了新的动力。龙岩市各级

图 4-2-1　2024 年 1 月 17 日，召开龙岩市产业工人队伍建设改革工作推进会

工会切实提高政治站位，深刻理解深化产业工人队伍建设改革的重要意义，全面把握习近平总书记重要指示精神，按照《中共中央　国务院关于深化产业工人队伍建设改革的意见》部署要求，认真履行牵头抓总职能，全力以赴促使产改工作在龙岩落实落地，形成生动实践。

1. 大力推进工匠学院建设。积极探索工匠学院在产业工人队伍素质提升方面的创新性作用，龙岩市累计建设各级工匠学院 18 家。龙岩技师学院产业工人实践基地 2023 年 1 月被列为首批“福建省工匠学院”，2024 年 10 月入选 100 家“2024 年度全国总工会重点支持的工匠学院”名单。福建省金龙稀土股份有限公司工匠学院积极构建多元化人才培养体系，推动稀土产业工人由“工”变“匠”、向“新”发展，入选 2024 年第 2 期全省工会工作创新案例。

2. 深入开展职工素质提升工程。开展“名师带高徒”“师徒结对”活动，组织 323 期 63 个工种的“订单式”职业技能培训和班组长培训，2019—2024 年，全市共 26095 人次取得职业技能等级证书，高新技术工种评价取证达 6633 人次，其中，电工 3068 人次、化学检验员 1281 人次、汽车维修工 714 人次、钳工 495 人次。组织 15 个行业、152 个工种、职工 5.7 万余人次开展技能大赛，先后选送 523 名职工参加全国、省部级职工技能竞赛，51 人获得省部级竞赛前 3 名，其中 12 人获得第一名。大力实施农民工职业技能提升计划和“求学圆梦”行动，2019—2024 年累计培训职工 6.23 万人次，帮助 7335 名农民工提升学历，推荐 14 人次参加全省劳模（工匠）本科班学习。

3. 加快推动产教融合发展。2024 年 4 月，龙岩市总工会联合市人社局、市科技局、龙岩学院、闽西职业技术学院、龙岩技师学院等 28 家相关部门，在全国率先组建“劳模工匠发展新质生产力创新联盟”，建立劳模工匠人才库，成立千人劳模工匠服务团，在院校、劳模工匠、企业、乡村之间搭建起“产、教、研、学、用”相互融合的桥梁。龙岩学院与福建龙净环保股份有限公司、闽西职业技术学院与福龙马集团股份有限公司等龙头企业工匠学院，共同建立校企合作特色的产业学院获省教育厅立项建设；与福建龙麟集团有限公司、福建德尔科技股份有限公司等重点企业开展“二元制”高职学历教育。龙岩华侨职业中专学校工匠学院与华润水泥（福建）股份有限公司、

图 4-2-2　2024 年 4 月 30 日，市委书记余红胜在龙岩市劳模工匠新质生产力创新联盟成立仪式上为龙岩市劳模工匠服务团授旗

福建省金龙稀土股份有限公司、紫金铜业有限公司等企业合作开展“1+N”协同模式的现代学徒制。试点推行工匠学院联盟，2024 年 10 月，龙岩学院物理与机电工程学院工匠学院牵手国网龙岩供电公司工匠学院签约校企合作联盟，开展课题研究和技术攻关。

4. 提升产业工人政治待遇。2021 年换届后，产业工人在龙岩市“三代表三委员”中的数量和比例均有提升。新一届市、县、乡人大代表中，一线工人比例为 2.99%，较上一届明显提升；市政协委员中产业工人 158 人，占比 46.6%。在市级群团组织换届中产业工人比例均有提升，其中，在龙岩市第六次工代会上，142 名产业工人当选市工会代表，12 名产业工人当选为新一届委员会委员，新增 2 名新就业形态劳动者委员，新增 1 名优秀产业工人代表进入市总工会领导班子，任兼职副主席；在龙岩市第六次妇代会上，38 名产业工人当选市妇联代表，20 名产业工人当选为第六届委员。

二、持续掀起建功立业新高潮

（一）劳动技能竞赛蓬勃开展

党的十八大以来，龙岩市各级工会围绕市委、市政府“产业发展建设年”“三大攻坚战”“大抓招商、大抓产业、大抓项目”“打好五张牌、建设新龙岩”等工作部署和“5+N”现代产业体系和“2+4”工业产业等重大战略、重大工程、重大项目、重点产业，先后开展“当好主力军、建功‘十二五’”“建功‘十三五’、建设新龙岩”“当好主人翁、建功新时代”“建功‘十四五’、奋进新征程”等主题劳动技能竞赛，扎实开展“五小”等群众性创新创造活动，不断提高参与度、覆盖面和影响力，参与竞赛活动的企事业单位和职工数量年均分别达到2000余家、26万人次，带动更多职工积极参与岗位练兵、技能比武等活动，当好高质量发展的“顶梁柱”，争做现代化建设的“主力军”。

2012年，在全市职工中深入开展以“当好主力军、建功‘十二五’”为主题的新一轮社会主义劳动竞赛，着力抓好“十万职工大创新”、重点工程“功臣杯”立功竞赛、“职工节能环保行动”三大竞赛活动。全市职工提出合理化建议2万多件，实施7000多件，评出20项“龙岩市职工自主创新和合理化建议优秀成果”。联合有关部门，组织了机械、交通运输、旅游、电力、煤炭、教育、卫生等17个行业、25个工种开展全市性职工岗位技能大赛，全市举办各类技能比赛3000场，15万多名职工参赛，4.5万多名职工取得职业资格证书，其中2.1万多名取得中、高级工证书。

2013年，持续开展“创建学习型组织，争做知识型职工”活动，抓好技能竞赛、“名师带高徒”和岗位练兵、技术比武活动，以赛促学、以赛促练，在14个行业、50多个工种中开展技能大赛。

2014年，紧紧围绕市委、市政府发展大局，广泛开展社会主义劳动竞赛活动，在15个行业、50多个工种中开展技能比赛，特别是联合有关部门举办了“中国梦·劳动美”龙岩市窗口行业职工文明服务礼仪职业技能竞赛，取得了较好反响。

2015年，着重围绕龙岩市产业的转型升级，组织全市15个产业系统工会、10万名职工参加以项目建设、科技创新、节能减排、技能提升、优质服务和安全生产为主要内容的“六大主题”劳动竞赛活动；在全市重点项目建设中开展以比项目进度、比工程质量、比技术创新、比科学管理、比成本控制、比安全生产为主题的“六比”立功竞赛活动，激发了广大职工的劳动热情，加快了项目建设的进度。

图 4-2-3　2015 年 7 月 29 日，市委常委、市总工会主席邓菊芳为一线职工送清凉

2016 年，在龙岩市重点项目中组织开展以比项目进度、比工程质量、比技术创新、比科学管理、比成本控制、比安全生产为主题的“六比”立功竞赛和“百日会战”劳动竞赛，联合相关部门在市级 11 个系统（行业）组织开展 14 场（次）职工技能大赛、技术比武，近万名职工参加，在全市广大职工中形成“比、学、赶、超”的浓厚氛围。

2017 年，组织 15 个行业、152 个工种、职工 5.7 万余人次开展技能大赛，先后选送 523 名职工参加全国、省部级职工技能竞赛，51 人获得省部级竞赛前三名，其中 12 人获得第一名。

2018 年，围绕市委、市政府“双培育”行动计划，制定出台工会龙头企业职工技能竞赛活动三年计划和奖励措施。在重点工程建设、重要民生项目中开展以比精神、比氛围、比技能、比创新、比贡献为主题的“五比”竞赛活动，全市参加企业 150 多家，参赛职工近万名。选拔推荐的 3 名福龙马公司职工在第六届全国职工职业技能大赛福建选拔赛钳工省级决赛中包揽前三名，并参加全国赛。218 名职工参加省级职工技能竞赛，25 名职工获得前三名。在市、县两级行政服务中心 286 个窗口、1503 名职工中开展以比便民、比规范、比高效、比满意、比精气神为主题的“五比”服务竞赛，有效提升了窗口服务质量和水平，将竞赛活动纳入市政府绩效管理考评指标。

2019年，围绕“产业发展项目建设年”，以“当好主人翁、建功新龙岩”为主题，开展市级龙头企业职工技能竞赛、重点项目劳动竞赛、行政企事业单位岗位练兵活动16场，参与职工6000多人。全市征集职工“五小”技术革新项目975项，项目数和获奖数名列全省设区市总工会第三名，被省总工会授予优秀组织奖。积极参加闽西南协同发展区劳动模范联盟活动，先后派队参加闽东北、闽西南网络安全对抗赛和闽西南建筑挖掘机项目技能竞赛，分获团体第一名和三等奖。

2020年，贯彻打赢“三大攻坚战”、落实“六稳”措施等部署要求，围绕“产业发展项目建设年”活动，以“当好主人翁、建功新龙岩”为主题，在重点工程、重点项目、重点产业、重点企业及重要民生领域中开展20场市级职工劳动技能竞赛，参与职工近万人。

2021年，围绕市委、市政府五大关键工作和“产业发展项目建设年”活动，以“建功‘十四五’、奋进新征程”为主题，开展了20场市级职工劳动技能竞赛活动，参与职工13000多人次，通过竞赛授予“五一先锋岗”“五一工匠”“五一劳动标兵”“五一劳动能手”等各类先进称号91名。

2022年，聚焦市委、市政府“大抓招商、大抓产业、大抓项目”“打好五张牌”等重点工作，以“建功‘十四五’、奋进新征程”为主题，组织实施职工劳动技能竞赛133场，参与职工3.7万多人。

2023年，推动赋能成长，围绕市委、市政府“打好五张牌，建设新龙岩”和“5+N”现代产业发展，组织开展“奋进新征程、建功新龙岩”劳动技能竞赛76场，参与职工3.2万人次。

2024年，开展以“工聚三争、会助发展”为主题的“奋进新征程、建功新龙岩”市级劳动技能竞赛81场。

（二）职工创新活动如火如荼

龙岩市各级工会始终把开展群众性“五小”创新活动作为推进产业工人队伍建设改革、提升产业工人队伍技能素质的重要抓手，主动担当作为，广泛开展小革新、小发明、小改造、小设计、小建议等“五小”群众性职工创新活动，促进创新成果转化。党的十八大以来，龙岩市累计发动 1 万多家企事业单位、100 多万职工参与，共申报项目成果 9129 项，获省奖达 1391 项，其中民营企业职工获奖项目 1040 项，项目数和获奖数连续 7 年位居全省前三名，连续 8 年被评为“福建省百万职工‘五小’创新大赛优秀组织单位”。

2012—2018 年，全市共征集 716 项职工自主创新成果参加“6·18”海峡两岸职工创新成果展，对接转化 576 项，产生经济效益 3.2 亿多元；1784 项职工“五小”创新项目参加全省大赛，464 项获省总工会表彰。

2019—2024 年，全市共征集 7345 个项目参与福建省百万职工“五小”创新大赛，927 个项目获得省级奖励。2024 年 1 月 5 日，龙岩市总工会在 2024 年福建省百万职工“五小”创新成果展示会上作经验交流。

（三）服务中心大局彰显作为

龙岩市各级工会紧紧围绕党中央决策部署和市委、市政府工作大局，牢固树立大局意识和全局观念，强化“主场、主角”的意识，在大局下思考、在大局下行动，把党政所需、职工所盼、工会所能紧密结合起来，主动融入市委在各个阶段的战略布局，积极服务政府重点工作，找准切入点、结合点、发力点，使工会工作始终与中心大局同频共振，确保上级决策部署在闽西工会不折不扣落地生根。

1. 服务助力“六稳”“六保”。2020 年 6 月 24 日，全国总工会印发《关于在做好“六稳”工作落实“六保”任务中充分发挥工会组织作用的意见》，龙岩市各级工会迅速行动，在强化就业优先政策、加大困难职工帮扶、助力企业复工复产、维护职工队伍稳定等方面发挥工会组织作用，推动各项工作落地见效。一是推进就业服务常态化。市、县两级工会联合人社局、团委、妇联、残联、退役军人事务局、好工作人才网、KK 人才网等部门积极举办各类大型线上 + 线下专场招聘会，有序开展就业服务行动，扎实推进招工稳岗稳工工作，开展“春风行动”、大中专毕业生专场招聘会、“就业服务不打烊，网上招聘不停歇”、“工会送岗、乐业龙岩”、“工会主席直播带岗”、网上就业超市、微信每月招聘等线上线下招聘活动 800 余场次，累计服务企业 31700 多家（次），提供就业岗位 57 万余个，服务职工群众 44.25 万人次。二是实施职工素质提升工程。推动构建促进职工技能素质提升工作体系，主动融入“技能龙岩”行动，落实全国职工素质建设工程五年规划，推动产教融合、在岗培训，依托“八闽工匠学堂”“龙岩工匠学院”开展“订单式”技能人才培训，深化农民工学历与能力双提升“求学圆梦行动”，在赋能成长中不断壮大高素质产业工人队伍，唱响“咱们工人有力量”的时代强音。依托福建省龙岩华侨职业中专学校、龙岩市交通职业技术学校、福建省龙岩市旅游服务培训中心等 14 家职工技能培训学校、企业培训点实施职工技能培训计划，开设培训班 346 期，培训学员 30545 名。三是实施小微企业和小额缴费工会组织工会经费全额返还支持政策。为帮助市场主体纾困解难，切实减轻企业负担，促进小微企业健康发展，加强基层工会工作，夯实基层工会服务职工的物质基础，根据全国总工会、福建省总工会工作要求，市、县两级工会认真实施小微企业和小额缴费工会组织工会经费全额返还支持政策。2020 年 1 月 1 日至 2022 年 12 月 31 日，对小微企业缴纳的工会经费实行全额返还；实施“免申即享”主动返还政策，市、县两级工会主动向 4139 家小微企业和小额缴费工会组织返还工会经费 2156.07 万余元。2023 年 1 月，开始实施小额缴费工会组织工会经费全额返还政策，对全年按时足额上缴工会经费低于 1 万元（不含，下同）的小额缴费工会组织，其当年上缴的工会经费予以全额返还，共向 3255 家小额缴费工会组织返还工会经费 611.4 万元。

2. 有效助力疫情防控。2020 年新冠肺炎疫情暴发。面对突如其来的疫情，龙岩市各级工会第一时间成立应对疫情工作领导小组，第一时间向全市广大职工、各级劳模发出积极有序参与疫情防控的倡议书，第一时间组织各级工会迅速构筑起群防群治抵御疫情的严密防线。紧急协调购买防疫物资支援交通运输、保洁环卫、卫生防疫、检测站点、旅游服务等疫情防控一线职工以及受疫情影响严重的企业职工。对 58 名援鄂医务人员家属和全市定点医疗机构一线医务人员实行全覆盖慰问，累计发放慰问金和采购防疫物资 137.18 万元。开通心理服务热线，为全市职工免费提供心理援助。组织近 1000 名一线医务人员和疫情防控一线职工参加疗休养活动。发出《工会劳动法律监督提示函》2 次，深入开展集体协商“特别要约”暨“稳就业、促发展、构和谐”行动，促成旅游、出租车行业不裁员、不减薪、减免承包经营费用等协议，及时调处某医药公司因开工不足导致的100余名职工工资支付和生活费补助问题，稳定疫情期间的劳动关系，维护了和谐稳定。

疫情期间，开展“就业服务不打烊，网上招聘不停歇”行动，为5763家企业推送岗位招聘信息35261个（次）。开通“爱心龙岩，平安返岗”农民工返岗包车85趟（次），帮助2249人平安返岗。深入出租车、公交、客运、煤电、旅游、商场等行业企业开展8次专题调研，指导做好科学有效防控与有序复工复产。联合发行“红古田惠民卡·工会卡”近5万张，带动旅游客流35万人次。龙岩市各级工会直接采购贫困地区或贫困户农副产品495.06万元，帮助销售324.5万元，助力决战决胜脱贫攻坚。通过购买服务方式组织开展家政服务员培训33期、1535人，提升职工就业能力水平。

3.持续开展职工疗休养活动。龙岩市各级工会积极贯彻落实全总、省总关于职工疗休养工作的部署要求，把职工疗休养作为工会组织维护职工权益、服务职工的重要手段，以及助力文旅产业发展、刺激消费增长的关键举措，积极探索“山区＋沿海”“老区＋湾区”“红色＋绿色”疗休养模式并加强对外宣传推介，全力打造工会助力文旅经济发展新品牌。2019—2024年底，共举办职工疗休养示范班114期，发动5418家基层工会近6万名职工参加疗休养活动，下拨补助资金4216万元。

2019年，市总工会联合市财政局、市人社局、市文旅局制定了《龙岩市职工疗休养工作实施方案》，参照省级疗休养示范基地建设标准建立了市级疗休养示范基地标准，并强化了基地动态管理规范和满意度评价机制，构建起全市职工疗休养工作体系。2021年，为进一步扩大职工疗休养覆盖面和受益面，积极发动基层工会开展职工疗休养活动，在省总工会专项补助每人每天100元的基础上，出台县（市、区）总工会再给予每人每天100元的配套补助政策，有效激发基层工会组织开展疗休养活动的积极性。2022年5月13日，组建“龙岩市职工疗休养联盟”，通过共同强化品牌形象、共同制定优惠政策、共同打造精品线路、共同推介疗休养产品、共同搭建信息平台等“五个共同”机制，着力打造龙岩疗休养特色服务品牌，推荐评选命名省级职工示范性疗休养基地7家、市级职工疗休养基地13家，与广州、厦门等地工会签订战略合作协议。2023 年，评选命名 13 家第二批市级职工疗休养基地，组建“闽西职工疗休养联盟”，推动“山区＋沿海”“老区＋湾区”“红色＋绿色＋蓝色”职工疗休养模式，11681 名职工参加疗休养活动，下拨专项补助资金 1225 万余元。市总工会联合市文旅局、农业农村局、林业局、水利局制定下发《关于深入推动基层工会组织开展春秋游活动助力乡村振兴的通知》，提供春秋游目的地推荐名单 77 家，发动 1.93 万名职工参加春秋游活动。2024 年 4 月，将推荐名单上的春秋游目的地增加到 84 家；与广州市总工会共同组织的“广州市优秀技术工人和先进职工龙岩行”2024 年首发专列载 300 余名职工顺利来岩开展疗休养活动。全年承接广州市大型国企和各级工会疗休养班次 36 期近 2000 人。

4. 工会消费帮扶助力脱贫攻坚和乡村振兴。龙岩市各级工会认真贯彻落实党中央、国务院关于消费帮扶的决策部署，注重发挥工会优势和作用，积极探索构建职工消费帮扶长效机制，从用好政策、深挖消费潜力等多方面，动员全市各级工会组织和广大职工采取切实有效措施，积极参与消费帮扶，助力脱贫地区和对口帮扶地区特色产业发展，助推革命老区乡村振兴。

自 2020 年起，龙岩市总工会联合市财政局、扶贫办（乡村振兴局）、供销社，面向全市各级预算单位和广大干部职工下发了《关于开展消费扶贫行动助力决战决胜脱贫攻坚的通知》《持续开展“消费扶贫”倡议书》等，将各县（市、区）农副产品销售企业列入采购目录，明确各级工会组织在采购节日福利、慰问品时，应安排一定比例金额（不低于 20%）优先采购上述地区的农副产品。先后举办了龙岩市消费扶贫产品对接暨“红古田”农产品推介会、消费帮扶暨“832 平台”产品推介会等活动，引导各级工会组织和广大职工做消费扶贫的倡导者、践行者和引领者，鼓励通过“以购代捐”“以买代帮”的方式，开展多种形式的消费扶贫活动，将消费扶贫理念转化为助力脱贫攻坚、助推乡村振兴的实际行动。2023 年，龙岩市各级工会组织通过“832 平台”采购脱贫地区农产品 1103 万元、直接采购本地特色农副产品 880 余万元。

深入贯彻落实《国务院关于新时代支持革命老区振兴发展的意见》《闽西革命老区高质量发展示范区建设方案》《革命老区重点城市

对口合作工作方案》精神，以广州—龙岩对口合作为契机，探索“老区 + 湾区”“工会 + 国企”“线上 + 线下”消费帮扶新机制，充分发挥两地工会组织的政策优势、资源互补优势，助力革命老区土特产品“出山入湾”。先后 4 次组织龙岩的农产品销售企业携 200 多种特色优质产品亮相广州“消费帮扶工惠行”暨广州市对口帮扶地区优质产品品鉴推介活动，依托广州市总工会数字化关爱平台帮扶产品“云上展厅”，组织龙岩市农特产品生产销售企业参与宣传推广帮扶产品，闽西八大干、武平百香果、上杭槐猪肉制品等数十样农特产品被列入广州扶贫消费采购目录和部分区级总工会的会员节日慰问品采购清单。龙岩市总工会牵头组织本市各农产品生产销售企业，面向广州工控集团、广州地铁集团等大型国企工会开展专项推介活动，推动消费帮扶团购；与广州市总工会、广州市协作办、龙岩市供销社等单位共同筹建“广州—龙岩农特产对口合作专馆”，通过拓展消费帮扶、线上商城、直播电商、开放式供应链等渠道，链接龙岩地区 10 多家源头生产供应商，进一步推进闽西农林特色产品“出山入湾”，激发两地乡村振兴活力。2023 年 12 月，龙岩市总工会联合相关企业启动“穗龙携手　岩礼传情——龙岩味道大礼包”活动，10 万份“龙岩味道”优质农特产品大礼包“出岩入湾”，送至广州人餐桌。2024 年，组织

图 4-2-4　2024 年 11 月 23 日，龙岩市总工会、广州市总工会联合在广州越秀区中华广场举办“消费帮扶工惠行龙岩专场”活动

30余个供应商和生产厂家参加广州“消费帮扶工惠行”专场推介活动，推动我市农副产品进入广州市、区两级200多个帮扶馆和部分大型国企、基层工会采购目录，带动销售近5000万元。

三、大力弘扬劳模精神、劳动精神、工匠精神

习近平总书记指出，“劳动模范是民族的精英、人民的楷模，是共和国的功臣”[①]，“‘爱岗敬业、争创一流，艰苦奋斗、勇于创新，淡泊名利、甘于奉献’的劳模精神，生动诠释了社会主义核心价值观”[②]。进入新时代，龙岩市各级工会着力提升劳模管理服务质效，以高质量选培劳模为基础，以深化劳模关爱为重点，以发挥劳模示范引领作用为依托，劳模精神、劳动精神、工匠精神在全市范围内得到充分弘扬。

（一）开展劳动模范选树工作

2012—2024年，龙岩市共选树全国劳模12名、省劳模122名、部级劳模57名、市劳模308名，获全国五一劳动奖状6个、奖章26名，工人先锋号21个；省五一劳动奖状59个、奖章233名，工人先锋号269个。结合市级劳动技能竞赛，选树市级五一先锋岗624个、五一工匠68名、劳动能手184名。配合选树“龙岩工匠”48名，推选“八闽工匠年度人物”3名。

2013年4月26日，龙岩市委、市政府在龙岩人民会堂召开大会，隆重表彰106名市级劳动模范。2016年，市委、市政府隆重表彰100名龙岩市劳动模范。2019年4月，市委、市政府隆重表彰99名市级劳动模范和先进工作者。

2020年11月24日，全国劳动模范和先进工作者表彰大会在北京隆重举行。龙岩市的华锦先、郑东文、郑国强3位同志获得全国劳模荣誉称号，陈伟光、李斌生2位同志获得全国先进工作者荣誉称号。2020年11月26日，市委书记李建成、市长张国旺在行政办公室中心迎接我市5名2020年全国劳动模范和先进工作者载誉归来，

---

① 中共中央党史和文献研究院编：《习近平关于工人阶级和工会工作论述摘编》，中央文献出版社2023年版，第84页。

② 中共中央党史和文献研究院编：《习近平关于工人阶级和工会工作论述摘编》，中央文献出版社2023年版，第81页。

图 4-2-5　2019 年 4 月 29 日，市委、市政府在龙岩人民会堂隆重召开 2019 年龙岩市劳动模范表彰大会

市领导王龙、陈厦生、谢海波参加。

2023 年 4 月 25 日，2023 年福建省庆祝五一国际劳动节暨表彰劳动模范和先进工作者大会在福州召开，龙岩市 28 名省劳动模范和 11 名省先进工作者受到表彰。4 月 26 日，龙岩市 2023 年省劳动模范和先进工作者颁奖活动在市工人文化宫举行，市委书记余红胜出席

图 4-2-6　2023 年 4 月 26 日，龙岩市 2023 年省劳动模范和先进工作者颁奖活动在市工人文化宫举行

并致辞，市领导胡盛、邓菊芳、陈厦生、钟勇强、赖双奇参加活动。

（二）发挥劳模示范引领作用

习近平总书记强调，“要大力弘扬劳模精神、劳动精神、工匠精神，发挥好劳模工匠示范引领作用，激励广大职工在辛勤劳动、诚实劳动、创造性劳动中成就梦想”[①]。龙岩市各级工会大力弘扬劳模精神、劳动精神、工匠精神，深化“微宣讲”、劳模工匠“五进”等宣传宣讲活动，持续推动党的创新理论进企业、进车间、进班组、进乡村，打造劳动一线思政课堂；持续开展“劳模三进”“劳模助企行”“劳模助力乡村振兴”等活动，为劳模工匠发挥榜样作用、开展“传、帮、带”搭建高效平台。

1. 高频聚点宣传劳模精神。通过举办劳模事迹报告会、工匠风采展示等活动，在《闽西日报》、龙岩市融媒体中心等市级主流媒体平台和“龙岩工运”微信公众号、龙岩工会网等工会宣传阵地开设专栏，宣传最美劳动者、劳模工匠、抗疫逆行者等先进事迹 1600 余人次，积极宣传引领劳动光荣、创造伟大的社会风尚。

2013—2016 年，在龙岩电视台、龙岩人民广播电台、《闽西日报》等媒体设立“中国梦·劳动美·劳动者风采”专栏，广泛宣传各行各业、各条战线中的模范人物。2014 年，举办“共和国劳模事迹”巡回展。2017 年，在《闽西日报》、龙岩电视台、龙岩工会网、“龙岩工运”微信公众号开辟“践行社会主义核心价值观·中国梦·劳动美·劳动者风采”专栏；拍摄第二季“闽西客家工匠”电视专题片，集中宣传 10 名有代表性的典型人物，挖掘闽西客家工匠精神，闽西“客家工匠”系列专题片荣获 2016 年度福建省“五一新闻奖”三等奖。2018 年，开设以“弘扬劳模精神·争当时代先锋”为主题的“工人阶级新闻宣传月”专栏宣传；在中心城区重点公交站点候车亭广告栏宣传近 100 名劳模的先进事迹；联合海峡卫视推出“闽西客家工匠”栏目，宣传 20 多名闽西工匠。2019 年，开展以“弘扬劳模精神·凝聚奋斗力量”为主题的“工人阶级新闻宣传月”活动。2021 年，开设“弘扬劳模精神、劳动精神、工匠精神，为全方位推进高质量发

① 《习近平在同中华全国总工会新一届领导班子成员集体谈话时强调 坚持党对工会的全面领导 组织动员亿万职工积极投身强国建设民族复兴伟业》，《人民日报》2023 年 10 月 24 日。

展超越贡献力量”专栏，全年采访编辑35期各级劳模、工匠和劳动者先进事迹。2022年，开设“中国梦·劳动美——弘扬劳模精神、劳动精神、工匠精神”专栏，全年宣传各级劳模、工匠相关事迹150余条，其中徐淑英、闵龙林等劳模的事迹被“学习强国”福建学习平台、中工网等媒体采用。2023年，《闽西日报》、龙岩市广播电视台等媒体平台宣传和市政府办公大楼、小区楼宇户外电子屏滚动播放39个2023年龙岩市获评福建省劳动模范和先进工作者典型代表的先进事迹。2024年“五一”期间，在全市办公场所和小区楼宇电视、城市户外大屏、宣传栏等载体媒介滚动播放五一国际劳动节宣传标语和劳模先进事迹海报、视频等10万多次。

2. 创建劳模工匠示范性创新工作室。积极开展劳模工匠创新工作室建设工作，大力鼓励和支持龙岩市各级劳模工匠、企业技术带头人结合各自岗位和业务特点成立劳模工匠创新工作室，全市共选树命名59家省级劳模和工匠人才创新工作室。探索创建劳模创新工作室联盟，鼓励劳模发挥专业特长，参与农业农村科技特派员和为民企“把脉问诊”志愿服务活动，放大劳模工匠辐射带动效应，助力闽西革命老区高质量发展、振兴发展。2021年，开展全市劳模工作室建设现场观摩交流活动，进一步推进各级劳模工作室创建工作，强化劳模示范引领作用。

表4-2-1　2013—2024年龙岩各级劳模工作室汇总表

序号	劳模工作室名称	获评市级示范性劳模工作室年份	获评省级劳模工作室年份	获评省级示范性劳模工作室年份	获评全国示范性劳模工作室年份
1	邱熠华劳模工作室	2017年	2017年		
2	温晓红劳模工作室	2017年	2019年	2022年	
3	易小贞劳模工作室	2017年	2021年		
4	邓志平劳模工作室	2017年			
5	丁晓红劳模工作室	2017年			
6	李俊扬劳模工作室	2017年			
7	祁忠清劳模工作室	2017年			
8	张志文劳模工作室	2017年			
9	罗远雪劳模工作室	2017年			

续表

序号	劳模工作室名称	获评市级示范性劳模工作室年份	获评省级劳模工作室年份	获评省级示范性劳模工作室年份	获评全国示范性劳模工作室年份
10	陈国强劳模创新工作室	2017年	2017年	2022年	
11	许永忠劳模创新工作室	2019年	2018年		
12	戴寿传劳模创新工作室	2019年	2019年	2020年	
13	钟亮生劳模工作室	2019年	2020年		
14	赖荣明劳模工作室	2019年	2020年		
15	黄思源劳模工作室	2019年	2021年		
16	钟德启劳模工作室	2019年			
17	王新宝劳模工作室	2019年			
18	钟超劳模工作室	2019年			
19	陈进周劳模工作室		2013年	2014年	2014年
20	兰华雄劳模工作室		2013年	2016年	
21	刘祝平劳模工作室		2013年	2021年	
22	刘星光劳模工作室		2013年		
23	盖桂林劳模工作室		2013年		
24	林鹦劳模工作室		2013年		
25	郑东文创新工作室		2014年	2019年	
26	李斌生劳模团队工作室		2014年	2019年	
27	曾海东劳模工作室		2014年	2022年	
28	胜奎劳模创新工作室		2014年		
29	俞金生劳模工作室		2014年		
30	黄斌劳模工作室		2014年		
31	潘贤添劳模培育工作室		2014年		
32	高孔长劳模工作室		2015年	2015年	
33	赖茂增劳模工作室		2015年	2020年	
34	范小明劳模工作室		2015年	2021年	
35	郑振欣劳模工作室		2015年		
36	郭建平劳模工作室		2015年		
37	卢启沛劳模工作室		2015年		
38	陈文生劳模工作室		2015年		
39	范富荣劳模工作室		2015年		
40	李永春劳模工作室		2015年		
41	赖木生劳模工作室		2015年		
42	张火明劳模工作室		2015年		
43	李发金劳模工作室		2015年		

续表

序号	劳模工作室名称	获评市级示范性劳模工作室年份	获评省级劳模工作室年份	获评省级示范性劳模工作室年份	获评全国示范性劳模工作室年份
44	修连金劳模工作室		2016 年	2017 年	
45	林炎照劳模创新工作室		2016 年		
46	丘国雄劳模工作室		2016 年		
47	章联生劳模工作室		2017 年		
48	陈如金劳模工作室		2017 年		
49	叶青柏劳模工作室		2017 年		
50	许东波劳模工作室		2017 年		
51	华锦先劳模工作室		2019 年	2020 年	
52	梁永英劳模工作室		2019 年	2021 年	
53	林钦城劳模工作室		2019 年		
54	林浩彪劳模工作室		2019 年		
55	蔡杰劳模工作室		2019 年		
56	吴江滨劳模工作室		2019 年		
57	林开雄劳模工作室		2019 年		
58	黄家华劳模工作室		2019 年		
59	新亮劳模工作室		2019 年		
60	谢祥英劳模工作室		2020 年		
61	陈伟光劳模工作室		2020 年		
62	徐淑英劳模工作室		2020 年		
63	杨小燕劳模工作室		2020 年		
64	周清劳模团队工作室		2020 年		
65	郑星奎劳模工作室		2020 年		
66	江媛英劳模工作室		2021 年		
67	刘永良劳模工作室		2021 年		

3. 持续开展“劳模三进”“劳模助企行”活动。截至 2024 年，龙岩市共有市级及以上劳模 1547 人，其中企业劳模 646 人。市总工会始终重视发挥劳模示范引领作用，每年组织劳模进企业、进车间、进班组，开展“中国梦·劳动美”“劳动创造幸福”等新时代不同主题的宣传教育系列活动。

2012 年 3 月，组织劳模走进长汀县水土保持科教园义务植树。2016—2018 年，连续 3 年组织百名劳模开展义务植树活动，发挥劳

图 4-2-7　2012 年 3 月，省人大常委会副主任、省总工会主席张广敏在长汀为“五一生态林”揭牌并与劳模代表合影

模在生态文明建设中的示范引领作用。

2018 年，举办“劳模面对面，‘章’口话两会”百名劳模学习贯彻全国两会精神座谈会，组织 100 多名劳模开展“助力乡村振兴”义务植树和“进机关、进企业、进农村、进社区、进学校”活动。2020 年，深入开展职工“大学习”活动，组织开展劳模进校园、进园区、进班组巡讲等活动 60 多场次。2022 年，开展“党的二十大精神在身边”全市百名劳模工匠百场微宣讲活动，市、县两级工会系统共组织 96 名各级劳模工匠，利用班前时间、工作间隙、工间休息等时段，以小环境、小故事、小平台等多种形式开展 105 场微宣讲，为 2700 余名劳动一线职工群众送出党的二十大好声音、好政策，让党的二十大精神在企业、社区、农村等遍地开花。2023 年，组建劳模工匠宣讲团深入基层，开展学习贯彻党的二十大、中国工会十八大精神，“中国梦·劳动美”主题宣传教育等宣传宣讲 160 余场次；打造“百名劳模工匠助企行”“百名劳模工匠进乡村”等工作品牌，鼓励劳模工匠参与科技特派员服务，帮助企业提升创新能力和产品竞争力，助推

农村振兴。2024 年 1 月，市总工会印发《关于进一步推进产业工人队伍建设改革助力民营经济发展壮大的六条措施（试行）》，明确提出 2024 年将聚焦龙岩有色金属、机械装备与专用汽车、新材料新能源、环保科技四大重点工业产业和现代农业、文旅康养等特色产业，组建 100 名以上的劳模工匠志愿者服务队，与市“2+4”产业龙头企业及重点产业新上项目对接衔接，灵活采取多种形式深入民营企业开展“劳模工匠助企行”专项行动 10 场次以上、开展技术帮扶 100 人次以上、为企业解决现场技术问题 100 个以上，推动“劳模工匠助企行”落实落细。2 月，龙岩市总工会、新罗区总工会两级工会共同开展“劳模工匠助企行”新春行动，对 6 支劳模工匠助企行服务队进行授旗，组织超过 200 人次的劳模工匠进企业开展技术帮扶、技能培训、“师带徒”活动，为企业解决工艺技术难题。4 月，市总工会牵头组建“龙岩市劳模工匠新质生产力创新联盟”，开展千名劳模工匠进企业、进校园、进乡村等系列行动，在院校、劳模工匠、企业、乡村之间架起“产、学、研、用”深度融合的桥梁，形成“工会 + 院校 + 工匠学院 + 劳模团队 + 技能人才”的工会助力发展新质生产力新模式。7 月 5 日的《工人日报》第 3 版以《三张清单让“助企行”立竿见影》

图 4-2-8　2024 年 1 月 25 日，龙岩市总工会、新罗区总工会联合开展“劳模工匠助企行”新春活动

为题刊发国网龙岩供电公司的“劳模工匠助企行”优秀做法，赞扬龙岩工会开展“劳模工匠助企行”专项行动取得实效。11月，启动“劳模工匠行八闽担使命”主题活动，开展“劳模工匠大思政课”，在“聚焦思想引领、聚力发展大局、聚合工人力量”上下功夫、出硬招、求实效，持续深化“劳模工匠助企行”“工助振兴”“劳模和工匠人才领军行动”等活动，在职工中汇聚起矢志不渝跟党走、奋发有为谱新篇的工人力量。

（三）加强劳动模范服务管理

1. 建机制，劳模管理有章有序。龙岩市人民政府于2021年1月17日印发《龙岩市市级劳动模范管理规定》，进一步推进龙岩市劳动模范管理工作制度化、规范化。加强和完善劳模网络系统，对全国、省、市、区劳模分类建档，做到不漏、不缺，夯实劳模数据，实时动态管理，实现劳模管理全覆盖。龙岩市财政每年安排10万元劳模帮扶关爱专项资金，27万元劳模疗休养专项资金，保障劳模疗休养、节日慰问等经费，工会经费专项列支劳模服务费用，确保劳模管理服务正常开展。

2. 强关爱，服务劳模用心用情。做到重大节假日必访、劳模生病住院必访、劳模突发困难必访、劳模有需求必访，倾听劳模呼声，了解劳模需求。组织未享受体检保障机制的全国劳模、省（部）级劳模进行健康体检，关心关爱劳模身体健康；选送劳模参加全国总工会、福建省总工会组织开展的劳模疗休养活动，组织开展在职市级劳模疗休养活动。从2020年开始，每年向近1000名市劳模赠送生日礼物。认真做好劳模慰问金、困难补助金、医疗救助金发放工作，倾心帮助病困劳模解决就医看病、生活困难等问题，为劳模全面发展、健康成长、再立新功创造良好条件。2024年，市总工会创新服务，建立劳模医护关爱保险机制，为全市978位劳动模范购买了医护关爱保险，90名劳模享受保险理赔20.75万元。该机制入选2024年第5期全国工会重点工作创新案例。

第三节
坚持以职工为中心的工作导向

习近平总书记强调，“工会要坚持以职工为中心的工作导向，抓住职工群众最关心最直接最现实的利益问题，认真履行维护职工合法权益、竭诚服务职工群众的基本职责”[①]。进入新时代，龙岩市各级工会切实履行维权服务基本职责，促进提高职工生活品质，让维权服务更有温度、更接地气，让改革发展成果更多更公平惠及全体职工，不断增强劳动者的获得感、幸福感、安全感。

一、构建服务职工工作体系

（一）建立三级建档精准帮扶机制

为了管理那些游离在全总档案建档条件边缘的困难职工，扩大帮扶效果，自 2013 年起，龙岩市总工会积极探索梯度帮扶机制，把困难职工分为全总档案的特困职工、地方档案的相对困难职工、基层工会（帮扶站）的困难边缘职工三类，结合致困因素，统筹上级、地方资金，汇集社会力量资源，实施精准帮扶。[②] 2017 年，市总工会出台《困难职工档案及专项帮扶资金管理办法（试行）》，从建档条件、建档程序、申报材料、资金管理与使用、退档认定、不符建档情形、检查监督、违规问责等方面进行全方位系统界定，在全省率先建立全总、地方、基层工会三级困难职工档案管理体系，成为全省亮点经验并予以推广。

（二）帮助在档城镇困难职工解困

城市困难职工解困脱困，关系到“全面小康路上一个都不能掉队”目标的实现。2019 年 7 月，全国总工会明确了工会开展城市困

---

① 中共中央党史和文献研究院编：《习近平关于工人阶级和工会工作论述摘编》，中央文献出版社 2023 年版，第 101 页。

② 参见龙岩市地方志编纂委员会编：《龙岩年鉴（2015）》，厦门大学出版社 2016 年版，第 270 页。

难职工解困脱困工作的总体目标是确保到2020年，现有建档困难职工全部实现解困脱困，同步迈入小康社会。龙岩市各级工会根据上级工会决策部署，按照在档困难职工致困因素，因户施策、因人施策，分别给予生活救助、子女助学、医疗救助、就业培训等帮扶措施。市、县两级在档困难职工户从高峰期2007年的4800多户，减少到2017年的1811户，再下降到2020年初的149户，至2020年4月28日，全市在档困难职工全部实现解困脱困。2020年4月，福建省总工会委托第三方对龙岩市困难职工解困脱困工作开展核查评估，最终，龙岩工会在帮扶精准率、帮扶方式精准率、帮扶政策宣传成效三个方面位列全省第一。

（三）推动职工服务中心提档升级

2013年，市、县两级职工服务中心规范化建设全面推进，实现县级职工服务中心工作场所达100平方米以上，形成就业服务、法律援助、困难帮扶、医疗互助、信访接待（维权“110”）五位一体的一站式服务，形成应急帮扶与日常帮扶、困难帮扶与综合服务相结合的长效机制；举办全市工会帮扶工作规范化建设培训班，提高职工服务中心工作人员的业务水平；建立229家职工服务站，实现重点乡（镇、街道）、规模以上企业和工业园区新建工会帮扶服务站工作常态化、长效化。2014年，按照职工服务中心规范化建设要求，努力实现转型升级，推进“网格化”管理，努力打造“半小时服务圈”，加快实现提质扩面，推进工业园区、开发区、乡镇（街道、社区）和大中型企业职工服务站（点）建设；市职工服务中心开设心理咨询服务项目，并建立心理咨询室。2015年，按照《福建省总工会关于进一步加强职工服务中心建设的意见》要求，切实整合帮扶模块、维权模块、服务模块、管理模块工作内容，将本级工会组建、职工入会、民主管理、集体协商和集体合同、劳模管理、工会法人登记等工作纳入职工服务中心服务内容，实现服务中心转型升级；市、县两级服务中心均建立劳动争议调解室，把帮扶资源、帮扶力量、帮扶手段整合到职工服务中心；推进镇街、园区、企业帮扶站（点）标准化建设，21个职工服务（帮扶）站（点）实现达标。2016年，将职工服务中心服务项目功能与工会部室业务精准对接，为广大职工提供一站式服务，构建各级各部门和群团组织职能互动、整体联动、集中服务的惠民帮扶格局；以健全帮扶服务网络和拓展服务功能为重点，继续推进市、县（区）总工会和镇街、园区职工服务中心规范化建设，上杭、长汀、武平通过整合提升，打造了200平方米以上的职工服务中心，实现了市、县两级职工服务中心转型升级。2017年，整合提升职工服务中心服务内容，健全服务网络，以市职工服务中心为中心点，推进实施县、乡（镇）帮扶服务三级网格化管理；推动工会服务站（点）、服务窗口向基层延伸覆盖，推进有条件的镇（街）、园区（开发区）建设教育、培训、文体、娱乐、互助“五位一体”的综合服务阵地，让职工就近、快捷办事，时刻感受到工会就在身边。2018年，市、县职工服务中心均实现省级达标，实现帮扶、维权、服务“三位一体”全方位一站式服务。2019年，“市职工服务中心心理咨询室”转型升级为“龙岩市干部职工心灵驿站”。2021年5月，市职工服务中心从恒兴绿景小区整体搬迁至新落成的龙岩市工人文化宫，全新打造“龙岩市职工心理健康体验中心”，进一步提升了服务职工的功能和水平。2022年，市职工服务中心被授予“全国维护妇女儿童权益先进集体”称号；市职工服务中心劳动争议调解委员会获评福建省工会系统唯一的“全国2022年度工作突出基层劳动人事争议调解组织”。

（四）开展提升职工生活品质工作

龙岩市各级工会始终把职工满意度放在首位，以工会帮扶中心赋能增效打造服务职工综合体、引导企业提升职工生活品质塑造幸福生活环境、关爱职工公益伙伴组带计划为重点开展试点，多角度、多层面推进提升职工生活品质工作，在建设服务阵地、开展服务项目、建立工作机制、优化服务模式等方面大胆探索、积极创新，挖掘特色优势，因地制宜开展服务项目，集合资源，协同发力，形成了一批经验做法和创新案例，社会参与度和社会效益显著扩大，工会服务职工能力大幅提升。

至2024年，龙岩市、新罗区、永定区、上杭县、武平县、长汀县、连城县7个职工服务中心被列为“服务职工综合体”省级试点单位。紫金铜业有限公司、国网福建省电力有限公司龙岩供电公司、福建爱的电器有限公司、漳平市闽富物流有限公司、瓮福紫金化工股份有限公司、福建天泉药业股份有限公司、华润水泥（永定）有限公司、福建省长汀盼盼食品有限公司、福建奕龙新材料科技有限公司9家企业被列入“幸福企业（园区）”省级试点名单。龙岩市新罗区壹公益社会工作发展促进中心、龙岩市红土同心红色文化发展中心、龙岩市永定区融媒体中心、福建省长汀县妇幼保健院、上杭县融媒体中心、漳平市融媒体中心、龙岩佰翔秘谷酒店有限公司、武平县妇幼保健院8家单位（组织）被列为“关爱职工公益伙伴”省级培育单位。

（五）关心关爱新就业形态劳动者

龙岩市各级工会牢牢把握新就业形态劳动者工作特点和具体需求，聚焦解决其最关心最直接最现实的急难愁盼问题，着力强化精准思维，拓展服务内容，持续探索创新，以“小切口”做实“大服务”，持续推动工会对新就业形态劳动者的组织覆盖、工作覆盖、服务覆盖，不断增强新就业形态劳动者的获得感、幸福感、安全感，切实增强工会组织在职工中的凝聚力、在企业中的号召力以及在社会中的影响力。先后开展四轮“新就业形态劳动者入会集中行动”，累计推动新业态企业建会857家，发展会员约2.1万人。成立数字产业工会联合会，试点开展快递行业集体协商工作，保障广大新就业形态劳动者权益。

为帮助新就业形态劳动者提高抵御职业伤害风险能力，2023年为4500名新就业形态劳动者赠送人身意外伤害险，2024年人数扩大到7400名。新就业形态劳动者因意外住院治疗，最高1年享受1.8万元的意外医疗费用保障，因意外伤害导致身故、残疾及因热射病导致身故的，最高可获15万元保障，共有21人次享受保险理赔46.47万元。

开展新就业形态劳动者温暖行动。2021年贯彻落实新修改的《工会法》，开展“工会进万家·新就业形态劳动者温暖行动服务月”活动，筹集11.8万元向快递员、网约车司机等新业态群体职工赠送爱心礼包。推进新就业形态群体“会、站、家”一体化建设，开通新就业形态群体和灵活就业人员“一键入会”功能，建成闽盛物流园货车司机之家、中豹数字产业园共享职工之家、公路港共享职工之家。

2022年，慰问新就业形态劳动者1.2万人、困难职工153人，建立法律服务工作站10个。市总工会与市委统战部、市新阶联等部门联合开展“福来福见·福见如愿”新就业形态劳动者关爱行动，为500名新就业形态劳动者实现“微心愿”。开展“法治护航新就业形态劳动者专项行动”，整合市委政法委、市人社局、市司法局、市中级人民法院等部门资源，在龙岩市中心城区建设 10 个“法律服务工作站”，重点为新就业形态劳动者、环卫工人、农民工提供“有温度的法律服务”，织密“10 分钟工会服务圈”，助力“大爱龙岩”新时代精神文明品牌建设。

2023 年，市总工会以中心城区 68 处工会驿站为依托，牵头联动法院、人社、司法等部门及 17 家共建单位，在龙岩市中心城区打造“工会 + 法院 + 人社 + 司法”联动的“驿站枫桥”维权服务工作机制，下发《龙岩市“驿站枫桥”一体化暖“新”服务工作机制建设方案（试行）》，构建全流程维权服务体系，为新就业形态劳动者搭建了一条新的绿色维权通道。11 月，福建省总工会以龙岩市“驿站枫桥”为模板，在全省推广构建“驿站枫桥”一体化“安新”维权服务工作机制，联合法院、司法、人社等力量共建维权服务队伍，推动简易调解、法律咨询、普法宣传、法律援助等法律服务向驿站延伸，探索建立“驿站简易调解”“职工服务中心快速调处”“劳动争议便捷审理”“重大案件联动调处”等“一条龙”办理机制。龙岩工会还拓展了线上服务功能，以工会驿站为线下应用场景，搭建“线上枫桥”。

图 4-3-1　2024 年 7 月 17 日，龙岩市总工会、中共龙岩市委社会工作部、中共龙岩市委文明办联合在市工人文化宫举办大爱龙岩“骑手开放日”活动启动仪式

2024 年，推行每月 17 日“骑手开放日”活动，赠送 1000 余份“暖新礼包”，推出新就业形态劳动者免费移动体检服务，帮助 6448 名新就业形态劳动者免费参加职工医疗互助活动。

（六）提升职工医疗互助保障水平

龙岩市各级工会坚持以职工为中心的工作导向，把深化职工医疗互助活动作为竭诚服务职工群众的重要抓手，切实增强全局意识和担当意识，着力完善运行模式、提升保障水平，努力将职工医疗互助活动打造成党政放心、职工满意、社会认可的金字招牌。在保持政策整体稳定的同时，顺应职工对美好生活的新期待，不断推出新的补助政策，切实提高职工的获得感、幸福感、安全感。医疗互助活动成为最受职工欢迎的工会服务项目，职工参与率逐年提高，累计参与职工 411.35 万人次，获补助 20.62 万人次，发放补助款达 19382.66 万元，切实增强了职工抵御大病风险的能力，成为职工医疗保障体系的重要补充。

2018 年，取消起付线政策，不再实行职工每次住院扣减起付线 400 元。工伤慰问标准从最高 1000 元提高到 5000 元；女职工特殊病种从最高 6000 元提高到 1 万元。2019 年，基础补助限额从最高 3 万元提高到最高 5 万元，叠加省总工会“大病补助”最高 15 万元，最高可补助 20 万元；参加医疗互助的职工在互助期内去世的，按缴费档次一次性给予家属 3000—5000 元的慰问金；推行“大病补助”先行垫付等措施；对存量资金充足的上杭、长汀，在全市统一补助政策基础上予以个人再上浮 10%。2022 年，兜底补助 200 元不再补扣差额，即首次补助金额不足 200 元的职工兜底补助 200 元，其第二次申领补助不再补扣首次补助差额部分；响应国家生育政策，实施女职工二孩、三孩慰问补助政策，对参加第 15 期互助活动且符合国家生育政策的女职工在本期内生育二孩的给予 1000 元慰问补助、三孩的给予 3000 元慰问补助（试行一年）。2023 年，提高新就业形态劳动者等群体兜底补助标准，对货车司机、网约车司机、快递员、外卖配送员等新就业形态劳动者，以及一线环卫工人和全总困难档案职工，首次住院补助不足 300 元的按 300 元补助，二次申领不补扣差额；提高女职工生育慰问补助标准，对符合国家生育政策的女职工生育二孩的慰问金提高至 2000 元、生育三孩的慰问金提高至 5000

元；统一城镇职工本地就医和异地就医补助比例，城镇职工医保对象异地就医的补助比例与本地就医实行同一标准；互助期内参加活动的职工去世，不再区分缴费档次，家属均可申领一次性慰问金5000元。2024年，响应国家延迟退休年龄政策，同步更新职工参加医疗互助年龄时限，按照职工实际退休年龄界定可参加医疗互助活动的年龄。

（七）实施为职工群众办实事项目

深化“四季恒温”帮扶服务活动，围绕劳动者身边的“关键小事”，从2018年开始坚持每年办好10件实事项目，真心实意为职工解难事、做好事。

2018年，帮助1000名环卫工人实现微心愿；组织100名乡镇干部职工参加市级示范疗休养活动；帮助500户在档困难职工缓解生活困难；向1000名市级劳模赠送生日礼物，新建10个市级示范性劳模工作室；帮助1500名农民工参加学历提升计划；向1000名护工、快递小哥等群体赠送入会礼包；职工医疗互助再升级，大病补助最高20万元；新建10个公共场所“妈妈小屋”；新建10家市级“职工书屋”；推动全市100所学校开展“四点半”课后服务。

2019年，帮助1127名环卫工人实现微心愿；向1000名市级劳模赠送生日贺卡和生日礼物；组织2380名农民工参与“求学圆梦行动”计划；向1000名“八大群体”新入会职工赠送入会礼包；提升职工医疗互助大病补助标准，累加最高可达20万元；新建10个公共场所“妈妈小屋”；新建10家市级“职工书屋（吧）”；下拨专项补助资金88.35万元，推动全市中小学校普遍开展“四点半”课后服务。

2020年，向中心城区1219名环卫工人赠送生日蛋糕；向993名市级劳动模范赠送生日礼包；向1400名“八大群体”新入会职工赠送爱心入会礼包；组织556名职工参加职工疗休养；新建11个户外劳动者示范休息室；举办5个职工子女暑托班；开展10场青年职工联谊交友活动；新建10家市级“妈妈小屋”；为48000多名职工子女进行心脏疾病筛查。

2021年，着力办好以“工会有爱·伴你过年”为主题的“百千万”系列送温暖活动；向1203名环卫工人赠送生日蛋糕实现微心愿；组织36批1400名一线职工参加疗休养活动；为997名市级劳模赠送生日礼物；开展10场职工读书交流活动；举办16个职工子女暑托班；新建10家户外劳动者示范休息室；组织10场青年职工联谊交友活动；正式开通线上医疗互助补助申领通道；完成建设“龙岩工会e家人”数字平台等10件实事。

2022年，为1000余个职工家庭提供子女暑托班服务；举办10场青年职工联谊交友活动；开展27场公益文体培训活动；组织1.18万名职工（劳模）参加疗休养活动；向4900名新就业形态劳动者赠送意外伤害保险；为1311名环卫清洁工人实现“微心愿”；帮助1319名农民工通过“求学圆梦行动”实现学历提升；向1037名市级劳模寄送生日礼物；新建或改造提升20个户外劳动者示范性休息室（补给站）；在公园景区和商务楼宇等场所创新建设10个移动“妈妈小屋”；拓展“龙岩工会e家人”线上申领医疗互助补助金等服务功能，总预算资金1500余万元。

2023年，新建30个户外劳动者休息室通过省级验收，实现乡镇（街道）户外劳动者服务站点全覆盖；举办10场青年职工交友活动；实施176场工会就业援助行动；开展102场职工教育和文体培训；为1100余个职工家庭提供子女暑托班服务；向830名快递员、外卖小哥、货车司机、网约车司机等新就业形态劳动者发放“微心愿”礼包，为2141名环卫清洁工人和新就业形态劳动者实现“微心愿”；组织58名新就业形态劳动者参加疗休养活动；向4500名新就业形态劳动者赠送人身意外伤害险；帮助5103名职工进行素质提升；向995名市级劳模生日致敬；组织万名职工（劳模）疗休养和万名职工春秋游。

2024年，新建（改造）户外劳动者休息室；职工子女暑托班被市政府列入群众身边的“暖心事”项目；引入第三方社会组织开展公益募水、就业招聘等“月月有主题，关爱四季行”工会驿站活动；推动“10分钟工会服务圈”赋能增效。

二、创新职工维权体制机制

龙岩市各级工会始终坚持以职工为中心的工作导向，全面提高维权服务质量，加快构建集体协商、民主管理、工会法律援助服务、劳动法律监督“四位一体”的工会维权服务体系，提升维权工作能力，拓宽工会服务领域，努力在满足职工利益诉求上发挥工会更大作用，着力解决关系职工群众切身利益的实际问题，叫响做实“有困难找工会”工作品牌，让改革发展成果更多更公平惠及全体职工。

（一）提升依法维权能力建设

龙岩市各级工会深入学习贯彻习近平法治思想和习近平总书记关于工人阶级和工会工作的重要论述，落实党的全面依法治国重大战略部署，聚焦职工权益保障，维护职工队伍团结稳定，系统运用法治思维和法治方式，有效发挥桥梁纽带作用，不断提高依法治会、依法管会、依法履职、依法维权的能力和水平，筑牢职工法律维权屏障，持续推进劳动关系和谐稳定，推动龙岩工会法治建设工作高质量发展。

1. 织密法治意识“思想网”。依托 8 个职工服务中心、225 个工会驿站、54 个职工书屋、75 个共享职工之家、17 个枫桥基地等工会常态化法治宣传阵地，通过开展系列公益普法活动、提供现场法律咨询、赠送宣传材料、开展法治讲座等，打造职工普法新阵地，实现职工普法“零距离”。充分运用“网、端、微、屏”等工会媒体平台，开展宪法、民法典、国家安全法、女职工保护条例和工会法律援助典型案件“以案释法”等法治宣传活动，发布根治欠薪、签订劳动合同、社保缴纳、劳动保护、防暑降温等劳动风险提示，大力营造“办事依法、遇事找法、解决问题用法、化解矛盾靠法”的法治氛围。每年组织开展“尊法守法·携手筑梦”服务农民工公益法律服务行动至少 20 场次，前往农民工返乡服务点、园区、社区、乡镇等地开展现场咨询、法治讲座、送温暖等活动。组建 10 支法律服务团开展进园区、进企业“法治体检”活动，实施工会劳动法律监督，提出用工风险预防化解方案，帮助 100 余家民营企业尤其是新就业形态企业防范法律风险，化解矛盾纠纷。

2. 织密劳动法律“服务网”。通过购买服务 + 志愿服务方式，广泛吸纳公益律师、金牌调解员、司法工作者、离退休法律工作者、社会工作者等社会力量，组成一支 270 人的常态化法律服务团队。2013 年以来，坚持实施“中央专项彩票工益金”法律援助项目（简称“中彩金”），为农民工维权保驾护航，让“一援到底”“全程帮”成为工作常态。公开选聘劳动领域专业律师团队，签约人民调解员，设立交通事故快速处理专职调解员，为每个工会驿站至少配置 1 名律师 +1 名调解员定点挂钩，并上墙公示，制定考核管理办法、经费补助方案，建立工作台账，为保障“驿站枫桥”维权服务机制常态化提供法律服务。不断优化智慧服务模式，在“龙岩工会 e 家人”智慧管理平台开设法律服务模块，进驻线上服务律师团，开通“一键求助”服务热线，以后端二维码链接工会法律服务阵地，为职工群众提供线上答疑解惑、法律咨询等即时性维权服务，实现 24 小时不打烊、维权服务不断线。发挥沿街“驿站枫桥”法律服务站点简易调解机制作用，金牌调解员提供现场调解，工会援助律师提供法律支持，交警提供交通事故快速处理办法，实现片区矛盾纠纷即时办、现场办，将矛盾化解在萌芽状态。发挥工人文化宫、职工服务中心、“园区枫桥”一体化基地、“驿站枫桥”一体化基地等多方联动维权阵地作用，对驿站无法调解处理的诉求件，转由基地协调相关共建部门联动调处，就地开启调、裁、诉一站式便捷服务，出具有效法律文书，及时化解劳动争议纠纷。

3. 织密劳动法律“监督网”。深化工会劳动法律监督“一函两书”联动机制，以“工会 + 法院 + 检察院 + 司法 + 人社”协同推进劳动法律监督“一函两书”制度落实，通过“联动会商研判、职能监督衔接、全链条维权服务、信息共享预警、监督组织共建、法治宣传共

图 4-3-2　2018 年 10 月，全国工会劳动法律监督工作会议在龙岩上杭的古田山庄召开。市总工会在会上作典型发言

享”六项协同机制，凝聚协同共治合力，变事后维权为事先防范，推动“一函两书”制度与诉源治理、检察建议、监察仲裁、司法调解有序衔接，形成多元协同劳动法律监督工作格局，增强劳动法律监督实效，构筑工会组织在群众监督、司法监督和化解劳动领域风险隐患中的首道防线。组建 10 支法律服务团队开展进园区、进企业“法治体检”活动，实施工会劳动法律监督，提出用工风险预防化解方案，帮助 100 余家民营企业尤其是新就业形态企业防范法律风险、化解矛盾纠纷。全市建立 2568 个劳动争议调解组织、2140 个工会劳动法律监督组织，工会劳动法律监督员约 5300 人。“雇佣关系不能掩盖事实劳动关系”“枫桥机制助力欠薪执行”等多个案例被评为福建省工会劳动法律监督和法律援助十佳案例、优秀案例。

（二）完善矛盾纠纷化解机制

1. 建立职工维权“110”联动机制。2009 年 10 月，龙岩市总工会统筹全市劳动维权工作，协调人社、司法、信访、公安、法院、住建等 8 个部门，建立重大疑难劳动争议协同处理、维权“110”联动机制，形成劳动争议调解联动、劳动者法律援助联动、劳动争议仲裁联动、司法处理优先联动的劳动争议多元调解联动体系。2012 年，市、县两级不断加强职工维权“110”联动机制建设，健全完善全市性的社会化维权网络，形成了“党委领导、政府主推、各方支持、工会运作、职工参与”的社会化维权工作格局。2013 年，全总与国际劳工组织在广西南宁召开工资支付与工会参与国际研讨会，龙岩市总工会作为全国唯一的设区市代表在会上交流发言。2021 年 7 月，召开职工维权“110”联动机制成员单位工作会议，修改完善工作机制程序，就重大复杂职工诉求案件联合调处、联动督促形成一致意见，进一步完善了矛盾纠纷多元化解机制，为职工群众提供更加便捷、高效的诉求渠道，切实维护了职工合法权益和社会稳定。

2. 建立“一庭一室四制度”诉调衔接机制。2012 年 7 月，龙岩市总工会联合市中级人民法院建立了“一庭一室四制度”诉调衔接机制，即人民法院维护职工权益合议庭、劳动争议调解室与陪审员参与审理、法院委托工会调解、法院邀请工会协助调解、工会调解法院司法审查确认“四制度”，实现“法院 + 工会”紧密衔接，提供劳动争议调解、仲裁、诉讼一站式服务，实现两个部门的诉调衔接、紧密协作，进一步畅通职工维权通道。

3. 建立劳动争议调解确认制度。2016年，龙岩市总工会与市人社局建立劳动争议调解确认制度，通过工会劳动争议调解形成劳动争议调解书后，由人社局劳动仲裁庭予以确认并形成仲裁确认书，大幅缩短仲裁时间，进一步提高办结效率。自此，从初始阶段的证据搜集，到人社部门劳动争议调解，再到法院开庭审理，构建起劳动争议多元调解的网络体系，执行力度更强，办结效率更高，做到快调快审快结，形成维护职工、农民工权益的良性发展态势，打通职工维权的"最后一公里"，大幅提升了职工满意度。维权机制建立以来，通过工会、法院、人社部门合力，共受理欠薪案件约1035件，涉及职工、农民工约2.3万人次，追回欠薪金额约4738万元。

4. 建立职工维权"一案专项、一援到底"制度。2013年，龙岩市职工服务中心成为全国总工会首批20家"中央专项彩票公益金"法律援助项目试点实施单位之一，以"一援到底""全程帮"的服务理念，对符合条件的职工（农民工）提供"零门槛""律师首问

图4-3-3　2012年8月，举行龙岩市中级人民法院维护职工权益合议庭揭牌仪式

图 4-3-4 2023 年 2 月 8 日下午，福建某投资有限公司 4 名女职工代表 34 名职工向龙岩市总工会和龙岩市职工服务中心赠送锦旗，感谢工会帮助她们维权，拿回拖欠已久的 13 万余元工资

负责制”“全程帮”法律援助，实现“职工信访不转移，法律援助不断线”，为农民工筑起坚强的维权盾牌，越来越多职工、农民工愿意主动走进工会寻求帮助，越来越多企业在遇到劳动关系问题时主动联系工会协调解决，“中彩金”成为职工、农民工心中靠得住的民生品牌。2015 年 12 月，龙岩市总工会被国务院农民工工作领导小组授予“全国农民工工作先进集体”荣誉称号。2013 年至 2021 年，全市工会受理“中彩金”案件 1128 件，涉案标的 1.5 亿元，受援农民工、职工 2986 人，追索劳动报酬、挽回经济损失 6889 余万元，申请“中彩金”项目补助 189.21 万元。

图 4-3-5 2015 年 12 月，龙岩市总工会被国务院农民工工作领导小组授予“全国农民工工作先进集体”称号

2019 年 12 月，龙岩市总工会职工服务中心被中国法律援助基

金会授予“中央专项彩票公益金法律援助项目贡献突出实施单位”称号，全国工会系统仅5家获此荣誉。2020年6月14日的《工人日报》头版头条作了专题报道。从2022年起市总工会自行开展法律援助，共受理法援案件211件，帮助困难职工、农民工挽回经济损失183万元。

三、推动构建和谐劳动关系

（一）完善企事业单位民主管理制度

龙岩市各级工会不断健全以职代会为基本形式的企事业单位民主管理制度，通过民主管理创新创优、职工代表优秀提案征集推荐活动，依法保障职工知情权、参与权、表达权、监督权，推动实现企业与职工共创共建、共享共赢。55家企业被命名为“福建省民主管理规范化建设示范单位”，4家企事业单位获评“全国厂务公开民主管理工作先进单位”，3家企事业单位获评“全国厂务公开民主管理工作示范单位”。

2014年，开展“公开解难题、民主促发展”主题活动，加强职代会和平等协商集体合同工作，重点推进区域性行业性职代会制度、集体合同制度、劳动争议调解制度建设，加大职工民主管理工作对小微企业的覆盖面；3829个基层工会开展会员评家活动。2015年，龙岩市建立厂务公开制度的企业有8476个，建立职代会制度的企业有8689家。11月，龙洲集团公司在全国企业民主管理工作汇报暨“双活动”经验交流会议上作典型发言，全国共3家。2016年，龙岩市建立职代会（职工大会）制度的企业有12516家，其中国有、集体及其控股企业推行面达100%。至2017年，全市有70家企业被福建省总工会授予“民主管理达标单位”称号，6家企业被授予“民主管理示范单位”称号。2018年，推动建制与依法推进“两个普遍”结合起来，着重推进非公企业、区域性行业性职代会制度建设。全市已建工会组织的企业有13414家建立了职代会制度，建制率为97.6%；12704家建立了厂务公开制度，建制率为92.4%。民主管理规范化逐步推进，新增102家国有企业达到规范化建设标准，7家企业被认定为省级示范单位。深入开展“公开解难题、民主促发展”主题活动，共征集职工代表提案125件，选送上报37件优秀提案。2019年起，施行《福建省工会组织职工参与企业民主管理规范化建设标准（试行）》。

2016—2024 年，全市共 75 个职代会提案入选福建省优秀职代会提案，入选条数居全省首位；其中，2 个入选全国优秀职代会提案。

（二）促进集体协商机制不断发展

龙岩市各级工会充分发挥集体协商制度在协调劳动关系中的基础性作用，进一步扩大集体协商和集体合同制度在民营企业特别是新就业形态企业的覆盖面，实现已建工会企业集体协商建制率稳步提升。全市集体协商建制率动态保持在 85% 以上，其中百人以上企业建制率保持在 90% 以上。2020—2023 年，市总工会联合市人社局、市企联、市工商联等三方四部门，连续举办三届市级集体协商竞赛，以赛促学、以赛代训、以赛提质，有效推动全市集体协商工作再上新台阶。

2018 年 5 月 25 日，龙岩市漳平台湾农民创业园区制茶行业集体协商会议在漳平市永福镇召开，劳资双方就职工劳动报酬、员工保险、劳动安全保护、职责和义务等事项进行了磋商，最后双方达成共识并签署了《福建省龙岩市漳平台湾农民创业园区制茶行业集体协议书》，惠及台创园区 48 家制茶企业及 5000 多名制茶工。这是龙岩市总工会指导签订的全国首份台湾农民创业园区集体协议书，成为龙岩市乃至福建省行业集体协商的又一个成功案例。

2019 年，龙岩市共举办工资集体协商培训班 13 期，共有 1059 名工会干部、行业（区域）企业集体协商指导员、职工代表参加。12 月 27 日，龙岩市出租车行业召开第 6 次集体协商会议，省总工会党组书记、副主席丁文清，市委常委、统战部部长、市总工会主席邓菊芳亲临现场观摩，市三方四部门集体协商负责人共同参与指导，协商成果获得省总工会的肯定。

2021 年，开展以“稳岗留工、稳增促产、共享发展”为主题的集体协商“要约行动月”活动。龙岩市水泥行业工资集体协商会议在春驰国产召开，全市 13 家水泥企业的代表和工会主席参加会议，经协商，全市水泥行业平均月工资不低于 2500 元，行业内职工年工资增长不低于 3%。武平县平川街道、新洲（武平）林化有限公司、漳平台湾农民创业园制茶行业、龙岩烟草工业有限责任公司 4 家单位被列为福建省集体协商工作典型单位。

2022 年，在龙岩市开展以“共商共创、增产增效、助力发展”为主题的集体协商“要约行动月”活动。6 月 28 日，龙岩市快递行业集体协商会议在中国邮政集团有限公司龙岩分公司召开，市邮政管理局、市总工会、市人社局、市企联、市工商联等相关单位领导及快递行业双方协商代表、职工代表共 90 余人参加，经平等协商，双方签订了《2022 年龙岩市快递行业集体协议（草案）》，覆盖行业协会所属 37 家企业。组织开展全市工资集体协商指导员、劳动法律监督员颁证培训。着力推动民营企业开展技能人才“能级工资”专项集体协商，龙岩市海德馨汽车有限公司、福建贝思科电子材料股份有限公司、福建天泉药业股份有限公司相继成功签订“能级工资”集体合同。

2023 年，福建漳平永福闽台缘高山茶产销专业合作社、福建贝思科电子材料股份有限公司、龙岩市闽盛物流有限公司、紫金铜业有限公司、华润水泥（永定）有限公司 5 家单位被省总工会评为“2022—2023 年度全省集体协商工作典型单位”。

2024 年 3 月，开展以“广协商、促和谐、稳发展”为主题的集体协商“要约行动月”活动，面向全市企业发放要约 1897 份，应约 1846 份（其中百人以上企业发放要约 252 份，应约 245 份），惠及职工 82035 人；发放行业性要约 31 份，应约 31 份，覆盖企业 588 家，惠及职工 30936 人；发放区域性要约 145 份，应约 145 份，覆盖企业 7371 家，惠及职工 118385 人。

（三）推进“园区枫桥”机制提质扩面

龙岩市各级工会坚持和发展新时代“枫桥经验”模式，牵头联动人社、法院、司法行政等部门，推动省级以上工业园区建设“园区枫桥”职工法律服务一体化基地，集中设置“两室两庭”（职工法援室、调解工作室、劳动仲裁庭、劳动法庭），为园区职工提供“预、调、裁、诉”一条龙服务，努力实现“小事不出企业、大事不出园区，矛盾不上交”。2021 年 11 月，武平工业园区“园区枫桥”一体化服务基地被命名为省级“园区枫桥”示范单位。2022 年，龙岩市 11 个省级及以上工业园区“园区枫桥”职工法律服务一体化机制建设实现全覆盖。2023 年，上杭蛟洋工业园区、长汀工业园区、永定工业园区被评为省级“园区枫桥”示范基地。累计开展普法宣传活动 136 场次、培训讲座12场次，接待来电、来信、来访共900案次、1540余人次，通过调解、仲裁、诉讼化解矛盾纠纷490余件、为职工挽回损失金额约3600万元。

（四）切实防范化解劳动领域风险隐患

龙岩市各级工会贯彻总体国家安全观，坚持维权维稳相统一，健全落实“五个坚决”要求长效机制，一手抓防范化解，一手抓引领构建，坚决维护职工队伍和社会大局和谐稳定。切实增强忧患意识、底线思维，常态化建立健全“1+1+N”工作专班机制，开展劳动关系领域风险隐患专项排查化解工作，扎实开展职工群众急难愁盼问题解决“12351+”专项行动，举一反三、见微知著、抓早抓小，真正把劳动领域风险隐患化解在基层、消除在萌芽状态，坚决防止小事拖大、大事拖炸，维护职工队伍和谐稳定和工会组织团结统一，以实际行动把“五个坚决”要求落到实处。市总工会在2023年度维护劳动领域政治安全工作专项考核中被评为全省优秀等次。畅通职工利益诉求表达渠道，切实提升工会信访工作水平。龙岩市职工服务中心信访窗口实行专业律师每日坐班，工会领导干部每月15日固定接访。信访窗口年均接待上千人次，分类处理职工诉求，核实调查用人单位状况，纠正用人单位违法违规行为，做到“件件有回音，事事有落实”，办结率100%，有效维护了职工队伍和谐稳定。2018年9月，市总工会在广西柳州召开的全国工会信访工作经验交流会上作典型发言。

第四节 深入推进工会改革创新

习近平总书记强调，要“深化工会、共青团、妇联等群团组织改革和建设，有效发挥桥梁纽带作用”[①]，“要继续深化工会改革和建设，牢固树立大抓基层的鲜明导向，夯实基层基础，激发基层活力，不断增强基层工会的引领力、组织力、服务力”[②]。进入新时代，龙岩市各级工会牢记习近平总书记“改革永远在路上”的殷切嘱托，守正创新，推进工会工作服务化、体系化、品牌化、创新化、数智化，持之以恒向改革要活力、增动力，不断推动工会改革和建设工作向纵深推进、向基层延伸。

一、持续深化工会自身改革和建设

1. 稳妥实施工会改革方案。全面贯彻落实中央《关于加强和改进党的群团工作的意见》以及省委、市委改革部署和《龙岩市总工会改革方案》，围绕增“三性”、去“四化”总体要求，着力转职能、转方式、转作风、强队伍，稳步推进工会组织体制、运行机制、管理模式和工作方式等方面 16 项改革任务 26 条具体措施的实施；促成 7 个县（市、区）党委批转县（市、区）总工会改革方案并组织实施，市、县两级工会机构、职能调整全部到位，形成改革整体合力。市、县两级工会按照城市工会模式建设，较好地解决了市、县总工会长期存在的人力不足、机构缺失等问题；适应形势发展和社会变化，打造提升工会工作品牌，增强了工会组织的组织力、引领力、战斗力。

2017 年 7 月，市委研究同意《龙岩市总工会改革方案》并正式印发。根据《中共龙岩市委机构编制委员会办公室关于调整龙岩市总工会机关机构编制有关事项的批复》，对市总工会机关 7 个内设机构和

---

① 《习近平著作选读》第 1 卷，人民出版社 2023 年版，第 31 页。

② 《习近平在同中华全国总工会新一届领导班子成员集体谈话时强调 坚持党对工会的全面领导 组织动员亿万职工积极投身强国建设民族复兴伟业》，人民日报 2023 年 10 月 24 日。

职责进行调整，根据上级工会工作职能，撤销女职工工作部、宣传教育部，整合建立社会联络与女职工工作部、宣教与网络工作部。2019年5月，根据《中共龙岩市委机构编制委员会关于调整市总工会机构编制事项的通知》，同意单独设置经费审查委员会办公室，增加正科级领导职数1名，人员编制内部调剂，办公室不再加挂“经费审查委员会办公室”牌子。2020年3月，经市委编委会会议研究，同意龙岩市职工服务中心加挂“龙岩市工人文化宫”牌子，实行“两块牌子、一套人马”，仍为市总工会管理的相当正科级事业单位，增加财政核拨事业编制8名（合计12名），重新核定相当科级领导职数3名（1正2副）。通过机关和下属事业单位组织架构和职责调整，进一步优化强化硬化职能，更加聚焦主责主业，工作效率和工作质量明显提升。

2. 有力加强市总工会班子建设。市总工会领导班子结构得到优化，市总工会委员会、常委会中一线人员比例分别达到35%、15%，确定领导班子实行专职、兼职、挂职相结合。

2012年11月，龙岩市工会第四次代表大会选举产生了新一届市总工会领导班子，市委常委、统战部部长阮开森当选为市总工会第四届委员会主席，王云龙、张华玉（女）、罗振基当选为副主席；冯荣珍（女）当选为市总工会第四届委员会经费审查委员会主任，张彩俤（女）当选为副主任。同时，着力加强县级工会建设，配齐配强县级工会班子，实现县级工会主席均由同级党委常委担任。

因机构改革等原因，龙岩市工会第五次代表大会推迟到2018年12月召开。根据《龙岩市总工会改革方案》，市总工会五届委员会班子成员实现了专职、兼职、挂职相结合，委员、常委中基层工会工作者、先进模范人物、生产和工作一线人员比例大幅提高。市委常委、统战部部长邓菊芳当选为市总工会第五届委员会主席，罗振基、冯荣珍（女）、林长秀（女，兼职）、范伯群（兼职）、徐淑英（女，兼职）、廖婷婷（女，挂职）当选为副主席；兰建亮当选为市总工会第五届经费审查委员会主任，赖日章当选为副主任。

2023年11月，龙岩市工会第六次代表大会胜利召开，市委常委、统战部部长邓菊芳当选为市总工会第六届委员会主席，邱大武、卢永锋、林少梅（女）、黄劲潮（挂职）、陈水全（兼职）、郭鸿（女，兼职）、高孔长（兼职）当选为副主席；兰建亮当选为市总工会第六届经费审查委员会主任，钟建武当选为副主任。

2024 年 12 月 30 日，龙岩市总工会六届三次全会召开。会议履行有关人事事项的民主程序，市委常委、统战部部长马勇当选为市总工会第六届委员会主席。

3. 扎实推进工会阵地建设。投资 3 亿元的市工人文化宫建成投入使用。武平、连城工人文化宫建成投入使用，新罗区工人文化宫完成改造提升。积极争取省总工会支持，投入 2000 万元的中央苏区工人运动史馆被评为“第一批全国职工爱国主义教育基地”，接待学习参观人数突破 3 万人次；投入 2100 万元建成省职工联合会历史展馆，初步形成工会干部红色教育路线。

一是推进工人文化宫项目建设。从 2016 年开始，在市委、市政府和省总工会的重视支持下，龙岩市工人文化宫正式开工建设。项目建设用地面积约 2.93 万平方米，建筑面积 4.3 万平方米，总投资 3 亿元。主要建筑有中央苏区工人运动史馆、劳模风采馆、职工培训中心、书画展览馆等文体综合设施，是集文艺活动、教育培训、体育

图 4-4-1　2021 年 4 月 14 日，时任市委书记李建成，市长张国旺，市委副书记王龙，市委常委、统战部部长、市总工会主席邓菊芳共同为龙岩市工人文化宫揭牌

健身、便民服务等多功能为一体的为民办实事项目。2016 年 12 月 6 日，举行龙岩市工人文化宫项目开工奠基仪式。龙岩市工人文化宫项目由获得“梁思成建筑奖”的周恺大师设计。经相关招投标程序，2018 年 5 月正式动工。2021 年 4 月，市工人文化宫建成投入使用，市职工服务中心整体迁入工人文化宫 1 号楼一层办公运行。引入 22 家协会、社团启动“工会 + 协会（社团）提升职工生活品质”系列活动，市工人文化宫面向广大职工开放共享，着力打造工人文化宫“工益有约”职工服务品牌。

二是中央苏区工人运动史馆建成开馆。中央苏区工人运动史馆位于龙岩市工人文化宫 1 号楼 2 层，展陈面积 1345 平方米。项目于 2020 年 1 月经省总工会批复立项，总投资预算 2000 万元（省总工会全额出资）。作为龙岩市庆祝建党 100 周年系列主题展览之一，中央苏区工人运动史馆于 2021 年 6 月 17 日正式开馆展览。该馆是全国首家以中央苏区工人运动为主题的历史纪念馆，展陈内容包括“赤色工运、红色之源”“党的领导、建强组织”“劳动立法、工运创举”“当家作主、政权柱石”“发展经济、突破封锁”“参军参战、保卫苏区”6 个部分，以 500 余幅历史照片、480 余件珍贵文物，系统

图 4-4-2　2024 年 12 月 30 日，市委常委、统战部部长、市总工会主席马勇一行参观中央苏区工人运动史馆

回顾了中央苏区工人运动在探索中一路前行的历史轨迹，全面立体展示了苏区工人阶级与中国共产党血肉相连、休戚与共的血脉深情。该馆于 2021 年 11 月被全国总工会列为全国第一批职工爱国主义教育基地（全国 27 家，福建仅 1 家），还被列为古田干部学院、龙岩市委党校、福建省总工会干部学校现场教学点。2023 年 4 月被评为“全国工人先锋号”。

三是福建省职工联合会旧址展馆（刘少奇旧居）正式开展。福建省职工联合会旧址（刘少奇旧居）位于长汀县汀州镇水东大街 204 号，原系张家祠堂。福建省职工联合会旧址品质提升工程于 2021 年 7 月开工建设，2022 年 2 月竣工，项目总投资 4500 余万元（福建省总工会出资 2100 万元）。福建省职工联合会历史展馆位于旧址两旁，占地面积 893 平方米，历史展馆展线 300 余米，展出历史照片 300 余幅、文物展品 200 多件，全方位立体展示了中央苏区时期毛泽东、刘少奇、陈云等一代伟人的工运实践活动，以及福建省职工联合会为建设和巩固苏维埃红色政权作出的重要历史贡献，再现了中央苏区红色工会的光辉历程。2022 年 5 月 10 日，省总工会在长汀举办庆祝福建省总工会成立 90 周年系列活动，该馆同时揭牌开展。

二、健全联系广泛、服务职工的工作体系

进入新时代，龙岩各级工会紧紧围绕保持和增强政治性、先进性、群众性这条主线，积极适应时代和职工队伍的发展变化，在优化强化工会职能、拓展服务职工阵地建设、夯实工会基层基础、推进网上工会建设、建设高素质专业化工会干部队伍等方面持续加大推进力度，采取有力有效措施，努力做到落地生根、见到实效，推进工会治理体系和治理能力现代化建设，不断提高组织动员、联系服务广大职工群众的能力和水平。

1. 统筹推进工会组织建设。按照全总、省总工作部署，龙岩市深入开展“小三级工会建设三年行动”“非公企业工会建设三年行动”，大力推行“重点建、行业建、兜底建”模式，做到哪里有群众，哪里就有工会组织，最大限度把职工吸纳到工会中来，有效扩大组织覆盖和工作覆盖。

2012 年起，在加强国有企业、集体企业和规模以上非公有制企

图 4-4-3　市总工会召开全市工会推“双亮”促组建工作交流会，图为原党组书记、副主席王云龙主持会议

业工会规范化建设的同时，突出小型非公有制企业工会组织建设，深入贯彻《企业工会工作条例》，创新体制机制、内容载体和方式方法，深入开展“评爱企业的优秀员工，评爱员工的优秀经理”“重大劳动争议事件和群体性事件必报、重大安全生产事故隐患必报、基层工会主席变动必报”和“工会组织亮牌子、工会主席亮身份”工作，不断增强基层工会的活力。2013 年，全市开展“双亮”工作的工会组织 7879 个，覆盖面 90.2%。2014 年，重点抓好职工 50 人以上的基层工会建设，全市新组建基层工会 214 个，涵盖法人单位 2190 个，新发展工会会员 15000 多名。2015 年，着力解决辖区内小微企业工会组建问题，全总非公企业法人数据库建会率达 99.13%。

推行党建带工建“353”机制，推进“两新”组织、工业园区等重点行业、重点区域建会入会。龙岩市已建基层工会 5283 家，涵盖法人单位 15894 个，工会会员 44 万余名。百人以上非公企业、外资企业全部建会，组建产业、行业、企业（集团）工会联合会 54 个。创建“福建省非公企业党建带工建示范点”20 家。

着力扩大工会基层组织覆盖面，聚焦货车司机、网约车司机、快递员、外卖配送员等重点群体，实行“建专班、拉清单、摸底数、排

图 4-4-4 2018 年 4 月 25 日，召开龙岩市党建带工建“353”观摩交流推进会议

工期、抓督查”五步工作法，推行“重点建、行业建、兜底建”模式，实现对重点群体的有效覆盖。龙岩市共建新就业形态群体行业工会 13 家，新就业形态群体工会组织 932 个，覆盖会员 28184 人，其中货车司机、网约车司机、快递员、外卖配送员等群体企业建会 428 家，会员 15064 人。

2. 不断夯实工会基层基础。坚持加强基层工会建设，是工会工作彰显活力、发挥作用的基础和关键，是构建联系广泛、服务职工的工会工作体系的固本之策。树牢大抓基层的鲜明导向，扭住“建强组织、搞活工作”这个关键，按照“工会组织扎根在基层、活跃在基层、壮大在基层”的要求，扎实深入开展“县级工会加强年”专项工作，持续推动力量下沉、重心下移、资源下倾，全面加强基层工会规范化建设。

2022 年 8 月，全国总工会部署开展“县级工会加强年”专项工作。龙岩市深入贯彻全国总工会《“县级工会加强年”专项工作方案》和福建省总工会《“县级工会加强年”专项工作实施方案》精神，锚定政治引领强、组织功能强、服务阵地强、制度机制强、作用发挥强的“五强”目标要求，坚持基层导向、问题导向，对标对表找差距，补齐短板强弱项，全力推动“县级工会加强年”工作落地落实。按照干部双重管理有关规定，协助县级党委选优配强领导班子，协助新罗、漳平、武平等县（市、区）开展主席、副主席任免工作3人次。截至2024年底，龙岩市7个县级工会主席中，有6个由同级党委常委、统战部部长担任，新罗区由区委副书记担任区总工会主席，全市县级工会经费审查委员会主任均由县级工会副主席兼任，并全部配备劳模和一线职工兼职、挂职副主席。同时，全面增强县级工会领导机构组成人员的广泛性、代表性，县级工会代表大会代表、工会委员会委员、常委会委员中，基层一线人员的比例分别达到75%、35%、15%以上，民营企业职工、新就业形态劳动者均占有一定数量。加强镇街（园区）工会达标建设，拨付资金525.2万元，用于保障镇街（园区）工会工作高质量开展，经县级工会考核、省总工会审核，全市142个镇街（园区）工会全部达标。

3.充分发挥工会专干效用。工会专干是指由设区市总工会或县（市、区）总工会统一组织招聘，在核定编制之外专职从事工会工作的社会化工会工作者。经省总工会核定，龙岩市133个乡镇（街道）和9家省级以上工业园区工会专干总数为134人。

为切实弥补基层工会力量不足问题，积极发挥职业化、社会化工会工作者（工会专干）在加强基层工会建设和维护职工合法权益中的作用，2014年11月，龙岩市总工会组织开展第一次工会专干公开招聘，共聘用82人，并按照县级工会申报名额分配至各县级工会，其中：新罗区12名、永定区14名、上杭县8名、武平县9名、长汀县13名、连城县10名、漳平市16名。2016年7月，福建省总工会出台了《福建省工会专干管理办法》。据此，又先后出台了《龙岩市工会专干管理办法实施细则》《关于进一步贯彻落实〈龙岩市工会专干管理办法实施细则〉的通知》等文件，明确工会专干的用工方式、岗位职责、日常管理和考核制度等方面规定，进一步规范了工会专干管理。截至2024年，龙岩市共有在岗工会专干105人。据统计，龙岩市各县工会专干的基础工资均不低于所在地县级总工会当年新录用事业编制工作人员应发工资标准的80%。

4.加快工会工作数智化转型。龙岩市各级工会深入贯彻落实习近平总书记关于网络强国的重要思想，加快智慧工会建设和工会数字化转型，用技术手段弥补基层人员及素质上的短板，为龙岩工会各项工作落实落地插上信息化、数字化的翅膀。

2016 年 5 月，“龙岩工运”微信公众号正式上线运行，在宣传党的方针政策、传递正能量、弘扬主旋律、发出工会好声音等方面发挥了积极作用。2017 年，认真贯彻落实《全国工会网上工作纲要（2017—2020 年）》，加强工会网络宣传队伍建设，创建新媒体中心，建立应对网络职工事件的应急机制和路线图，充分运用新媒体，加强正面宣传引导，在重大问题上发出工会声音、宣传工会工作，弘扬网上主旋律。2018 年，拓展“龙岩工运”微信公众号服务功能，搭建职工网上办事大厅，开通线上实时公交查询，建立职工电子书屋、微官网、微矩阵等线上互动平台，为龙岩市工会和基层工会会员之间沟通提供方便快捷的通道，实现工会与广大职工的双向互动。2021 年“龙岩工会 e 家人”智慧工会平台上线运行，拓宽了普惠职工、网上入会等新途径；省、市、县三级工会“互联网 + 服务职工体系”和“e 龙岩”网络体系平台实现无缝对接、互联互通、数据共享，利用网络延伸工作手臂，丰富工会网络服务内容，实现服务方式从工会“定菜单”向职工“点菜单”转变，服务手段从“线下为主”向“线上线下互动融合”转变，构建“互联网 + 工会”服务新格局。

5. 深化“会、站、家”一体化建设。龙岩市各级工会打好建家评家“组合拳”，激发内生动力，真正使基层工会转起来、活起来、强起来，建成市级模范职工之家 237 个，省级模范职工之家 74 个，全国模范职工之家 20 个。以“双 15 工程”为牵引，推进基层工会“会、站、家”一体化建设，推动工会驿站、妈妈小屋、职工书屋等服务站点建设和运营管理水平提升，发挥“10 分钟工会服务圈”效能。龙岩市共建成共享职工之家 70 个，其中共享司机之家 5 个，山区中小学共享职工之家 6 个，数字职工之家 5 个，文旅共享职工之家 4 个，森林共享职工之家 7 个，8 家被命名为省级共享职工之家，2 家共享司机之家被评为 2023 年暖心服务司机之家。

三、创先争优，工会工作迈上新台阶

进入新时代，龙岩市各级工会深入学习贯彻习近平总书记关于工人阶级和工会工作的重要论述，围绕中心、服务大局，忠诚履职、积极作为，各项工作取得积极进展和显著成效，先后获得市级以上荣誉51项，充分彰显了工会组织的担当作为。所获得主要荣誉如下：

（一）全国级荣誉

2014年4月被中华全国总工会、中华人民共和国应急管理部授予全国“安康杯”竞赛优秀组织单位称号

2014年5月被中华全国总工会授予全国工资集体协商先进集体称号

2015年12月被国务院农民工工作领导小组授予全国农民工工作先进集体称号

2018年4月被人力资源和社会保障部、中华全国总工会授予全国工会系统先进集体称号

2019年12月被中国法律援助基金会授予中央专项彩票公益金法律援助项目贡献突出实施单位称号

2021年11月中央苏区工人运动史馆被中华全国总工会命名为第一批全国职工爱国主义教育基地

2022年6月被中华全国总工会、中华人民共和国应急管理部、中华人民共和国国家卫生健康委员会授予全国“安康杯”竞赛优秀组织单位称号

2023年4月中央苏区工人运动史馆被中华全国总工会评为“全国工人先锋号”

2023年11月被中华全国妇女联合会授予全国维护妇女儿童权益先进集体称号

（二）省级主要荣誉

2012年2月被福建省总工会授予女职工组织规范化建设先进单位称号

2013年3月被福建省推行厂务公开工作小组授予2009—2012年度福建省推动厂务公开民主管理工作先进单位称号

2014年5月被福建省依法治省领导小组办公室授予2009—2013年福建省依法治省先进集体称号

2015年4月龙岩市职工服务中心被福建省总工会、中共福建省委宣传部、中共福建省委文明办、福建省经济和信息化委员会授予福建省第十一届职业道德先进单位称号

2015 年 5 月被福建省总工会授予模范职工小家称号

2015 年 5 月被中共福建省委、福建省人民政府授予第十二届（2012—2014 年度）文明单位称号

2016 年 10 月被福建省总工会、福建省安全生产监督管理局授予 2016 年度福建省“安康杯”竞赛组织工作优秀单位称号

2017 年 6 月被福建省总工会授予福建省百万职工“五小”创新大赛优秀组织奖

2018 年 7 月被中共福建省委、福建省人民政府授予第十三届（2015—2017 年度）文明单位称号

2021 年 4 月被中共福建省委、福建省人民政府授予第十四届（2018—2020 年度）文明单位称号

2022 年 8 月中央苏区工人运动史馆被福建省总工会评为“五一先锋号”

2022 年 12 月被中共福建省委网信办授予 2022 年福建省网络安全宣传周先进集体称号

2023 年 12 月在 2023 年“网聚职工正能量　争做八闽好网民”主题活动中被福建省总工会、中共福建省委网信办评为“数字赋能工会”

（三）市级主要荣誉

2013 年 10 月被中共龙岩市委授予 2010—2012 年度党建工作先进单位称号

2017 年 10 月被中共龙岩市委、龙岩市人民政府授予脱贫攻坚成绩突出挂钩帮扶单位称号

2017 年 12 月被中共龙岩市委、龙岩市人民政府授予创建第五届全国文明城市成绩突出单位称号

2024 年被中共龙岩市委、龙岩市人民政府授予“大爱龙岩”新时代精神文明品牌建设先进集体称号

四、打造具有“岩工”特色工作品牌

（一）在工会系统率先全面推行“驿站枫桥”暖“新”维权服务机制

龙岩市总工会总结新时代劳动领域“枫桥经验”，于 2023 年 10 月联合市中级人民法院、司法局、人社局、律师协会等单位，依托工

图 4-4-5　2023 年 10 月 25 日，举行龙岩市“驿站枫桥”一体化暖“新”维权服务机制公益伙伴共建启动仪式

会驿站、职工服务中心、劳动法庭等，通过“工会 + 法院 + 检察院 + 人社 + 司法 + 公安”打造“驿站枫桥”暖“新”维权服务机制，全市建成“驿站枫桥”站点 170 余家，基本实现市、县、乡镇三级全覆盖，全面构建起“调解—仲裁—诉讼—执行”绿色服务通道，切实保障新就业形态劳动者合法权益。2023 年 12 月 12 日《工人日报》头版头条以《处处驿站架起座座“枫桥”》为题，12 月 16 日央视新闻频道以《福建龙岩工会驿站：让新就业形态劳动者维权更便利》为题分别作了报道，得到全总徐留平书记批示肯定，入选 2024 年第 1 期全国工会重点工作创新案例，在全国工会重点工作创新案例发布会上作典型经验发言。龙岩市总工会“驿站枫桥”维权服务机制被评为第二届福建省工会改革创新项目“十佳成果”。2024 年 8 月 19 日，龙岩市总工会在全国工会法律工作会议上作典型交流发言。2024 年 11 月 28 日，在浙江绍兴诸暨市召开的全国工会坚持和发展新时代“枫桥经验”暨新时代“枫桥经验”工会实践现场推进会上，龙岩市总工会的《全面推广驿站枫桥　助力暖“新”维权》入选新时代“枫桥经验”工会实践典型经验。

（二）在工会系统首创“10 分钟工会服务圈”工益伙伴联盟

2022 年，市总工会联合 20 家机关企事业单位、公益组织成立

“工益伙伴联盟”，引入社会组织负责日常维护管理，构建龙岩中心城区“10分钟工会服务圈”，助力“大爱龙岩”建设，2022年11月25日《工人日报》头版头条以《福建龙岩以“小站点”服务“大民生”“十分钟工会服务圈”助力“大爱龙岩”建设》为题作了报道。2023年4月，龙岩市“10分钟工会服务圈”工益伙伴联盟被评为第一届福建省工会改革创新项目“十佳成果”。2024年，龙岩市总工会联系引领社会组织参与“10分钟工会服务圈”服务职工的经验做法，被全总社联部列为典型案例；入选2024年第8期全国工会重点工作创新案例。

（三）率先组建“劳模工匠新质生产力创新联盟”

为因地制宜发展新质生产力，2024年4月，市总工会联合人社局、科技局、龙岩学院等相关单位组建“龙岩市劳模工匠新质生产力创新联盟”，通过组建工匠学院，成立劳模工匠、博士（高技能人才）服务团等方式，探索“工会＋院校（产业研究院）＋工匠学院＋劳模工匠＋高技能人才”的“助企向新”服务模式，搭建起院校、劳模工匠、企业、乡村之间“产、教、研、学、用”相互融合的桥梁，助力加快产业转型升级、推动技术创新、提高企业竞争力。2024年7月17日《工人日报》头版头条以《福建省龙岩市总工会组建劳模工匠新质生产力创新联盟　老区有了助企新联盟》为题作了专题报道。

（四）创新开展劳模医护关爱保险项目

为解决劳模年老生病住院“护理难”问题，2024年5月，龙岩市总工会联合保险公司定制“劳模医护关爱保险”项目，并赠送给全体市级劳模。劳模生病住院每日可获护理补贴100—200元，切实提升劳模健康保障水平，打造“大爱龙岩，情暖劳模”岩工品牌。2024年5月31日《工人日报》第1版以《福建龙岩总工会建立劳模医护关爱保险机制　“专属关爱”让劳模多一份温暖》为题作了专题报道。此做法得到全国总工会党组书记、副主席、书记处第一书记徐留平批示肯定，入选2024年第5期全国工会重点工作创新案例。

（五）打造“点、线、面”结合“红色工运”精品，赋能红色教育

建成中央苏区工人运动史馆和福建省职工联合会旧址展馆，成为工会干部职工红色教育示范点；着力连点成线，打造中央苏区“红色工运”现场教学线路，培育职工红色教育精品线路；组建中央苏

区“红色工运”课题研究团队及专题党课团队，编写《闽西红色工运》《中央苏区工人运动史画册》等，扩大“红色工运”受教育面。该做法入选 2024 年第 8 期全国工会重点工作创新案例。

（六）打造新时代“枫桥经验”工会实践工作品牌

龙岩市总工会坚持和发展新时代“枫桥经验”，持续深化劳动纠纷多元化解，在园区、驿站、网上打造职工维权服务“三座枫桥”，有力履行工会维权服务基本职责。一是全覆盖建设“园区枫桥”。在全市 11 家省级以上工业园区全部建成“园区枫桥”职工法律服务一体化基地，集中设置“两室两庭”，实施繁简分流“二步分解法”和劳动纠纷“三级响应”处理机制，引进专业人员入驻基地服务，实现劳动纠纷“一站式”调处。基地建成以来，累计接待来电、来信、来访 500 余件次、1600 余人次，化解矛盾纠纷 250 余件，为职工挽回经济损失 3000 余万元。二是全市域打造“驿站枫桥”。首创“驿站枫桥”暖“新”维权服务机制，通过构建“1+N”维权服务矩阵、全流程暖“新”维权服务体系、一体化专业维权服务力量，建立“驿站简易调解、基地快速调处、劳动法庭（仲裁庭）便捷审理、重大案件联动调处”四项机制，累计接受法律咨询 1600 余人次，成功调解劳动争议纠纷 950 余件，受理仲裁和诉讼案件 160 余件，案件化解平均周期从原来的 90 天缩短至 28 天。三是全时段架设“智慧枫桥”。通过“互联网 +”赋能法律服务、工会驿站上线电子地图，实现职工群众 10 分钟找到驿站，“十分到家”享受法律服务。在“龙岩工会 e 家人”智慧平台开设法律服务模块，开通“一键求助”服务热线，进驻线上服务律师团，24 小时在线为职工群众答疑解惑。该做法入选 2024 年第 10 期全国工会重点工作创新案例。

（七）创建服务台胞台企职工“134”工作机制

漳平市总工会通过在台湾农民创业园建立“永福台创园区企业职工共享服务中心”，打造“闽台职工合作交流平台”“台企职工诉求协商解决平台”“台企职工共享文体交流活动平台”三个平台，构建“涉台联席会议机制”“涉台劳动关系服务调解机制”“台企共享职工之家建设机制”“台企集体协商工作机制”四项机制，为台创园涉台企业职工交流学习、解决台企职工诉求提供可行渠道，为漳平市“台湾特色小镇”建设贡献工会力量。漳平市总工会服务台胞台企“134 服务机制”得到全总、省总的重视和肯定，全国总工会台湾事务办公室报送的调研报告《福建工会推动构建台资企业和谐劳动关系创新举措》，得到全总领导批示并在《全总信息》刊发交流推广。该做法被评为首届福建省工会改革创新项目优秀成果。

第五章

闽西百年工运事业的历史经验和现实启示

作为党领导的工人阶级群众组织，闽西工会始终紧跟党的步伐，动员广大职工群众围绕党的纲领和不同历史时期确立的中心任务，艰苦奋斗、建功立业。闽西百年工运实践谱写了中国工人运动的光辉地方篇章，它探索的多项创新举措引领全国，积累了较为丰富和宝贵的工运发展的历史经验，至今仍具有重要的现实意义。

第一节
闽西百年工运事业的创新举措

闽西是八闽工运血脉的源头，工运历史底蕴深厚。在土地革命战争时期，以毛泽东同志为主要代表的中国共产党人领导闽西工农群众创建了最早的政府与工会联席会议制度，探索制定了中央苏区最早的劳动法规，创建了工人参加国有企业管理的“三人团”制度，这些创新举措在福建乃至中国工人运动史上都留下了浓墨重彩的一笔。进入新时代，龙岩市总工会认真贯彻习近平总书记关于在社会基层坚持和发展新时代“枫桥经验”的重要指示精神，紧紧依靠群众探索创新，在全国首创“驿站枫桥”一体化暖“新”维权服务机制，创建了“新时代‘枫桥经验’工会实践”，为促进劳动关系和经济社会和谐发展贡献了工会力量。

一、创建了最早的政府与工会联席会议制度

1929 年 7 月，毛泽东在上杭蛟洋指导召开了中共闽西一大，会上通过的《关于苏维埃政权决议案》指出了苏维埃与职工会的关系：“苏维埃应和职工会建立正确的关系，所有派往苏维埃的代表，关于苏维埃的行为，应对工会有经常的报告。同时关于工会行为，亦应在苏维埃中作有系统的报告。凡工会与苏维埃一切的纠纷，应由企业中派代表所举行之特种会议解决之，凡涉及工人阶级根本利益的一切法律和处置，应预先会同该地职工运动之指导机关讨论之。”① 明确提出苏维埃政府与工会需定期举行联席会议，创建了最早的政府与工会联席会议制度。《龙岩劳动法令》还提出通过工会与苏维埃政府联席会的形式解决问题。

1930 年至 1931 年，在闽西革命根据地的创建过程中，苏维埃

① 《中共闽西第一次代表大会关于苏维埃政权决议案》（1929 年 7 月），《中央苏区（闽西）历史资料汇编②》，中共党史出版社 2023 年版，第 196 页。

红色政权不断建立与扩大，各级工会组织也不断建立与扩大。在此期间，一些地方的工会与苏维埃政府的关系出现了不协调的状况。工会与苏维埃“形成两个对立机关”，工会对苏维埃不请示报告，苏维埃对工会没有工作指示，彼此之间不发生联系。在肃反运动中，有些地方的工会不请示报告，不经苏维埃政府的同意，擅自捉人。还有的工会错误地提出“工人监督苏维埃政权”的口号。这些不协调关系的出现，不利于苏维埃政权的建设，削弱了工人阶级在红色政权中的领导地位。1932 年 2 月，在瑞金举行的闽赣两省工人代表大会提出了各级工会要“拥护和巩固苏维埃政府”“扩大苏维埃区域”“使工会成为苏维埃的柱石”。在会上严肃批评了工会与苏维埃关系不协调的问题，使到会代表明确了工会自身的重任是发挥柱石作用，在与苏维埃的关系上应协调一致。全总执行局以身作则处理好与苏维埃的关系，并带动各级工会进一步协调与苏维埃的关系，积极参加苏维埃政府的各项工作，给予苏维埃政府以极大的支持，促进苏维埃政权的建设，从而使工会作为工农民主专政最重要的群众柱石的作用得以发挥。这是工会工作的巨大成就与进步，是正确引导工人运动摆脱“左”的干扰取得的成果。

中央苏区苏维埃与工会关系，为新时期政府与工会关系的处理树立了光辉的典范。闽西苏区提出的通过工会与苏维埃政府联席会的形式解决问题的方式为新时代政府与工会联席会议制度的建立和完善奠定了基础。福建省政府与工会联席会议制度是 1989 年建立的，当前，这一制度已在省、市、县三级全面建立，并向乡镇（街道）延伸，成为改革开放 40 多年来福建工会最具影响力的重大工作品牌。习近平同志在福建工作期间，主持召开了第 12 次、第 13 次、第 14 次省政府与省总工会联席会议，有力推动了政府与工会联席会议的制度化、规范化。龙岩市总工会坚持把联席会议制度作为长效机制不动摇，紧密结合各个时期的形势任务，不断充实内涵、拓展外延，充分发挥联席会议在民主协商、宏观维权、维护稳定等方面的重要作用，使之成为各级政府贯彻全心全意依靠工人阶级方针的重要载体和地方工会从源头上维护职工合法权益的重要机制。

二、探索建立了中央苏区最早的劳动法规

为了维护新生的红色政权，保障劳动者的合法地位和根本利益，

闽西苏维埃政府先后制定《劳动问题》《劳动法案》等中央苏区最早的劳动政策或法规，并以单行本形式公开发布，成为我国最早的劳动法律单行本，为《中华苏维埃共和国劳动法》和新中国成立后工会法的制定奠定了基础。

1929 年 10 月 2 日，在上杭县召开的第一次工农兵代表大会上，以代表提案的形式产生了闽西第一个劳动法规——《劳动问题》，共 9 条。[①]1930 年 2 月，在永定县召开的第二次工农兵代表大会又通过了《保护劳动法》，共 13 条。上杭、永定两县制定的劳动法规，为闽西整个区域制定劳动法规、政策提供了有益的经验。但是，这两部劳动法的内容和形式都比较简略，只适用于各该县苏维埃区域。1930 年 3 月，闽西第一次工农兵代表大会通过《劳动法案》，共 9 章 82 条。《劳动法案》与上杭《劳动问题》、永定《保护劳动法》相比，其针对性更强，内容和形式也比较充实和完备。该法规定了劳动立法的基本原则，适用于各行各业的工人。它明确了工人的基本权利，如组织工会、言论、集会、出版、罢工自由等，并规定了工厂主、商店老板等雇主的权利和义务。此外，该法还对不同行业的工人作出了较为细致的规定，如工厂工人、商店工人、工场作坊工人、自由手工业工人、运输工人、女工、青工等，都有相应的条例进行规范。闽西《劳动法案》的制定和实行，极大地激发了工人的革命积极性和生产热情，为苏区的发展提供了强大的动力。同时，该法的实行也促进了苏区工商业的繁荣和发展，为苏区的经济建设奠定了坚实的基础。

闽西《劳动法案》的制定标志着工人阶级转入依靠自己的政权、利用法律来保障工人合法权利的新的历史阶段，这是中国工人阶级破天荒的伟大创举，是工人阶级浴血奋斗的结果。它不仅为闽西整个区域制定劳动法规、政策提供了有益的经验，也为《中华苏维埃共和国劳动法》和新中国成立后与劳动相关的法律法规的制定奠定了基础，该法中的许多创新性规定和理念，对后来的劳动立法产生了深远影响。

闽西劳动法中明令取消“工头制度”，这一对劳动者权益高度保

---

① 《中共上杭县执委会对上杭县第一次工农兵代表会议的提案》（1929 年 10 月 2 日），《中央苏区（闽西）历史资料汇编②》，中共党史出版社 2023 年版，第 276 页。

护的做法是中国劳动立法史上的一大进步，这一理念启示现代劳动立法应继续强化劳动者权益保护，确保劳动者在劳动关系中的主体地位；闽西劳动法以立法的形式确认了“八小时工作制”，这是根据地时期中国共产党第一次以法律的形式明确这一制度，这一创新举措启示现代劳动立法应继续关注劳动者的工作时间和休息权益，推动劳动关系的和谐发展；闽西劳动法中设立了“各工会应规定最低限度工资，并按照生活程度递加”的条款，这是根据地时期有关劳动保护的法律中第一次出现“最低工资”的条款，这一制度启示现代劳动立法应建立健全工资增长机制，确保劳动者的工资水平与生活水平相适应；闽西劳动法中设立了失业工人救济条例，为失业工人提供了基本的生活保障，这一制度启示现代劳动立法应完善失业保障制度，为失业者提供必要的救助和支持；闽西劳动法的制定还考虑了当时的生产力发展水平和苏区实际，这一原则启示现代劳动立法应尊重客观发展规律，充分考虑不同地区和行业的实际情况，制定切实可行的法律法规；闽西劳动法的制定过程中，工会发挥了重要作用，这也启示我们现代劳动立法应加大工会源头参与力度，让工会更多地参与到劳动法规的制定和实施中来，更好地维护劳动者的权益。因此，闽西劳动法的制定和实行对于推动现代劳动立法的发展和完善具有重要的指导意义。

三、创建了工人参加国有企业管理“三人团”制度

厂长负责、工会委员长、党支部书记共同参与的管理委员会的“三人团”管理制度，是苏区红色政权诞生后的一个伟大创举，是企业管理上行之有效的变革，至今在国有企业中仍在沿用。

闽西苏区工人以主人翁的地位，参政议政，管理苏维埃企业，探索实行民主管理的主要措施是在厂长之下，设立工厂管理委员会，由厂长、党支部代表、工会代表、团支部代表、工人代表及其他负责人等5—7人组成，以厂长为管理委员会主席，研究决定厂内的重大问题。同时，管理委员会内又组织“三人团”为核心领导，由厂长、党支部代表及工会代表组成，负责处理厂内的日常事务。

1934年春，全总执行局委员长刘少奇对闽西企业管理模式进行认真调查研究后，指出：“现在各工厂必须立即制订自己完备的工厂规

则，提高劳动纪律……工厂必须坚决执行这样的厂规，对任何破坏厂规者给以一定的打击，工厂内部的秩序才能建立起来。”[①] 参照闽西企业“三人团”的领导管理模式，刘少奇同志提出了工人参加企业民主管理，协调工人与厂长、工会与厂长关系的意见：1. 组织与运用“三人团”（厂长、工会委员长、党的书记）的领导方式来管理工厂，成立厂长领导下的管理委员会，具体管理厂内的生产和事务；2. 明确厂长在集体领导下如何处理各方关系，即厂长在决定各种问题时，必须事先与党的支部书记和工会主任商量，尽可能取得他们的同意后再作出决定。如果党的书记和工会主任不同意时，厂长有最后决定执行的权力；3. 广泛发动职工群众献计献策，改进企业管理，建立与健全管理制度，使职工考勤、产品检验、计划制定、组织竞赛等方面都有章可循；4. 改革工资制度，实行计件与包工计酬的办法刺激工人努力生产；5. 注意改善工人生活，解决好工人的切身利益问题，以利于发挥工人的劳动热忱，为提高生产而斗争。

苏区党和苏维埃政府十分重视刘少奇的意见，对改进企业民主管理制定了章程和措施。1933 年 4 月 10 日，中央组织局颁发了《苏维埃国家工厂支部条例》（以下简称《条例》），肯定了闽西苏区公营企业“三人团”管理制，推行“三人团”会议，共同研究和处理工厂的一切重大问题。“三人团”会议由厂长召集。某些问题如果发生争执，最后取决于厂长，党支部或工会可将争议的问题提交上级研究解决。“在三人团决定的一切问题，必须经过党的行政的支部的工会的各个系统，立即执行。”[②] 厂属各部门同样建立“三人团”管理制。条例还规定工厂应组织生产模范队，由工会挑选工人积极分子参加，在执行计划、节省原料、检验质量、开展竞赛等方面作表率。公营企业还应建立经济核算队，由工会动员工人参加，在节省时间、节约人力、提高工效、降低成本方面创造新经验、发明新工艺、作出新贡献。这样，工人参加企业管理落到了实处，工人在企业中的主人翁作用得到发挥。

《条例》公布后，苏区各级工会在全总执行局领导下，在公营工厂

---

① 《论国家工厂的管理》，《刘少奇论工人运动》，中央文献出版社 1988 年版，第 180 页。

② 《苏维埃国家工厂支部工作条例》（1934 年 4 月 10 日），《中央苏区（闽西）历史资料汇编⑧》，中共党史出版社 2023 年版，第 74 页。

普遍实施了“三人团”管理制，企业面貌发生了显著的变化，工人们在“一切为了革命战争”这个目标下努力生产，争作贡献。首创于闽西苏区的“三人团”管理制，是苏区红色政权诞生后的一个伟大创举，是企业管理上行之有效的变革。这个管理制的优越性，是赋予厂长对企业全面负责的权力，工人能够在企业管理中当家作主，党、政、工关系得到协调处理。

虽然“三人团”管理制起源于苏区时期，但它对现代企业管理仍有启示和借鉴作用。例如，在现代企业中，类似的三方管理机制可能以不同的形式存在，如由企业高层管理者、党组织代表和职工代表组成的管理团队。这些团队成员共同负责企业的决策、管理和监督，确保了企业职工参与管理的权利，并促进了企业的稳定发展。此外，一些现代企业还借鉴了“三人团”管理制中的民主共治思想，建立了更为完善的职工参与机制，如通过职工代表大会、工会等组织形式，让职工更多地参与到企业的决策和管理中来，提高了职工的归属感和积极性。“三人团”管理制的现实意义在于促进企业民主管理、增强企业凝聚力、提高企业管理效率以及推动企业文化建设。

四、探索新时代“枫桥经验”工会实践

党的十八大以来，习近平总书记就坚持和发展新时代“枫桥经验”多次作出重要指示。党的二十大报告又强调指出：“在社会基层坚持和发展新时代‘枫桥经验’，完善正确处理新形势下人民内部矛盾机制”“及时把矛盾纠纷化解在基层、化解在萌芽状态。”[①] 龙岩市总工会认真贯彻党的二十大精神，紧紧依靠群众探索创新，创新新时代“枫桥经验”工会实践，具体探索如下：

建设一体化、一站式的“园区枫桥”。2020 年，龙岩市总工会按照福建省总工会部署，启动“园区枫桥”机制建设。目前，全市 11 家省级以上工业园区全部建成“园区枫桥”职工法律服务一体化基地，其中 6 家获评省级优秀（示范）基地。一是采取一园一策，打造园区“枫景”，建设基地型“园区枫桥”，集中设置“两室两庭”，实现劳

① 习近平：《高举中国特色社会主义伟大旗帜 为全面建设社会主义现代化国家而团结奋斗——在中国共产党第二十次全国代表大会上的报告》，人民出版社 2022 年版，第 54 页。

动争议“预、调、裁、审、援、执”一体联动、一站办理；二是繁简分流，提高解纷效率，建立劳动纠纷全流程调处模式，实施繁简分流“二步分解法”和劳动纠纷“三级响应”处理机制，有效压缩劳动争议案件调解办结时长；三是保障有力，实现常态长效，福建省总工会每年对有需要的基地给予5万—10万元的资金补助，龙岩市、县两级工会将“园区枫桥”建设资金、运行经费纳入年度预算，同时通过联动部门派驻人员轮值、工会购买服务等方式，引进专业人员参与基地服务，有效增强了工作力量。

打造便捷的、全领域性的“驿站枫桥”。依托工会驿站“10分钟工会服务圈”，在全国首创“驿站枫桥”一体化暖“新”维权服务机制，该机制入选2024年第1期全国工会重点工作创新案例。通过构建“1+N”维权服务矩阵、构建全流程暖“新”维权服务体系、构建一体化专业维权服务力量，建立“驿站简易调解、基地快速调处、劳动法庭（仲裁庭）便捷审理、重大案件联动调处”四项机制。自2023年10月该机制运行以来，累计受理法律咨询1600余人次，成功调解劳动纠纷950余件，受理仲裁和诉讼案件160余件，追回劳动报酬约100万元，案件化解平均周期从原来的90天缩短至28天。组建一支由公益律师、金牌调解员、司法工作者等270人组成的法律服务团队，为工会驿站配置调解员和律师，实现维权援助项目化、服务精准化。

架设全方位的、“不打烊”的“智慧枫桥”。为实现工会法律服务对职工群众的全方位无死角守护，龙岩市总工会充分运用互联网技术，不断推进智慧服务。一是“互联网+”赋能法律服务，线下工会驿站全部纳入电子地图，实现10分钟找到驿站，“十分到家”享受法律服务。二是“智慧交管”赋能交通事故快速处理，通过“驿站枫桥”宣传推广“交管12123”等平台，引导新就业形态劳动者即时视频通讯，通过“云端会面”快捷处理交通事故。三是“智慧工会”赋能掌上维权，在“龙岩工会e家人”智慧平台开设法律服务模块，进驻线上服务律师团，开通“一键求助”服务热线，为职工群众答疑解惑。“智慧枫桥”拓展了工会法律服务线上功能，实现维权服务24小时“不打烊”。

总之，龙岩市总工会以“园区枫桥”为样本，在全国首创“驿站枫桥”维权服务机制，构建“1+N”维权服务矩阵，建立四项衔接机制，组建专业服务团队，形成畅通的全流程服务通道，利用互联网平台架设“智慧枫桥”，打通服务职工“最后一公里”，实现了精准维护新就业形态劳动者合法权益。龙岩“枫桥经验”工会实践为职工释疑解惑、排忧解难，架起一座连心桥，成为构建和谐劳动关系的创新方法。

第二节
闽西百年工运事业蕴含的精神风范

闽西百年工运事业是福建乃至中国工人运动史的重要组成部分。闽西苏区的工人运动，为福建乃至中国工人运动谱写了光辉的篇章。闽西是福建省工人运动开展较早的地区之一。早在1926年，闽西的工人阶级便在中国共产党的领导下开始觉醒，建立了工人协会，有组织、有领导地开展争民主、求解放的斗争。1929年，红四军入闽，闽西工运事业迅速发展，红四军所到之处，工会组织纷纷恢复，工人运动日益高涨。只是由于敌强我弱，红四军开展游击活动，流动性大，加上缺乏指导工人运动的经验，使工人斗争此起彼伏，呈波浪式发展。随着革命斗争的不断发展，闽西广大工人积极组织工会，建立工人武装，配合红军创建革命根据地和参加苏维埃政权建设，使各县工会和行业工会如雨后春笋般建立起来。1931年11月，中央革命根据地正式形成时，闽西有11个县恢复和建立了工会组织。1932年2月，江西、福建两省工人代表联席会议在瑞金召开，成立了江西、福建两省职工联合会。1932年3月，福建省第一次工农兵代表大会在汀州张家祠召开，成立了福建省苏维埃政府。从此闽西苏区工人运动在党的领导下，进入蓬勃发展的鼎盛时期。中央红军长征后，闽西广大工人阶级积极投身闽西南三年游击战争、抗日战争和解放战争，作出了重大贡献和巨大牺牲。新中国成立后，闽西工运工作认真贯彻党中央决策部署，立足闽西实际，发扬优良传统，锐意开拓创新，不断开创闽西工运事业新局面。

一、不忘初心、坚定信仰的求真精神

不忘初心、坚定信仰的求真精神，是闽西工运精神内涵的灵魂。2017年10月31日，党的十九大闭幕仅一周，习近平总书记就带领中共中央政治局常委瞻仰了上海中共一大会址和浙江嘉兴南湖红船。习近平总书记指出："上海党的一大会址、嘉兴南湖红船是我们党梦

想起航的地方。我们党从这里诞生，从这里出征，从这里走向全国执政。这里是我们党的根脉。”“其作始也简，其将毕也必巨。”[①] 事业发展永无止境，共产党人的初心永远不能改变。中国共产党成立之初，树立了实现共产主义的远大理想，这与中国最广大人民群众的美好生活向往是一致的，因而成为千千万万劳苦大众不懈追求的奋斗目标。

中国共产党的诞生是中国革命发展的客观需要，是马克思主义同中国工人运动相结合的产物。中国共产党是中国工人阶级的先锋队。作为中国工人阶级先锋队的中国共产党，靠什么把近亿党员凝聚起来？靠信仰。靠什么让中国革命的星星之火成了燎原之势，使“山沟沟里的马克思主义”赢得了中国？还是靠信仰。从中国共产党带领中国工人阶级、领导中国人民近百年的发展历程中不难发现：信仰坚定，党的事业才能昌盛；信仰淡化，党的事业则会受挫。正是广大工人阶级坚守信仰，为了实现共产党人的初心和使命一往无前，前赴后继，中国共产党才取得了今天的成就。

中国工人运动的先驱和著名领袖苏兆征，是中华全国总工会的主要创建人和领导人，国际工人运动活动家，中国共产党早期重要领导人之一。他 1908 年加入孙中山先生领导的同盟会，积极参加推翻清政府的革命活动。1921 年与林伟民等在香港建立中华海员工业联合总会。1925 年春加入中国共产党，参与领导震惊中外的香港海员大罢工和省港大罢工。八七会议上，他与瞿秋白、李维汉一起被选为中央政治局常委，成为党的核心领导之一。会后，苏兆征到上海参加党中央领导工作，负责管理中央财务小组和全国总工会。长期艰苦的斗争和紧张的工作，使苏兆征积劳成疾。1929 年春节过后不几日，长期抱病工作的苏兆征就住进了医院。因保密的需要和怕给组织增加负担，他没让家人及时告诉中央机关，待周恩来、邓小平等闻讯赶到医院时，苏兆征已处于弥留之际。1929 年 2 月 25 日，苏兆征不幸病逝。第二天，中共中央政治局向全党发出悼念苏兆征的通告，指出：苏兆征同志在工作中，充分表现了无产阶级的艰苦卓绝精神和坚决的政治意识，他的革命精神，是全党的模范，全党要学习苏兆征的革命精神，向前奋斗。为纪念工运领袖苏兆征，创建中央苏区时，将长汀

① 习近平：《论中国共产党历史》，中央文献出版社 2021 年版，第 185 页。

命名为兆征县，并将其中一条路命名为兆征路。

祖籍福建永定的中国早期工人运动的领袖、省港大罢工著名领导人何耀全，他和苏兆征一起积极开展工运工作，发动香港工人举行大罢工，抗议帝国主义的血腥屠杀。何耀全积极发动工人参加纠察队，封锁香港，查缉走私；同时，还组织 3000 多名罢工工人参加运输队、担架队支援东征、南征、北伐。苏兆征赴武汉工作后，何耀全主持罢工委员会日常工作。蒋介石在上海发动“四一二”反革命政变后，何耀全立即通知省港罢工委员会、全总广州办事处等部门的干部迅速转移，而他自己却留在办公室镇定地处理应变事宜。当天凌晨 4 时，他不幸被反动派逮捕，被关在乐斯戏院。他的夫人吴丽贞已怀孕，闻讯立即去探望他，并为他的被捕而失声痛哭。何耀全安慰她说：“你不用害怕，过几天，我就能回家了。”敌人不许他俩多谈，几分钟后就强迫吴丽贞离开。不久，何耀全被转移囚禁在广州公安局内。敌人严刑拷打他，逼他供出市内共产党组织情况。他铮铮铁骨，宁死不屈，决不泄露党内秘密，严词痛斥反动派，充分显示了一个革命者宁死不屈的高尚品德。

新罗区万安镇松洋村人杨世宁，1922 年 9 月到集美学校师范部就读，1924 年先后与谢景德等创办《到民间去》和《新龙岩季刊》，积极宣传新文化。1925 年进入厦门大学，后又转入广州中山大学。他组织闽籍同学建立“福建革命青年团”，与国民党右派分子展开斗争。同年 9 月回龙岩，创办龙岩公学，宣传革命思想。1926 年，杨世宁同党组织取得联系，到厦门与罗扬才等同志一起，组织领导了厦门工人的罢工斗争，成为厦门早期工运的组织者和领导者之一。1927 年 1 月任厦门市总工会副委员长。1927 年“四一二”反革命政变后被捕，同年 5 月，壮烈牺牲于福州。临刑前致言同乡同学：“革命不怕死，怕死不革命，只要革命能成功！”致书家父：“儿为国为民而死，死亦甘心”。

党的十九大报告指出：“人民有信仰，国家有力量，民族有希望。”信仰是灯，她指引方向；信仰是火，她点燃希望；信仰如山，我们坚定不移。自从有了马克思主义的信仰，自从有了共产党的领导，闽西工人阶级便有了指路的明灯，培育了“听党话、跟党走”的红色基因，并传承至今。

闽西是一块红色的土地，红就红在信仰特别坚定，红就红在旗帜特别鲜明。在革命战争年代，闽西人民在中国共产党的领导下，前仆后继，英勇奋战，赢得了“二十年红旗不倒”的光荣赞誉，也作出了巨大的牺牲。闽西工人阶级始终具有坚定的马克思主义信仰和共产主义信念，始终跟着共产党，“听党话、跟党走”，主要原因在于：

（一）闽西苏区的工人阶级苦难深重，他们政治上受压迫，经济上被剥削，生活极其艰难，具有自我解放的强烈诉求

在毛泽东指导下召开的中共闽西第一次代表大会通过的《政治决议案》中，明确指出：“闽西革命主力军是广大的农村贫民和城市手工业工人。”[①] 可见，闽西早期工人阶级的主体是农业工人和城市手工业工人。

闽西地区的政治经济具有中国半殖民地半封建社会的特点，且地主阶级对农民的剥削极其残酷，于是产生了一批生活在农村最底层的农业工人。

闽西城区的工业以手工业为主，现代工业数量很少，除在长汀、龙岩、上杭县城有几家机器碾米、织布、电灯、印刷等小型机器工业厂（作坊）外，几乎没有现代工业。手工业也是以个体手工业为主，大量的是造纸和刨烟，还有些织布、染布、制茶、制鞭炮、制竹篾、铸铁等。长汀、连城、宁化等地造纸历史悠久，所产“玉扣纸”质地优良，销售于漳州、厦门、汕头、潮州一带。永定出产的“条丝烟”，色金黄而味香醇，远销四川、湖南、江西、上海、广州和东南亚一带。但是，“自帝国主义的工业品入侵后，闽西的手工业便逐渐破产，洋布战胜土布，洋纸打倒土纸，卷烟打倒了条丝”[②]，整个手工业处于衰落状态。

早期闽西的长汀、龙岩、上杭县城商业尚称发达，长汀繁荣时有十四五种行业300多家商店。龙岩是闽西通往漳州、厦门之门户，有各类商店二三百家。上杭是汀江货物集散地，货物往来频繁。但自帝国主义入侵后，洋货大量倾销，商业便衰落、萧条。闽西工人群众政

---

① 《中共闽西第一次代表大会之政治决议案》（1929年7月），《中央苏区（闽西）历史资料汇编②》，中共党史出版社2023年版，第186页。

② 《中共闽西特委第二次代表大会情况与各项文件》（1930年7月8日—20日），《中央苏区（闽西）历史资料汇编③》，中共党史出版社2023年版，第402页。

治上受压迫，经济上被剥削，生活非常艰难。

深受“三座大山”压迫的工人地位没有任何保障。例如，闽西的船工深受雇主、封建把头和反动水警三重压迫，船工靠船主雇佣，往往受货源和自然条件的影响而停工失业，反动政府沿河设置关卡，极尽敲诈勒索之能事，加之河道失修，滩险水急，船沉人亡事故经常发生。遍及各地的挑担苦力工人更是苦难重重，长年累月肩挑重担，顶烈日、冒风雨，翻山越岭，工钱每百斤十里路不过三四毛钱，沿途还要扣“地基税”“马路捐”“保卫捐”等，一趟艰苦途程下来，除了名目繁多的开销、克扣，所得无几。各行业学徒，学艺期间多数没有工资，“从天亮做到夜晚，除本分工作外，还要为店东、师傅做杂务，还要挨骂挨打”。在帝国主义和军阀地主的层层盘剥下，闽西的社会经济贫穷落后，工农业破产，人民生活艰难，灾难深重，必然有改变现状的强烈愿望和诉求。

（二）闽西工人阶级与农民阶级有着天然的密切关系，具备最朴素的无产阶级思想，有着与身边劳苦大众一起追求幸福生活的责任感，必然更容易接受新思想，坚定共产主义理想信念

闽西地区工人阶级队伍的构成，是由本身的社会经济结构所决定的。这个地区的社会经济以小农经济为主，工业经济则以手工业生产为主，加之交通不便，没有现代交通工具，主要靠水路木船运输，不通航的地方则靠人力肩挑，因而，在这个地区形成了以手工业工人、店员、码头工人、木船工人、挑担工人和农村雇农为主体的工人阶级队伍，现代产业工人数量极少。

当时，闽西工人队伍的主要成分是：（1）自由职业者，以建筑工人（木匠、泥水匠、石匠）为主，理发、缝衣、五金工人次之；（2）运输工人，以船夫为多，挑担、码头、木排、拖树工人等次之；（3）工场手工业工人，以造纸工人为多，刨烟工人次之；（4）店员；（5）工厂工人，如织布、织纱袜、碾米、印刷工人等；（6）农业工人，如雇农、季节工、牧童等。[①] 上述几种成分中，人数较多及对经济影响较大的是船工、挑担工人、店员、造纸工人、刨烟工人、雇农。木船工人是闽西

① 《中共闽西特委第二次扩大会议关于工人运动决议案》（1930年2月24日），《中央苏区（闽西）历史资料汇编③》，中共党史出版社2023年版，第89页。

交通运输的主力军，航行在汀江、永定河、丰稔河、归县河、连南河等河流的木船有 4700 多条，船工 2 万余人。挑担苦力遍布各县，以龙岩、长汀、上杭、永定等县较多，仅龙岩一县就有四五千人。店员多集中在龙岩、长汀、上杭三个县城及重要集镇。造纸工人多分布在各县山区，以长汀、连城较多。刨烟工人永定最多，达千人以上。雇农约占各县农民的 2%。

由于闽西地区工人阶级是一支以城乡手工业工人、店员、船工、苦力、雇农为主体组成的队伍，他们大多数来源于农村的破产农民，加之受帝国主义、封建主义深重压迫，造就了他们坚定的斗争意志和大无畏的革命精神，成为闽西革命根据地的坚强支柱。

（三）以毛泽东同志为主要代表的中国共产党人在闽西开展土地革命实践，从解决闽西工农群众的生活温饱入手，让闽西的工人阶级认识和理解共产党人的初心和使命，并为之奉献所有

早在 1928 年，中共闽西党组织就领导龙岩、上杭和永定一些地区的农民先后举行武装暴动，并在永定溪南区建立苏维埃政权和革命武装，在不到一个月的时间里，溪南区共有 13 个乡的 2 万多人完成了土地的没收和分配工作。永定溪南区的分田斗争，虽然在较狭小的地区内进行，但却是福建最早（除了海陆丰、井冈山地区外）、全国较早、较为完整意义上的一次分田。

1929 年 3 月和 5 月，毛泽东、朱德率领红四军两次入闽，与闽西地方党组织配合，在闽西原有的革命基础上，创建了包括长汀、连城、上杭、龙岩、永定、武平等县在内的纵横 300 多里的闽西革命根据地，并领导根据地人民在很短的时间内解决了 50 多个区 600 多个乡的土地问题，约有 80 多万贫苦农民得到了土地。当时分田的范围占全区总户数、总人口的 70% 以上。闽西的分田斗争比赣西南更早。1930 年春，闽西在“抽多补少”分田经验的基础上，又深入进行了“抽肥补瘦”、调整土地的工作，到同年六七月间方告结束。闽西土地斗争所积累的丰富经验，为中央苏区土地革命全面、深入地开展，提供了示范和借鉴。

土地问题，从来就是中国历史上的核心问题。“四海无闲田，农夫犹饿死”，土地被豪强兼并了，集中在少数人手里，农民贫困，生产和商业发展必然困难；土地分散到各户农民，生产就发展了，内需就充足了，也就国富民裕了。中国共产党在闽西用阶级斗争的方式开展土地革命，先斗争，后没收，将地主、富农的土地分给无地、少地的农民和手工业者，使广大工农群众跟着共产党有饭吃、有房住，有说话的权利和自由，过上幸福的日子。

理想是对未来事物合理的想象或希望。中国的“保尔·柯察金”吴运铎曾说：“革命的理想，不是可有可无的点缀品，而是一个人生命的动力，有了理想，就等于有了灵魂。”[①] 老一辈无产阶级革命家在闽西的土地革命实践，点燃了闽西工农群众为实现共产主义奋斗终身的理想，他们为了实现这一理想，付出了巨大的牺牲，作出了重大的贡献。

苏区工人运动的历史告诉我们，没有坚定的共产主义信仰，实现共产主义理想就是一句空话。习近平同志曾经把理想信念比作精神上的钙，人没有理想信念，就会“缺钙”，得“软骨病”，站都站不起来。没了骨气，在敌对势力进攻面前，就没有任何还手之力，一攻就垮，甚至不攻自垮。他一再指出，革命理想高于天。不仅革命时期是这样，社会主义建设和改革开放时期也是这样。当前，我们要认真读马克思主义的经典著作，牢牢掌握马克思主义基本原理，特别是要认真学习贯彻习近平新时代中国特色社会主义思想，在真学、真懂、真信、真用上下功夫，树立坚定的理论自信。我们应该努力结合工作实际，运用马克思主义基本原理，推进工作和事业的发展。发展得越好，人民越是有获得感，他们就越相信马克思主义，信仰就越坚定。

二、勇于变革、敢于争先的创新精神

勇于变革、敢于争先的创新精神，是闽西工运精神风范内涵的核心。创新是指以现有的思维模式提出有别于常规或常人思路的见解为导向，利用现有的知识和物质，在特定的环境中，本着理想化需要或为满足社会需求，而改进或创造新的事物、方法、元素、路径、环境，并能获得一定有益效果的行为。习近平同志在中国科学院第十九次院士大会、中国工程院第十四次院士大会开幕式上的重要讲话中指出，我们坚持走中国特色自主创新道路，坚持创新是第一动力，坚持

① 张本正、薛保国：《永葆共产党人的政治本色》，《人民日报》2013 年 5 月 10 日。

抓创新就是抓发展、谋创新就是谋未来。闽西工运富有革命的首创精神，涵盖了理论创新、实践创新、制度创新各个方面。

（一）闽西苏区工人探索形成的上杭《劳动问题》、永定《保护劳动法》、龙岩《劳动法令》、闽西《劳动法》、《工会法草案》与《工会组织法》等法律法规，是中央苏区最早的工会、劳动政策和法规，成为中国共产党领导下制定的最早的工会、劳动法律单行本，为《中华苏维埃共和国劳动法》和新中国成立后《工会法》《劳动法》的制定奠定了基础

在闽西苏区创建过程中，闽西劳动法规是从基层萌芽产生的，比较符合当时根据地的政治、经济环境的实际，也表明了工农民主政府是真正代表工人阶级利益的。其特点是按工厂、商店、工场、作坊，自由手工业、运输业以及女工、青工、失业工人等不同行业和不同类型的工人作出不同的规定，还提出了“取消工头制度”“工人有监督资本之权”“开除工人要经工会同意”①等具有转变工人地位意义的条文。

在新的红色政权下，闽西劳动法规的制定和实行，使闽西广大工人阶级转入依靠自己的政权、利用法律来保障工人合法权利的新的历史阶段，这是闽西工人阶级破天荒的伟大创举，是工人阶级浴血奋斗的结果。

闽西劳动法规的实施，提高了工人的政治地位，改善了工人的生活，鼓舞了工人的斗志，调动了工人的生产积极性，加速了苏维埃的经济建设。

工人增加工资是得到经济利益的主要标志，苏区城市工人当时的工资与革命前比较，最少的增加了百分之二三十，高的增加几倍以至十几倍。中央苏区最大的城市汀州，1933 年，工人工资比土地革命前增加数倍，最高增加 15 倍。工人得到满意的经济实惠，生活明显改善，社会得到安定，进一步巩固了苏维埃政权。广大工人踊跃退还二期公债，积极参加和领导乡村查田运动，有 1 万工人英勇参加红军。这些事实证明，工人积极性的提高，是巩固与发展苏维埃政权的重要条件。

---

① 《闽西第一次工农兵代表会议宣言》（1930 年 3 月 24 日），《中央苏区（闽西）历史资料汇编③》，中共党史出版社 2023 年版，第 205 页。

（二）首创于闽西苏区的“三人团”管理制，是苏区红色政权诞生后的一个伟大创举，是企业管理上行之有效的变革

公营企业建立初期基本没有劳动纪律，也没有稍微完备的厂规，以致产生了严重的无政府主义状况。企业管理不善，影响产品质量，原材料浪费也较严重。例如，兵工厂做的子弹，有 3 万多发打不响的；枪修好了，许多拿到前方不能打，或者一打就坏；200 多把刺刀不能用；兵工厂的炸弹曾经发生爆炸；被服厂做好的军衣不合尺寸、不好穿、扣子一穿就掉，有的针线大约半寸长钉一针，颜色杂乱配置；某被服厂做的棉衣每件平均要少 1 两棉花；有的厂把做军衣的布拿去上厕所，送给老百姓，擦桌子等；各工厂的材料、器具失窃的事件很多。

1931 年 11 月，中华苏维埃第一次工农兵代表大会通过了《关于经济策略决议案》，明确了“苏区工人群众参加工厂的管理”。从此，闽西苏区工人以主人翁的地位参政议政，管理苏维埃企业。一是实行“厂长负责制”；二是实行“经济核算制”；三是实行民主管理。在实行民主管理方面，设立工厂管理委员会，由厂长、党支部代表、工会代表、团支部代表、工人代表及其他负责人等 5—7 人组成，以厂长为管理委员会主席，研究决定厂内的重大问题。同时，管理委员会内又组织“三人团”为核心领导，由厂长、党支部代表及工会代表组成，负责处理厂内的日常事务。用“三人团”的领导方式来管理工厂，是闽西苏区的首创。

参照闽西企业“三人团”的领导管理模式，1933 年 4 月 10 日，中央组织局颁发了《苏维埃国家工厂支部条例》，肯定了闽西苏区公营企业应推行“三人团”管理制，召开“三人团”会议，共同研究和处理工厂的一切重大问题。“三人团”会议由厂长召集。某些问题如果发生争执，最后取决于厂长，党支部或工会可将争议的问题提交上级研究解决。“在三人团决定的一切问题，必须经过党的行政的支部的工会的各个系统，立即执行。”[①] 厂属各部门同样建立“三人团”管理制。

① 《苏维埃国家工厂支部工作条例》（1934 年 4 月 10 日），《中央苏区（闽西）历史资料汇编⑧》，中共党史出版社 2023 年版，第 74 页。

《条例》公布后，苏区各级工会在全总执行局领导下，在公营工厂普遍实施了“三人团”管理制，企业面貌发生了显著的变化，工人们在“一切为了革命战争”这个目标下努力生产、争作贡献。这个管理制的优越性在于赋予厂长对企业全面负责的权力，工人能够在企业管理中当家作主，党、政、工关系得到协调处理。这一管理体制充分调动了工人的积极性，工业生产能力明显上升。如，长汀斗笠厂工人加班加点，挑灯夜战，200多人的工厂月生产斗笠1万多顶。长汀被服厂1934年4月的生产超过原计划的24%，5月超过30%。每个工人每天自动义务劳动一个半小时，同时开展增产节约运动，每套衣服节约布料8寸，节约的布料每月可多做360套衣服。

（三）闽西苏区工人创造了经济发展、企业建设、商业体系构建等许多方面的“第一”。这种首创精神，是推动我们工作的持续精神动力

闽西之所以能成为中央苏区的核心区域和经济中心，这与闽西苏区工人勇于创新是分不开的。

在政权建设方面，创造了许多“第一”。其中，1929年3月在红四军帮助下成立的长汀县革命委员会，是红四军下井冈山以来，在赣南、闽西创建的第一个县级红色政权；1930年3月，闽西第一次工农兵代表大会制定并通过的《苏维埃政权组织法》《苏维埃代表选举条例》《婚姻法》《劳动法》《裁判条例》等法令，都是中共创建苏区过程中最早制定的较完备的法律，摸索并积累了经验，为后来全国苏区政权建设提供了范文。

在苏维埃政权各项事业建设方面，富有创新成果。在交通事业方面，从上海通往中央苏区的红色地下交通线是在闽西工农通讯社基础上建立，并主要经由闽西苏区而后到达红都瑞金的；在金融事业方面，苏维埃国家银行的基础来自闽西工农银行；在邮政事业方面，苏区赤色邮政起始于闽西；在文化教育事业方面，红军创办的第一所妇女夜校——新泉妇女夜校在闽西，中央苏区正规的红军学校来源于闽西红军学校；闽西苏区印刷业发达，其中《青年实话》《苏区工人》等刊物就是在长汀印刷或创办的；在卫生事业方面，苏维埃国家医院是傅连暲将福音医院从长汀迁至瑞金后改建的，等等。

在经济建设方面，贡献创新智慧。当年，汀州的手工业、公营工业占了整个中央苏区的一半，是赣南、闽西各县的物资集散地，被誉为“红色小上海”。当年，闽西苏区人民倾其所有支援革命战争。据不完全统计，仅在第五次反“围剿”战争中，闽西苏区支援红军收集的粮食就有12万担之多。闽西苏区人民踊跃生产支前，涌现出“中央苏区模范乡”——上杭县才溪乡等先进典型。闽西苏区在发展农业和工业、手工业方面，创造了许多宝贵的经验，其中上杭县才溪乡创造的劳动合作社，是中央苏区第一个劳动互助组织，成为我国农业合作化运动的最早发源地；闽西苏区创办的各种类型的合作社、粮食调剂局，后来推广到整个中央苏区。此外，在苏区政府与原国民党第十九路军成立的福建人民政府签订抗日反蒋协定以后，闽西苏区加强了商业贸易，采购了大量苏区紧缺的物品，这对打破国民党军队的经济封锁发挥了独特的作用。

惟改革者进，惟创新者强。2014年11月9日，习近平在APEC工商领导人峰会上指出：“我们要不断发掘经济增长新动力。生活从不眷顾因循守旧、满足现状者，而将更多机遇留给勇于和善于改革创新的人们。在新一轮全球增长面前，惟改革者进，惟创新者强，惟改革创新者胜。我们要拿出敢为天下先的勇气，锐意改革，激励创新，积极探索适合自身发展需要的新道路新模式，不断寻求新增长点和驱动力。”[①]2015年，习近平在参加十二届全国人大三次会议上海代表团审议时再次强调：“惟改革者进，惟创新者强，惟改革创新者胜。”[②]因此，在经济转向高质量发展的阶段，面对“两个一百年”的奋斗目标，我们要传承好苏区工人运动中所蕴含的创新精神，用创新来激活全盘，用创新来推动工作，用创新来引领发展。

三、敢于斗争、不断进取的奋斗精神

敢于斗争、不断进取的奋斗精神，这是闽西工运精神风范内涵的基石。艰苦奋斗是我们党在长期的革命、建设过程中形成的优良传统和作风，也是我们党的政治本色。艰苦奋斗是一种斗争精神，即不怕艰难困苦，英勇顽强去战胜困难；艰苦奋斗是一种创业精神，即在与艰难困苦作斗争中，奋发向上，锐意进取，辛勤创业；艰苦奋斗是

① 习近平：《谋求持久发展 共筑亚太梦想——在亚太经合组织工商领导人峰会开幕式上的演讲》，《人民日报》2014年11月9日。

② 《习近平外交演讲集》第1卷，中央文献出版社2022年版，第205页。

一种工作境界，兢兢业业，吃苦耐劳，在平凡的工作中做出不平凡的成绩。

（一）闽西工人阶级为争取解放和自由的斗争史，就是一部艰苦奋斗的创业史

近代闽西工人深受帝国主义、封建主义和资本主义的沉重剥削和压迫，处境悲惨，所以闽西工人具有反帝反封建的传统。特别是五四运动后，闽西工人积极响应，声援五四运动、五卅运动和省港大罢工等。大革命期间，北伐军进入闽西，各地工人积极起来斗争。如上杭总工会领导城区工人配合郊区农民武装，攻打驻上杭城的军阀军队，围攻三天三夜，军阀弃城而逃，工人纠察队捕捉土豪劣绅；永定县蓬船工人开展反贪官污吏、苛捐杂税斗争；龙岩、上杭、长汀、永定等地工人、农民先后惩治了一批大恶霸、大土豪。这些斗争，显示出闽西工人阶级的强大生命力，有力地推动了工人运动的发展和工会组织的建立。

1926 年冬，在中共上杭县支部领导下，上杭县总工会宣告成立，选举周继英为委员长，下辖缝衣、雨伞、码头、小贩、店员等 13 个基层工会，发展会员 3000 多人。在上杭县的带动下，龙岩、永定、长汀、连城等县先后建立了总工会或行业基层工会，会员共 8000 余人。各县工会组织建立后，积极率领工人群众由抗租、抗捐、抗税、抗粮、抗债的斗争，发展到准备武装暴动。1928 年，闽西先后举行龙岩后田、漳州平和、上杭蛟洋、永定金砂四大武装暴动，工人成为重要力量，平和攻城的工农群众达 800 余人，永定有大批铁匠、木工赶制土炮、梭镖、大刀、鸟铳等武器，建立有雇农、手工业工人参加的“铁血团”，木船工人、挑担工人积极为暴动队伍运送枪弹、物资，还有许多工人直接参加攻城战斗。

1929 年初，毛泽东、朱德率领红四军进入闽西后，在开创福建中央苏区的过程中，各级工会组织纷纷成立。3 月，闽西苏区第一个总工会——长汀县总工会成立，下辖 5 个行业工会。此后龙岩、永定、上杭、武平各县总工会及各行业工会陆续成立。至 11 月，闽西基层工会发展到 50 多个，会员 8000 多人。至 1930 年 5 月，有组织的工人约有 2 万之众。1930 年 11 月，闽西第一次工人代表大会在龙岩召开，成立闽西总工会。1931 年底，闽西总工会改为福建省总工会。

1932 年 2 月，闽赣两省工人代表大会在瑞金召开，福建苏区派出 4 个代表团与会，大会分别选举产生闽赣两省职工联合会。福建省职工联合会以张思垣为委员长，执行委员 9 人。联合会先后下辖长汀、龙岩等 15 个县职工联合会和 7 个产业工会，会员约 1.1 万人。

红军长征后，许多工运骨干参加红军游击队，参与闽西南三年游击战争、抗日战争和解放战争，不仅奇迹般地生存下来而且不断发展壮大，成为中国革命在南方的重要战略支点。面对艰苦的战争环境，各地工人支部掩护和转移了大批共产党员、苏区干部、游击队指战员，想方设法把盐、干粮、药品等物资送给山上的红军游击队，同时设立联络点，侦察和通报敌情，配合游击队行动等。上杭民船工人以驾渡船为掩护，担任红军游击队交通员，接运游击队员，搜集情报，向游击队汇报，为游击队运送药品、食盐、印刷品等物资。龙连汀汽车运输公司工人利用汽车公司业务接触面广、消息灵通的便利，搜集国民党军队以及闽西保安团的军事活动情报，还通过合法方式营救被捕的同志。闽西苏区工人为寻求自由和解放进行了艰苦的努力和顽强的斗争。

（二）闽西工人阶级不畏艰难、奋发向上、锐意进取的创业历程，是一部艰苦奋斗的样板书

为了支持红军的军事斗争，苏区工人在后方积极生产，形成竞赛热潮，生产出各种物资，供应红军所需。自根据地开辟以来，各级工会组织积极动员工人群众参加苏区的经济建设，以自力更生、奋发图强的精神，克服困难，发展生产。没有枪支子弹，自己办兵工厂；没有衣穿，自己办织布厂、被服厂、弹棉厂；没有盐巴，自己办硝盐厂；没有煤油，自己办樟脑厂；没有铁，自己办铁厂。由于闽西苏区党和政府的重视，一批军事工业企业迅速建立，如龙岩湖洋、上杭才溪、永定虎岗、宁化曹坊、长汀四都等地都建立了兵工厂，最早建立的是龙岩湖洋的闽西红军兵工厂，该厂后来与江西官田修械所合并，成为中华苏维埃中央兵工总厂，是当时全国各苏区中最大的军工企业。闽西苏区当时建立的军工企业，还有被服厂、弹棉厂、织布厂和红军斗笠厂等。

当时的长汀被称为中央苏区“红色小上海”，建立和发展了一批直接关系苏区人民生活的民用工业企业，主要有硝盐厂、造纸厂、冶炼厂、农具厂、烟厂、印刷厂等。闽西苏区各地还兴办了数以千计的手工业厂（社），手工业生产有较快的恢复和发展，有造纸、织布、砖瓦、雨伞、熬盐、斗笠、木器、篾器、竹器、瓷器、陶器、榨油、刨烟、炼铁、缝纫、织布、染布、做豆腐、烧木炭、烧石、造农具、铸锅炉等 20 多种。

闽西红军兵工厂（后改称福建军区兵工厂、中央兵工厂），最多时全厂有职工 1000 多人，1 个月能生产 200 支枪。濯田炼铁厂，共有职工 100 余人，日产铁 1.5 吨，为军事工业提供了原料，还能加工农业生产用具，促进农业生产。红军被服厂，后来成为中央被服厂第二分厂，共有工人 300 余人，主要生产军衣、军帽、绑腿、被单、子弹袋、干粮袋等。1934 年 10 月，红九军团集结长汀进行休整期间，被服厂工人加班加点，赶制几千套斜纹布薄棉衣、夹被、鞋子等，提供给指战员们，送他们踏上了万里长征的征途。中华织布厂，有工人 400 多人，有织布机、手摇纺纱机共 100 多台，主要生产格子布、柳条布、雪花布、灰斜布、白布、蚊帐布、医疗纱布等，月产量约 18000 多匹，不但供给军需，也供应民用。红军斗笠厂，从开办时的 30 人左右发展到 200 多人，可月产斗笠 2 万多顶。印刷厂工人印制了大量宣传教育材料和学校课本。

（三）闽西工人阶级兢兢业业、吃苦耐劳，在平凡的工作中做出不平凡的业绩，是一部艰苦奋斗的模范史

各级工会都认真贯彻工人代表大会的决议，把选择优秀工人管理政权作为一项重要工作。1931 年底至 1932 年，各级苏维埃政府都设立了工农检查委员会，由同一级工会输送骨干担任委员和通讯员，监督国家工作人员履行职责。从 1933 年到长征前夕，苏区各级工会输送近 1 万名工人干部到苏维埃、红军、群众团体去工作。在各级苏维埃政府机关的负责人中，工人干部占了 1/2 至 1/3。

工人参政议政，注重理论联系实际，深入调查研究，密切联系群众，从实际出发，支持革命战争和为群众谋利益，在扩大红军、农业生产、支前参战、购买公债、优待红属、合作社运动、经济建设、节省运动、作风建设等方面创造了“第一等”工作，带动苏区干部树立了一心为公、严于律己、奉公守法、联系群众的好作风，受到了群众的热爱和称赞。闽西群众曾编了一首山歌广泛传颂：“苏区干部好作风，自带干粮去办公；日着草鞋干革命，夜走山路访贫农。”

面对国民党长期的经济封锁，苏区工人不怕艰难困苦，奋发图强，艰苦创业，争做自力更生、艰苦奋斗的模范。各级工会经常组织开展评比和竞赛活动，对超额完成任务的集体和个人给予精神和物质奖励，调动工人劳动积极性。1932 年 12 月，在长汀召开了福建省邮务工人代表大会，会上决定每人每天做义务劳动，不要工资，支持革命战争。会后，福建省与江西省的邮务管理局开展革命竞赛，签订了邮务工作 6—10 月的竞赛条约，加快了邮务工作的建设，推动了在新苏区建立邮务管理局的工作。

由星星之火到燎原之势，一枚“小石子”打破国民党的“大水缸”。作为工人阶级先锋队的共产党人之所以能够由弱到强，成功领导中国人民推翻国民党统治，取得中国革命的胜利，就在于他们能与人民同甘共苦共奋斗，与百姓心连心、共命运，最终赢得广大人民群众的拥护和支持，建立一个人民当家作主的新中国。

四、不怕牺牲、无私付出的奉献精神

不怕牺牲、无私付出的奉献精神，是闽西工运精神风范内涵的本质。无私奉献，即舍小家为大家，舍己为人，是一种长期以来作为党员干部基本素养的高贵品质，是人类社会文明进步的重要标志，是人类最纯洁最崇高最伟大的精神。1939 年 12 月和 1944 年 9 月，毛泽东同志在延安分别为两位牺牲的共产党人撰写了纪念文章，一位是国际共产主义战士诺尔曼·白求恩同志，一位是八路军的普通士兵张思德同志，这就是广为传颂的《纪念白求恩》（原名为《学习白求恩》）和《为人民服务》。毛泽东同志为什么要号召每一个共产党员向他们学习？学习他们什么样的精神品格？毛泽东同志说：“白求恩同志毫不利己专门利人的精神，表现在他对工作的极端的负责任，对同志对人民的极端的热忱。”“我们大家要学习他毫无自私自利之心的精神。从这点出发，就可以变为大有利于人民的人。一个人能力有大小，但只要有这点精神，就是一个高尚的人，一个纯粹的人，一个有道德的人，一个脱离了低级趣味的人，一个有益于人民的人。”[①] 在《为人民服

① 《毛泽东选集》第 2 卷，人民出版社 1991 年版，第 659、660 页。

务》中，他郑重指出："人总是要死的，但死的意义有不同。中国古时候有个文学家叫做司马迁的说过：'人固有一死，或重于泰山，或轻于鸿毛。'为人民利益而死，就比泰山还重。""我们都是来自五湖四海，为了一个共同的革命目标，走到一起来了。我们还要和全国大多数人民走这一条路。"①

（一）闽西工人阶级具有为革命牺牲生命的精神，这是无私奉献的最高形式

从1930年12月至1933年10月，国民党在军事上连续发动对苏区的五次"围剿"的同时，还实行了经济封锁。秘密运输线上的工人表现出工人阶级不畏艰险、不怕牺牲的精神，勇敢机智地躲过敌人设在运输线上的岗哨和驻军，把苏区来往人员和进出物资安全送到目的地。长汀的搬运工人梁咸德、梁达上等组织一批搬运工人进行运输，来往于红、白区之间，无论寒冬腊月还是炎热夏天，他们都不畏艰险，肩挑重担，翻山越岭，绕过封锁线的岗哨，出色地完成任务。

通向赣州的水路上，敌人在沙河口驻有部队，专门盘查来往船只。苏区进出物资在黑夜偷渡哨口，然后由工会组织的游击队护送进苏区，不少船工在通过敌人的哨口和暗堡时献出了生命。上杭的店员、木船工人千方百计地把食盐、棉布、中西药品、印刷用品、军用物资运往长汀苏维埃区域。1932年11月，上杭木船工人、苦力工人26人，因运输食盐到苏区而惨遭杀害。

永定伯公凹位于闽粤交界处，是中央红色交通线入闽第一站，战略地位重要，经常担负着护送中央和地方干部出入境和运输军需、民用物资等繁重而又艰巨的任务。邹端仁、邹作仁、邹春仁、邹佛仁、邹昌仁、邹启龙、邹晋发7位先烈为了革命事业，来到渺无人烟的小山村伯公凹建立起家庭式红色交通站。在邹作仁的动员介绍下，邹端仁及其他邹家兄弟都成了伯公凹站的地下交通员，帮助苏区筹备军需物资、传递信息、护送干部等。为了筹集军需物资，邹端仁发动6个嫁到广东不同地方的妹妹及其小孩一点一点地购买、收集食盐，自己则和其他交通员一起化装成老板分散购买军需盐，但在返程途经广东大埔党坪村时，因叛徒出卖，被国民党民团长张赞庭抓到大埔和埔北

---

① 《毛泽东选集》第3卷，人民出版社1991年版，第1004页。

中学等地关押。面对酷刑，邹端仁毫不畏惧、宁死不屈。民团当着十里八村老百姓的面，将邹端仁吊在树上拷打、审讯。无果后，民团将其枪决并用煤油烧尸。邹作仁为了不拖累妻子，将漂亮贤惠还未生子的妻子“卖”掉。妻子知道丈夫的用意后，与后任丈夫一起资助邹作仁的地下工作。后来，邹作仁在护送军需时牺牲在三河坝。邹昌仁因叛徒出卖，在大埔党坪村被国民党绑在桥头的柱子上开膛挖心，壮烈牺牲。邹春仁在护送干部时被叛徒出卖，为引开敌人，保护苏区干部安全脱险，遭敌“围剿”而牺牲。邹佛仁、邹启龙、邹晋发也因是红色交通线上的护送员而先后被国民党杀害。

（二）闽西工人阶级具有为实现理想而牺牲个人利益的精神，这是无私奉献的行为自觉

苏区工人为了创建闽西中央苏区，围绕着扩大红军，建立铁的红军，发展革命战争，扩大和巩固革命根据地开展工作，积极参军参战，付出心血，作出贡献。

闽西工人在红四军入闽的战斗中予以全力配合，最后夺取了政权。1929 年 3 月，红四军首次入闽，解放了长汀县城。城里的裁缝师傅赶制了 4000 套军衣，使红四军官兵第一次穿上了整齐统一的青灰色军装，部队面貌焕然一新。1929 年 5 月，红四军第二次入闽，闽西工农群众全力以赴，通力合作，参军参战，并组织担架队、向导队、慰问队、洗衣队、运输队奔赴前线，支援红军作战。1929 年 9 月 20 日，红四军攻克上杭城，在战斗前后，工人群众组织起来全力支援红四军，停泊在上杭城附近汀江上的 30 多只木船上的 120 多个船工，接到地下党组织的通知，立即组织起来承担渡江运输任务，协助运送军需物资，使红军全歼守在县城的军阀卢新铭一个旅。电厂工人在地下党指导下，在红四军炮火攻击上杭城时，制造了突然停电事故，使敌人陷入一片惊慌，有力地配合了红四军攻克上杭城。工人纠察队在红四军支持下，捕捉了躲藏在城区的土豪、劣绅 200 多人。在创建苏区过程中，闽西龙岩、上杭、永定、长汀等县的工人纠察队，维护社会治安，协助镇压反革命，有时还配合红军作战。龙岩工人纠察队近百人，曾参加抵抗国民党军队进攻及收缴团匪武器等战斗，后编入红十二军赴东江作战。1930 年 3 月，苏区工人配合主力红军，胜利完成了创建闽西革命根据地的伟大战略任务。

更为可贵的是，闽西苏区工人踊跃参军参战，用生命和鲜血保卫苏区。闽西木船工会每年都有上百名工人参军。1932 年五一前夕，福建省总工会发出红五月扩大红军的号召，仅闽西苏区就有 600 多名青年工人响应，参加红军。下半年，全国总工会苏区执行局下发《扩大红军工作决议》，福建省总工会又动员青年工人 1304 人参军。11—12 月，福建省总工会在各县委员长联席会议上原定省木船工会扩大红军 120 名，经过努力，超过原定数目 71 名。长汀在召开县职工代表大会后 15 天内扩大红军 180 名。在响应全总执行局“创造一个农业工人师”的号召下，闽西工人有 1000 余人参军。1934 年 5 月，长汀三洲区 3 个总支部主任带头，带领全支部的会员加入红军。随后，全体模范营 310 多名队员加入红军。据报道，闽西苏区工人在扩红运动中起到了模范带头作用，中央苏区有 1 万名工人参加红军，闽西苏区工人就占一半。

（三）闽西工人阶级具有为他人幸福而勤俭自律的精神，这是无私奉献的朴实表达

苏区建立以后，国民党对苏区实行了疯狂的军事“围剿”和严密的经济封锁。面对困难，广大工人群众认识到“一切费用都要十二分节俭”“节约一文钱，即是对革命工作有一分帮助”，积极开展节约运动，支援苏区经济建设和响应前线物资需求。如 1930 年筹组闽西工农银行，缺乏资金，龙岩各行业工人节衣缩食认购股金。1931 年，闽西苏维埃政府发动“一人节约一个铜板”运动，这一号召得到广大工人的热烈响应，苏区福建邮务工人，一年就节省经费 255 元，支援苏区建设。会员蓝和如等 27 人，在 1933 年 4 月份就节约 28 元 1 角，全部拿出捐献。为了支援前线，龙岩县革命委员会发动每个工农群众“自动节约三升米便宜卖给红军”。1932 年 4—5 月，龙岩染布工会组织工人日夜加班，将漳州运来的大批白布染成灰色，送到红军被服厂制作军服。汀州市工人热烈退还公债票、借谷、借款等支援红军作战。在推销二期公债票时，长汀做篓支部工人买了 150 元，居汀州工人之首。汀州市工人还要求政府向汀州市资本家借 5 万元战费。在红五月扩红活动中，长汀县退还公债 1000 元，汀州市退还公债 500 元，有力地帮助红军解决了军费不足问题。工人们对苏维埃政府发行的经济建设公债亦争先恐后认购。如上杭邮务工人认购公债 260

元，获得优胜记录。汀州市各行业的工人拿出一个月或半个月工资认购，数额达到 4000 元。上杭、宁化、新泉等地工人亦踊跃认购。这些实际行动，有力地帮助苏维埃政府解决了经济上的困难。

闽西工人运动的历史是中国共产党领导闽西工人阶级与人民心心相印、同甘共苦、砥砺前行的光辉历史，闽西工运的精神内涵是中国共产党领导苏区工人阶级为共产主义崇高理想和最广大人民群众的根本利益无私奉献、勇于牺牲、永远奋斗的精神。中国特色社会主义进入了新时代，党的各项工作要有新气象新作为，要实现人民对美好生活的向往，我们要不忘初心、牢记使命，不忘历史、传承精神，让红色工运的旗帜高高飘扬。

第三节
闽西百年工运事业的基本经验

闽西工运事业是在中国共产党的直接领导下发展壮大起来的。一百年来，闽西工会在党的领导下紧紧依靠工人阶级，充分发挥工人阶级的主力军作用，动员组织闽西广大职工群众投身于革命、建设和改革的伟大实践，积累了丰富的经验，成为未来工运事业发展的重要遵循。

一、“党是领导一切的”：坚持党的领导是闽西工运发展的根本保证

“党是领导一切的”，这一论断是在闽西苏区时期《中共福建省委给永定县委并转闽西特委、四军前委的信》中提出的。这封信认为“党是领导一切的”[1]，党“要领导闽西斗争”“党的一切策略一定要在各级党部中讨论，党对于群众工作的决定一定要经过支部，使每个同志到群众中活动，必须如此才能看出党的作用来。”[2]这些论述明确了党对一切工作的领导。党对一切工作的领导自然就包括党对工运事业、工会工作的领导。

坚持党对工运事业、工会工作的领导，不是由人的主观意愿所决定的，而是由二者的性质所决定的。中国共产党是中国工人阶级的先锋队，是中国人民和中华民族的先锋队，是我国社会主义革命、建设和改革事业的领导核心。而中国工会则是代表和维护工人阶级利益而产生的组织。中国共产党和中国工会都致力于紧密团结工人群众，凝聚工人群众强大的战斗力。工会在职能属性上是以党的优秀助手、坚实预备役以及后备军的形态而存在的。党对工会的领导，本质上是工

① 江西省档案馆、中共江西省委党校党史教研室选编:《中央革命根据地史料选编》(中)，江西人民出版社 1982 年版，第 131 页。

② 江西省档案馆、中共江西省委党校党史教研室选编:《中央革命根据地史料选编》(中)，江西人民出版社 1982 年版，第 132 页。

人阶级先锋队对工人阶级“本队”的领导。[1]党的正确领导是工运事业和工会工作胜利前进的根本保证。

回顾闽西百年工运事业的历程，工运事业、工会工作始终是在党的领导下发展壮大起来的。在不同的历史时期，党领导工人阶级进行革命、建设、改革的伟大实践，高度重视工会工作，始终把领导工人运动、指导工会工作作为重要任务。正如习近平总书记所说：“在革命、建设、改革各个历史时期，我们党都注重发挥党领导的工会组织的重要作用。”[2]

（一）党领导闽西工人运动开展反帝反封建斗争，实现民族独立、人民解放

新民主主义革命时期，党把领导工人运动作为一项重要任务。1921 年，中国共产党成立之际，就通过纲领和决议开始对工人运动进行指导。党的一大通过了《中国共产党第一个决议》，该决议共有六项内容，有一半内容涉及工人阶级和工会工作，提出了开展工人运动的任务、方针和要求，体现了党对工会工作的高度重视。1925 年 5 月，在党的领导下，第二次全国劳动大会召开，宣布成立中华全国总工会，标志着中国工人运动和工会组织在政治与组织上的统一。从 1926 年冬开始，闽西的上杭、永定、龙岩、平和、武平、长汀各县都先后建立了工会组织，上杭、龙岩、永定还建立了县总工会，各行各业的分工会也相继成立。这些工会“皆系自动组织，纯粹欲为解放而奋斗”[3]。

闽西工会在地方党组织的领导下，由抗租、抗捐、抗税、抗粮、抗债的“五抗”斗争，发展到武装暴动。红四军入闽后，党进一步加强了工运工作。至 1929 年 7 月前后，初步形成了以上杭古田和龙岩大池、小池为中心区域的闽西革命根据地。苏区时期，闽西工农群众在党的领导下创建闽西工农兵代表大会制度，出台了一系列巩固红色政权、发展苏区经济、改善民生的路线方针政策，并在革命战争环境

① 参见刘勇：《新民主主义革命时期中国共产党工会理论研究》，华南理工大学，2021 年。

② 中共中央党史和文献研究院编：《习近平关于工人阶级和工会工作论述摘编》，中央文献出版社 2023 年版，第 1 页。

③ 参见中共福建省龙岩市委党史研究室：《闽西人民革命史（1919—1949）》，中央文献出版社 2001 年版，第 253 页。

下探索工会发展新模式。抗日战争时期，闽西工人为了支持前方抗战，开展了以工业合作社为中心的生产运动。在闽西地方党组织的领导下，长汀和连城成立了“工合”事务所，大抓战时工业、手工业生产。当时长汀“工合社”生产的斗笠和油纸，与瑞金“工合社”的麻鞋，宝鸡“工合社”的军毯一同成为前方抗日将士的“三件宝”。连城姑田事务所发起组织的“连城县纸业协会”，发动纸业工人恢复和新建 13 家纸业社，生产抗日前方急需的仿道林纸和粉连纸。在长汀和连城的“工合”事务所及工业生产合作社中，许多共产党员直接参与或领导“工合”工作，起了坚强的核心作用，“工合”运动在抗日救亡以及抗日反顽斗争中起了特殊的作用。[①] 在解放战争中，闽西地方党组织领导闽西工农群众支持中国人民解放军闽粤赣边纵队的战士粉碎国民党的进攻，直至闽西全境解放和人民政权建立。总之，闽西各地在党的领导下建立广泛的工会组织，工会会员迅速发展，在支援革命战争、巩固政权、恢复生产等方面发挥了重要作用。

（二）党领导闽西工人运动为社会主义革命和建设作出积极贡献

社会主义革命和建设时期，党领导工会确立工作方针，完成社会主义改造和推进社会主义建设。1950 年 6 月，中央人民政府颁布《中华人民共和国工会法》，明确了中国工会在国家政治、经济和社会生活中的重要地位和作用。1953 年 5 月召开的中国工会七大，是新中国成立后召开的第一次工会全国代表大会，确定了“以生产为中心，生产、生活、教育三位一体”的工会工作方针，对发挥工会在社会主义建设中的作用具有积极意义。闽西工会贯彻“以生产为中心”的工会工作方针，在党的领导下，各级工会组织为恢复和发展国民经济而努力。工会积极动员各行各业的工人开展爱国增产节约运动，围绕各企业的生产关键组织群众性的技术革新和合理化建议活动，以促进企业经济发展。工会还组织全区职工积极参与以“废除封建把头制和改革旧企业管理制度”为中心的工矿企业民主改革，推动企业管理民主化。到 1952 年底，全区有 98 个基层工会先后参加民主改革，在部分企业建立职工代表大会，实行民主管理。在龙岩地委统一领导

① 参见中共福建省龙岩市委党史研究室：《闽西人民革命史（1919—1949）》，中央文献出版社 2001 年版，第 488 页。

下，龙岩、长汀、上杭、连城等县工会大力发动广大工会会员积极参加抗美援朝运动，有9000多名职工参加捐献飞机、大炮，共计金额2.98万元。[①] 各地工会会员在党的领导下参加了“三反”、“五反”斗争。社会主义改造完成后，党及时作出了把工作重心转向全面建设社会主义的重大战略决策。尽管受到1958年掀起的“大跃进”运动和人民公社化等“左”倾错误做法的影响，广大职工群众仍然根据党的“全面建设社会主义”的正确认识，广泛深入开展生产节约、技术革新与技术革命运动。1958年后，龙岩地委领导全区职工深入开展以技术革新、技术革命为中心的增产节约运动，掀起了“比先进、学先进、赶先进、帮后进”的热潮。据统计，1956—1965年，全区共评出全国工交、财贸先进生产（工作）者6人，省工交、基建、财贸、文教卫生先进生产（工作）者153人。表彰劳模和弘扬劳模精神，极大地调动了全区各行各业的广大职工投身于社会主义建设中。总之，这一时期，在党的领导和政府号召下，闽西工人阶级在各级工会组织带动下参与社会主义建设的热情空前高涨，取得了丰硕成果。

（三）党领导闽西工会转型与创新，以服务于社会主义市场经济体制改革

党的十一届三中全会提出了“以经济建设为中心，大力发展生产力”的主要任务，确定把全党工作重点转移到社会主义现代化建设上来，作出了改革开放的伟大决策。现代企业制度与社会主义市场经济体制的建立，是改革开放和社会主义现代化建设的重要任务。为适应市场化的改革要求、应对劳动关系领域出现的“职工权益被弱化”等新问题，1992年修订了《工会法》，增加工会维护、参与的职能，对工会组织行使维护职能的前提、准则、范围、内容、基本途径和具体职权都作了明确规定，使工会维护职工合法权益有了法律依据。在从计划经济体制向市场经济体制的历史转变中，闽西工会的工作内容也随之发生转变。一是凸显工会的代表职能和基本职责。龙岩全区党政领导高度重视职工参与民主管理，各级工会将民主管理列为重要任务。组织全区各企业建立职代会，在工会与职工代表审议企业重大决

① 参见福建省龙岩地区地方志编纂委员会编：《龙岩地区志》（下），上海人民出版社1992年版，第974页。

策、监督行政领导和维护职工合法权益等方面发挥了作用。[①]二是强化工会工作制度化法治化建设。制度化法治化建设不仅是现代市场经济运行的内在要求，也是规范工会工作程序、保障职工权益的重要手段。闽西工会贯彻实施这一时期国家出台和修订的多项工会与劳动关系领域的法律规范，如《全民所有制工业企业职工代表大会条例》《工会法》《劳动法》《劳动合同法》《劳动争议调解仲裁法》等。同时，龙岩恢复了苏区时期的政府与工会联席会议制度。1996 年 2 月 4 日，龙岩地区行署与地区工会举行首次联席会议，就地区工会提出的 19 个问题进行认真讨论，达成共识。长汀、上杭、漳平、永定、连城等 5 县相继建立这一制度。[②]同年 12 月 12 日，龙岩地区行署发出《关于实行政府与工会联席会议制度的通知》，决定从本年起，在本区实行政府与工会联席会议制度。[③]这一制度，推动形成了党委统一领导、政府牵头协调、工会组织运作、各相关行政部门积极参与、共同协商解决问题的工作格局，也凸显了工会的桥梁纽带作用，树立了社会主义市场经济条件下工会作为职工利益表达者和维护者的新形象。总之，改革开放和社会主义现代化建设新时期，党领导工会创新工作机制，服务社会主义市场经济体制改革。

（四）党的领导为新时代工人运动把方向、明道路

中国特色社会主义新时代，党领导工会推动全面建设社会主义现代化国家，实现中华民族伟大复兴。习近平总书记强调："坚持党的领导，就要自觉服从于党和国家工作大局，把工作放在这个大局中去思考、去把握、去推进，团结带领广大职工群众为坚持和发展中国特色社会主义、实现'两个一百年'奋斗目标贡献智慧和力量。"[④]在新的历史发展方位上，闽西各级工会在党的领导下以中国式现代化全面推进中华民族伟大复兴中积极作为，主要表现在以下几个方面：一是

① 参见福建省龙岩地区地方志编纂委员会编：《龙岩地区志》（下），上海人民出版社 1992 年版，第 975 页。

② 参见福建省龙岩地区地方志编纂委员会编：《龙岩地区年鉴（1997）》，方志出版社 1997 年版，第 220 页。

③ 参见福建省龙岩地区地方志编纂委员会编：《龙岩地区年鉴（1997）》，方志出版社 1997 年版，第 179 页。

④ 中共中央党史和文献研究院编：《习近平关于工人阶级和工会工作论述摘编》，中央文献出版社 2023 年版，第 5 页。

在强化职工思想政治引领上主动担当作为。坚持以习近平新时代中国特色社会主义思想统揽工会工作，引领广大职工听党话、跟党走。始终把工会置于党的领导之下，坚持党建引领，坚持工会受同级党委和上级工会双重领导体制。二是在增强职工建功立业实效上主动担当作为。胸怀“国之大者”，自觉将工会工作融入全市工作大局，聚焦推动龙岩高质量发展、振兴发展，持续深化产业工人队伍建设改革，广泛深入持久开展劳动和技能竞赛，大力弘扬劳模精神、劳动精神、工匠精神，不断激发广大职工劳动热情、创造潜能，动员广大职工在以中国式现代化全面推进中华民族伟大复兴中争当主人翁、勇做主力军。三是在履行维权服务基本职责上主动担当作为。始终坚持以职工为中心的工作导向，全面提高维权服务质量，加快构建以精准帮扶和普惠性服务为重点的职工服务体系，提升维权工作能力、拓宽工会服务领域，努力在满足职工利益诉求上发挥工会更大作用，着力解决关系职工群众切身利益的实际问题，让改革发展成果更多更公平惠及全体职工。四是在有效发挥桥梁纽带作用上主动担当作为。在“强三性”“去四化”改革目标指导下，自我革新，与时俱进地改进工会组织架构、运行机制、活动方式、工作方法，持续推动工会对新就业形态劳动者的组织覆盖、工作覆盖、服务覆盖，实现工会工作数字化转型升级，加快构建联系广泛、服务职工的工会工作体系，打造符合职工需要的工会品牌。①

习近平总书记强调：“坚持党对工会的全面领导，任何时候、任何情况下都不能动摇、不能偏离。”② 闽西百年工会实践也告诉我们：“党是领导一切的。”只有坚持党的领导，把党的理论和路线方针政策贯彻落实到工会工作各方面、全过程，工运事业才能牢牢把握正确的政治方向，才能生机勃勃向前发展。工会要永远保持自觉接受党的领导这一优良传统。

---

① 参见《牢记嘱托 感恩奋进 组织动员全市职工为谱写全面建设社会主义现代化国家龙岩篇章团结奋斗——龙岩市工会第六次代表大会报告（审议稿）》（2023 年 11 月 29 日）。

② 习近平：《组织动员亿万职工积极投身强国建设、民族复兴的伟大事业》，《求是》2024 年第 9 期。

二、"思想建党"：用马克思主义理论武装工人阶级是闽西工运发展的重要原则

闽西是"思想建党"原则确立的地方。1929 年 12 月，红四军党的第九次代表大会通过的《古田会议决议》（以下简称《决议》）确立了思想建党、政治建军的原则，要求从思想上政治上把党的队伍组织起来、武装起来。如何进行"思想建党"？《决议》认为必须加强政治思想教育，用马克思主义理论武装党的队伍。毛泽东曾强调："掌握思想教育，是团结全党进行伟大政治斗争的中心环节。如果这个任务不解决，党的一切政治任务是不能完成的。"① 同时，他指出马克思主义"是全世界无产阶级的最正确最革命的科学思想的结晶"②，是"中国人民百战百胜的武器"③。这些经典论述强调了思想建设和理论武装在共产主义运动中的极端重要意义。中国共产党秉持"思想建党"这一原则，高度重视对工人阶级的理论武装，加强对工人的理论灌输和教育，同时，运用马克思主义理论为工人运动指明正确的方向，在实践中不断丰富发展马克思主义工运理论，用马克思主义中国化最新成果指导工人运动实践。

闽西工运的百年实践也告诉人们，加强工人阶级理论武装是工运事业取得胜利的重要保证。正如邓小平同志所说："过去我们党无论怎样弱小，无论遇到什么困难，一直有强大的战斗力，因为我们有马克思主义和共产主义的信念。"④

（一）用马克思主义理论武装工人在闽西的初步探索

新民主主义革命时期，党把理论武装工人、领导工人运动作为一项重要任务。工人群众要认同马克思主义理论，首先要了解马克思主义理论的内容，而这就需要用系统的理论宣传、灌输来武装工人阶级。中国共产党第一个决议就明确提出，"党应在工会里灌输阶级斗争的精神""勿使工会执行其他的政治路线"⑤，明确坚持理论灌输的原

① 《毛泽东选集》第 3 卷，人民出版社 1991 年版，第 1094 页。

② 《毛泽东选集》第 3 卷，人民出版社 1991 年版，第 1093 页

③ 《毛泽东选集》第 3 卷，人民出版社 1991 年版，第 1094 页

④ 《邓小平文选》第 3 卷，人民出版社 1993 年版，第 144 页。

⑤ 中共中央文献研究室、中央档案馆编:《建党以来重要文献选编（1921—1949）》第 1 册，中央文献出版社 2011 年版，第 4 页。

则。为启发工人的阶级觉悟，闽西的先进分子创办了一批工人刊物。1923 年 9 月 1 日，由邓子恢等发起创办的闽西第一份宣传马克思主义的革命刊物《岩声》报正式创刊。《岩声》在传播马列主义、唤醒工农群众斗争意识方面起了先导作用。继《岩声》之后，闽西各县的革命报刊如雨后春笋般涌现，如《新龙岩季刊》《到民间去》《汀雷》《长汀月刊》《琴岗》《汀潮》《莲峰月刊》《钟声》《奋斗》《曙汀》等。革命报刊的出版促使马克思主义在闽西广泛传播，唤起了闽西工农群众的革命意识，促进了党领导的工人运动蓬勃发展。红色政权建立后，闽西苏维埃政府创办了《红报》、中共闽西特委创办了《闽西红旗》、共青团闽西特委创办了《闽西列宁青年》、中共闽粤赣苏区特委成立后出版了《红旗》《战线报》等。另外，闽西苏维埃政府创办的列宁书局先后出版了《共产主义》《共产主义 ABC》《社会主义浅说》等书籍。① 除出版进步刊物外，苏区各地在党和政府的领导下还开办了闽西红军学校、共产主义大学、苏维埃大学、列宁师范学校等，用马克思主义理论武装闽西工人阶级，将他们培养成为军事斗争、土地革命、政权建设和经济文化建设的中坚力量。②

（二）以脱产学习和巡回宣讲等主要方式强化工人的思想政治教育

社会主义革命和建设时期，闽西工会平时积极组织广大职工学习政治时事、召开各种座谈会，进行社会主义教育，提高职工的思想认识和阶级觉悟。闽西工会重视马克思主义经典著作的学习，如，地、县工会联合举办短期脱产工人理论辅导员的读书班，系统学习马克思的《哥达纲领批判》，坚持“自学为主和读原著为主”的方针，参照上海市工人学习《哥达纲领批判》的参考资料，采取分组、专题研究的方式，接着又在工人文化宫举办业余学习《哥达纲领批判》的讲座，请读书班的工人学员当讲课辅导员，吸收了 1500 多名基层理论队伍骨干听课，不断扩大理论学习的覆盖面。从 1963 年开始，闽西坚持开展“学雷锋”“学解放军”“学英雄模范”等活动。龙岩县总工会和专区工会先后组织“老工人讲师团”，在龙岩和各县企事业单位、学校巡回宣讲“三史”共计 161 场，有 47194 人次受到社会主义教育。

① 参见蒋伯英主编：《福建革命史》（上），福建人民出版社 1991 年版，第 457 页。

② 参见蒋伯英主编：《福建革命史》（上），福建人民出版社 1991 年版，第 456 页。

1964年，全区职工掀起学习毛泽东著作热潮。这一时期闽西工会对工人的教育，既有爱国主义、集体主义、社会主义的教育，也有马克思主义经典著作的学习，对毛泽东思想的学习，从而使全市职工的理论素养不断提升，调动其以最大热情投入社会主义革命和建设中。

（三）以马克思主义理论和中国化的马克思主义理论武装工人进入常态化

改革开放和社会主义建设新时期，工会注重对工人进行理论教育。在20世纪80年代前期，闽西工会根据中央的决定，在企业中开办政治学校（夜校），编写《什么是工人阶级》等普及马克思主义的教材，对职工进行“入厂教育”，对职工进行普遍的脱产政治轮训，对他们进行系统的马克思主义教育。1992年以后，闽西各级工会组织广大职工学习马列主义、毛泽东思想和中国特色社会主义理论，学习《中国工人阶级》《科学社会主义》《中国近代史》等著作。[①]龙岩地区工会还结合《邓小平文选》的学习，积极组织全市1042个班组、2.48万名职工踊跃参加“全国班组社会主义市场经济知识竞赛”活动，促进广大职工对邓小平理论及社会主义市场经济知识的学习，引导他们努力投身到改革开放的大潮中去，为国家多作贡献。[②]进入21世纪，面对错综复杂的国际国内环境，中国工人运动和工会工作面临前所未有的困难和挑战。要推动工运事业的创新发展，必须坚持中国特色社会主义理论体系，用这一科学理论体系来武装全会、教育职工，真正掌握贯穿于中国特色社会主义理论体系的马克思主义立场、观点、方法，研究新情况、解决新问题。这一时期，龙岩市各级工会通过培训班、讲座等形式，组织广大职工重点学习党中央关于工人阶级和工会工作的重要指示精神，涉及工人阶级的性质、地位、作用和全心全意依靠工人阶级的根本方针，工人阶级的历史使命和当代中国工人运动主题，加强党对工会的领导和充分发挥工会组织重要作用，构建和谐劳动关系和维护职工合法利益，做好职工群众工作和巩固党的阶级基

---

① 参见福建省漳平市地方志编纂委员会编：《漳平县志》，生活·读书·新知三联书店1995年版，第531页。

② 参见永定县地方志编纂委员会编：《永定县志》，中国科学技术出版社1994年版，第141页。

础等方方面面。[①] 工会通过培训班、讲座等形式，让广大职工理解把握新思想、新观点、新论断，达到入脑入心，坚定广大职工听党话、跟党走的政治信念。

（四）注重用习近平新时代中国特色社会主义思想武装工人

进入中国特色社会主义新时代，引导工人阶级坚定不移听党话、跟党走，以中国式现代化全面推进中华民族伟大复兴更需要强化理论武装。因此，龙岩市总工会将学习宣传贯彻习近平新时代中国特色社会主义思想作为自身的重大政治任务来抓。一是成立宣讲小分队。由龙岩市总工会领导干部职工、劳模、法律志愿者和龙岩电大教师志愿者组成宣讲团，深入各县（市、区）总工会、基层工会，进园区、进企业、进车间、进班组开展宣讲活动，以丰富多彩的形式把习近平新时代中国特色社会主义思想宣传到各个角落，让精神入脑入心。二是组建快板表演宣传队。把习近平总书记的劳动观编成朗朗上口、易记易读的诗歌，再由工会干部自编自导自演的快板以轻松活泼、寓教于乐的形式把习近平新时代中国特色社会主义思想带给广大职工群众，令人耳目一新，受到职工群众的欢迎。三是制作宣传展板，发放宣传材料。精心制作了以习近平新时代中国特色社会主义思想、劳动观以及中国工会十七大精神等为内容的 10 块展板和万份宣传材料，通过直观而简练的方式让职工群众理解和把握习近平新时代中国特色社会主义思想的本质内涵和理论精髓。四是扩大宣传，营造浓厚宣传氛围。扩大宣传渠道，利用工会网站、微信平台、宣传栏，以及龙岩市主流媒体，在“龙岩工运”微信端、龙岩市总工会网站等对《习近平新时代中国特色社会主义思想三十讲》进行 30 期的连载，并及时宣传报道我市工会组织开展的宣讲活动，营造浓厚的宣传氛围，掀起广大职工群众学习习近平新时代中国特色社会主义思想的热潮，同时把党和国家的意志及时传达到广大职工群众。

闽西百年工运实践告诉我们，正是始终坚持“思想建党”原则，重视用马克思主义理论武装工人阶级，才更加坚定了广大职工听党话、跟党走的政治信念。正如习近平总书记所强调的：“如何把职工

① 参见李玉赋主编：《新编中国工人运动史（修订版）》下册，中国工人出版社 2020 年版，第 629 页。

群众团结引导好，没有什么捷径妙招，关键是深入细致做好思想政治工作，这也是工会工作的优良传统。”[①]“加强理论武装是管根本、保方向的基础工作，只有理论上清醒才能保证政治上坚定。理论武装越彻底，理论信念就越坚实，思想就越敏锐，行动就越自觉。”[②]当前，我国正处于开启全面建设社会主义现代化国家新征程的关键时期，加强思想建设和理论武装尤为重要，需要用习近平新时代中国特色社会主义思想统一思想，汇聚中华民族伟大复兴的磅礴精神力量和强大物质力量，从而引领全体中国人民把中国特色社会主义伟大事业顺利推向前进。

三、“组织起来”：加强工会组织建设是闽西工运发展的重要保障

马克思主义政党自诞生之日起就高度重视组织建设问题，把“组织”作为“最重要的武器”，指出“工人阶级的力量在于组织。不组织群众，无产阶级就一事无成。组织起来的无产阶级就无所不能”[③]。这一思想强调了组织在无产阶级革命和建设中的核心作用。毛泽东曾以《组织起来》为题作重要讲话，强调“把群众力量组织起来，这是一种方针”[④]。同时，他依据党的历史经验，作出一个带规律性的重要论断：“政治路线确定之后，干部就是决定的因素。”[⑤]这里的干部自然也包括工会组织中的干部。因此，党在领导闽西各级工会的组织建设中，不仅重视将广大职工“组织起来”，维护职工队伍与工会的统一，同时，还注重加强工会干部队伍建设，以增强工会吸引力、凝聚力和战斗力，更好地服务于党和国家的工作大局。

（一）建立完善闽西工会组织体系

在土地革命战争时期，苏区工会随着革命根据地的建立而产生，随着革命根据地的扩大而发展。早在1926年，长汀城就有泥水工会、船夫工会、缝衣工会等工会组织。在革命形势的推动下，永定县

① 中共中央党史和文献研究院编：《习近平关于工人阶级和工会工作论述摘编》，中央文献出版社2023年版，第47页。

② 中共中央党史和文献研究院编：《习近平关于工人阶级和工会工作论述摘编》，中央文献出版社2023年版，第14页。

③《列宁全集》第14卷，人民出版社2017年版，第121页。

④《毛泽东选集》第3卷，人民出版社1991年版，第930页。

⑤《毛泽东选集》第2卷，人民出版社1991年版，第526页。

组织了总工会，并相继成立了刨烟、纸业、缝衣、理发、五金、木匠、泥水、店员、码头、挑夫十大工会。上杭城区各行业也相继建立了13个行业工会组织。“在一九二六年冬季，已在岩、杭、永三县开始组织工农会，一九二七年春天便有很大的发展，斗争也跟着激烈起来。”[①] 红四军入闽后，有力推动了闽西的工运工作。1930年3月，闽西第一次工农兵代表大会讨论通过了《工会法草案》，规定：“各地工人按照职业区别组织工会；工厂工人则以工厂为单位，组织工会；农村工人则以区为单位，按照各业组织工会，再由各工会代表组织某区工人联合会。”“各县由各工会，各区工联会，选代表组织县总工会，但城市工人代表应占多数，同样由各县工会选代表组织闽西总工会，直属于省总工会。”[②]《工会法草案》对工会的组织形式、组织系统有了一些初步的规定，对于工会组织发展有一定的指导作用。1930年7月15日，闽西苏维埃政府颁布实施《工会组织法》。《工会组织法》对工会的性质、组织系统、职权、与苏维埃关系及建立工人纠察队等各方面作了具体规定，闽西各县依据《工会组织法》纷纷建立县总工会和各行各业分工会。同年11月，在龙岩城召开闽西苏区第一次工人代表大会，正式成立闽西总工会。1932年2月7日，闽赣两省工人代表大会在瑞金召开，成立了江西和福建两省职工联合会。福建省总工会下辖长汀、汀州市等17个县市职工联合会，以及纸业、店员、手工业、雇农、苦力等20多个行业产业工会，会员约11200余人。福建省职工联合会成立后，闽西苏区工人运动在党的领导下进入蓬勃发展的时期。1933年初，全国总工会随中共中央由上海迁入中央苏区瑞金，全总苏区中央执行局从1933年4月至1934年7月，先后组织召开农业工人、店员手艺工人、纸业工人、苦力运输工人和苏维埃国家企业工人等的第一次全国工人代表大会，分别组建了中华苏维埃共和国的产业工会。中央苏区各产业工会，从中央到基层都建立了机构。苏区时期，闽西以基层工会为基础，初步形成了省、县、区三级工会组织系统，产业工会也形成了从中央到地方的纵向产业工会系统。闽西苏区建立规范的工会组织，极大地推进了闽西根据地的

① 《中共闽西特委关于党和群众工作的报告》，1929年5月11日。

② 龙岩市总工会编：《闽西苏区工人运动史》，福建省龙岩市文化与出版局批准，2012年，第68—69页。

建设。

新中国成立前夕，刚迁入北平不久的中华全国总工会于 1949 年 7 月 23 日至 8 月 16 日组织召开了全国工会工作会议。会议确定全国工会工作的中心任务，即“在一年左右的时间内，基本上把全国工人阶级，首先是产业工人组织起来，担负起领导和建设新中国的历史任务”①。同年 8 月 26 日，中共中央发出《关于贯彻全国工会工作会议精神加强工会工作的指示》。闽西各级工会认真贯彻全国工会工作会议精神，积极开展组织工人加入工会的工作。据 1950 年 12 月 6 日统计：仅龙岩县总工会就成立店员、邮政、电机、缝衣、五金等 19 个行业工会组织，共有职工 2590 人，工会会员为 1576 人。② 龙岩县总工会统计，到 1956 年全县共有 56 个基层行业工会组织，职工总数为 3924 人，入会会员达 2928 人。③ 职工入会率从 1950 年的 60.8% 提高到 1956 年的 74.62%，基层工会组织也增加了近两倍。后由于“左”倾错误指导思想冲击了工会组织和工会工作，“文化大革命”开始以后，工会组织被迫停止活动。④

党的十一届三中全会后，闽西工会组织发展迅速。截至 1992 年底，龙岩全区基层工会组织有 1895 个，工会组建率达 85.61%；工会会员发展到 177381 人，职工入会率达 91.18%，使开展各项工会工作有了一定的群众基础。龙岩市各级工会遵照省委“新经济组织发展到哪里，党、工、团组织就建到哪里”的指示，积极推进工会的组建步伐。到 2002 年末，全市共有基层工会 3068 家，工会会员 22.92 万人。进入新世纪，我国工会工作面临着许多困难和挑战，在党和政府的领导下，闽西各级工会牢牢把握新世纪新阶段我国工人运动主题，认真贯彻“组织起来，切实维权”的工作方针，突破用人单位职工身份及就业方式的限制，最广泛地把广大职工组织到工会中来，扩

① 李玉赋主编：《新编中国工人运动史（修订版）》下册，中国工人出版社 2020 年版，第 339 页。

② 参见《龙岩县总工会职工统计表、工会脱产干部登记表（1950 年度）》，龙岩市档案馆，0024-001-0000001-0005 。

③ 参见《工会组织基本定期综合统计报表（1955 年度龙岩县工会联合会）》，龙岩市档案馆，0024-001-0000038-0001。

④ 参见李玉赋主编：《新编中国工人运动史（修订版）》下册，中国工人出版社 2020 年版，第 439、446 页。

大了工会组织的覆盖面，壮大了职工队伍。截至 2007 年 12 月，全市共建基层工会 4856 家（涵盖单位 6191 个），建立工会组织单位的职工总数达到 41.64 万人，工会会员 40.37 万人，分别比 2002 年增加 58.28%、81.68% 和 76.13%。龙岩市总工会被全总授予全国新建企业工会组建工作先进单位。各级工会认真贯彻全总《关于进一步加强基层工会工作的决定》和《企业工会工作条例》，深入开展“创五好、促建家”“双爱双评”等建设职工之家活动，全市被授予省级以上模范职工之家 47 个、省级以上模范职工小家 59 个；命名市级先进职工之家 164 个、市级先进职工小家 195 个。[①]

进入新时代以来，龙岩市总工会加强基层工会动态管理，研究探索镇街（园区）、行业（协会）工会工作考核评价体系，促进提质增效。把工会的基层组织建设纳入党建工作目标考核内容，与党建统一部署检查，促进“两新”[②]组织建会，推进工会组织向非公有制企业、社会组织、城乡社区等领域广泛覆盖。加强镇街（园区）、行业系统、企业集团等区域性、行业性工会联合会及工会女职工组织建设，重点加强 25 人以上非公经济组织建会和“八大员”[③]入会工作，切实把广大职工群众凝聚到党领导下的工会组织中，做到哪里有职工、哪里就有工会组织，哪里需要做群众工作、工会工作就跟进到哪里。以争创模范“职工之家”和“双亮”工作为切入点，提高基层工会规范化建设水平，实现“建起来、转起来、活起来”的目标。[④]同时，加强网上工会建设，构建“智慧工会”，拓宽普惠职工、网上入会等新途径，推行工会组织和会员实名制管理，推进工会组织和工作覆盖的精准化。截至 2023 年 11 月，全市新建工会组织 9649 个，新发展工会会员 31953 人，工会组织的覆盖面进一步提高。重点关注新就业形态群体，全市已有 857 家新就业形态企业建立工会，入会职工约 2.1 万人；成立数字产业工会联合会，试点开展快递行业集体协商，推动

① 参见《高举旗帜 促进和谐 团结动员全市职工为龙岩又好又快发展而奋斗——龙岩市工会第三次代表大会工作报告》（2007 年 12 月 11 日）。

② 指新领域、新阶层。

③ 指货车司机、快递员、护工护理员、家政服务员、商场信息员、网约送餐员、房产中介员、保安员。

④ 参见《落实新思想 建功新时代 团结动员广大职工充分发挥主力军作用为实现龙岩高质量发展落实赶超而不懈奋斗——龙岩市工会第五次代表大会报告（审议稿）》（2018 年 12 月 28 日）。

更好保障广大新就业形态劳动者权益。[①]目前，龙岩形成了以市、县（区）工会组织为骨干，“小三级”[②]工会组织为重点的纵横交织、条块结合的工会组织体系。

（二）加强高素质专业化的工会干部队伍建设

工会组织要有战斗力，首先工会干部要有战斗力。工会干部队伍是党的干部队伍的重要组成部分，高素质专业化的工会干部队伍是做好工会工作的关键。党始终注重工人运动骨干力量的配备与培养，着力打造政治过硬、业务过硬、能力过硬的高素质专业化工会干部队伍。

在苏区时期，闽西各级工会因地制宜，按照实际需要，用最大的努力来开办各种训练班，开办补习学校，用竞赛的方法来奖励干部学习，造就人才，以适应工运工作的需要，适应苏维埃政权建设的需要。如龙岩县总工会、闽西总工会、省工联会都先后举办了工人培训班，培养工运骨干，充实了工会干部队伍。1934年10月，红军主力北上长征后，各地十分重视干部培训工作，曾在龙岩东肖和永定赤寨等地先后举办多期干部训练班。新中国成立后，闽西各级工会紧紧围绕党的中心任务和生产实践，积极开展职工队伍建设工作，加强工会干部培训。1963年到1966年春，全区选调各级各类干部5330人，在全区范围内开展“点”与“面”相结合的社会主义教育运动。“文化大革命”期间，干部培训工作停顿。[③]1976年，全区逐步恢复和组织干校干训班、业余学校专修班等，采取灵活多样的办学形式，促进在职干部政治、思想和业务素质的提高。党的十四大以后，工会系统上下就开始认真思考和探索在推进建设社会主义市场经济过程中充分发挥工会组织作用的问题。在向市场经济过渡的转型与突破中，加大了对工会干部的培训。进入21世纪，龙岩市各级党委把工会干部纳入干部队伍建设总体规划，加强工会干部的培养、选拔、管理和交流，配齐配强工会领导班子和干部队伍，市、县两级工会均由同级党

① 参见《牢记嘱托 感恩奋进 组织动员全市职工为谱写全面建设社会主义现代化国家龙岩篇章团结奋斗——龙岩市工会第六次代表大会报告（审议稿）》（2023年11月29日）。

② 指乡镇（街道）、区域性和行业性联合工会及其辖区内各法人单位工会所构成的基层工会组织体系。

③ 参见福建省龙岩地区地方志编纂委员会编：《龙岩地区志》（下），上海人民出版社1992年版，第1089页。

委常委兼任总工会主席。同时，加强工会各类专业人才的培养力度，构建促进工会干部素质能力提高的学习机制、学习平台、学习载体；积极探索和建立工会干部保障机制，为因维护职工权益而受到打击报复的工会干部伸张正义，保障其切身利益；重视基层工会干部的配备，建立企业工会干部培训、考核、评价和激励机制，进一步提高工会干部的业务能力和工作水平。①

进入新时代，龙岩市总工会以习近平新时代中国特色社会主义思想为指导，坚决贯彻习近平总书记关于工人阶级和工会工作的重要指示，坚决落实市委和市政府的工作部署，通过党建带工建，加强工会干部队伍建设。做到始终坚持党管干部原则，突出政治标准，树立正确选人用人导向，凭能力用干部，以实绩论英雄，激励全市工会干部干事创业、担当作为、争创一流。加强工会“专、兼、挂”干部队伍建设，完善工会专干管理机制，推动工会干部队伍优结构、提能力、增活力。运用“四下基层”制度，走好新时代党的群众路线，大兴调查研究之风，常态化开展工会机关干部赴基层蹲点工作，将蹲点与推动工会重点工作、难题调研、试点探索等结合起来，切实打通服务和联系职工的“最后一公里”，在“四下基层”中持续锤炼工会干部的过硬能力和优良作风。

纵观闽西百年工运史，我们可以知道闽西各级工会在党的领导下始终坚持“组织起来，切实维权”的工作方针，狠抓“组织起来”这项基础性工作，建立和完善基层工会组织，把广大职工组织到党领导的工会中来。同时，注重培养高素质的工会干部队伍，以增强工会组织的战斗力和影响力，更好地团结动员广大职工在实现中华民族伟大复兴的中国梦中更好地发挥工人阶级的主力军作用。

四、“全心全意依靠工人阶级”：注重发挥主力军作用是闽西工运发展的关键

自中国共产党成立以来，工人阶级就是党执政的重要阶级基础和

① 参见《高举旗帜 促进和谐 团结动员全市职工为龙岩又好又快发展而奋斗——龙岩市工会第三次代表大会工作报告》（2007 年 12 月 11 日）、《认真学习宣传贯彻党的十八大精神 团结动员全市职工为闽西老区加快崛起而努力奋斗——龙岩市工会第四次代表大会工作报告》（2012 年 11 月 26 日）。

群众基础。在不同的历史时期，工人阶级成为革命、建设和改革开放的主力军，发挥了先进阶级的伟大历史作用。毛泽东同志在谈到中国民主革命时说："主力军是谁呢？就是工农大众。"[①]随着工人阶级队伍不断壮大，"工农大众"这个"主力军"主要强调的是工人阶级，工人阶级成为党最坚实的依靠力量。在党的七届二中全会上，毛泽东同志提出全心全意依靠工人阶级的方针，他指出："我们必须全心全意地依靠工人阶级，团结其他劳动群众，争取知识分子。"[②]从争取民族独立、人民解放，到中国特色社会主义进入新时代，全心全意依靠工人阶级，充分发挥工人阶级主力军作用，把广大职工群众紧紧团结在党和政府周围，成为我们党的一个突出政治优势。

回望闽西工运事业百年奋斗的历程，其成功的重要经验之一，就是紧紧依靠闽西工人阶级，充分发挥其主力军作用，始终围绕党在不同历史时期的中心工作而建功立业。

（一）依靠工人阶级进行武装斗争，取得新民主主义革命胜利

从 1926 年 4 月起，党组织在闽西各县相继成立，工人通过工会迅速组织起来，开展工人运动。八七会议确定了实行土地革命和武装起义推翻国民党反动派统治的总方针，闽西各县党组织加紧"进行武装斗争、土地革命、建立政权的工作"[③]。闽西苏维埃政权建立后，工会通过选举和培训，吸收广大的工人群众去参加苏维埃政权建设，派遣大批干部与积极工人到苏维埃做领导工作，闽西苏区各工会成为苏维埃政权最主要的群众柱石，工人阶级成为管理红色政权的主体力量。到 1930 年 5 月，闽西有组织的工人大约有 2 万人，他们加入纸业、木业、烟业等各行业工会组织，他们创办生产合作社，生产军需、民用物资。如长汀县濯田镇 200 余名铁匠组织起来，日产生铁 3000 多斤，适应了军用、民用的需要。闽西工人活跃在商品生产和商品流通领域，成为繁荣苏区经济、打破敌人经济封锁的主要力量。闽西苏区各级工会围绕"一切为了革命战争"这个中心任务，组织与动员广大工人踊跃参加红军，出现了母送儿、妻送郎、兄弟相争

① 《毛泽东选集》第 2 卷，人民出版社 1991 年版，第 565 页。

② 《毛泽东选集》第 4 卷，人民出版社 1991 年版，第 1427—1428 页。

③ 蒋伯英：《闽西革命根据地史》第 2 版，海峡出版发行集团、福建人民出版社 2019 年版，第 46 页。

当红军的动人场景。苏区时期，闽西工人阶级用自己的实际行动参军参战，发展苏区经济、保卫苏区政权，在革命战争中立下功勋。抗日战争爆发后，闽西工人积极开展抗日救亡运动。一是直接北上抗日。如，1937 年冬，新四军二支队北上抗日时，闽西汽车工会有 10 位司机自愿报名随军北上，参加部队运输工作。二是积极生产抗战急需物资。1938 年 3 月，坚持秘密活动的中共汀州地下工人支部，接受为新四军二支队筹集军用品的任务，在短时间内就采办到五六百顶斗笠、1000 多张油纸和一批干电池、药品等物资，解决了军需之急。闽西工人积极参加以“工业合作社”为中心的生产运动，为前方抗日将士提供斗笠、油纸等。三是踊跃开展抗日宣传和救亡运动。1938 年，汽车工会先后组织“协进社”“抗敌后援会”“工人剧社”等社团开展抗日宣传和救亡运动。此后的几年中，中共汀州地下工人支部通过邮电局党员刘炳荣，利用工作之便，经常将上级寄来的宣传品、报刊送到党员毛旭初负责的毛新铭印刷厂印刷，并秘密分发、粘贴，宣传党中央的抗日主张和浴血奋战的八路军、新四军的胜利消息，鼓励各界人士支援抗战。在解放战争中，闽西工农群众接受中国共产党和人民解放军的领导，配合中国人民解放军闽粤赣边纵队粉碎国民党的进攻，直至闽西全境解放和人民政权建立。

（二）依靠工人阶级开展社会主义革命和社会主义建设

新中国成立后，工人阶级发挥主力军作用的重要途径就是组织劳动竞赛，表彰劳动模范。党领导下的劳动竞赛始于中央苏区。劳动竞赛旨在激发劳动者的劳动热情和创造能力，这也成为工会的传统优势、工作品牌。

社会主义革命和建设时期，闽西工人阶级在社会主义改造和社会主义建设中作出积极贡献。新中国成立后，闽西工人阶级实现从革命者到建设者的历史性转变，以主人翁的责任感积极投入国民经济恢复和新生政权巩固的斗争中，在抗美援朝战争、农村土地改革、镇压反革命和“三反”、“五反”运动中作出了巨大贡献。从 1953 年起，在党的过渡时期的总路线指引下，闽西工会团结动员广大职工群众积极投入国家工业化建设和社会主义改造。社会主义改造完成后，我国从 1957 年起进入全面建设社会主义时期。在这一历史时期，闽西工会始终坚持党的“全面建设社会主义”的正确主张，广泛开展群众性生产运动。1953 年，在执行国家第一个五年计划中，闽西各县工会开始有组织地领导职工开展社会主义竞赛活动，参赛单位 38 个，共计 1837 人，并围绕各企业的生产关键，组织群众性的技术革新和合理化建议活动，使增产节约运动逐步深入。1958 年后，闽西全区职工开展以技术革新、技术革命为中心的增产节约运动和“六好”企业厂际竞赛。但在“左”的错误指导思想下，生产建设也出现了急躁冒进的失误。1962 年以后，各县工会组织职工开展以支农为中心的增产节约运动，以班组为基础的社会主义劳动竞赛。在组织劳动竞赛的同时，广泛开展劳模先进表彰活动。据统计，1956—1965 年，龙岩的工业、交通、财贸系统有 6 人荣获全国先进生产者称号，有 153 人获得福建省工交、基建、财贸、文教卫生系统先进生产者称号。随着社会主义建设全面展开，闽西各条战线的广大职工的劳动热情进一步焕发、创造潜能不断释放，逐渐成为实现国家工业化的主力军，在国家各项事业中施展自己的聪明才智。

（三）依靠工人阶级进行改革开放和社会主义现代化建设

进入改革开放和社会主义现代化建设新时期，随着党和国家工作重心的战略转移，努力实现农业、工业、国防和科学技术现代化，成为全党、全国各族人民的奋斗目标，成为凝聚工人阶级和工会组织的巨大力量。[①] 在闽西各级工会的动员和组织下，广大职工继承 20 世纪 50 年代的优良传统，以高度的主人翁责任感和极大的热情投身于增产节约运动，努力为四化建设献计出力，再立新功。1979 年，龙岩全区职工开展以优质、高效、低消耗、多品种为内容的增产运动。继 1980 年 5 月开展“为四化立功”活动后，从 1982 年起，立功活动与落实经济责任制密切结合起来，提高企业经济效益。1986 年 8 月，全区职工响应省总号召开展双百（百万职工提合理化建议，创亿元产值；职工技协百队千人扶贫）活动。截至 1987 年 12 月，参加此项活动的企业由 620 个增至 996 个，参加职工人数达到 52295 人次，提出合理化建议 77482 条，已实现的 46018 条，创造或节约的价值达

① 参见李玉赋主编：《新编中国工人运动史（修订版）》下册，中国工人出版社 2020 年版，第 479—480 页。

到 3821.93 万元。[①] 闽西工会在调动职工开展“为四化立功”活动的同时，积极协助开展总结、评选和学习先进活动。据统计，1977—1987 年，全区被授予省级劳动模范称号的有 91 人，省五一劳动奖章的有 119 人，全国五一劳动奖章 1 人。[②] 可以看出，组织劳动竞赛，开展先进表彰，是党领导工人阶级发挥主力军作用的重要方式，也是社会主义条件下工人运动的重要形式。

1992 年，随着社会主义市场经济的逐步建立，工会迎来了发展新机遇，工人阶级面临着新的历史任务，肩负着投身改革、促进发展、稳定大局的历史使命。在社会大变革中，在新旧体制交替中，闽西各级工会特别是企业工会认真学习贯彻党中央关于全心全意依靠工人阶级的新论述，结合企业自身实际，积极推动和配合企业党政，努力把全心全意依靠工人阶级的指导方针贯彻到基层、落实到企业。[③] 一是组织职工参与企业改革。闽西各级工会积极落实《关于在转换企业经营机制，建立现代企业制度过程中发挥工会作用的意见》，通过各种形式的宣传活动，使广大职工理解改革、支持改革、参与改革，正确对待改革中出现的困难和问题，为企业改革提出合理的主张与建议。如武平县总工会积极指导裕丰制衣公司建立劳资协商谈判制度，指导十方农械厂签订集体合同，开全区企业建立劳资协商谈判制度、签订集体合同之先河。龙岩地区水泥厂实行股份制改造，工会主席进入董事会，副主席与两名职工代表进入监事会。[④] 二是组织职工参与劳动竞赛。围绕改革与建设，闽西各基层工会组织广大职工开展以“转机制、抓管理、练内功、增效益”和技术扶贫为主要内容的“双增双节”社会主义劳动竞赛。劳动竞赛以提高经济效益为中心，以促进企业技术进步、改善企业管理为竞赛重点，广大职工积极参加技术协作、技术革新、岗位练兵和合理化建议等活动。1994 年，全区有 1563 个基

---

① 参见福建省龙岩地区地方志编纂委员会编：《龙岩地区志》（下），上海人民出版社 1992 年版，第 975 页。

② 参见福建省龙岩地区地方志编纂委员会编：《龙岩地区志》（下），上海人民出版社 1992 年版，第 975 页。

③ 参见李玉赋主编：《新编中国工人运动史（修订版）》下册，中国工人出版社 2020 年版，第 572 页。

④ 参见永定县地方志编纂委员会编：《永定县志》，中国科学技术出版社 1994 年版，第 141 页。

层工会，16.16 万职工参加“双增双节”劳动竞赛活动，增收节支达到 1.8 亿元，其中提出合理化建议 9.06 万件，已被采纳的 2.82 万件，实施的 1.49 万件。全区有 15.13 万人参加岗位练兵活动。漳平发电二厂通过开展重点工程立功竞赛活动后，不但确保了工程质量，还提前 150 天竣工投产。通过开展各种形式的竞赛活动，涌现出省劳模 33 人，全国、全省女职工标兵 10 人，龙岩市、漳平市劳模 120 人。① 闽西广大职工以高度的主人翁责任感支持、参与改革，参加社会主义劳动竞赛，极大促进了社会生产力的发展。

进入 21 世纪后，龙岩市总工会始终把服务大局、推动社会经济发展作为工会工作的第一要务，围绕龙岩经济社会发展目标，动员广大职工积极开展“红土建功”活动，组织发动职工群众投身经济建设。全市职工以主人翁姿态积极投身“五大战役”② 活动，深入开展以“当好主力军、建功‘十一五’（‘十二五’）”为主题的社会主义劳动竞赛，开展“功臣杯”重点工程项目“六比”③ 立功竞赛活动，开展“我为节能减排作贡献”等系列活动，增强劳动竞赛的针对性，在“五个龙岩”④ 建设中作出积极贡献。⑤ 据统计，从 2002 年到 2012 年的十年间，龙岩全市职工合理化建议被采纳 15.34 万件，累计增创直接经济效益 14.72 亿元；实施技术革新 8090 项，开展技术攻关 2963 项，推广新技术 1362 项，开发新产品 715 项，创造或引进先进操作法 531 项。⑥ 围绕发展主题，闽西广大职工积极参与技术革新、技术协作、发明创造和合理化建议等活动，极大地推动了企业发展。同

① 参见永定县地方志编纂委员会编：《永定县志》，中国科学技术出版社 1994 年版，第 141 页。

② 指重点项目建设战役、新增长区域发展战役、城市建设战役、小城镇改革发展战役、民生工程战役。

③ 指比项目进度、比工程质量、比技术创新、比科学管理、比成本控制、比安全生产。

④ 指建设山清水秀、绿色低碳的美丽龙岩，特色鲜明、高质高效的实力龙岩，智慧涌流、海纳百川的活力龙岩，良法善治、和谐平安的法治龙岩，普惠共享、更有温度的幸福龙岩。

⑤ 参见《认真学习宣传贯彻党的十八大精神 团结动员全市职工为闽西老区加快崛起而努力奋斗——龙岩市工会第四次代表大会工作报告》（2012 年 11 月 26 日）。

⑥ 参见《高举旗帜 促进和谐 团结动员全市职工为龙岩又好又快发展而奋斗——龙岩市工会第三次代表大会工作报告》（2007 年 12 月 11 日）、《认真学习宣传贯彻党的十八大精神 团结动员全市职工为闽西老区加快崛起而努力奋斗——龙岩市工会第四次代表大会工作报告》（2012 年 11 月 26 日）。

时，也涌现了一大批劳动模范。十年间，闽西各级工会共选树市级以上劳动模范、五一劳动奖章获得者620名，省级以上职业道德标兵和先进女职工83名。[①]为此，闽西工会还编辑了《闽西劳模谱》，营造学习模范、尊重模范、崇尚模范、争当模范的良好社会氛围，用先进模范人物的思想和行为激励、引导广大职工为建设中国特色社会主义作贡献。

（四）依靠工人阶级推进老区高质量发展

党的十八大以来，闽西工会坚持服务大局，在推进老区高质量发展中组织动员广大职工拼搏奋斗、争创一流，为工人阶级搭建建功立业的立体化平台。一是围绕中心服务大局彰显新作为。工会围绕龙岩市委、市政府“三大攻坚战”“大抓招商、大抓产业、大抓项目”“打好五张牌、建设新龙岩”等工作部署，把市委作出的决策部署、提出的目标任务转化为工会的具体安排和实际行动，先后以“当好主力军、建功‘十二五’”“建功‘十三五’、建设新龙岩”“建功‘十四五’、奋进新征程”为主题，在重要服务窗口、重点工程建设、重要民生项目中开展“五比竞赛”“百日会战”等岗位建功活动，参赛企业1026家、参赛职工76万多人次。[②]二是实施产业工人队伍建设工程。推动构建促进职工技能素质提升工作体系，主动融入“技能龙岩”行动，落实全国职工素质建设工程五年规划，推动产教融合、在岗培训，依托“八闽工匠学堂”“龙岩工匠学院”开展“订单式”技能人才培训，深化农民工学历与能力双提升“求学圆梦行动”，在赋能成长中不断壮大高素质产业工人队伍，唱响“咱们工人有力量”的时代强音。[③]三是充分发挥劳模工匠的作用。坚持示范引领，龙岩总工会做好各级劳模工匠和五一奖项推荐评选工作。进入新时代以来，

① 参见《高举旗帜 促进和谐 团结动员全市职工为龙岩又好又快发展而奋斗——龙岩市工会第三次代表大会工作报告》（2007年12月11日）、《认真学习宣传贯彻党的十八大精神 团结动员全市职工为闽西老区加快崛起而努力奋斗——龙岩市工会第四次代表大会工作报告》（2012年11月26日）。

② 参见《落实新思想 建功新时代 团结动员广大职工充分发挥主力军作用为实现龙岩高质量发展落实赶超而不懈奋斗——龙岩市工会第五次代表大会报告（审议稿）》(2018年12月28日)、《牢记嘱托 感恩奋进 组织动员全市职工为谱写全面建设社会主义现代化国家龙岩篇章团结奋斗——龙岩市工会第六次代表大会报告（审议稿）》（2023年11月29日）。

③ 参见《牢记嘱托 感恩奋进 组织动员全市职工为谱写全面建设社会主义现代化国家龙岩篇章团结奋斗——龙岩市工会第六次代表大会报告（审议稿）》（2023年11月29日）。

龙岩市共涌现出市级以上劳模 478 名，获得省级以上五一劳动奖状 52 个、五一劳动奖章 165 人，市级以上“工人先锋号”782 个，“龙岩五一工匠”48 名，创建 1 家全国级劳模创新工作室、4 家省级示范性工作室，104 家省、市级劳模工作室。① 同时，常态化开展劳模专栏宣传，助推“劳模三进”② “劳模助企行”等活动，提升劳模工匠创新工作室建设水平，促进职工创新成果展示交流和应用转化，激发奋斗拼搏、岗位建功新动能。扎实开展“关爱劳模”系列活动，在全社会营造崇尚劳模、学习劳模、争当劳模的良好氛围。③ 四是抓好群众性创新工程。近年来，龙岩市总工会紧紧围绕全市“5+N”④ 现代产业体系和“2+4”⑤ 工业产业发展重点，开展群众性“五小”⑥ 创新活动，职工“五小”创新推荐项目数和获奖数连续 6 年位居全省前三名，连续 8 年被评为“福建省百万职工‘五小’创新大赛优秀组织单位”。为营造创新创业创造的浓厚氛围，助推发展新质生产力，龙岩市总工会出台“五小”创新竞赛配套奖励措施，落实省级优秀成果配套奖励专项奖金 60 多万元，完善创新项目指导、推荐、评选、复核机制，建立市“五小”创新大赛评选专家库等，带动创新项目提质增量。2016 年以来，共获省“五小”项目奖达 1291 项，其中民营企业职工获奖项目占 75%，实现产业工人队伍建设改革、职工“五小”创新竞赛“双提升”。

总之，闽西广大职工自觉传承“干革命走前头，搞生产争上游”的光荣传统，以极大的劳动热情参与技术革新、技术协作、发明创造、合理化建议和“五小”等群众性创新活动，推动形成“建功新时

---

① 参见《落实新思想 建功新时代 团结动员广大职工充分发挥主力军作用为实现龙岩高质量发展落实赶超而不懈奋斗——龙岩市工会第五次代表大会报告（审议稿）》(2018 年 12 月 28 日)、《牢记嘱托 感恩奋进 组织动员全市职工为谱写全面建设社会主义现代化国家龙岩篇章团结奋斗——龙岩市工会第六次代表大会报告（审议稿）》(2023 年 11 月 29 日)。

② 指进企业、进校园、进社区。

③ 参见《牢记嘱托 感恩奋进 组织动员全市职工为谱写全面建设社会主义现代化国家龙岩篇章团结奋斗——龙岩市工会第六次代表大会报告（审议稿）》(2023 年 11 月 29 日)。

④ 指做强做大有色金属、机械装备、建筑业、文旅康养、特色现代农业 5 个主导产业；培育壮大数字产业、新材料新能源、生物医药、现代物流 4 个新兴产业；优化提升烟草、纺织、建材、商贸服务业 4 个传统产业。

⑤ 指有色金属、机械装备 2 个主导产业和新材料、新能源、电子信息、节能环保 4 个战略性新兴产业。

⑥ 指小革新、小发明、小创造、小设计、小建议。

代、比学赶帮超”的新风尚，为建设闽西革命老区高质量发展示范区、谱写全面建设社会主义现代化国家龙岩篇章中发挥了主力军作用。

五、从工人最高兴的工作做起：切实维护工人利益是闽西工运发展的落脚点

“没有从工人最高兴的工作做起”①，这是中央苏区时期任全国总工会党团书记的陈云同志提出的问题，他认为工会干部做群众工作要从工人的根本利益出发，把握其实际诉求，帮助群众解决亟待解决的问题。“从工人最高兴的工作做起”体现了中国共产党全心全意为人民服务的宗旨，也明确了工会的成立是围绕“保护工人切身的利益和为工人的利益奋斗”② 这一核心原则。这一原则成为工会履行其“维护职工合法权益、竭诚服务职工群众”基本职责的依据。一百年来，闽西工会始终坚持“从工人最高兴的工作做起”，用心用情维护职工合法权益、竭诚服务职工群众，成为职工群众最可依赖的“娘家人”。

（一）全方位维护职工群众合法权益

工会维护职工合法权益主要包括两大方面的内容：一是维护职工的劳动权益，包括就业的权利、获取劳动报酬的权利、得到劳动保护和社会保障的权利、休息休假的权利等；二是维护职工的民主权利，主要是指维护职工依法对企业、事业单位事务进行民主管理、民主参与和民主监督的权利。

“工人最高兴的工作”首先是维护工人劳动经济权益的工作，这项工作涉及职工最基本最重要的权利和最具体最切身的利益，闽西工会将职工的劳动权益作为维护职工合法权益的重要抓手。1929 年后，闽西各县相继建立苏维埃政权，领导工人开展经济斗争。中华苏维埃政府在闽西《劳动法案》的基础上制定了《中华苏维埃共和国劳动法》。闽西各级工会贯彻执行《劳动法》，充分利用这个法律武器，组织工人反对资本家、雇主、师傅的经济剥削和封建压迫，要求改善工作条件，提高生活待遇，提出工人薪资福利应由工人、工会、资方共同协商确定。经过斗争，在工厂及重要行业初步实现 8 小时工作制，

---

① 中共中央文献编辑委员会编：《陈云文选》第 1 卷，人民出版社 1995 年版，第 23 页。

② 中共中央文献研究室、中央档案馆编：《建党以来重要文献选编（1921—1949）》第 1 册，中央文献出版社 2011 年版，第 151 页。

龙岩、上杭、永定等地的工人，普遍增加工资30%—40%。除提高工资外，社会保险制度初步在工厂、工场、商店的长期工人中实行，工人在疾病、伤残、死亡等方面能获得一定数额的保险金。[①]各级工会在争取工人权益的斗争中，做到“把争取日常利益的斗争和争取革命完全胜利的斗争最紧密地联系起来”，以实现民族独立和人民解放。

新中国成立后，闽西工会通过多种途径维护职工在就业、劳动报酬、劳动保护和社会保障等方面的权利。新中国成立初期，工会参与1952年和1956年全区企业的两次工资改革，有90%以上的职工增加了工资，加上当时物价基本稳定等因素，职工生活逐步改善。1959—1961年的三年困难时期，党和工会贯彻“一手抓生产，一手抓生活”的方针，组织职工开展农副业生产。随后的1963年、1977年、1979年、1981—1983年先后在企业、事业单位和国家行政单位的职工中进行调资升级，职工的工资稳步增长。为了保护职工的健康，工会积极推动企业实行劳动保险条例。新中国成立初期，劳动保险工作仅在邮电等14个企业实行，享受职工2130人。1957年后，逐步扩大到交通运输、建筑等行业。1962年，实行劳动保险条例的单位有59个，享受职工13600人，占职工总数的38%。1979年后，经过不断的整顿提高，劳动保险工作有了较大发展。1985年，全区实行劳动保险单位已达到970个，享受职工占职工总数的80%以上，基本解决了职工的生、老、病、死、伤残等方面实际困难。同时，职工疗休养工作也有很大的发展。[②]在劳动保护方面，政府和工会都十分重视，制定有关法规条例等，做了大量工作。特别是1980年全国工会第三次群众劳动保护会议后，各级工会更是加强了对职工劳动保护工作的领导，劳保组织制度逐步得到落实。1987年，龙岩全区已建成厂级劳动保护监督委员会211个，其中300人以上的厂矿79个已全部建立。工会小组劳动保护检查员2960人，在安全生产检查中发现重大隐患706次，已整改681次。1983年至1987年，各级工会举办劳保工作培训班1085期，培训积极分子30426人次。全区出现

① 参见龙岩市总工会编：《闽西苏区工人运动史》，福建省龙岩市文化与出版局批准，2012年，第55页。

② 参见福建省龙岩地区地方志编纂委员会编：《龙岩地区志》（下），上海人民出版社1992年版，第977页。

了长汀一建公司连续6年、龙岩矿务局708厂连续15年、武平林业化工厂连续17年无重大事故的安全生产纪录。

闽西工会在维护职工劳动权益的同时，积极维护职工的民主权利。早在20世纪50年代，闽西工会就推动部分企业建立职工代表大会，实行民主管理。1981年7月下旬，龙岩全区全面贯彻中共中央、国务院颁布的《国营工业企业职工代表大会暂行条例》。自此，民主管理被列为全区各级工会重点任务。1985年前后，在公交、基建、财贸、农林水、文教、卫生等系统都建立了职代会。到1987年，全区已建立职代会的企业有1083个，占应建数的86%。民主管理制度的建立健全，在工会与职工代表审议企业重大决策、监督行政领导和维护职工合法权益等方面起到了积极的作用。①

21世纪初，由于社会主义市场经济体制还不完善，劳动关系的协调缺乏必要的法律法规和制度监督。企业普通职工的劳动经济权益受损严重，劳资冲突时有发生。②在劳动关系市场化的社会背景下，闽西各级工会以切实维护职工权益为基本职责，加强源头维护。一是积极维护职工切身利益问题。市、县（区）工会积极发挥政府与工会联席会议制度和协调劳动关系“三方会议”制度作用，及时反映职工的呼声和诉求，较好地解决了职业技能培训等84个涉及职工、农民工切身利益问题；积极推进平等协商集体合同和工资集体协商工作，2965家企业建立平等协商签订集体合同制度、1237家企业推行了工资集体协商制度，从源头上有效维护了职工、农民工合法权益。③2008年，龙岩市总工会联合党政有关部门制定下发《关于做好企业工资集体协商工作的意见》，全面开展工资集体协商“要约行动月”活动，在全国设区市率先开展旅游行业工资集体协商，举办工资集体协商培训班，聘请一批工资集体协商指导员，指导企业工会开展工资集体协

① 参见福建省龙岩地区地方志编纂委员会：《龙岩地区志》（下），上海人民出版社1992年版，第975页。

② 参见李玉赋主编：《新编中国工人运动史（修订版）》下册，中国工人出版社2020年版，第626页。

③ 参见《高举旗帜 促进和谐 团结动员全市职工为龙岩又好又快发展而奋斗——龙岩市工会第三次代表大会工作报告》（2007年12月11日）。

商，推动工资集体协商普遍开展。[①]二是注重企业民主管理。闽西各级工会不断推动全区各类企业建立健全平等协商集体合同、厂务公开、职工代表大会等企业民主管理制度，促进厂务公开民主管理工作制度化、规范化，推动厂务公开民主管理工作向纵深发展，形成“党委统一领导、党政共同负责、有关方面齐抓共管、职工群众全员参与”的工作机制。截至 2012 年 10 月，全市建立集体合同制度的企业达 1.08 万家，建制率达 98%，建立职工（代表）大会制度的企业 1.05 万家，推行厂务公开的企业 9867 家。[②]三是劳动保护工作稳步开展。闽西各级工会深入做好职工劳动保护和职业病防治工作，加强劳动保护监督检查组织建设，推广应用工会参与职业病防治专项集体合同模式，在全省率先推行《煤炭行业职业病防治专项集体合同》，以高危行业和劳动密集型企业为重点，开展“安康杯”竞赛活动，实行“一法三卡”工作法，切实维护广大职工的健康权和生命权。闽西各级工会在维护职工合法权益、促进社会和谐稳定中发挥了重要作用。

进入新时代，工人阶级队伍继续不断扩大，素质得到进一步提升，权益得到更好的保障，以崭新的精神面貌在闽西大地上辛勤劳动，建功立业。各级工会为适应新时代党和国家事业的新要求、职工群众的新期待，围绕高质量发展这一首要任务，竭诚服务职工群众，维护职工合法权益。市、县（区）工会充分发挥政府与工会联席会议、协调劳动关系三方机制和工会界别“两代表一委员”作用，源头参与最低工资标准调整，推动社保、福利等涉及职工权益的政策制度调整。开展集体协商“要约行动”，推动平等协商和集体合同扩面提质增效。坚持和完善以职工代表大会为基本形式的企事业单位民主管理制度。开展以“安康杯”竞赛为载体的群众性安全生产和职业健康活动。协助党委、政府做好供给侧结构性改革中职工权益保障工作，引导职工以理性合法形式表达利益诉求。扎实推进女职工维权服务工作，女职工合法权益和特殊利益得到有效维护。认真做好保障农民工工资支付工作，为农民工提供法律维权“全程帮”，“农民工有困难找

① 参见《认真学习宣传贯彻党的十八大精神 团结动员全市职工为闽西老区加快崛起而努力奋斗——龙岩市工会第四次代表大会工作报告》(2012 年 11 月 26 日)

② 参见《认真学习宣传贯彻党的十八大精神 团结动员全市职工为闽西老区加快崛起而努力奋斗——龙岩市工会第四次代表大会工作报告》(2012 年 11 月 26 日)

工会”品牌影响力进一步提升。[1] 闽西各级工会致力于强化工会基本职责，维权质效不断提升。

（二）多渠道开展工会帮扶救助服务

“工人最高兴的工作”还包括工会帮扶救助工作。帮扶救助既是工会组织履行基本职责的具体体现，也是社会保障制度与体系的有效补充。它是“针对社会保障制度与体系的缺陷和不足而充分发挥工会帮扶的作用，协助党政解决困难职工的生产生活问题，使部分有特殊困难的职工的基本生活切实得到保障”[2]。

苏区时期，闽西通过的《劳动法案》专章设立《失业工人救济条例》，其中明确规定“总工会要组织职业介绍所，介绍失业工人到各地工作”，还提出工会帮扶救助的具体做法。根据当时的实际情况，政府和工会主要领导失业工人开展生产自救，重点恢复纸业生产，大半采用组织工人生产合作社的形式。生产合作社的资金除动员群众集资外，用政府投资或商业资本家投资一部分等办法解决。这样，失业工人大部分得以安排就业。同时，政府和工会还设失业募捐，给生活有困难的纸业工人发放一部分临时救济费，以解决他们生活上的实际困难。

新中国成立初期，党和政府十分重视工会工作，工会保障工作在当时的社会保障工作体系中占据着重要地位。新中国先后颁布了《劳动保险条例》和《关于劳动保险业务移交工会统一管理的联合通知》，明确规定：劳动保险工作由各级工会组织统一管理，工会直接对国家的社会保障事业进行管理。闽西各级工会积极贯彻条例，予以落实。“文化大革命”期间，各级工会组织遭到打击，工作被迫停摆，工会的社会保障管理职能不再发挥作用。[3]

改革开放初期，我国国有企业逐渐扩大自主权，所有权和经营权处在“两权”分离阶段，企业因生产经营不正常、效益低下而造成职工收入减少或被拖欠工资。1991 年，闽西各级工会根据福建省总工会《关于在春节期间开展送温暖办实事慰问活动的通知》，开展了形

---

① 参见《落实新思想 建功新时代 团结动员广大职工充分发挥主力军作用为实现龙岩高质量发展落实赶超而不懈奋斗——龙岩市工会第五次代表大会报告（审议稿）》（2018 年 12 月 28 日）。

② 曾煜：《社会保障战略目标下的工会参与》，中国社会出版社 2008 年版，第 148 页。

③ 参见于晶：《改革开放以来中国工会帮扶工作研究》，吉林大学出版社 2015 年版，第 15 页。

式多样的帮扶互助活动，探索以“送温暖”走访慰问的形式缓解困难职工的生活压力。之后，龙岩市总工会持续推进“送温暖、解忧难、办实事”活动。据 1996 年 1 月统计，地、市（县）各级工会组成慰问团，共走访慰问企业 181 家，其中慰问困难企业 81 家，受灾企业 3 家，重点工程 5 个；走访慰问职工家庭 5559 户，其中慰问劳模先进 122 人，离退休职工 2741 人，困难职工 2528 人，伤病职工 519 人，老工会工作者 107 人。[①] 闽西各级工会将送温暖活动作为常年坚持的一项工作，不断加大扶贫济困力度，稳步推进困难职工脱困解困。

进入 21 世纪，龙岩市各级工会努力提高服务职工的能力，不断创新工会帮扶工作载体，推进职工帮扶工作的社会化、经常化、制度化，竭诚为职工群众办实事、做好事、解难事，打造出一批具有龙岩特色、在全省乃至全国叫得响的工会工作品牌，形成多渠道的帮扶体系。一是率先创办困难职工帮扶中心。2002 年 4 月，龙岩市总工会在全国设区市率先成立困难职工帮扶中心，并形成困难职工三级帮扶网络。全市各级帮扶中心借助社会力量，通过送信息、送政策、送法律、送科技、送项目、送技术、送文化、送岗位、送医保、送资金和物品来帮助困难职工。据 2007 年 12 月统计，共帮扶下岗失业人员、困难职工和农民工 6 万多人次，使他们走出困境，市帮扶中心荣获全国工会帮扶中心工作先进集体称号。二是认真落实“有困难找工会”的承诺。2005 年年底，龙岩市工会向农民工作出全国首个“有困难找工会”的承诺，全市工会用真心、真情、真诚、真帮、真扶的实际行动，较好地落实了这一口号。三是推动工会帮扶社会化。市、县两级工会牵头联合当地党政群部门，持续开展“千家单位、万名干部”连心帮扶困难职工和农民工系列服务行动，帮助职工群众解决最关心、最直接、最现实的利益问题，通过结对挂钩等措施，有效帮扶困难职工户。广大机关、企事业单位干部、职工积极参加“一日捐”活动，筹措帮扶资金 510 万元，为困难职工群众走出困境发挥了“雪中送炭”的作用。四是全方位扶困助学。各级工会采取各种助学形式，帮助困难职工子女解决就学费用问题，实现了龙岩市从小学到大

① 参见《关于开展送温暖解忧难办实事活动的情况汇报》，龙岩市档案馆，0024-004-0000564-0063。

学就读的困难职工子女无一人因交不起学费而辍学的目标。五是实施工会促进再就业工程。大力创建下岗职工再就业培训基地和再就业示范基地，帮助下岗、失业人员实现了就业和再就业。六是真情帮扶重建家园。面对2006年历史罕见的洪灾，龙岩市总工会及时部署工会系统帮扶受灾职工、农民工重建家园工作，全市工会挤出近200万元工会资金，对241户无家可归的受重灾职工、农民工给予重建家园资金扶持，对2300多户一般性受灾的职工逐户进行了慰问。七是倾情实施技能解困。市、县两级工会把提高职工技能作为帮扶的一项重要举措，安排专项经费，补助困难职工、农民工参加技能鉴定，增强困难职工、农民工的“造血”功能。据2007年统计，已有3652名农民工通过工会资助获得职业资格证书和等级证书。八是广泛开展医疗救助。市、县两级工会积极协调有关部门，出台困难职工看病、购药等方面的优惠政策；筹集216万元资金，资助大病、重病住院的职工2701人次，并为未参加医保的困难企业特困职工购买商业医疗保险；2007年9月，又全面启动惠及广大干部、职工和农民工的职工医疗互助活动。九是创新发展送温暖活动。全市工会多方筹集送温暖资金1588万元，在元旦、春节期间走访慰问职工、农民工2.96万人次，把党和政府的温暖送到了广大职工和农民工的心坎上。①

进入新时代，龙岩市工会紧紧围绕推进“民生龙岩”建设，积极开展“面对面、心贴心、实打实服务职工在基层”活动，坚持用真心、真情、真帮、真扶、真干的实际行动，倾心倾力为职工做好事、解难事。针对不同时期的职工帮扶需求，不断加强困难职工帮扶中心规范化建设，不断创新帮扶载体，拓展帮扶内容和帮扶领域，把全市困难职工帮扶中心打造成集困难帮扶、医疗互助、就业服务、法律援助、信访接待（职工维权“110”）五位一体的职工服务中心，实行全方位、一站式为基层、为职工服务。健全完善市、县、乡镇、企业（社区）、工业园区工会229家帮扶服务站网络建设，进一步叫响做实“职工、农民工有困难找工会”。②截至2023年11月，全市建档在册

① 参见《高举旗帜 促进和谐 团结动员全市职工为龙岩又好又快发展而奋斗——龙岩市工会第三次代表大会工作报告》（2007年12月11日）。

② 参见《认真学习宣传贯彻党的十八大精神 团结动员全市职工为闽西老区加快崛起而努力奋斗——龙岩市工会第四次代表大会工作报告》（2012年11月26日）。

的 209 户城市困难职工家庭如期实现解困脱困，转入常态化帮扶；在第三方核查评估中，龙岩工会帮扶精准率、帮扶政策宣传成效位列全省第一。深化“四季恒温”帮扶服务活动，坚持每年为职工办好 10 件实事。持续打造“大爱龙岩”“10 分钟工会服务圈”工作品牌，相关经验做法在《工人日报》头版头条报道。举办各类“工会送岗”招聘活动，广泛开展“夏送清凉”“金秋助学”“冬送温暖”等活动，慰问职工 2 万多人次。建设户外劳动者休息室、职工书屋、妈妈小屋、法律服务工作站、医生休息室等服务站点 300 余个。职工医疗互助活动累计参与职工 148.16 万人次，补助 8.23 万人次、8448.6 万元。在全省工会系统率先出台“二孩、三孩”生育政策配套支持措施，慰问 2913 人次，发放慰问金 517.5 万元，助推生育友好城市建设。开展新就业形态劳动者温暖行动，着力解决新就业形态劳动者急难愁盼问题。①

新时代推进闽西工运事业发展，必须贯彻以人民为中心的发展思想，“坚持以职工为中心的工作导向，抓住职工群众最关心最直接最现实的利益问题，认真履行维护职工合法权益、竭诚服务职工群众的基本职责”②。把“从工人最高兴的工作做起”作为工会工作的重要抓手，不断健全职工合法权益维护机制，更好维护职工的劳动经济权益、民主政治权利和精神文化权益，推动就业优先政策、促进低收入群体增收计划、职工社会保险制度等的落实，促进和谐劳动关系的构建。建立健全服务职工长效机制，加强工会服务阵地建设，擦亮龙岩工会服务品牌，深入开展普惠性服务和精准帮扶，提升职工生活品质，让改革发展成果更多更好地惠及广大职工。

① 参见《牢记嘱托 感恩奋进 组织动员全市职工为谱写全面建设社会主义现代化国家龙岩篇章团结奋斗——龙岩市工会第六次代表大会报告（审议稿）》（2023 年 11 月 29 日）。

② 中共中央党史和文献研究院编：《习近平关于工人阶级和工会工作论述摘编》，中央文献出版社 2023 年版，第 101 页。

第四节 闽西百年工运事业的现实启示

百年工运路，红色传承史。闽西百年工运事业是闽西工人阶级矢志践行初心使命的革命史，是闽西工会组织筚路蓝缕奠基立业的奋斗史，也是闽西职工群众在党的领导下创造辉煌开辟未来的发展史。“历史、现实、未来是相通的。历史是过去的现实，现实是未来的历史。”[①] 在新的历史方位上，回顾闽西苏区百年工运事业史，以此寻找闽西百年工运事业的现实启示，是为了总结历史、把握规律、坚定自信、开创未来。特别是在百年未有之大变局背景下，在面对新机遇、新挑战时，能够更好地坚持和发扬党的领导，保持与时代同步伐，与人民同呼吸、共命运、心连心。从历史深处寻找现实启示，不仅是对过去的致敬，更是对未来的期许，旨在通过总结历史经验，把握新的历史方位、发展阶段、时代使命，为新时代工运事业的发展提供理论指导和实践指南。

一、坚持党的领导，确保工运事业始终沿着正确的政治方向前进

习近平总书记强调，“我国工运事业是在党的领导下发展起来的，工会是党领导的工人阶级群众组织。坚持党对工会的全面领导，任何时候、任何情况下都不能动摇、不能偏离”[②]。新时代推动工运事业的发展，“要坚定维护党中央权威和集中统一领导，始终在思想上政治上行动上同党中央保持高度一致，确保工会工作的正确方向”[③]。

---

① 《习近平在中共中央政治局第二次集体学习时强调 以更大的政治勇气和智慧深化改革 朝着十八大指引的改革开放方向前进》，《人民日报》2013 年 1 月 2 日。

② 《习近平在同中华全国总工会新一届领导班子成员集体谈话时强调 坚持党对工会的全面领导 组织动员亿万职工积极投身强国建设民族复兴伟业》，《人民日报》2023 年 10 月 24 日。

③ 《习近平在同中华全国总工会新一届领导班子成员集体谈话时强调 坚持党对工会的全面领导 组织动员亿万职工积极投身强国建设民族复兴伟业》，《人民日报》2023 年 10 月 24 日。

（一）切实增强党的政治引领力，确保党的决策部署落地生根

习近平总书记强调："要坚持不懈用新时代中国特色社会主义思想凝心铸魂，持续推动理论武装走深走实，不断增强学习践行党的创新理论的思想自觉和行动自觉。"① 一是要增强学习党的创新理论的思想自觉。要深入学习习近平总书记关于党的建设的重要思想和习近平总书记关于工人阶级和工会工作的重要论述，特别是深入领会习近平总书记关于工人阶级和工会工作目标任务、地位作用、实践要求的重要论述。二是要增强践行党的创新理论的行动自觉。要立足党的建设的创新理论，深入贯彻习近平总书记关于党的建设的重要思想，以党的政治建设为统领，全面加强工会系统党的各项建设。"要牢记'国之大者'，找准工会工作与党的中心任务的结合点、切入点、着力点，推动党中央决策部署在工会系统落实落地。"② 要立足工会维护、建设、参与、教育职能，结合工会工作实际，找准工会工作与党的中心任务的结合点、切入点、着力点，把习近平总书记关于工人阶级和工会工作的重要论述贯彻到工会工作的全过程各方面，把执行党的意志的坚定性和为职工服务的实效性结合起来，确保党中央的重要部署在工会系统贯彻执行。

（二）切实增强党的思想引领力，凝聚建功新征程的磅礴伟力

习近平总书记强调："要加强思想政治引领，做好职工思想政治工作，教育引导广大职工坚定不移听党话、跟党走，确保工人阶级始终是我们党最坚实最可靠的阶级基础。"③ 一是聚焦思想调研，打开思想政治教育"突破口"。思想政治教育工作关键在于"一把钥匙开一把锁"，要开展常态化职工思想调研，了解职工群众之所急、所需、所盼，以便能够及时地解决职工群众的愿望诉求，把党的关心关爱传递给职工群众，统一思想，凝聚人心。二是聚焦理论武装，拧紧职工群众思想"总开关"。一方面，要积极开展主题教育，丰富主题教育

---

① 《习近平在同中华全国总工会新一届领导班子成员集体谈话时强调 坚持党对工会的全面领导 组织动员亿万职工积极投身强国建设民族复兴伟业》，《人民日报》2023 年 10 月 24 日。

② 《习近平在同中华全国总工会新一届领导班子成员集体谈话时强调 坚持党对工会的全面领导 组织动员亿万职工积极投身强国建设民族复兴伟业》，《人民日报》2023 年 10 月 24 日。

③ 《习近平在同中华全国总工会新一届领导班子成员集体谈话时强调 坚持党对工会的全面领导 组织动员亿万职工积极投身强国建设民族复兴伟业》，《人民日报》2023 年 10 月 24 日。

内容，创新方式方法，找准主题教育的着力点和发力点。围绕“学思想、强党性、重实践、建新功”的总体要求，突出“中国梦·劳动美”“劳动创造幸福”等主题宣传教育，选树一批职工职业道德建设“双十佳”和“最美职工家庭”，建设、开放工人运动史馆，把思想政治教育贯穿活动始终，以此增强“四个意识”、坚定“四个自信”、做到“两个维护”，不断夯实团结奋斗的思想基础。另一方面，要建立职工马克思主义研究会，引导职工用马克思主义立场、观点和方法看待党和工会发展的方向、挑战、路径等，同时深入学习党的理论、路线、方针、政策，确保职工群众始终保持高度的政治敏感和思想敏锐，在重大政治原则和大是大非问题上敢于举旗亮剑，在事关党的重大政治问题上坚守底线。三是聚焦榜样作用，把好职工群众政治“方向盘”。要树好榜样，增强职工群众政治担当，注重发挥榜样的政治引领作用。劳模精神、劳动精神、工匠精神是第一批纳入中国共产党人精神谱系的伟大精神，是中国共产党优良传统在生产劳动领域的生动体现和继承弘扬，是鼓舞全党全国各族人民围绕中国梦不懈奋斗的强大精神力量。因此，要大力弘扬劳模精神、劳动精神、工匠精神，充分发挥劳模和工匠等优秀典型的示范作用，引导职工群众面对矛盾勇敢迎难而上、面对危机敢于挺身而出，争当政治坚定、敢于斗争、实干笃行的新时代“排头兵”，以“功成不必在我”的精神境界和“功成必定有我”的历史担当扛起为中华民族谋复兴、为中国人民谋幸福的“千斤担”。

二、强化思想引领，用马克思主义真理凝聚团结奋斗的磅礴力量

回顾闽西工运事业的百年奋斗史，闽西工运事业之所以能够历经风雨而不断发展，久经考验而愈强，关键在于马克思主义理论具有真理的力量和实践的力量。要始终高举马克思主义旗帜，把马克思主义工会学说与工会工作的具体实践相结合，不断谱写马克思主义工会学说中国化、时代化的新篇章，用新时代马克思主义工运学说凝聚起团结奋斗的磅礴力量。

（一）始终坚持马克思主义工会学说的立场观点方法

恩格斯深刻指出：“马克思的整个世界观不是教义，而是方法。它提供的不是现成的教条，而是进一步研究的出发点和供这种研究使用

的方法。”[①] 因此，要坚持以马克思主义为指导，搞清楚马克思主义工会学说的基本原理及其立场、观点和方法。始终用马克思主义工会学说的哲学原理指导工会工作，用矛盾的普遍性和特殊性原理分析工会工作实际，用联系与发展的基本原理解决当前工会的热点难点问题，用人民群众是历史创造者的基本原理凝聚强国建设的伟大力量；始终站在党和人民的立场上说话办事，坚持为党分忧、为民谋利，竭诚服务职工群众，坚决维护职工群众的合法利益，当好职工群众贴心的“娘家人”；始终坚持马克思主义工会学说的基本观点，提高对马克思主义经典作家关于工会性质功能、制度形态、组织体系、价值理念等一系列观点的把握能力；始终坚持马克思主义工会学说的思想方法和工作方法，坚持实事求是，把实事求是贯彻落实到工会的各项工作中去。坚持问题导向，找准谋取高质量发展的突破口和着力点。坚持调查研究，把调查研究作为掌握职工思想脉搏和制定工作计划的重要依据。

（二）始终坚持把马克思主义工会学说与中国工人运动实践相结合

马克思主义工会学说与中国工人运动实践相结合，是我们的历史经验，也是我们的现实需要。要坚持以马克思主义工会学说为指导，始终牢牢把握中国社会情境和时代任务，把握时代特点，回应时代之问，用马克思主义观察时代、把握时代、引领时代。要把马克思主义工会学说与中国工人运动相结合，搞清楚中国工人运动的地位作用、基本经验、目标任务、实践要求、发展方向等，深入了解中国工人运动的现实状况，运用马克思主义工会学说指导中国工人运动实践。

（三）始终坚持推进新时代马克思主义工会学说的理论创新

习近平总书记关于工人阶级和工会工作的重要论述是马克思主义中国化的最新理论成果，丰富和发展了党的群众工作理论和工会理论，是推动新时代工运事业和工会工作高质量发展的理论指导和行动指南。

在新时代的新征程上，要深入贯彻习近平总书记关于工人阶级和工会工作的重要论述，推动党的创新理论在工会系统形成新的生动实

① 中共中央马克思恩格斯列宁斯大林著作编译局编：《马克思恩格斯文集》第 10 卷，人民出版社 2009 年版，第 691 页。

践。坚持用习近平新时代中国特色社会主义思想统领工会工作，充分发挥工人文化宫、职工书屋、工会报刊、新媒体平台等宣传阵地的作用，组织开展主题宣讲、知识竞赛、主题展览、阅读交流等活动，采取“互动式”“体验式”“对谈式”“文艺式”等群众喜闻乐见的方式，坚持把“讲故事”和“讲道理”结合起来，把“讲政策”和“演文艺”结合起来，把讲“国之大者”和讲群众利益结合起来，推动习近平新时代中国特色社会主义思想进企业、进车间、进班组，进而在生产实践中推动理论传播和理论创新。

三、增强道路自信，坚定不移走中国特色社会主义工会发展道路

2013 年 4 月 28 日，习近平总书记在同全国劳动模范代表座谈时强调：“中国特色社会主义工会发展道路是中国特色社会主义道路的重要组成部分，深刻反映了中国工会的性质和特点，是工会组织和工会工作始终沿着正确方向前进的重要保证。”①

（一）不断丰富和发展中国特色社会主义工会发展道路的理论特色

要认真领会和贯彻以习近平同志为核心的党中央关于中国特色社会主义工会发展道路的一系列重要指示精神，始终用马克思主义理论中国化的最新成果指导工会工作。

在学习和贯彻马克思主义中国化最新理论成果的同时，也要明确和推进中国特色社会主义工会发展道路理论创新的结构性要素。在主体要素方面，发挥中国特色社会主义工会发展道路的最大优势，解决“工会为什么要坚持党的领导”“怎样坚持党的领导”等领导核心问题。在资源要素方面，明确工人阶级是中国特色社会主义工会发展道路的磅礴力量，解决“为什么要贯彻全心全意依靠工人阶级的方针”“怎样贯彻全心全意依靠工人阶级的方针”等根本方针问题。树立和落实竭诚为职工服务的工会维权观，解决“维护什么权益”“怎么样维护权益”等工会工作重点问题。明确马克思主义工会学说是指导中国工会工作的根本指导思想，解决“为什么要坚持马克思主义指导思想”“怎样坚持马克思主义指导思想”等根本指导思想问题。在方法要素方面，要主动适应我国劳动关系、经济关系和职工队伍的发展变

① 习近平：《在同全国劳动模范代表座谈时的讲话》，《人民日报》2013 年 4 月 29 日。

化，解决“建设什么样的工会”“怎样建设工会”“工会发挥什么样的作用”等重大时代课题，坚定不移地走好中国特色社会主义工会发展道路。

（二）不断丰富和发展中国特色社会主义工会发展道路的实践特色

坚持中国特色社会主义发展道路，本质上是要解决“建设什么样的工会”“怎样建设工会”这些重大时代课题。因此，要以改革创新精神加强自身建设，丰富和发展中国特色社会主义工会发展道路的实践特色。改革创新是我们党发展壮大的力量源泉，也是工会不断前进的不竭动力。党的十八大以来，以习近平同志为核心的党中央不断加强和改善对工会工作的领导，并对工会改革创新提出“增强三性、去除四化”的明确要求。2015 年 7 月 6 日至 7 日，中央党的群团工作会议在北京召开，习近平总书记明确了新形势下做好群团工作需要采取的改革创新重大举措：“切实保持和增强党的群团工作和群团组织的政治性、先进性、群众性。当前，广大干部群众反映比较突出的问题，主要是一些群团组织不同程度存在‘机关化、行政化、贵族化、娱乐化’现象。”①

首先，要增强政治性，把党的领导最大优势变成最强治理效能。以党建为引领，积极探索“党建带工建，工建促党建”模式，打造党建特色品牌，工会组织要根据工会的性质和特点开展工作，在政治上、思想上、组织上自觉接受党的领导，同时依据法律和工会章程发挥工会的自主创造能力。通过这种方式，发挥党的领导核心作用，同时维护好职工的合法权益。其次，要增强先进性，把深化体制机制改革作为工会工作的一项重大任务。创新组织体制、运行机制、工作方法，改进工会领导机关人员构成，优化机关组织职能，积极改进工作作风，着力加强工会干部队伍建设，打造高素质专业化干部队伍。最后，要增强群众性，把竭诚为职工群众服务作为一切工作的出发点和落脚点。加大源头参与力度，深化工会工作法治化建设。要积极主动地修订《工会法》《中国工会章程》，从法律和制度上推动和保障职工群众的合法权益。做好重点群众维权工作，加大对困难职工群众解困

---

① 《习近平在中央党的群团工作会议上强调 切实保持和增强政治性先进性群众性 开创新形势下党的群团工作新局面》，《人民日报》2015 年 7 月 8 日。

脱困的帮扶和保障力度。树立职工权益无小事的理念，从大处着眼、小处着手，满足职工多样化需求，更好地发挥工会在推动经济发展、维护劳动者权益和构建和谐劳动关系等方面的作用。

四、以职工为中心，坚守维护职工合法权益的初心和使命不动摇

党的十八大以来，习近平总书记高度重视职工维权服务工作，在召开重要会议，深入地方、基层考察时，对做好维权服务工作提出了一系列新思想新观点新论断。2023 年 10 月 23 日，习近平总书记在中南海同中华全国总工会新一届领导班子成员集体谈话时强调："工会作为职工利益的代表者和维护者，要认真履行维权服务基本职责，着力解决关系职工群众切身利益的实际问题，重视维护新就业形态劳动者的合法权益。"[①] 因此，要竭诚服务职工群众，实现服务职工群众与党的宗旨目标有机结合；要坚持以职工为中心，实现维护群众利益与党的初心使命有机结合。

（一）加快构建和谐劳动关系

工会的核心使命就是发挥好服务职工群众的桥梁和纽带作用，代表和维护职工的合法利益，构建和谐的劳动关系，促进职工的全面发展。因此，要充分发挥工会服务职工群众的优势在构建和谐劳动关系方面的作用。一是要着力解决影响职工群众生存的重点问题。切实维护职工群众合法权益，重点聚焦灵活就业人员、新就业形态人员、农民工群体，推动重点群体就业援助、促进低收入者增收计划、职工社会保险等制度的落实，为构建和谐劳动关系奠定坚实群众基础。二是要着力解决影响职工群众发展的重点问题。应重点关注职工群众的职业发展和成长需求，为职工群众提供法律宣传、教育培训、文体活动等服务，提升职工群众的专业技能和综合能力，为构建和谐劳动关系提供人才保障。三是要着力解决影响劳资关系的重点问题。工会作为劳资双方的桥梁和纽带，要搭建劳资双方沟通和协商的平台，通过定期组织劳资双方座谈会、劳资沟通会议等活动，就劳资双方都关注的重点问题进行协商和探讨，有效预防和化解劳资矛盾，为构建和谐劳

① 《习近平在同中华全国总工会新一届领导班子成员集体谈话时强调 坚持党对工会的全面领导 组织动员亿万职工积极投身强国建设民族复兴伟业》，《人民日报》2023 年 10 月 24 日。

动关系创造有利条件。

（二）加快构建维权服务长效机制

一是构建职工意见征集机制，应当广泛听取和收集职工的意见和建议，推动职工意见收集制度化、建言议事机制化，以便准确把握工会维权重点任务，科学精准做好职工服务工作，切实维护好职工群众政治、经济、文化等各方面的合法权益。二是构建联动纠纷化解机制，加强政府与工会联席会议制度，与法院、人社、司法等部门建立紧密的合作关系，打造“工会驿站＋司法”联动纠纷化解机制，就近便利解决劳动纠纷，确保职工权益得到有效保护。三是构建舆论监督体系，加强对劳动违法行为的舆论监督。要加快推进违法案件曝光和公开谴责制度，利用工会官网、公众号、报纸等，进行劳动权益保护的专题报道和舆论监督活动，为维护劳动者权益织密权益保障网。

五、勇于改革创新，运用新媒体技术奏响数字工会的时代最强音

党的十八大以来，习近平总书记准确把握新媒体技术发展大势，在多个重要场合强调了工会运用新媒体技术的重要性并作出部署。习近平总书记强调：“要把网上工作作为工会联系职工、服务职工的重要平台，增强传播力、引导力、影响力。”①

（一）提高认识，树立“互联网＋”数字工会建设的科学理念

各级党委要从思想上提高对新媒体工作的认知，高度重视新媒体技术，树立应用新媒体推动工会工作的科学理念。首先，要树立“互联网＋”数字工会助力工会思政建设的科学理念。2015年，《中共中央关于加强和改进党的群团工作的意见》指出：“加强网宣队伍建设，综合运用维权热线和网络论坛、手机报、微博、微信等新媒体平台进行网上引导和动员。站在网上舆论斗争最前沿，主动发声、及时发声，弘扬网上主旋律。”②要充分利用新媒体平台发挥思想引领作用，利用新媒体技术把握潮流趋势，获取舆论动态，回应职工关切，发挥网络引领作用，提升广大职工群众对社会舆论的辨别力和判断力，筑牢职工群众意识形态的网络防线。其次，要树立“互联网＋”数字工

---

① 《习近平在同中华全国总工会新一届领导班子成员集体谈话时强调 团结动员亿万职工积极建功新时代 开创我国工运事业和工会工作新局面》，《人民日报》2018年10月30日。

② 《中共中央关于加强和改进党的群团工作的意见》，《人民日报》2015年7月10日。

会助力工会联系职工群众的科学理念。要把联系职工群众的窗口搬到网上，利用工会网站、公众号、微博等平台收集职工群众的意见和建议，了解职工群众的需求和关切，做到凡事有交代，件件有着落，事事有回音，打开工会联系职工群众的新窗口。最后，要树立“互联网 +”数字工会助力工会服务职工群众的科学理念。要适应新媒体时代职工群众日益多元化、个性化的要求，利用新媒体技术提高服务效率，为广大职工群众提供更加便捷和全面的服务，走好网上群众路线。

（二）创新方式，明确“互联网 +”数字工会建设的定位和工作方向

推进“互联网 +”数字工会建设，就要找准新媒体与工会工作的结合点，明确工会新媒体定位和工作方向。要积极探索传统工会和新媒体技术的深度融合，“打造网上网下相互促进、有机融合的群团工作新格局”[①]。首先，着力推进“网上 + 网下”工作平台建设。利用大数据、云计算、AI 等先进技术，紧紧围绕个性化、多元化、全天候的职工需求和工会工作的基本职责，创新工会工作的载体和方式，构建网上业务办理平台，实现网上网下业务办理的互动发展。其次，着力打造“内网 + 外网”的网络服务平台。在内网平台，打造“数字工会”办公系统，通过基层工会、县级工会、市级工会、省级工会、全国总工会五级环环相扣，打通上下级工会之间的工作壁垒，探索把工会工作重点内容有机加载到内网平台上，形成工会工作网格化管理；在外网平台，建设工会网络服务平台，提供技能培训、就业信息、心理咨询、婚恋交友、居家养老、困难救助、法律援助、劳动争议调解等服务，构建网上业务办理平台，打造“指尖上的职工之家”，打通服务职工群众的“最后一公里”。

① 《中共中央关于加强和改进党的群团工作的意见》，《人民日报》2015 年 7 月 10 日。

附录 1

闽西百年工运大事记

1924 年

8 月 1 日 《岩声报》发表署名梦芙的文章《最主要的两件事——农会工会的设立》，号召工人、农民参与政治，建立自己的组织，争取民主权利。第一次向社会呼吁组织农会、工会，开展工农运动。

1925 年

6 月初 为声援上海工人斗争，各县纷纷组织"沪案后援会"，拍电报声援上海工人，学校师生罢课，工人罢工，商人罢市。这是闽西工人阶级高举反帝爱国旗帜的首次大规模行动。

1926 年

9 月 上杭工人积极分子李豪、周继英、林权等人组织了 30 多人的"奋斗社"。

△毛泽东主办的广州第六期农讲所学员郭滴人等结业后，被委任为国民党中央农民部特派员回龙岩、永定、上杭开展工农运动。

12 月 张旭高响应上海大学教务长瞿秋白的号召，辍学回乡，动员工农群众响应北伐，被委任为国民党龙岩县党部特派员。

冬 成立了以共产党人周继英为委员长的上杭县总工会筹备会，下辖缝衣、雨伞、码头、蓬船、店员、小贩等 13 个基层工会。

冬 龙岩县城店员、学徒工人在邓子恢、郭滴人等共产党人指导下，成立工人协会，主席为杨全贵。长汀也成立县总工会，由段奋夫负责。

1927 年

2 月初 岩平宁政治监察署成立，张旭高为监察专员。同月，开办岩平宁宣传人员养成所。

2 月 国民党上杭县党部工人部部长李豪兼任县总工会筹备会指导员，首次发动工人斗争反革命分子邱子迪、华彭年。

3 月 成立永定河蓬船工会，党组织派遣王奎福为蓬船工会秘书。蓬船工会成立时，集合在县城的船工举行游行示威，并抓厘金局局长游街示众，占领厘金局房子作为工会办公用房。

△永定成立县总工会，主席为阙为龙。

4 月 1 日—3 日 岩平宁政治监察署和国民党龙岩县党部在省立九中召开工农商学妇女代表联席会议，通过的决议中规定："保护工人权益，提高工人地位，店员工人实行八小时工作制和星期日休息制。"

4 月 12 日 蒋介石发动反革命政变。随后，国民党右派在闽西进行"清党"，大革命时期建立的工会组织被查封。

4 月 15 日 国民党右派在龙岩发动"清党"运动，捣毁岩平宁政治监察署和国民党龙岩县党部，强制解散工人、农民协会和区乡基层组织，抓捕共产党员和左派分子。

4 月 15 日 永定籍的中华全国总工会常务委员、省港大罢工副委员长何耀全在国民党右派发动的"清党"运动中被捕，下旬在广州牺牲。

4 月 上杭县总工会筹备会召开大会，会后进行游行示威，火烧"美华园"，并且砸烂西门教堂，随后帝国主义传教士被驱赶出上杭。

5 月 7 日 国民党右派在上杭发动"清党"运动，强行封闭、解散汀属政治监察署、汀属社会运动人员养成所、县总工会筹备会等，大肆抓捕共产党人、国民党左派和革命积极分子。次日，县总工会筹委会委员长周继英在县城南门码头惨遭杀害。

5 月 23 日 龙岩籍的中共厦门市委委员、厦门总工会副委员长杨世宁，与罗扬才一起在福州被秘密杀害。

9 月上旬 南昌起义部队挺进上杭城，上杭县总工会恢复活动。

9 月中旬 部分南昌起义军飞渡汀江离开上杭，木船工人帮助运送官兵和物资。

11 月初 永定县总工会主席杨全贵、工人林克武（共产党员）等10多人被捕，随后被杀害于龙岩北门。

冬 归化县（明溪）建立工人协会。

12 月 福建各县委负责人联席会议在漳州召开。会上，成立中共福建临时省委，会议讨论了党组织的主要任务是动员城市的产业工人、手工业工人、店员来领导或影响农民举行暴动，同时组织工人武装，为巷战作好准备。

1928 年

3 月 4 日 罗怀盛、郭滴人、邓子恢、陈品三等人领导工农群众举行龙岩后田暴动。

3 月 8 日 朱积垒领导工农群众举行平和长乐暴动，成立“福建工农革命军独立第一团”，朱积垒任团长，张旭高负责宣传。暴动失利后，张旭高任中共平和县委书记，后转上海等地活动。

4 月 20 日 中共福建省委在给中央的报告中指出：“闽西要加紧上杭、龙岩、长汀三个城市工作……发展工人组织，这三个县的店员、造纸、制烟、船工、建筑、运输等工人的数量很多，应列为骨干，坚固工会。”

6 月 26 日 郭柏屏、傅伯翠领导上杭蛟洋 2000 多名农民和手工业工人举行蛟洋暴动。

6 月 30 日—7 月 1 日 永定全县大暴动，永定县的船工和苦力、木匠、泥水匠、铁匠等手工业工人在暴动中运送给养武器，参加攻城战斗。

9 月 上杭县郭尚平、郭百筹举办的平民夜校开学，传播革命思想，工人学员占 80%。

11 月 21 日 中共闽西临时特委给福建临时省委写报告，指出闽西各地的工人运动日趋活跃，上杭城区恢复了 8 个行业工会，龙岩、永定等县几十个行业工人纷纷要求组织工会。

1929 年

1 月　在中共龙岩临时县委的领导下，龙岩城区工人第一个党支部成立。该支部由木匠、鞋匠等工人党员组成。

春　上杭县郭尚平等人创办的平民夜校建立工会组织，黄添福为组长，会员 16 人。

3 月 14 日　红四军解放长汀城。毛泽东召开包括工人在内的社会各阶层人士的座谈会。红军协助建立了长汀县总工会，主席为王克明，还成立了有 60 多名工人参加的县赤卫队。

3 月中旬　汀州毛铭新印刷所（1933 年春，该所由汀州迁至瑞金，改名为《青年实话》印刷所）全体工人日夜为红军赶印《红军第四军司令部布告》《告民众书》《告商人及知识分子书》等文告以及党的文件 。

6 月底—7 月初　龙岩城区发展了理发、木匠、染布、裁缝、店员、小贩 6 个工人党支部，公开工会 16 个，秘密总工会 1 个，秘密基层工会有店员、染布、木匠、五金、鞋业、小贩、烟业 7 个。中共闽西特委报告指出："目前工运以龙岩为佳。"

7 月初　龙岩城区店员工会成立。

7 月中旬　龙岩县基层工会委员代表在岩城九户林开会，选举产生龙岩县总工会，郭奋任主席。朱德代表红四军到会发表祝词。县总工会内设置了组织科、宣传科、庶务科，党团合并成一个支部，不单独活动。县总工会创办了会刊。

7 月 20 日—29 日　中共闽西第一次代表大会在上杭蛟洋举行，大会对职工运动作出决议：从日常斗争中发展工会组织，在重要城市（各县城及重要乡镇）和重要职业（店员、烟纸、运输）中建立工会基础。在赤色区域农村中的雇农及手工业工人中座谈组建工会。在白色区域农村中的工人可以加入农协，但工人人数多的地方应该有独立组织。木匠出身的苏阿德当选为中共闽西特委委员，并负责党的工人部工作。

7 月下旬　上杭县才溪乡一批泥水工人在刘忠等人领导下起来暴动，成立了工农赤卫队。

7 月　在永定县城召开永定河全河蓬船工人代表大会，重新建立永定河蓬船工会。选举班梅修为工会委员长，王奎福为工会秘书。

△中共闽西特委对手工业生产发出通告："要有计划地向群众宣传，帮助奖励群众创造合作社。"

△本月统计，上杭城区有中共工人支部3个、工人党员10余人。

7月—8月 龙岩县工人纠察队在龙岩城区东山楼成立，人数近百人，主要任务是维持治安，保卫苏维埃政权和工人权益，站岗放哨，监督资本家，逮捕和处罚不法商人。11月，编为县赤卫队总队下属的第九大队。

8月—10月 永定县总工会重新成立，阮耻生任工会主席。同时，各区乡纷纷建立各业工会。

9月20日 停泊在杭城汀江的30多条木船及120多名船工，支援红四军攻下上杭城。随后，建立健全了上杭县总工会，林权任县总工会主席，同时成立了几百人的工人纠察队。

10月2日 上杭县第一次工农兵代表大会召开，会议通过了《劳动问题》等24项提案。这是闽西早期的劳动法。

10月26日 永定县第一次工农兵代表大会召开，会议发表《十大施政纲领》，规定"实行土地法、劳动法"，加强了对工人斗争的领导。

12月30日 中共龙岩县委、县苏维埃政府和县总工会组成慰问团，由翁进煌带队，赴上杭古田参加军民联欢会，慰问出席古田会议的代表和红四军战士。

1930年

2月6日—9日 永定县第二次工农兵代表大会在湖雷公学召开。大会通过《保护劳动法》，对工人政治权利、增资减时、改善劳动条件、缩短学徒制以及提高劳保福利待遇等作出了13条规定。

2月上旬 龙岩县第二次工农兵代表大会通过《劳动法令》。

2月24日 中共闽西特委第二次扩大会议通过《关于工人运动决议案》，阐明了闽西工运路线、具体策略和工人斗争纲领。

3月18日 闽西第一次工农兵代表大会在龙岩城开幕。大会通过《大会宣言》《劳动法》《工会法草案》等，决定闽西各县的工人纠察队编入红十二军第一百团。

3月 中华织布厂在长汀成立，共有织机40多台，生产民用布和军品。第二年迁往瑞金。

春 永定召开第一次工人代表大会，选举廖汉标为县总工会主席。

5月6日 龙岩工人纠察队随红十二军出击东江。

5月 红四军再次解放长汀，县总工会恢复活动。不久，国民党右派复辟，县工会又转入秘密活动。

△闽西总工会筹备委员会成立。

6月 武平县苏维埃政府颁布《劳动问题》。

7月12日 中共闽西特委发出《关于组织雇农工会问题》第30号通告，阐明组织雇农工会是反富农的中心策略。这是闽西党组织在工人运动中贯彻“左”的错误路线的开始。

7月15日 闽西苏维埃政府颁发《工会组织法》。

7月 闽西蓬船工会筹备委员会在上杭县成立。

8月22日 中共闽西特委制定《关于军事问题案》，其中第二部分专门论述组织工人纠察队的意义、任务。

9月1日 闽西第二届工农兵代表大会在龙岩召开，会议通过《修正劳动法令》。

9月25日 闽西苏维埃政府经济、财政、土地委员会联席会议召开，讨论合作社、工农银行、劳动监督等问题，并形成决议。

9月27日 共青团闽西第一次代表大会通过《经济斗争与工会工作决议案》，提出：“鼓动工人组织生产合作社，发展社会经济，救济失业工人，发动失业工人当红军去。”

9月 龙岩县召开第五次工人代表大会，通过了政治、组织、青工、宣传教育、失业工人斗争、雇农工会、工人纠察队任务等决议案。

10月20日—25日 永定县第四届工农兵代表大会在湖雷召开。大会通过了《劳动法令》等六个决议案。

10月25日 闽西第一次工人代表上杭县三选大会召开，通过《闽西第一次工人代表上杭县三选大会决议案》。

10月 中华全国总工会召开常委扩大会，决定在苏维埃区域中设立全总执行局，加强对苏区工人阶级斗争的领导。

11月1日 永定河蓬船工人第五次代表大会在湖雷召开，大会对健全和扩大组织、宣传教育、青工、工人工资、装货、加强工人武装组织等问题作出决议。

11 月 1 日—11 日 闽西工人代表大会在龙岩城区的中山公园图书馆举行。大会讨论了政治、组织、雇农工会、宣传教育、劳动监督、工人武装、财政问题、拥护全苏大会、拥护中国共产党、拥护工农革命委员会等 10 个问题外，又讨论了纸业、蓬船工会、肩挑工会等问题的临时动议。会议选举产生闽西总工会执委 21 人，曹景清等 7 人为常委，曹咏奇担任闽西总工会主席。

11 月 闽西蓬船工人第一次代表大会在上杭回龙召开，选举产生闽西蓬船工会，张思垣任委员长。

△闽西苏维埃政府颁发《劳动监察条例》。

12 月 闽西蓬船工会在上杭旧县同当地党政机关联合召开万人大会，庆祝江西宁都暴动胜利和红五军团成立。

△闽西苏维埃政府通知各级政府设法帮助失业工人组织各种生产合作社，解决失业工人的生活、工作问题。

12 月 15 日 龙岩城失守，龙岩县总工会迁至大池、小池一带，闽西总工会随闽西特委迁至永定虎岗。

12 月 永定县总工会召开第一次工人代表大会，讨论贯彻闽西苏维埃政府颁布的《劳动监察条例》，选举余汉文为县总工会主席。

冬 红十二军攻克连城县，连城县各行业工会相继成立。

△中共永定县委制定《永定县工运问题草案》。

1931 年

1 月 15 日 闽西苏维埃政府发出第 10 号通知，拥护赣江轮船工人罢工。

1 月 28 日 闽西苏维埃政府发出第 16 号通告，对纪念“二七”大罢工作出实际工作的布置。

2 月 1 日 闽西苏维埃政府发出第 20 号通告，开展肃清“社会民主党”运动。据 1932 年 2 月苏区中央局统计，在肃清“社会民主党”运动中，58 个工运骨干冤死。闽西总工会主席曹咏奇、熊炳华及县工会主席 20 余人先后被错杀。

2 月 上杭县总工会改名为杭武县总工会，坚持在上杭、武平边界的赤色区域开展工人运动。

同月 全总苏区执行局在江西富田成立，梁广任主任。

3月1日 中央苏区执行局发出《关于工人运动与工作任务的通知》，要求全面整顿中央苏区各级工会组织。

3月5日 全总发出《为加紧建立和扩大失业工人的工作致各地工会的信》，要求各地组织失业工人委员会，制定出安置失业工人的纲领。

春 永定县苏维埃政府第一次执委扩大会作出决议案，对工会提出六点要求：（1）严密工会组织；（2）健全工会生活；（3）工人实行八小时工作制；（4）工人工资应比国民党统治时期高，由工人讨论，按实际情况增加；（5）应鼓励工人到红军去，扩大红军；（6）应监督苏维埃工作和检阅苏维埃工作。

5月3日 杭武县总工会召开第一次青工代表大会，提出反对“立三”路线，改造青工组织，制定了《青工斗争纲领》。

6月 福建省雇农工会发表《告雇农工人书》。

8月底 闽西总工会随闽西苏维埃政府等机关迁往上杭白砂。

9月 红十二军解放宁化县城，宁化县总工会成立。

秋 闽西各蓬船工会改称木船工会，规定凡带有徒弟或帮工的独立劳动者应一律退出工会。

10月 全总发出《为工会会员给苏区工会信》，要求苏区工会制止清洗“独立劳动者”，把他们组织到工会队伍里。

△红十二军收复长汀城，成立汀州市总工会，主席为黄玉书。

10月 清流县职工联合会成立，主席为王大汝。

11月 中华苏维埃第一次工农兵代表大会通过《关于经济策略决议案》，明确了“苏区工人群众参加工厂的管理”。

△闽西总工会颁发《全闽西工人斗争纲领》，内容包括白区和苏区工人斗争纲领。

12月1日 中华苏维埃共和国临时中央政府正式颁布《中华苏维埃共和国劳动法》。

12月 永定县总工会召开第三次工人代表大会，讨论贯彻闽西总工会颁发的《全闽西工人斗争纲领》，选举范增荣为县总工会主席。

冬 中央苏区邮政工会成立，并组织邮政工人订立集体合同。

△闽西总工会在长汀改为福建省总工会。

△长汀县开办红军斗笠厂。后又办起 4 个樟脑厂、6 个熬盐厂和冶炼厂。

1932 年

1 月 毛泽东在汀州福音医院休养期间关心工商业的发展，告诫汀州市领导人“要学会做生意”。

△上杭县职工联合会成立，会员 3000 人。

2 月 7 日—13 日 江西、福建两省工人代表大会在瑞金黄家山召开，其中福建省由杭武、汀州、永定、省直四个工人代表团组成。大会选举成立江西、福建两省职工联合会、两省雇农工会，作出九项重要决议案。

△福建省职工联合会召开第一次执委会，选出张思垣为委员长，并对工人武装与扩大红军问题作了决议。

2 月 19 日 福建省职工联合会发出《关于召集福建省第一次青工代表大会的决议》(第三号通知)。

2 月 20 日 福建省职工联合会发出《关于经济问题的决定》(第四号通告)。

2 月 22 日 福建省职工联合会发出《关于优待红军问题》(第六号通告)。

2 月下旬 福建省木船工会在上杭县城正式成立，王德铭为委员长。

2 月 中共宁清归中心县委成立，同时成立宁清归工会办事处。

△新泉县总工会成立，主席为陈振洪。

△红军收复永定县城，永定县工会恢复活动。

3 月 18 日 福建省第一次工农兵代表大会在长汀开幕，成立以张鼎丞为主席的省苏维埃政府。大会对实行《劳动法》作出决议。

3 月 26 日 上杭县城七八千工人在列宁台举行慰劳红军大会，号召青壮年踊跃参加红军。

4 月 10 日 红军东路军收复龙岩城，工会活动恢复。

4 月 12 日 中华苏维埃临时中央政府发表《关于合作社暂行组织条例的决议》。

4 月 20 日 中华苏维埃临时中央政府劳动人民委员项英签发第 1 号布告《关于实行劳动法问题》。

4 月 25 日 上杭城关 60 多名刨烟工人为反对资本家压迫，举行罢工一天，获得胜利。

4 月 汀州市成立有 300 多名工人参加的赤卫军，配合红军东路军攻打漳州。

4 月—5 月 龙岩县染布工会组织工人将漳州缴来的大批白洋布染成黑色、灰色，送往汀州加工成红军军装。漳龙汽车公司工人从闽南各县运送军粮，又从漳州运战利品到南靖。

4 月 清流县工会建立工人赤卫队、独立连等武装组织。

△“五一”前夕闽西 600 名工人积极响应福建省工联的号召参加红军。

5 月 全总苏区中央执行局创办机关报《苏区工人》。

6 月 恢复龙岩县职工联合会，委员长为魏炳海，同时成立县雇农工会，各乡成立雇农工会分会。

8 月底 清流县召开工会代表大会，选举裴德润为县职工联合会主任。

9 月 18 日 汀州市工农群众在列宁公园举行“九一八”纪念大会，40 余名工人农民登台报名参加红军。

10 月 15 日 汀州市举行第三次工人代表大会，号召工人参军，支援革命战争。

10 月 国民党第十九路军进占龙岩城，龙岩县职工联合会撤出城区，不久解散。

11 月 清流县苏维埃政府从各级工会中选拔一批骨干担任县、区领导。

12 月 5 日 汀河木船工会领导船工反对船老板无故开除工人，责成船老板做 40 顶军帽给红军。

12 月 13 日 宁化县召开第一次工人代表大会，成立宁化县职工联合会和雇农工会。

12 月 20 日 上杭县木船、苦力工友 26 人因运盐到苏区惨遭国民党反动派杀害。

12 月 27 日 汀州各业工人开展年关罢工斗争。月底，老板全部答应工人提出的要求。

12 月 福建省邮务工人代表大会在长汀召开，成立福建省邮务工会。

1933 年

1 月上旬 全总苏区中央执行局副委员长陈云从瑞金赴长汀指导工作。

1 月中旬 全总苏区中央执行局委员长刘少奇赴长汀检查指导工作。

2 月 1 日 汀州市连续召开各工会支部会员大会，讨论修改已经期满的合同条文。

2 月 25 日 全总苏区中央执行局委员长刘少奇在瑞金主持召开闽赣两省职工联合会委员长联席会议。

△福建省木船工会响应全总“紧急动员扩大红军”的号召，动员 191 名工人参加红军，超额 71 名完成任务。

4 月 16 日 汀州市召开第四次工人代表大会，部署市属工会开展反“罗明路线”的斗争。

4 月下旬 宁都县 1000 余名工人报名参加“工人师”。

5 月 11 日 福建省职工联合会在汀州召开第四次执委扩大会议，决定深入开展反“罗明路线”的斗争，并在工人集中的城市建立俱乐部和工人夜校。

5 月 20 日 少共苏区中央局决定创建“少共国际师”。汀州市青年工人热烈响应号召，报名加入“少共国际师”。

6 月初 永定木船工人为增加工资在湖雷爆发总罢工，坚持九天斗争后取得胜利。

7 月 2 日 全总苏区中央执行局副委员长陈云去汀州视察工作，帮助京果业工会与老板签订一个有弹性的合同。

△代英县总工会成立。

8 月初 福建省邮务工人募集大洋 180 多元，购买五六担药品，还募集 104 把雨伞、80 个口杯和军帽、110 双布草鞋、4 打洋毛巾，慰劳工人师。

8 月中旬 清流城市工人成立工人模范排。

9 月 24 日 福建省农业工会号召全省农业工人购买公债、参加合作社、帮助调剂粮食。

10 月 15 日 临时中央政府重新颁布《劳动法》。

11 月 21 日 全总苏区中央执行局作出《关于加强地方工会联合会工作的决定》。

11 月下旬 临时中央政府主席毛泽东到上杭才溪调查，了解工会组织和工人生活情况。

1934 年

1 月 6 日 归化县苏维埃政府正式成立，主席为周吉祥。同时成立归化县职工联合会。

1 月 24 日 第二次中华苏维埃工农兵代表大会在瑞金县沙州坝召开。毛泽东在工作报告中对苏区工会给予很高评价："苏区工人是组织了坚强的阶级工会。这种工会是苏维埃政权的柱石，是保护工人利益的堡垒，同时他又成为广大工人群众学习共产主义的学校。"

3 月 刘少奇在《斗争》第 53 期发表《论国家工厂的管理》，要求国家工厂推行"三人团"管理制，工会组织应"注意协助工厂管理与组织的改善"。

4 月 1 日 福建省职工联合会组织部要求各级工会在"五一"完成扩大工会组织的任务。

4 月下旬 福建省工联开展互助合作运动取得显著成绩，生产合作社发展到 176 个，社员发展到 32761 人。

5 月 11 日 长汀县的蔡坊、红坊、赤峰、四乡等地的青工小组全体加入红军。

5 月 25 日 闽西各级苏维埃政府发动工人因地制宜熬硝盐，仅长汀县熬硝盐的职工就有 60 余人，月产硝盐 20 多斤。

6 月 30 日 在全总苏区中央执行局领导的红五月扩红运动中，长汀县和汀州市有 1327 名工人、52 个工会支部加入红军。

6 月 龙岩县设立被服厂，先后为县游击队和红八团缝制 600 套军装。该厂后改为闽西南军政委员会被服厂。

9 月 长汀的红军斗笠厂生产了超过 20 万顶斗笠，保证红军战略转移开始长征时每个指战员都有一顶斗笠。

10 月中旬 主力红军长征后，工人赤卫队配合红二十四师参与了汀州城保卫战。

1935 年

1 月 永定河木船工会转为秘密工会，划分为上河分会和下河分会，一直坚持地下活动。

4 月中旬 闽西南军政委员会在永定县西溪乡赤寨村成立。在闽西南军政委员会的领导下，开展了广泛的、灵活的、群众性的游击战争，以工农群众为主体的游击队在闽西各县迅速建立与发展。

5 月 18 日 龙岩军政委员会颁发第 1 号布告，号召工农群众团结起来斗争，恢复龙岩苏维埃，取消黄色工会，建立赤色工会。

5 月 由于叛徒出卖，连城店员工会主席沈邦翰在清流被捕，7 月 26 日壮烈牺牲。

1936 年

4 月 1 日 闽西南军政委员会发出《关于职工运动工作的决议》，强调组织工会和建立武装，克服党忽视工人运动的倾向。

4 月 21 日 闽西南军政委员会发表《告闽西南工人书》，号召工人们为自己的利益斗争到底，自动组织抗日义勇军、工人自卫队，踊跃参加抗日救国救福建运动。

7 月 闽赣省工会联合会发布《闽赣省工联会告工友书》，号召工人加入工会，配合红军游击队，同国民党进行坚决的斗争。

10 月 在龙连汀汽车运输公司工作的中共党员吴永乐秘密组织闽西汽车工会，并任主席，他们以汽车工人工会的公开身份暗中收集敌军情报，为地下党组织和红军游击队递送物资和信息。

1937 年

2 月 在反袭击斗争中，曾任中共闽西特委工人部部长和福建省职工委员会书记的苏阿德被捕牺牲。

3 月 1 日 为反对国民党当局开筑进攻游击根据地的上杭城至新泉、上杭城至永定两条马路，杭代县军政委员会发出《为反对法西斯蒂开马路告杭代民众书》。

3 月 20 日 闽西杭峰筑路工人为抗议当局克扣工人生活费，100余名工人自动集队徒步到漳龙汀工程处请愿，遭到当局护路队的开炮袭击。

深秋 闽西各县缝纫工人赶做 1.2 万套军装，支援闽西南军政委员会一、二支队子弟兵。

5 月 15 日 张鼎丞、邓子恢、谭震林发表《为停止内战一致抗日致闽西南各界人士书》，号召闽西南各党派、各团体、各界人士共同走抗日道路。

9 月 中共闽西南特委把龙连汀汽车运输公司组织的"协进社"正式成立为龙岩汽车工人支部，吴永乐任支部书记。

10 月 12 日 中共闽粤赣边省委指示各地党组织"把救亡运动开展为各党派各阶级运动"，并"在一切救亡团体中建立支部和党团组织"。

11 月 在内迁到长汀的厦门大学战时后方服务团的带领下，长汀县的各个中学相继建立了抗日救亡团体，走街串巷，深入农村开展抗日宣传。

秋 闽西南一、二支队驻龙岩办事处主任梁国斌在龙岩汽车站建立中共秘密支部，领导汽车司机为办事处运送大批干部和数百名来自闽南、闽东、香港、南洋等地的青年学生和爱国侨胞上前线，接送交通员，传递文件。

△ 1937 年底到 1938 年初，闽西工人群众积极帮助新四军第二支队做好北上抗日的准备工作。龙连汀汽车司机运载新四军第二支队的所属部队从各地移驻龙岩白土集中，龙连汀汽车运输公司职工配合龙岩西山抗敌服务团募捐了一批物资和现款，龙岩东肖、红坊两区的爱国教工联合归国华侨分别组成东肖区和红坊区抗敌服务团到新四军第二支队驻地进行慰问演出，闽西裁缝工人昼夜赶制几千套衣服。

△全面抗战爆发后，身处海外的闽西华侨工人、学生、商贾，以及知识分子等爱国人士在舆论、人力、财力和物力等方面都积极支援祖国抗日。

1938 年

2 月 1 日 龙岩红坊区教工组织抗敌服务团和剧团，积极开展抗日宣传活动，动员群众出钱出力支援抗战，并用募捐所得之款慰问抗敌战士。

2 月 菲律宾华侨工人、学生近 30 人组成抗日随军服务团，由厦门抵达龙岩白土，后随新四军第二支队北上，在古田、汀州等地积极开展抗日宣传活动。

△龙连汀汽车运输公司职工配合龙岩西山的抗敌服务团走上街头、走进城镇，演出有关抗日救亡内容的剧目，宣传抗日。

△闽西裁缝工人昼夜赶制几千套衣服，送到新四军第二支队，准备北上抗日之用。

3 月 1 日 新四军第二支队从龙岩白土出发北上抗日，龙连汀汽车运输公司 10 位司机自愿随军北上，协助部队做好后勤运输工作。

3 月上旬 龙岩汽车工人在连城新泉将国民党省政府归还的在“漳浦事件”中缴去的红三团的枪支一部分运回龙岩白砂，交给游击队使用。

3 月 坚持秘密活动的中共汀州地下工人支部接受为新四军第二支队筹购军用品的任务，在短时间内就采办到五六百顶斗笠、1000 多张油纸和一批干电池、药品等物资。

5 月 闽南客商办的汽车公司纷纷迁至龙岩，龙岩汽车工人支部进一步扩大，从各方面给地下党组织以有力的支持。

△新四军第二支队北上后，闽西工人在各抗战团体的领导下，踊跃捐募寒衣，筹款献金。

1939 年

1 月 中共闽西南特委将龙岩汽车工人支部扩大为龙岩中心市委，负责领导龙岩、漳州、长汀、连城、峰市等地的工人运动，并秘密与各地有关党组织联系及递送物资和信息。

△为支援前方将士英勇杀敌，闽西党组织通过各地抗敌后援会引导工人、店员、学生以及各界民众开展认购公债、征募寒衣、抵制日货活动。

4 月底 中共龙岩县委发动群众开展一元还债运动，在汽车工会的积极推动下，献金 9000 余元，创造了福建献金的空前纪录。闽西龙连汀汽车运输公司职工开展义卖有抗战内容的报刊和募捐活动，龙岩汽车工人特支书记吴永乐用100元大洋购买了一张《闽西日报》。

5月4日　中国工业合作协会东南区长汀事务所正式成立，路易·艾黎担任主任，在长汀广泛组织工业合作社，生产军需民用物资，支援抗日战争。

1月开始，闽西各地反共事件和反共摩擦层出不穷，对工会组织和工人运动也多方进行破坏。

1940年

3月18日　闽西国民党第六区党部指导员办事处强制工人加入他们操纵的工会，还规定工人如逾期不履行入会手续，将给予行政处分，停其职务。

1941年

1月　中共龙连汀汽车运输公司支部负责人臣恭宝及七八名工人同时被捕，惨遭杀害。

1月25日　中共闽西特委发出《为反对内战反对投降紧急宣言》，揭露顽固派反共投降的阴谋，要求福建国民党当局立即停止摧残抗战力量的暴行、停止迫害工运干部、释放被捕人员。

2月4日　长汀国民党当局召开汀市木匠工会全体会员大会，宣布“故意者，决停其营业”。国民党政府还规定各工厂不得雇用未加入他们所操纵的黄色工会的工人。

2月　龙岩城警察借口检查户口，宣布戒严，包围通街衢巷，抓捕公务人员、商民、工人数十人，并劫掠商店数间，中共龙岩城区鞋业工人支部负责人林星柏被捕，党组织遭到破坏。

1942年

5月　长汀“工合”事务所举办“工合社员学习班”，城区社员全部参加了培训。

1943年

10月　中国“工合”东南区连城事务所在连城姑田正式成立。针对抗战时期宣传用品、纸张紧缺的情况，组织连城县纸业协会，恢复和新建13家纸业社。

1944年

12月7日 魏金水以中共闽西特委特派员名义发表《为申明本党主张，推进抗战、团结、民主告龙岩各界书》。

△在闽西党组织的领导下，各地工人坚持抗日斗争，许多工人为摆脱国民党顽固派的迫害，转入秘密斗争，不少工人积极参加中共领导的抗日组织或抗日队伍。

1945年

△抗战胜利后，中共龙岩县委领导在漳龙公路的新祠建立了秘密支部，他们以供应车用木炭为名，从过往汽车中秘密接送山上游击队的物资和传递信息。

9月 王涛支队参谋长郑金旺及张震东率领第一大队在岩永靖边发动群众开展和平民主运动，开辟新的据点。游击队通过郑永清的哥哥联络了几个漳龙汽车运输公司的司机，在金山、龙山建立地下联络点，恢复了新祠、莒舟等老据点，为后来闽西普遍开展游击战争创造了条件。

12月12日 中共闽粤边区临委发布了《关于切实领导群众开展反饥饿斗争的指示》，提出要"广泛的开展群众公开斗争，公开抢粮、罢工、罢课、罢市等较高级斗争"。

△ 从1939年中国工业合作协会东南区长汀事务所成立至1942年，城乡工合社发展到38个。当时长汀工合社生产的斗笠和油纸，与瑞金工合社的麻鞋，宝鸡工合社的军毯一同成为前方抗日将士的"三件宝"。到1945年组建合作社共计50个。

1946年

2月24日 中央闽粤边区临委书记魏金水在中共闽粤边区临委机关庆祝和平民主大会上，发表了题为《掀起闽西南和平民主的热烈运动》的讲话，提出要运用各种灵活的斗争方针策略，同国民党的内战、独裁进行不懈的斗争。

11月 根据中共中央香港分局的决定，中共闽粤边区临时特别委员会改为中共闽粤边区工作委员会，下设梅埔、闽西、闽西南边、闽南 4 个地委，指导游击战争和各地工农运动。

1947 年

5 月 闽西工人在党组织的领导和影响下，采用怠工、罢工和示威请愿等方式开展“反饥饿、反迫害、反内战”斗争。

7 月 3 日 中共闽粤赣边委员会发表了《告各界人士书》，号召边区人民开展抗丁、抗粮、抗税的斗争，实行保护人民利益，保护工商业。

8 月 20 日 中共闽西地委在永定金丰大山雨顶坪召开会议，决定成立中国人民解放军闽粤赣边总队闽西支队（简称“闽西支队”）。此后，闽西支队取得了一连串的胜利，促使永定、龙岩、平和等县的工农群众积极开展反“三征”（征粮、征税、征兵）和打击反动头子的斗争。

1948 年

5 月 龙岩木业工会成立。

7 月 龙岩“坤记”“东南”木器厂以陈忠民等为首的 20 多名工人，得到以“坤记”木器老板身份做掩护的共产党员邓坤的积极支持和领导，发动全行业工人开展了抗议资方压制民主、要求提高生活待遇的罢工斗争。

初冬 上杭工作团在溪口一带发动群众开展反“三征”的斗争，并散发《告青年同胞书》，号召工农青年不要为反动派卖命。

1949 年

1 月 1 日 为配合南下大军解放闽西全境，中共闽粤赣边区党委发布了《闽粤赣边人民武装打倒蒋介石政府十项主张》，提出“实行改善工人店员生活，适当提高资薪，实行合理收工商业税，实行保护工商业及华侨家属”。

6 月 3 日 中共闽浙赣省委发出了《关于大军供应工作指示》，号召党组织和工农群众“以最大的努力，最吃苦的精神来支援大军”，基本完成兵团大部队入闽所需粮草任务。

6月 福建省总工会筹备会班子在上海成立，当时兼任中共中央华东局组织部部长的张鼎丞接见了筹备会班子成员。

△闽粤赣地区党组织向下属指示关于城市的接收和管理的方针，其中着重提醒各级党组织应注意改善工人生活，组织工会，建立党团组织。

△连城县原国民党县长张友民宣布起义，随后县城成立搬运工会，主席为周春森，会员三四十人。

9月1日 龙岩独立五团、章汤铭起义部队进驻龙岩城，闽西重镇龙岩宣告解放。龙岩城店员和各业工人与广大群众一起夹道鸣炮热烈欢迎进城部队。

9月20日 龙岩解放后的第一个工会筹备会——龙岩汽车工会筹委会成立，童炎照为筹委会主任。接着单车、印刷、挑挽、木业、渔业、电机、店员、托运、理发、鞋业、缝衣、泥水、五金、煤业、电信等工会在9月至12月相继成立。

9月 龙岩县军事管制委员会主任郑金旺专门召见漳龙汽车运输公司经理，要求运输公司继续组织营运，调集人力修复毁坏的路段，迅速恢复正常交通。

冬 龙岩汽车工人运输军粮和军需物资支援前线；龙岩电信工人迅速架设了龙岩—永定—大埔、龙岩—漳州的电话线；龙岩公路工人赶修龙连汀公路。

9月28日 龙岩县商会召开成立大会，到会工商界代表200余人。

12月23日 龙岩县总工会筹委会召开，有17个基层工会代表100余人到会，会议讨论了县总工会章程草案并选举了筹委会委员，25日产生常务委员会。会址暂设在县商会楼下，不久迁石埕巷。

1950年

1月5日 龙岩电讯局职工将1949年年终奖金全部捐献给国家。

1月 武平县总工会成立。

2月7日 龙岩各行业工会会员购买人民胜利折实公债。

3月 长汀县总工会成立。

3月10日 龙岩县民船工会成立，会员182人。

3月24日 龙岩县各界人民代表会首次会议召开，工会代表12人参加。

△邮政工会龙岩分会筹备委员会成立。该会辖龙岩、漳平、永定、华安等工会小组。

4月 龙岩县卫生工作者协会成立，会员约100人。

5月 龙岩专区工会筹委会成立。

6月 正式建立福建省总工会龙岩专区办事处，主任为罗炳钦。与龙岩县工会联合会一起租民房办公。

7月10日—12日 龙岩县首次工人代表大会召开。全县总工会会址由石埕巷迁铜砂巷林厝隔壁。

10月 全区职工积极响应中共中央、中央人民政府、全国总工会“抗美援朝，保家卫国”的号召，召开各类时事会、控诉会，签订爱国公约，积极捐献飞机、大炮、手榴弹。

11月 龙岩县手工业工会于后城天后宫成立。

本年 原龙岩县印刷工会撤销，新闻印刷工会成立；原电机工会撤销，龙岩电厂工会成立；原托运、挑挽工会撤销，龙岩县搬运工会成立。

△私营企业普遍建立了劳资协商会议制度，店员工会与资方行政进行了劳资协商，订立了集体合同，适当解决了工人的工资、就业问题。

△龙岩县开办职工业余学校。

1951年

1月22日 龙岩县职工掀起捐献手榴弹热潮，支援抗美援朝战争。

4月29日 龙岩县教育工会第一次会员代表大会召开。

5月11日—18日 福建省首次工会会员代表大会在福州召开，罗炳钦被选为省总工会委员。

7月21日 龙岩县总工会率领全体会员参加龙岩各界人民欢迎中国人民志愿军归国代表董乐辅大会，听取了他的报告，激起无比义愤，增强了抗美援朝、保家卫国的信心和决心。

8月14日 龙岩县各工会纷纷订立爱国公约。

8 月 24 日 中央人民政府南方革命老根据地访问团抵达龙岩，受到各业工人的热烈欢迎。

8 月 30 日—31 日 龙岩县总工会召开首届劳模大会。

9 月 20 日—26 日 龙岩县第一次英雄模范大会召开。

9 月 龙岩各业工人捐献、购买飞机大炮，支援抗美援朝掀起热潮。

10 月 24 日—26 日 龙岩县总工会召开第二次工人代表大会，县委副书记王采三兼任主席，邓坤任副主席。

11 月 长汀县总工会第一次青年女工代表大会召开。

1952 年

春至夏 在龙岩地委统一领导下，龙岩、长汀、上杭、连城等县工会大力发动广大工会会员积极参加在私营工商业中开展的“反行贿受贿、反偷税漏税、反盗骗国家财产、反偷工减料、反盗窃国家经济情报”的“五反”斗争。

2 月 漳平县第一次职工代表大会召开。

12 月 连城县总工会成立。

本年 漳平县总工会筹备委员会成立。

△永定县委工人运动委员会成立。

△长汀县总工会开始建立职工俱乐部，设有图书室、宣传队、文体活动室。

1953 年

3 月 长汀县总工会第一次会员代表大会召开。

△连城县总工会第一届第一次会员代表大会召开。

3 月 25 日—28 日 龙岩县第三次工会会员代表大会召开，邓坤任主席。

4 月 10 日—16 日 福建省第二次工会会员代表大会在福州召开，田耕夫被选为省总工会委员。

11 月 25 日—12 月 12 日 龙岩县总工会组织私营企业的店员、建筑工人、搬运工人、手工业工人、印刷工人等 530 余人参加国家过渡时期总路线的学习。

12 月 8 日—1954 年 1 月 8 日 龙岩县总工会组织专区直属 7 个

工厂、公司的职工进行国家过渡时期总路线的学习。

本年 在执行国家第一个五年计划中，各县工会开始有组织地领导职工开展社会主义竞赛活动，如合理化建议活动、技术革新运动等。

1954 年

1 月 龙岩县总工会改为龙岩县工会联合会。

5 月 上杭县总工会改称上杭县工人联合会。

5 月 龙岩地区第一次职工业余文化教育会议召开。

8 月 16 日 龙岩县工会联合会和有关部门协商，提出城区私营商店 1953 年盈余分配方案报县核批。

10 月 福建省总工会龙岩专区办事处征用土地 1.68 亩，兴建二层砖木结构办公楼一座，建筑面积 670.8 平方米，单层木结构厨房一座，建筑面积 56.16 平方米；1954 年 11 月 15 日动工，次年 2 月 15 日竣工，施工单位用最好的材料、最快的速度，建造职工自己的家。

1955 年

1 月 7 日—19 日 龙岩县工会组织全体职工开展《目前形势和我们的任务》的学习。

5 月 22 日—23 日 龙岩县第一届职工运动大会在中山公园举行。

7 月 10 日 龙岩县职工参加福建省第一届职工体育运动大会，获得女子田径赛冠军。

12 月 25 日—29 日 龙岩县工会联合会召开第四次工会会员代表大会，县委副书记环加银兼任主席，钟时（女）、张利生任副主席。

1956 年

1 月 12 日 龙岩县工会联合会制定出对私营企业职工进行资本主义工商业社会主义改造的方针政策、学习计划。

6 月 21 日—23 日 龙岩县工会联合会召开第五次工会会员代表大会，县委副书记魏成水兼任主席，钟时（女）、张利生任副主席。

7 月下旬 龙岩县工会联合会召开工会积极分子第一次代表会议。

8 月 龙岩县工会联合会征地兴建职工体育场。

9 月 根据省委批复精神，福建省总工会龙岩专区办事处撤销，改名为福建省工会联合会龙岩专区指导组。

10月 永定县工会联合会召开首届会员代表大会暨工会积极分子代表会议，正式成立永定县总工会。

12月4日 龙岩县各基层工会普遍要求进行改选，并从中听取职工群众意见。

本年 龙岩华侨中学、雁石中学教育工会分别成立。

1957年

6月21日—25日 龙岩县工会联合会召开第五次代表大会。

7月19日—8月12日 龙岩县各级工会开展反右斗争。

8月23日—24日 龙岩县第二届工人体育运动会在中山公园举行。

11月18日 福建省第三次工会会员代表大会在福州召开，吴可仁被选为省总工会委员。

△小池、大池供销社工会分别成立。

1958年

1月 魏成水不再兼任龙岩县工会联合会主席，林清珂任主席。

5月9日—23日 龙岩县各产业职工比武展览会在工人俱乐部正式举办。

7月23日 龙岩县工会联合会发出通知给各基层工会，要求立即组织职工贯彻省委六抢（抢收、抢种、抢肥、抢犁、抢插秧、抢炼钢铁炉）运动的指示。

8月下旬 龙岩县工会联合会召开第二次工会积极分子代表和女工代表会议。

11月18日 经省委批准，各县工会联合会改称县总工会。

11月26日 龙岩县工会联合会改称龙岩县总工会。

12月 福建省工会联合会龙岩专区指导组改称福建省龙岩专区工会。

△龙岩地委确定：龙岩专区工会与地委工交部合并，作为工交部的政工科。龙岩、永定、连城、清宁、武平、漳平六县总工会同时并入各该县工交部。

1959 年

1 月　龙岩县总工会主席林清珂调离，县委工交部副部长邓坤任主席。

4 月 2 日　龙岩县总工会召开基层工会主席会议。

5 月 3 日　省总工会党组向省委报送《关于贯彻处理县总工会问题的情况报告和几个问题的请示》，表示赞同龙岩地委对龙岩、漳平、永安等工业基础较好的县，作出暂不考虑县及县属工会的消亡问题的决定。目前未与县工交部合署办公的县工会，可暂缓合署办公等。

本年　龙岩县总工会干部由 12 人减至 6 人。

△推行“两参一改三结合”运动。

1960 年

3 月　龙岩风动厂工会成立。

5 月　龙岩专区开展县际竞赛，重点检查技术革新、支援农业、为煤铁服务、职工文化教育、生活福利等工作。

本年　按照党中央关于“既要搞好生产，又要搞好生活”的要求，全区省、专、县属厂矿企业职工养猪、牛、羊、鸡、鸭、兔、鱼等。

1961 年

3 月 11 日—15 日　龙岩县总工会举办社会主义讲师团学习班。

5 月 16 日　龙岩县工人俱乐部活动场所于 1957 年被支前单位借走，后各单位相继借用，致使俱乐部停办四年之久，县总根据广大职工反映向县人民委员会申请收回复办。

9 月 5 日　龙岩县总工会地址由新民中路迁移至九一路龙岩专区工会楼。

1962 年

1 月　龙岩县总工会根据省委组织部关于 1962 年工会组织工作的意见继续整顿与健全基层组织。各基层工会均进行了改选。

4 月 13 日　中国公路运输工会龙岩县交通局委员会改称龙岩县搬运公司工会。

5 月 8 日　龙岩百货采购供应站工会改称中国商业工会龙岩工业

品批发站工会。

本年 各县工会组织职工开展以支农为中心的增产节约运动、以班组为基础的社会主义劳动竞赛。

1963 年

6 月 10 日—16 日 中共龙岩县委、县人委、农工部、县总工会、县共青团、县妇联六个单位组成“抗旱斗争慰问团”，县工会电影队随团工作。

8 月 闽西交通工程公司工会成立。

8 月 13 日—17 日 龙岩县总工会召开第六次工会会员代表大会，县委副书记李成榜兼任主席，林清珂任副主席。

8 月—12 月 龙岩县总工会和专区工会先后组织“老工人讲师团”，在龙岩和各县企事业单位、学校巡回宣讲“三史”。

10 月 8 日—21 日 福建省第四次工会会员代表大会在福州召开，赵健群被选为省总工会委员。

本年 在全区职工中开展社会主义教育和学雷锋活动。

△在企业中开展“五好”（政治工作好、企业管理好、生活服务好、干部作风好、完成计划好）和“工业学大庆”的评比竞赛活动。

1964 年

1 月 16 日 龙岩县总工会拟开展“五好”竞赛的计划草案发给各基层工会征求意见。

4 月 龙岩县工人俱乐部成立下列活动组织：（1）职工业余演出队。（2）职工业余话剧组。（3）职工业余京剧组。（4）职工业余美术组。

△龙岩县工人俱乐部今年以来大力开展“三史”教育，展出“中国工人阶级”“星火燎原”“雷锋事迹”等图片 32 套，受教育群众 10 万人。

8 月 龙岩县职工中心业余学校学员发展至 600 人，专职教师 13 人。

本年 全区职工掀起学习毛泽东著作热潮。

1965 年

4 月 26 日 龙岩县总工会组织全县五好班组联赛。

9 月 龙岩县商业系统工会成立，会员 800 人。

1966 年

1 月 19 日 龙岩县工人俱乐部开始建设，征用土地 3600 平方米，其中耕地 2.5 亩，旧民房 7 间。按全国总工会核定投资指标为 12 万元。9 月，经龙岩专署核准，追加投资 1.65 万元，该款由工会历年经费结余支付。

7 月 全区职工参加无产阶级“文化大革命”。

9 月 根据中央关于“各人民团体的负责人凡称‘主席’的，以后一律改称‘主任’”的指示及全总、省总通知，各级工会的主席、副主席的名称，一律改为主任。

1967 年

“文化大革命”的斗、批、改过程中，各级工会停止活动，各地行政单位停止向工人拨缴经费，工会积余的经费和劳保金也相应冻结，工会办公用房、活动场地、工人俱乐部等被占用。龙岩等少数县的总工会被“工人代表大会”取而代之。

1969 年

6 月 13 日 财政部军管会通知：“工会经费、劳动保险金停止提取后，原来在工会经费、劳动保险金开支的县以上工会人员经费和事业单位的开支，从 1970 年起，全部纳入财政预算。”

1970 年

龙岩等少数县的“工人代表大会”撤销。

1973 年

5 月 龙岩县第八次工会代表大会筹备小组成立。

5 月 15 日 地委召开全区工会工作会议，自此组建了福建省总工会龙岩地区办事处。

6月12日—14日 龙岩县第八次工会会员代表大会召开，县委副书记王怀信兼任主任，黄锦河、邱元潮、吴碧英（女）任副主任。

7月17日—22日 福建省工会第五次代表大会在福州召开，马安然、吴积寿被选为省总工会委员。

8月—12月 各县总工会相继恢复。

本年 龙岩县化工厂工会成立；龙岩燃料采购供应站工会成立；龙岩马坑钢铁工会成立；无线电厂工会成立；龙岩地区外贸站工会成立；龙岩供电局工会成立；龙岩轴承厂工会成立。

1974年

9月21日 龙岩特钢厂建立工人政治理论队伍，以工段为单位，组织工人理论学习小组，每个班组培养2—3名理论骨干。由厂政治处、工会分别举办政治夜校和工人理论学习班，统一编班上课，每周二晚上为厂工人政治理论队伍活动时间。

本年 各级工会开展批林批孔运动。

本年 陆家地煤矿工会成立。

1975年

7月21日 龙岩特钢厂“七二一”工人大学成立，设炼铁、冶金机械、冶金电气三个专业，第一届学员36名。省工交办、省教育局、省冶金工业局、省总工会发来贺电。

9月12日—28日 第三届全国运动会在北京举行。龙岩特钢厂获得“全国群众体育活动先进单位”称号，厂党委委员、工会主任、职工体育协会名誉主任陈世兴出席领奖。

1976年

1月8日 周恩来总理逝世，广大职工群众自发举行悼念活动。

7月28日 唐山发生大地震，全区企业职工开展战高温、夺高产、支援灾区人民活动。

9月9日 毛泽东主席逝世，龙岩特钢厂等企业党委向治丧委员会发去唁电。

11月 地区工会颁布《关于放手发动职工群众揭发批判王、张、江、姚反党集团罪行的通知》，全区各级工会发动职工群众揭发批判王、张、江、姚“四人帮”反党集团的罪行。11 月 9 日以后，龙岩各级工会发动职工群众揭发批判王、张、江、姚“四人帮”反党集团的罪行。

1977 年

1 月 福建煤矿学校工会成立。

1978 年

1 月 龙岩地区邮电工会成立。

8 月 龙岩油泵厂工会成立。

10 月 龙岩县公交公司工会成立。

11 月 福建省煤矿机械厂工会成立。

12 月 21 日 龙岩矿务局首届会员代表大会召开。

本年 龙岩县红坊中学教育工会、龙岩县轻工机械厂工会、龙岩县万安中学教育工会、龙岩县西陂中学教育工会成立。

1979 年

4 月 10 日 龙岩县总工会第九次代表大会召开，邓荣照任主席，李克荣、黄锦河任副主席。

6 月 5 日—10 日 福建省工会第六次代表大会召开，马安然、周锦军被选为省总工会委员。

7 月 9 日 龙岩钢铁厂工会成立。

9 月 28 日 省革委会召开了建国三十周年表彰全省先进企业和全省劳动模范大会，龙岩染织厂得到省革委会通令嘉奖。

10 月 1 日 龙岩县工人文化宫正式对外开放。

1980 年

4 月上旬 龙岩县工人文化宫主办的文艺杂志《铁山红》创刊号出版。从此职工业余创作有了自己的园地。

8 月 21 日—31 日 龙岩地区职工业余教育工作检查团深入省、地、县属厂矿企事业单位检查职工业余教育工作情况。

本年 龙岩竹藤厂、龙岩地区供销社汽车运输队、龙岩地区生产资料服务公司、龙岩师范专科学校、龙岩地区商业车队、龙岩县交通局、龙岩地区果杂公司、中国人民银行龙岩地区中心支行、建设银行龙岩地区支行等成立工会。

1981 年

3 月 6 日 龙岩县总工会积极响应全总等 9 个单位联合倡议，发出《关于组织广大职工开展文明礼貌活动的通知》。

4 月 20 日 龙岩县总工会职工宿舍落成，五层楼房，面积 1120 平方米，造价 11.5 万元。

5 月 30 日 龙岩县总工会举办庆祝中国共产党成立六十周年文艺晚会。

12 月 23 日 国务院批准龙岩县改市，原县属各基层工会从 1982 年 1 月 1 日起，启用新印章。

本年 龙岩汽车配件公司、龙岩地区建筑工程公司、龙岩县钨矿联合公司、龙岩地区劳动服务公司、龙岩地区职业病防治院成立工会。

1982 年

1 月 15 日 由于县改市，龙岩县总工会改为龙岩市总工会。

5 月 18 日 龙岩地区职工教育管理委员会成立。

6 月 1 日 龙岩地区职工劳动模范评选委员会成立。

7 月 28 日—30 日 市总工会召开首次工运史工作座谈会。

本年 龙岩地区工业学校、龙岩市饲料公司、龙岩市石油公司、龙岩地区税务局、龙岩地区漂染厂、龙岩市建筑设计所、龙岩纺织厂等成立工会。

1983 年

5 月 1 日—8 日 市总工会、市体委举办龙岩市男篮甲级联赛和女篮比赛。

5 月 3 日—4 日 龙岩市人民政府召开职工劳模大会。

5 月 4 日 市总工会、市团委、市体委联合举办五四青年节火炬环城接力赛。

7月1日—10日 福建省基层职工篮球比赛在龙岩市体育馆举行。

10月 龙岩市职工“振兴中华”读书活动指导委员会成立，办公室设在市总宣教部。

本年 龙岩地区卫生防疫站工会、龙岩地区锅炉安装检修队成立工会。

1984年

2月8日—9日 市总工会召开第二次工运史工作座谈会。

4月19日 成立福建省龙岩地区和江西省赣州地区编制《中央苏区工会》电视录像片脚本顾问和编写小组。

5月21日—23日 龙岩市总工会第十次代表大会在文化宫礼堂隆重召开。

7月下旬 龙岩市第三届职工体育运动大会在龙岩市体育馆举行。

8月16日—22日 龙岩地区第二届工人运动大会在龙岩市体育馆举行。

8月 《福建省工运史研究资料》第30期发表《龙岩工人运动大事记》。

本年 中国银行龙岩支行、龙岩市雁石初级中学、龙岩华侨友谊公司成立工会。

1985年

5月29日—6月3日 福建省工会第七次代表大会在福州召开，林祥盛、邱森发被选为省总工会委员，吴振位为候补委员，谢汉松为省总工会经审委员。

6月10日 市总工会成立整顿建家领导小组。

9月3日 市总工会举办庆祝抗日战争胜利四十周年文艺晚会。

年底 龙岩市职工业余学校的教学楼和宿舍楼落成，面积2700平方米，造价65万元。

本年 龙岩地区经济技术协作公司、龙岩地区农业科学研究所、保险公司地区中心公司、龙岩市西城中心小学、华南地勘局二九五大队、龙岩市龙巷客货公司等成立工会。

1986 年

2 月 21 日—25 日 福建省第七届职工灯谜会在龙岩市工人文化宫举行。

6 月 19 日 龙岩市职工技术协作委员会成立大会在市总工会举行。

7 月 4 日 市总工会召开首次工会信息员会议。

9 月—10 月 市职工合理化建议和技术革新活动领导小组成立。

1987 年

3 月 25 日 《闽西苏区工运史研究参阅资料目录（初稿）》形成。

10 月 15 日—16 日 龙岩市总工会召开第十一次代表大会。

11 月 3 日 召开全区工会合理化建议抓落实会议。

12 月 11 日—22 日 地区“两德”（职业道德、社会公德）检查团深入各县、市检查。

12 月 14 日 龙岩市职工读书自学协会召开成立大会。

1988 年

1 月 5 日—7 日 地区工会五项工作评比会在永定召开。

1 月 13 日 全省班组安全生产经验交流会在龙岩召开。

1 月 15 日 全区工会财务工作会议召开。

1 月 23 日 龙岩市 1987 年度职工生活后勤工作总结经验交流大会召开。

3 月 5 日 龙岩市首批赴外女劳务人员 38 人离岩，到美国电话电报公司在新加坡开设的一家工厂工作。

3 月 11 日 地委、行署领导听取工、青、妇、科协工作汇报，魏金泉代表地区工会汇报。

4 月 20 日 长汀县总工会综合楼竣工验收。

4 月 龙岩地区第一届农民运动会在长汀县拉开序幕，这次运动会是本区自新中国成立以来规模最大的一次农民体育盛会。

8 月 15 日 中国工运学院工会学系副主任林云高在龙岩市总工

会作《关于工会改革问题的报告》，187 个基层工会、337 名工会干部参加。

10 月 14 日 地委副书记邱炳皓接见出席中国工会第十一次全国代表大会的我区代表：地区工会副主任魏金泉、上杭县总工会主席刘炎煊、龙岩酒厂工会女工委员庄玉珍、永定西溪农场茶场副经理钟哲甫。

10 月 15 日 地区工会召开兴办经济实体座谈会。

11 月 17 日—22 日 省总工会主席韦立一行到我区各县市调研。

11 月 18 日—24 日 魏金泉到各县、市传达中国工会十一大精神，各县、市党政领导参加传达大会。全国优秀工会干部林锐元、全国优秀工会积极分子邱伟雄分别在龙岩、长汀参加大会。

11 月 22 日 龙岩市总工会法律顾问处成立，聘请地区第二律师事务所主任律师史钢、副主任律师邹志坦、律师吴开龙任顾问。

1989 年

7 月 19 日 龙岩市总工会成立 60 周年纪念大会召开。

8 月 24 日 龙岩地市 3 万多名干部群众参加星期六义务劳动，出动车辆 200 多部，清理、载运垃圾 3000 多吨。参加劳动人员中有副处级以上干部 200 多人。

9 月 23 日 地委、行署领导郑霖、官清等与 1989 年全国劳动模范尤振民、张乾巽、王仰高、林芸芸、林建仁座谈。

本年 龙岩华龙机械厂被中华全国总工会授予全国职工文化工作先进集体称号。

1990 年

2 月 各级工会认真学习《中共中央关于加强和改善党对工会、共青团、妇联工作领导的通知》。

5 月 3 日 地区工会发布在全区职工中开展“百日锻炼迎亚运”活动的通知。

5 月 20 日 地、市领导郑霖、官清、杨明奕、林淇先等看望我区出席福建省工会第八次代表大会的代表。

5 月 22 日—26 日 福建省工会第八次代表大会在福州召开，魏金泉、王云龙、林百炎、黄世芬、姚彩芳（女）被选为省总工会委员，谢汉松被选为省总工会经审会副主任。

6月19日 龙岩市职工技协技术服务中心获批成立。

7月25日—27日 全区工会财务工作会议在漳平永福召开。

本年 地、县（市）工会组织开展了县市、企业、职工之间的“三三”系列活动。

1991年

4月24日 龙岩市工人运动研究会成立。

5月8日—10日 全区第一次工会信息、统计、理论研究工作会议在长汀召开。

8月17日 《龙岩地区工会统计资料汇编（1980—1990）》编竣。

10月21日—22日 全省地市工会主席会在龙岩召开。

12月23日—25日 省企业民主制度建设第二次研讨会在福州棉纺织厂召开，我区《强化职代会工作　推进企业民主管理——龙岩地区企业民主管理现状调查与思考》在大会上交流，载《福建通讯》1991年第1期。

12月30日 龙岩地直机关工会成立，李如东任主席，李江闽任副主席。

本年 华龙机械厂荣获全国五一劳动奖状先进单位。

1992年

1月26日 纪念福建省总工会成立60周年座谈会在长汀举行，省总副主席曾乃航参加，为省总工会旧址、刘少奇同志故居剪彩。

3月 地区工会成立女职工委员会。

4月21日—23日 中共中央委员，全国总工会副主席、书记处第一书记，原煤炭工业部部长于洪恩到永定视察。

4月30日 龙岩市工人文化宫改建落成，地区工会职工宿舍验收。

6月20日 本区首家劳务市场——龙岩地区劳务市场开业，为众多的用人单位和求职者提供了相互选择的机会。

11月12日 全省工会基层工作会议在龙岩华龙机械厂召开。

本年 龙岩华龙机械厂被省总工会推荐为中国工会十二大命名的“全国模范职工之家”。

△学习、宣传、贯彻、落实《工会法》和《福建省实施〈中华人民共和国工会法〉办法》是全区各级工会的重要工作内容。

1993年

3月1日 漳平市工会兴办经济实体工作会议暨神力公司工会综合经营部开业典礼举行。

4月17日—18日 全区工会第二次信息、统计、调研工作会议在漳平召开。

5月底 地区工会会同地委组织部、地区人大工委联络处、外经委、经委、财委、农委7个单位联合发出《关于加快外商投资企业工会组建工作的意见》，推动外商投资企业工会的组建。

10月15日 地委、行署决定授予龙岩矿务局翠屏山煤矿工人徐诗战“舍己救人好工人”称号，团地委授予“新长征突击手”称号；11月1日，省总工会授予徐诗战五一劳动奖章。

12月17日 地区味精厂“国有民营”试点进展顺利，合同正式签订。

12月18日 本区各县（市）工会换届选举工作圆满完成。

1994年

3月5日—6日 全省工会统计报表汇总会在漳平召开。

3月10日—11日 全省工会经济调研成果交流会在龙岩召开。

3月27日 全省工会财务汇编会议在龙岩市新罗区长城宾馆召开。

4月20日 地区工会、地区乡镇企业局联合发出《关于加快乡镇企业工会组建步伐和加强工会工作的意见》。

4月23日 永定县工人运动研究会成立。

12月17日 龙岩市总工会召开新经济组织组建工会工作联席会议，地市工会、地委组织部、外经委、乡镇企业局、民政局领导参会。

12月31日 龙岩市客运三轮车工会成立大会召开，选举董存粮为主席，沈鑫辉、郭能焕为副主席。

1995 年

1 月 1 日 《中华人民共和国劳动法》正式实施。全区各级工会开展以《劳动法》为主题的知识竞赛和演讲比赛。

3 月 25 日 地区工会提出《关于在深化改革中进一步加强工会组织建设和民主管理工作的意见》,《福建工运》给予转载，在全省推广。

5 月 17 日—20 日 福建省工会第九次代表大会在福州召开，王国章、黄冬芳（女）、刘国银、张跃龙、邱元登、林巧兰（女）、徐诗战被选为省总工会委员，张红兵被选为省总工会经审委员。

9 月 4 日—6 日 全省工会建立平等协商签订集体合同制度研讨班在永定矿务局召开。

本年 地、县（市）工会把推行平等协商签订集体合同制度作为贯彻实施《劳动法》的重点工作来抓，各县邮电局在全区率先全部签订。

1996 年

10 月 26 日 龙岩地、市隆重庆祝福建省第一个环卫工人节。

11 月 20 日 国务院批准撤销龙岩地区和县级龙岩市，设立地级龙岩市，市人民政府驻新设立的新罗区。龙岩市设立新罗区，区人民政府驻新罗区中山东路 45 号。龙岩市辖原龙岩地区的长汀县、永定县、上杭县、武平县、连城县和新设立的新罗区。原龙岩地区的漳平市由省直辖。12 月 23 日，省政府作出撤销龙岩地区、设立地级龙岩市的批复，除国务院批准设市有关内容外，把原龙岩地区的漳平市委托龙岩市代管。

12 月 2 日 全省工会经济工作会议在龙岩召开。

1997 年

1 月 21 日 地区工会搬到龙岩市总工会办公。

2 月 4 日 龙岩地区行政公署与地区工会第一次联席会议召开。

2 月 地区工会办公楼、宿舍楼年久失修，1989 年经地区房管局鉴定为危楼，在原址拆旧房兴建闽西职工科教培训中心（工会大厦）。

3月31日 龙岩市劳动模范协会第一次代表大会在龙岩召开。

4月3日 地区人大工委和地区工会联合在龙岩召开纪念《中华人民共和国工会法》颁布实施5周年座谈会，回顾总结5年来本市实施《工会法》的基本经验与体会。

5月20日—21日 福建省推行工会与政府联席会议制度座谈会在龙岩召开。

6月14日—16日 龙岩市工会第一次代表大会在龙岩召开。钟万福当选为主席，黄冬芳、王云龙当选为副主席；张红兵当选为市总经费审查委员会主任，胡兴林当选为副主任。

8月13日 市、区工会事权划分交接会议召开。

9月26日—27日 全国总工会原副主席、全国职工政治思想教育研究会副会长薛昭鋆在龙岩对农民工劳动关系状况进行调研。

1998年

2月28日 龙岩市下岗职工再就业咨询服务中心、女职工再就业服务中心开业揭牌仪式举行，劳动局宣布批复。

4月11日 市政府批转市总工会牵头联合10部门制定的《关于给予特困职工开展生产自救优惠政策和特殊照顾的意见》。

4月 龙岩市开展两年一次的市劳模评选表彰活动，28日，表彰首批市劳动模范。

8月20日 市总工会制定《关于工会系统推进依法治市的实施意见》《关于建设高素质工会干部队伍的实施意见》。

10月19日—24日 中国工会第十三次全国代表大会举行，市总工会主席钟万福、佳丽公司工会主席姚彩芳（女）参加。

12月25日 龙岩市人民政府与市总工会第二次联席会议召开。

1999年

4月30日 市总工会职工维权援助中心成立，市领导，中级人民法院、市劳动局的负责人和部分市直属基层工会主席参加揭牌仪式。

5月1日 全市各级金融工会实行以中国金融工会领导为主、同时接受当地总工会领导的组织体制。

5月10日 闽西职工强烈谴责北约轰炸我国驻南斯拉夫大使馆

暴行。

5月26日 龙岩市委制定下发《关于贯彻〈中共福建省委关于进一步加强新时期工会工作的若干意见〉的意见》,《意见》共有4个部分、23条。

6月4日 建立龙岩市厂务公开工作联席会议制度，成立厂务公开办公室。

2000年

1月27日 龙岩市职工科教培训中心（工会大厦）建成投入使用，建筑面积6757.78平方米，加层388.78平方米，总计7146.56平方米。

2月14日 龙岩市政府与市总工会举行第三次联席会议。

5月23日—25日 福建省工会第十次代表大会在福州召开，钟万福、陈英俊、陈乐昌、张跃龙、陈聪玉（女）、邱声钦被选为省总工会委员，张红兵被选为省总工会经审委员。

7月10日 市总工会创办的龙岩市职工旅行社正式挂牌营业，参与闽西旅游业的开发。

8月3日 全面启动个私企业家回报社会系列活动。

8月3日 全国总工会保障部社会保障处处长张晓东来龙岩调研。

12月13日 全国总工会国际部台湾事务办公室副处长崔贵群、省总工会国际部部长陈文振来龙岩调研。

本年 市总工会开展机关效能建设，办事程序、承诺等上墙公开，设立职工办事处，方便职工到市总工会办事。

△厂务公开在龙岩市国有、集体企业全面推行。

2001年

1月10日—12日 以全国总工会党组副书记、书记处书记、副主席李奇生为团长的全国总工会送温暖慰问团一行9人，深入新罗区、长汀县慰问困难企业和特困职工。

1月20日 龙岩市政府和市总工会召开第四次联席会议。

3月19日 市委召开全市非公有制企业工会组建工作会议，本年非公有制企业工会组建工作取得突破性进展。

5月10日 市政府常务会议审议通过《龙岩市市级劳动模范管理暂行规定》。

本年 市总工会获得全国工会干部培训教育先进单位称号。

2002年

1月25日 龙岩市政府与市总工会第五次联席会议召开。

3月21日 全省林业工会工作会议暨职工自营经济经验交流会在新罗区林委召开。

4月12日 正在龙岩市视察的中共中央政治局常委、中纪委书记、全国总工会主席尉健行在闽西宾馆接见了黄海英、钟万福、黄冬芳、王云龙等市总工会领导并合影。全国总工会政策研究室主任李水海参加接见。

4月24日 市困难职工救助中心成立，这是福建省首家困难职工救助中心。年底，更名为市困难职工帮扶中心。

5月20日 市级劳动关系三方会议制度建立。

6月4日 华龙公司宣告破产。市总工会对该公司工会进行清算审计，接收该公司工会档案、资产等，收回“全国模范职工之家”牌匾。

7月5日 市困难职工救助中心特困职工医保救助启动仪式举行，发放医保卡。

10月22日—23日 龙岩市工会第二次代表大会在市政府礼堂举行。黄海英当选为主席，钟万福、黄冬芳、王云龙当选为副主席；黄冬芳当选为市总经费审查委员会主任，胡兴林当选为副主任。

11月1日 全国总工会集体合同部部长陈荣书参观工会大厦，了解华龙公司、龙钢公司职工集体上访情况。

12月13日 成立市法律援助中心市总工会职工法律援助站。

12月17日 龙岩市政府与市总工会第六次联席会议召开。

2003年

4月7日 市政府转发由龙岩市总工会牵头、联合市劳动和社会保障局、市经贸委、市科技局、市财政局等部门制定的《龙岩市高级技能人才管理办法》。

6 月 龙岩市困难职工帮扶中心通过全国总工会的考核验收并授牌。

11 月 14 日 市总工会成立进城务工人员工作委员会，这一做法在全市得到推广。

12 月 8 日 龙岩市政府与市总工会第七次联席会议召开。

本年 龙岩市县级工会换届选举年。除武平县外，县级工会换届选举工作均圆满完成。

2004 年

4 月 市总工会联合市经贸委、市劳动和社会保障局、市直党工委等 11 个单位在全市开展“创建学习型组织，争做知识型职工”活动。

8 月 20 日 市总工会和市地方志编纂委员会联合编纂的闽西第一部记录劳模先进事迹的志书——《闽西劳模谱》举行首发式。

9 月 25 日 市总工会在全省率先开通 12351 全国职工维权热线电话。

本年 市总工会制定《困难职工帮扶中心达标验收标准》，高标准建好帮扶中心的服务“窗口”。

△工会大宣传意识初步树立，8 个专题宣传片在省电视台《时代工会》栏目播出。

2005 年

3 月 市总工会机关组建企业发展工会服务队。

4 月 25 日—27 日 福建省工会第十一次代表大会在福州召开，黄海英（女）、钟万福、陈乐昌、冯锦汀、陈聪玉（女）被选为省总工会委员，黄冬芳（女）被选为省总工会经审委员。

5 月 10 日 市总工会在全省工会率先下发《关于围绕建设节约型社会大力发展循环经济开展立功竞赛活动的意见》。

6 月 24 日 龙岩市政府与市总工会第八次联席会议召开。

7 月 29 日 经市委研究，市委办公室转发市委组织部、宣传部、市直机关党工委、市总工会《关于深化连心帮扶行动促进和谐社会建设的实施意见》，同意将连心帮扶行动作为一项长期性工作深入开展下去。

2006 年

1 月 10 日—11 日 以全国总工会副主席、书记处书记周玉清为团长，经济部部长常毅民、保障部副部长邹震等为成员的全国总工会慰问团来到龙岩，深入新罗区、上杭县慰问困难企业和困难职工。

7 月 11 日 全省设区市工会主席会议在龙岩召开。

12 月 12 日 龙岩市政府与市总工会第九次联席会议召开。

2007 年

4 月 市总工会联合有关部门举办全市首届职工技能运动会。

11 月 龙岩市帮扶中心通过省总规范化建设达标验收。

12 月 10 日—12 日 市工会第三次代表大会取得圆满成功。黄海英当选为主席，钟万福、王云龙、蓝建英（女）当选为副主席，朱彩雁当选为市总经费审查委员会主任，李春成当选为副主任。

2008 年

1 月 1 日 全市职工医疗互助活动开始发放医疗互助金。

1 月 11 日—12 日 全国总工会副主席倪建民代表全总“两节”送温暖慰问团，深入我市慰问困难企业、困难职工和先模人物，并视察了市困难职工帮扶中心。

1 月 29 日 市总发出《关于关心雨雪冰冻灾区职工生产生活，在抗灾减灾工作中充分发挥作用的紧急通知》，组织发动职工做好抗灾减灾工作。

3 月 23 日 市、区工会扶持创办的新罗区曹溪农民工医院正式挂牌，这是经卫生部门核准的福建省首家农民工医院。

4 月 8 日 重新装修的市职工帮扶服务大厅启用。

4 月 17 日—19 日 全省工会保障工作会议在龙岩召开。

5 月 14 日 市总工会向全市各级工会组织、工会干部、广大职工发出向四川地震灾区捐款献爱心的通知和倡议；市劳模协会向全市劳动模范发出向四川地震灾区捐款献爱心倡议。

5 月 14 日—15 日 全国总工会书记处书记、纪检组组长陈荣书，在省总工会副主席江孝善的陪同下，到龙岩市开展调研工作。

5 月 20 日　市困难职工帮扶中心“爱心义诊部”首次为困难职工家庭义诊。

8 月 3 日　龙岩市水泥行业工会联合会成立。

8 月 8 日　市总工会率先在全国工会系统创办职工自主创新服务中心。

3 月 7 日—11 月 23 日　市总工会举办龙岩市工业园区职工文化节。

本年　李新炎基金会与龙岩市总工会合作开展了“连心帮扶困难职工”活动，资助困难职工家庭。

2009 年

1 月 9 日　市总工会被省农民工工作联席会授予福建省农民工工作先进集体称号。

2 月 10 日　市总工会向全市企业发出《同心协力、同舟共济、共渡难关“共同约定行动”倡议书》。

4 月 20 日　市总工会在龙岩技师学院举行龙岩市职工就业技能培训基地揭牌仪式。

4 月 21 日　曹溪农民工医院东宝社区农民工医疗服务站正式挂牌成立。

5 月 7 日　市委、市政府召开和谐企业创建试点工作动员大会。

7 月 14 日　工人日报头版头条刊登《从“后发”到“先锋”——福建龙岩工会“创先”中的“民生情结”》。

7 月 21 日　市总工会在龙岩职工中专举行职工就业培训基地授牌仪式。

10 月 22 日　市委办、市政府办转发《龙岩市职工维权“110”联动机制意见》。

11 月 17 日—23 日　市总工会、市科学技术局联合举办龙岩市职工自主创新成果展。

11 月 25 日　龙岩市政府与市总工会召开第十次联席会议。

2010 年

1 月 22 日—23 日 全国总工会副主席陈荣书、中国国防邮电工会副主席方丹、全总保障部副部长陈杰平深入我市开展“两节”送温暖慰问活动。

2 月 2 日 龙岩市总工会在龙岩中心城区设立 10 个职工文化活动广场。

2 月 7 日 龙岩、厦门两市总工会在上杭古田举行山海协作联谊活动。

5 月 13 日—15 日 福建省工会第十二次代表大会在福州召开，黄海英（女）、杨维平、吴炯亮、吴荣桂、陈聪玉（女）被选为省总工会委员，朱彩雁被选为省总工会经审委员。

6 月 28 日 市劳模协会向全市劳模发出为我市洪涝灾区捐款献爱心的倡议书。

9 月 7 日 市总工会被市政府授予全市法律援助工作先进集体称号。

11 月 5 日—10 日 龙岩职工自主创新成果展在龙岩公德馆举行。

2011 年

2 月 1 日 市总工会在市经济技术开发区举行欢送农民工平安返乡仪式。

3 月 25 日 市总工会完成全市工会组织贯彻落实《中国妇女发展纲要（2001—2010 年）》终期监测评估数据及报告。

4 月 28 日 市总工会举办龙岩市职工庆五一“颂歌献给党”文艺晚会。

9 月 5 日 市总工会职工服务中心暨就业超市正式启用。

2012 年

3 月 9 日 市总工会、长汀县总工会组织 100 多名工会干部、劳动模范前往长汀河田种植“五一生态林”。

3 月 30 日—31 日 在长汀河田，省、市、县工会植造的“五一生态林”揭牌。

4 月 23 日 市总工会组织编写的《闽西苏区工人运动史》正式

出版。

8月7日 全省首个“维护职工权益合议庭”在市中级人民法院正式揭牌成立。

8月15日 市政府与市总工会召开第十一次联席会议。

8月21日—22日 全省工会重点工作和特色工作现场交流活动在我市举行。

11月25日—27日 龙岩市工会第四次代表大会召开。阮开森当选为市总工会第四届委员会主席，王云龙、张华玉（女）、罗振基当选为副主席；冯荣珍（女）当选为市总工会第四届委员会经费审查委员会主任，张彩俤（女）当选为副主任。

2013年

1月15日—16日 全国总工会书记处书记、党组成员李滨生带领全总送温暖慰问团到龙岩慰问。

1月26日 龙岩市启动农民工春节平安返乡活动。

3月28日—29日 省总工会组织记者采风团到龙岩采访。

5月27日—29日 全省工会劳动保护工作会议在龙岩召开。

8月 国际劳工组织在广西南宁召开工资支付保障与工会参与国际研讨会，龙岩市总工会作为全国唯一的设区市代表在会上交流发言。

12月24日 龙岩市委召开全市工会工作会议。

2014年

3月27日 龙岩市政府与市总工会召开第十二次联席会议。

5月14日—16日 全省工会组织工作会议在长汀召开。

12月16日 龙岩市总工会与台湾桃园县总工会签订两地工会常态交流合作协议书。

2015年

6月10日—12日 福建省工会第十三次代表大会在福州召开，邓菊芳（女）、王云龙、卢敏云、李强、黄华凤（女）、陈钦、刘禄涛被选为省总工会委员，冯荣珍被选为省总工会经审委员。

12 月 龙岩市总工会被国务院农民工工作领导小组授予“全国农民工工作先进集体”荣誉称号，成为全省工会系统唯一获此殊荣的单位。

12 月 龙岩市工会法律援助志愿者黄家焱律师获第五届全国维护职工权益杰出律师。

本年 推进镇街、园区、企业帮扶站（点）标准化建设，21 个职工服务（帮扶）站（点）实现达标。

2016 年

2 月 1 日 国务院农民工工作领导小组办公室召开全国优秀农民工和农民工工作先进集体表彰大会。市委常委、统战部部长、市总工会主席邓菊芳进京领奖。

3 月 16 日 龙岩市政府与市总工会召开第十三次联席会议。

6 月 17 日—19 日 市总工会牵头联合团市委等部门举办龙岩市首届海峡婚博会。

10 月 8 日 市政府召开龙岩市工人文化宫项目建设专题会议。

10 月 20 日—24 日 台湾桃园市总工会交流访问团到龙岩开展第三次交流访问活动。

12 月 6 日 市工人文化宫项目举行开工奠基仪式。

2017 年

3 月 12 日 市总工会、市林业局联合组织百名劳模走进长汀参加义务植树活动。

7 月 市委研究同意《龙岩市总工会改革方案》并正式印发。

8 月 10 日 纪念福建省总工会成立 85 周年座谈会在龙岩长汀举行。

8 月 11 日 2017 年福建省工会金秋助学活动在龙岩举行。省人大常委会副主任张广敏出席并讲话。

12 月 19 日 龙岩市政府与市总工会召开第十四次联席会议。

2018 年

4 月 25 日 龙岩市总工会荣获全国工会系统先进集体称号。

4 月 28 日 龙岩市委、市政府在龙岩人民会堂举行龙岩市 2018 年省劳动模范和先进工作者座谈会暨首届“龙岩工匠”荣誉证书颁发仪式。

9 月 龙岩市总工会代表福建省总工会参加全国工会信访工作经验交流会，并作典型发言。

10 月 30 日—31 日 全国工会劳动法律监督工作会议在龙岩上杭古田山庄召开。龙岩市总工会在会上作典型发言。

11 月 26 日—27 日 省人大常委会副主任、省总工会主席黄琪玉来龙岩调研。

12 月 27 日—29 日 龙岩市工会第五次代表大会召开。邓菊芳当选为市总工会第五届委员会主席，罗振基、冯荣珍（女）、林长秀（女，兼职）、范伯群（兼职）、徐淑英（女，兼职）、廖婷婷（女，挂职）当选为副主席；兰建亮当选为市总工会第五届经费审查委员会主任，赖日章当选为副主任。

12 月 29 日 龙岩市政府与市总工会召开第十五次联席会议。

2019 年

5 月 28 日 龙岩市总工会就职工信访维稳“三五工作法”在全国工会信访经验交流会上作典型发言。

9 月 9 日—12 日 福建省工会意识形态工作培训班在龙岩市上杭县古田镇举办。

10 月 21 日 龙岩市出台《关于新时代龙岩产业工人建设改革的十五条措施》。

12 月 25 日 龙岩市政府与市总工会召开第十六次联席会议。

12 月 27 日 龙岩市总工会职工服务中心被中国法律援助基金会授予“中央专项彩票公益金法律援助项目贡献突出实施单位”称号，全国工会系统仅有 5 家。

2020 年

2 月 6 日 龙岩市各级工会分别到 10 名援鄂医务人员家中慰问。

6 月 15 日 龙岩市职工维权“一案专项、一援到底”服务模式在《工人日报》头版头条作专题报道。

12 月 14 日 龙岩市政府与市总工会召开第十七次联席会议。

2021 年

1 月 17 日《龙岩市市级劳动模范管理规定》印发。

4 月 14 日 龙岩市工人文化宫正式揭牌启用，成为龙岩文化新地标。

6 月 17 日 中央苏区工人运动史馆建成开馆。该馆是全国第一家以中央苏区工人运动为主题的永久性展馆，11 月被列为全国第一批职工爱国主义教育基地。

6 月 17 日 “忆工运学党史 践初心跟党走”全省职工大学习“云”分享活动在龙岩市工人文化宫举行。

7 月 15 日 龙岩市举办第一届职业技能大赛。

11 月 26 日 市领导李建成、张国旺、王龙、谢海波在市行政中心接见载誉归来的龙岩市全国劳模郑东文、郑国强、华锦先、陈伟光、李斌生。

12 月 24 日 龙岩市政府与市总工会召开第十八次联席会议。

2022 年

3 月 16 日 2022 年龙岩市数字工匠技能大赛启动。

6 月 28 日 龙岩市首届快递行业集体协商会议在中国邮政集团有限公司龙岩市分公司召开。

7 月 29 日—31 日 福建省工会第十四次代表大会在福州召开，邓菊芳（女）、邱大武、吴蓉（女）、邱筱平（女）、林鹦（女）、高孔长、刘文洪、熊淦源被选为省总工会委员，兰建亮被选为省总工会经审委员。

9 月 龙岩市总工会成立“县级工会加强年”专项工作领导小组，同时成立工作专班，建立工作制度。

10 月 19 日 龙岩市总工会与龙岩技师学院建立新时代技能人才培育战略合作机制。

11 月 8 日 龙岩市总工会与市委统战部、市新阶联联合开展龙岩市“福来福见·福见如愿”新就业形态劳动者关爱行动。

11 月 25 日《工人日报》头版头条刊发《福建龙岩以“小站点”

服务“大民生”“十分钟服务圈”助力“大爱龙岩”建设》。省总工会和市委主要领导分别作了批示，对市总工会的相关工作成效给予肯定。

12 月 13 日 龙岩市政府与市总工会召开第十九次联席会议。

2023 年

1 月 福建省总工会公布首批 11 家“福建省工匠学院”，龙岩技师学院成功入选，成为全省唯一入选的技工院校。

1 月 12 日 龙岩市职工服务中心劳动争议调解委员会获评全国 2022 年度工作突出基层劳动人事争议调解组织。

4 月 12 日 龙岩市总工会与广州市总工会签订对口合作协议。

7 月 17 日 《工人日报》第二版以《让园区职工共享“和谐家园”》为题报道龙岩市武平县总工会整合多方力量探索“园区枫桥”服务模式，打造法律服务一体化基地。

10 月 龙岩市总工会、市中级人民法院、市司法局、市人社局四部门牵头联动 17 家公益伙伴单位，着眼新就业形态劳动者权益保障，创建了龙岩市“驿站枫桥”一体化暖“新”维权服务工作机制。

11 月 29 日—30 日 龙岩市工会第六次代表大会召开。邓菊芳当选为市总工会第六届委员会主席，邱大武、卢永锋、林少梅（女）、黄劲潮（挂职）、陈水全（兼职）、郭鸿（女，兼职）、高孔长（兼职）当选为副主席；兰建亮当选为市总工会第六届经费审查委员会主任，钟建武当选为副主任。

12 月 12 日 《工人日报》头版头条刊发《处处驿站架起座座“枫桥”》，对龙岩市总工会“驿站枫桥”一体化暖“新”维权服务机制进行了专题报道，12 月 16 日，央视新闻频道作了跟踪报道。

12 月 22 日 全国总工会法律工作部来龙岩调研“驿站枫桥”新就业形态劳动者维权服务工作。

12 月 25 日 龙岩市政府与市总工会召开第二十次联席会议。

2024 年

1 月 5 日 福建省百万职工“五小”创新成果展示会在福州举办。龙岩市总工会连续 8 年获得福建省百万职工“五小”创新大赛优秀组织奖，并作典型经验交流发言。

1月14日 《工人日报》头版头条以《“工会驿站+”，让温馨港湾更暖心》报道福建省总工会以龙岩市“驿站枫桥”为模板在全省推广构建“驿站枫桥”一体化“安新”维权服务工作机制。

3月5日 《龙岩市总工会坚持和发展新时代“枫桥经验”全面推行“驿站枫桥”维权服务机制》入选2024年第1期全国工会重点工作创新案例。

3月14日—15日 全国总工会副主席、书记处书记、党组成员杨宇栋，全国总工会权益保障部部长粟斌一行到龙岩开展工会工作调研。

4月25日 “龙岩市工会+协会（社团）提升职工生活品质”系列活动启动仪式在市工人文化宫举行。

4月30日 龙岩市劳模工匠新质生产力创新联盟“助企向新”活动启动仪式在龙岩学院举行。

5月21日—23日 全国总工会副主席、书记处书记、党组成员钟洪江，全国总工会社会联络部部长雷江平一行到龙岩调研工会法治化建设、社会联络和“驿站枫桥”维权服务机制工作。

5月31日 《工人日报》头版以《“专属关爱”让劳模多一分温暖》为题报道龙岩市总工会建立劳模医护关爱保险机制。

△龙岩市总工会推行的“驿站枫桥”一体暖“新”维权服务工作机制获评第二届福建省工会创新“十佳成果”。

7月17日 《工人日报》头版头条以《老区有了助企新联盟》为题报道福建省龙岩市总工会组建劳模工匠新质生产力创新联盟。

7月29日—31日 2024年中国工运史研究年会在福建龙岩上杭古田山庄召开。全国总工会副主席、书记处书记、党组成员朱建平出席讲话，并调研龙岩工会工作。

10月8日 龙岩工匠学院（龙岩技师学院产业工人实践基地）入选2024年度全国总工会重点支持的工匠学院。

10月18日 《福建省龙岩市总工会“点、线、面”结合，打造“红色工运”精品，赋能红色教育》《龙岩市总工会突出“三个坚持”联系引导社会组织为“10分钟工会服务圈”赋能增效》入选2024年第8期全国工会重点工作创新案例。

10 月 30 日—31 日 龙岩市总工会与市中级人民法院、市人民检察院工会劳动法律监督“一函两书”联席会议在市工人文化宫召开。

11 月 15 日 闽西职业技术学院电工技能大师工作室获评福建省总工会 2024 年度“福建省女职工创新工作室”。

11 月 21 日 《工人日报》第二版以《“开放日”里的暖“新”约定》为题报道龙岩市总工会牵头组织，把每月 17 日设立为龙岩工会“暖‘新’开放日”，以“工会主导 + 社会参与 + 多方协同”服务模式为龙岩新就业形态劳动者提供更多暖“新”服务。

11 月 28 日 龙岩市总工会《全面推广驿站枫桥　助力暖“新”维权》入选新时代“枫桥经验”工会实践典型经验。

12 月 11 日 龙岩市总工会打造新时代“枫桥经验”工会实践工作品牌入选 2024 年第 10 期全国工会重点工作创新案例。

12 月 30 日 龙岩市总工会六届三次全委会议召开，市委常委、统战部部长马勇当选为市总工会第六届委员会主席。

2025 年

1 月 17 日 《人民日报》头版报道中关注龙岩市中心城区 10 分钟就能找到“驿站枫桥”“法律援助”等工会驿站，贴心服务让户外劳动者更温暖。

1 月 24 日 省总工会发布 2024 年第 6 期全省工会工作创新案例，龙岩 6 个案例入选。

1 月 26 日 市领导陈厦生、廖深洪、陈荣水、马勇、詹崇仁分别带队看望慰问坚守岗位的一线干部职工。

1 月 29 日 市委书记余红胜深入新罗区，看望慰问春节期间坚守岗位的一线工作者。

2 月 13 日 龙岩市职工服务中心的《工会法律援助助力女职工异地追索劳动报酬》入选 2024 年度福建省依法维护妇女儿童权益十大案例。

附录 2
闽西百年工运代表人物

一、苏区时期闽西工人运动先驱

王寿德

王寿德，永定县高陂乡平在村人，1907 年出身于一个贫苦农民家庭，念过两年私塾，当过挑煤炭工，做过学徒。1928 年 11 月加入共产主义青年团。1929 年 5 月，任平在乡共青团支部书记。同年 8 月，被选任太平区工会主席。后调回平在乡任乡苏维埃政府主席。1930 年 2 月，批准转为中共党员，再度被调回太平区工会工作。1931 年 3 月底，被选为太平区工会委员长。不久调任闽西苏维埃政府工作。同年五六月间又调到闽西总工会工作，担任总工会主席，在报上发表过《闽西工人》《颂工人》等文章。1931 年 8 月，被诬为“社党”，在肃清“社会民主党”事件中被错杀。

王奎福

王奎福，永定县坎市镇合溪村人，1907 年出身于一个船工家庭，肄业于永定师范讲习班。1926 年夏，到广州进入第六届农民运动讲习所学习，其间加入了中国共产党。同年 9 月结业，任国民党中央农民部特派员，随北伐东路军回永定，在下洋公学建立中共金丰支部，还在洽溪、新罗、青坑一带建立农会，开展农运。1927 年，又将千余名木船工人组织起来成立永定河蓬船工会，担任秘书，领导了对残酷剥削船工的永定厘金局的清算斗争。同时，还协助组建全县建筑、理发、缝衣、刨烟等行业工会，创建了永定县总工会。3月底，以中央农民部汀漳办事处特派员身份，到上杭参加“长杭武永四县党部及民众代表联席会议”，被选为“汀属八县社会运动人员养成所”筹备委员，协助林心尧招收各县160余人入所学习，为闽西培养了一批农运骨干。“四一二”反革命政变后，从上杭潜回家乡，开办平民学校，进行隐蔽的革命活动。1929年5月，红四军解放永定，被选为洽溪乡苏维埃政府主席。1930年春，任洽溪、抚溪隔、扁堂山、高枧下四村联合成立的“四方联乡”苏维埃政府主席。后调任永定县总工会秘书长，并兼县民船工会秘书。又调到闽西总工会筹备处担任秘书，负责组建闽西总工会。11月，在闽西工人第一次代表大会上被选为闽西总工会秘书长。1931年8月，因“肃社党”事件在虎岗被错杀。新中国成立后追认为革命烈士。

卢冠卿

卢冠卿，原名卢荣祯，永定县坎市镇高坑村人，1906年出生。1922年考入福建省立龙岩第九中学，积极参加学生运动。1927年8月，加入中国共产党。1928年春，担任永定县委常委兼工运负责人。1928年6月—8月，先后参加永定暴动和闽西秋收暴动。同年11月，在合溪石矿里听取罗明传达党的六大精神后，与特委、县委负责人一起转移至文馆的老虎坑。11月30日，因特委、县委机关暴露，遭敌包围，在组织突围时中弹牺牲。

伍步祥

伍步祥，1899年4月出身于上杭县泮境乡元康村的贫农家庭。1928年参加平民夜校，积极宣传革命思想。1929年6月，参加泮境农民武装暴动，开展打土豪分田地斗争，同年加入中国共产党。1931年担任杭武县苏维埃政府工会主席、县苏维埃政府副主席。1932年5月奉命返乡开展巡视工作，不幸被捕遭敌杀害。新中国成立后被追认为革命烈士。

李联星

李联星，龙岩城关西街人，1902年出身于手工业者家庭。15岁到新加坡华侨银行当工人，因阅读马克思主义书籍和宣传社会主义，被银行老板开除而回国。1924年与厦门集美龙岩籍学生创办《新龙岩季刊》。1926年经罗明介绍进入毛泽东主办的广州第六届农民运动讲习所学习，并加入中国共产党，结业后被任命为国民党中央农民部特派员兼福建省汀漳龙农民运动办事处负责人。1927年1月，当选为中共闽南特委委员。在此期间与许士淼在漳州、石码组织了印刷、丝纱、汽车、邮电、皮鞋、理发、码头、造船等工会，进而发起"二五"加薪斗争，取得胜利。1927年12月，当选为中共福建省临时省委委员。1928年10月，由于叛徒告密在石码被捕，同年12月22日，在漳州仰止亭壮烈就义。

苏阿德

苏阿德，原名苏鸿章，又名苏达、苏德，永定县湖坑乡南中村人，1906年出生。1926年夏，加入中国共产党。1928年3月，参加后田暴动。7月，任中共闽西临时特委执委。1929年2月，当选为中共龙岩县委委员，负责工运。7月，在龙岩建立了工人支部6个，发展工会会员数千人。7月，闽西一大召开，当选为闽西特委委员兼工人部部长。不久，又担任闽西赤卫大队长。1930年2月，中共福建省委在厦门召开第二次代表大会，当选为省委执行委员、职工委员会书记。7月，与团省委书记王德一起在泉州召开特委会议，部署惠安暴动，后与陈平山、兰飞凤等组成一个突击组，打通惠安东北的"钢川走廊"，并到十八乡建立赤卫组织和发展秘密交通点。1931年1月，任福州中心市委委员、职工党团书记，一时间福州地区工运、兵运、学运非常活跃。1933年秋，不幸被捕入狱，"福建事变"后才获释。1934年1月，任福州中心市委组织部部长。3月，任连江中心县委特派员。6月，任闽东临时特委书记。10月，代表闽东特委去上海，写下《闽东特委总报告》等3份材料。1935年夏，乔装徒步返回永定。先后担任中共南溪区委书记、永和靖军政委员会副主席等职。1936年冬，调回龙岩县委工作。1937年4月，被保安团包围逮捕，在狱中坚贞不屈，表现了一个共产党员的高贵品质。8月初，被敌人杀害于龙岩。

阮耻生

阮耻生，原名桂联，永定县湖雷乡上南村人，1903 年冬出生。七岁入私塾，一直读到旧制中学毕业。1926 年秋，担任阮山等共产党员创办的毓秀学校教员。1927 年春加入中国共产党。1927 年 2 月，担任永定县农民协会文书。10 月，成为农会骨干组成的“铁血团”主要成员之一。1928 年 6 月参加湖雷暴动，揭开了永定暴动序幕。随后，他跟随阮山率暴动武装转战金丰地区。1929 年 5 月，红四军入闽解放永定湖雷后，担任第三区苏维埃政府主席，不久，改任湖雷区工会主席。同年 10 月，担任永定县总工会主任。1930 年 10 月在永定县第四次工农兵代表大会上当选为候补常委兼社会保险科科长。1931 年 5 月，在肃清“社会民主党”事件中被错杀。

林雪榕

林雪榕，又名柏兴，龙岩西山人，1909 年出身于贫农家庭。读过两年私塾。14 岁到鞋店当学徒，三年出师后被西门美南鞋店聘为师傅。1929 年红四军三打龙岩城后，他带头组织全城鞋业工人成立鞋业工会，并当选为主席，后被选为龙岩县总工会委员，并被吸收为中共党员。不久后提任龙岩县总工会主席。1930 年 2 月，奉命调厦门搞地下斗争工作。当年 5 月，被中共福建省委挑选参加“厦门劫狱”斗争并取得胜利，被誉为“劫狱英雄”。1931 年在漳州秘密工作时不幸被捕，1934 年被杀于厦门。

杨世宁

杨世宁，又名德怀，龙岩万安松洋村人，1906 年出生。1922 年进入厦门集美学校师范部学习，开始接受马克思主义。1924 年与龙岩籍同学创办《到民间去》和《新龙岩季刊》，1925 年暑假回龙岩与同学创办龙岩公学，免费招收贫民子弟。此后他先后进入厦门大学、上海大学、中山大学学习。1926 年 5 月参加福建革命青年团，进而加入中国共产党。1927 年 1 月，中共闽南临时特委成立，当选为委员。同月，组建中共厦门市委，担任工运委员。1 月 24 日当选为厦门总工会副委员长。在此期间，厦门工人在罗扬才、杨世宁领导下，开展以“二五加薪”为目标的“罢山罢海”斗争并取得胜利。在罗扬才、杨世宁的领导下，厦门基层工会发展到30多个，会员2万多人。1927年“四九”反革命政变时被捕，6月2日壮烈就义。临难时杨世宁给父亲留信说：“儿为国为民而死，死亦甘心。”

杨全贵

杨全贵，龙岩城区社兴人，1896年出生，当过打面线工人。1926年冬，在邓子恢、郭滴人等共产党人指导下，团结组织龙岩城的店员、学徒成立龙岩县工人协会，并当选为主席，这是龙岩有史以来第一个工人组织。工人协会成立后开展了一系列的政治、经济斗争，争取工人增加工资、改善待遇并取得了胜利。1927年加入中国共产党。国民党发动“四一五”反革命政变，清党反共，工人协会被迫解散，他仍然坚持斗争。同年11月，积极参加龙岩城暴动，事后土著军阀陈国辉部卷土重来，杨全贵被捕，壮烈就义于龙岩城北门。

范源华

范源华，永定县合溪乡人，1904年6月出生。幼读私塾，16岁后在家务农。18岁到莱地黄培元烟厂学刨烟丝，三年满师后，留下当刨烟师傅。后接受共产党的教育与熏陶，提高了阶级觉悟，于1927年冬加入中国共产党，并积极投入党的地下活动，发展了一批共产党员，壮大了党的组织。1928年7月，在永定暴动的影响下，筹建五六十人的暴动武装，并于同年冬参与领导了莱地暴动，成立了莱地乡苏维埃政府，不久带领暴动武装坚持游击斗争。1929年冬，任合溪区苏维埃赤卫营政治委员。1930年夏，调任永定县赤卫队政治委员，同年9月，又调任永定县苏维埃政府土地委员会委员，协助各乡苏维埃重新分配土地。1931年9月，接任闽西总工会主席。1932年2月，任福建省职工联合会执行委员，4月，接任福建省职工联合会委员长。因积劳成疾，于1933年5月在瑞金红军医院病逝。

林海钦

林海钦，永定县湖雷镇人，1892年出身于一个贫苦农民家庭。幼年读过几年私塾。16岁后学做裁缝，三年出师后一边帮人做衣服，一边种田。1926年夏，在中共永定支部的影响下，他与同行业的缝衣工人阙为龙等带头组织工会，倡议实行“八小时工作制”，并积极宣传革命。1927年“四一二”反革命政变后，转入地下活动。1928年6月29日，参加永定暴动，配合阮山策动农军30余人，打入上湖自卫队，夺取其枪支。当晚与陈东武装500余人联合捉拿地主土劣，开仓分粮，烧毁田契、债约，拉开永定暴动序幕。6月30日，即与卢肇西等领导的金丰暴动队转战岐岭、下洋、古洋、平水坑等地，策应攻打县城。1929年5月下旬，红四军到达湖雷时，成立湖雷区革命委员会，他是委员之一。后担任过湖雷区苏维埃政府宣传干事、区工会主席。1930年10月，当选闽西第一次工人代表大会代表。同年11月，在闽西第一次工代会上，被选为闽西总工会执委常委兼财政部负责人。1931年春，调任闽西苏维埃政府文化部部长。同年5月，在肃清“社会民主党”事件中被错杀。

张勋

张勋，又名张芬，永定县凤城镇人，1908年出生。1928年6月，参加永定暴动，同年加入中国共产党。1929年5月，毛泽东、朱德率红四军进入永定时，任共青团溪南区委委员。1930年2月，在永定县第二次工农兵代表大会上，被选为县苏维埃政府候补执委，负责青年工作。6月，共青团闽西特委成立少先队总队部时，任总队部主任。8月，在龙岩召开的共青团闽西特委第一次代表大会上，当选为共青团闽西特委委员、常委。10月，闽西共青团、总工会等组织合并为总行委时，任总行委下设的青年工作委员会委员，积极致力于闽西地区的青少年工作。同年，还兼任闽西总工会候补执委。1931年2月，当选为闽西苏维埃政府执委、常委。6月，在闽西肃清“社会民主党”事件中蒙冤被杀。1959年12月，被追认为革命烈士。

张世昌

张世昌，又名远煌，龙岩陈陂人，1913年生。幼时在西山小学就读，后在岩城南门下药铺当学徒。1929年红四军打下龙岩城后，参加了学徒工会和工人纠察队，由于表现勇敢积极，被选为学徒工会主席。1930 年 9 月，代表龙岩工人参加闽西第二届工农兵代表大会，被选为闽西苏维埃政府执行委员和第一任职工部部长。11 月，参加闽西工人代表大会，当选为闽西总工会执行委员。不久，随闽西苏维埃政府撤离到永定虎岗坚持斗争。1931 年春，在肃清“社会民主党”事件中被错杀。

张旭高

张旭高，又名昭明，字问鸥，龙岩县曹溪乡董邦村人，1903 年 5 月出生。1924 年，在集美学校读书时，与龙岩籍同学发起组织“新龙岩季刊社”，出版《新龙岩季刊》《到民间去》等刊物，宣传新文化，后到中山大学、上海大学社会系深造。1926 年底出任岩平宁政治监察署专员。1927 年 2 月，开办“岩平宁宣传人员养成所”，任所长兼教员，培养工农运动骨干。召开龙岩各界联谊会，通过“提高工人地位，保护工人权益，店员工人实行 8 小时工作制和星期日休息制”等决议。龙岩“四一五”事变后前往漳州、厦门一带活动，并加入中国共产党，担任平和县委书记。1928 年，转往上海等地活动，因环境恶劣，被迫于 1930 年秋前往菲律宾。1931 年，在宿务中学任训育主任兼史地教员。1932 年春，往马尼拉市郊创办巴西中华中学及南洋中学发展华侨教育。1936 年秋，组织华侨文化界抗日救国会，致力于抗日救亡运动。1941 年初，日本侵略军占领马尼拉后，与家人暂时隐蔽，仍与地下工作者和游击队保持联系，进行递送信息、筹集抗日经费等活动。1943 年 9 月，被日军逮捕，因敌探一时尚认不清其真实身份而被释放。1944 年 1 月 5 日，再次被日军逮捕，惨遭杀害，为国捐躯。

张思垣

张思垣，1905 年 1 月出身于上杭县旧县乡水东村一户贫农家庭。1929 年 8 月，参加赤卫队。同年年底，加入中国共产党。1930 年 11 月，在回龙成立闽西蓬船工会，被选为委员长，领导汀江、旧县河、黄潭河、建南河等基层工会开展工作。1931 年秋，闽西蓬船工会改称闽西木船工会，仍任委员长。1932 年 2 月 13 日，福建省职工联合会成立，被选为委员长。同年 3 月 18 日，福建省第一次工农兵代表大会在长汀县召开，被选为省苏执委主席团副主席兼省苏劳动部部长。1934 年 10 月，中央主力红军长征后，与省苏机关工作人员、武装人员转入游击战争。1935 年 4 月，杭代县军政委员会成立，被选为副主席。1935 年 6 月，任新汀杭县军政委员会书记。新四军第二支队北上抗日后，留在闽西坚持斗争。1938 年 6 月 6 日，在中都豪坑活动时，被当地民团抓捕杀害。1985 年 4 月，被追认为革命烈士。

沈邦翰

沈邦翰，又名兴辉，连城县城关人，1901 年出生。早先在米店做帮工，1929 年 7 月，红四军进入连城时，在红军帮助下组织起店员工会，任主席。1930 年春，加入中国共产党，10 月任连城县革命委员会主席，11 月任连城县临时革命委员会主席兼县游击队队长。1931 年秋，任连城县苏维埃政府主席兼连城县委书记。1933 年冬，调福建省苏维埃政府担任油印、传达等工作。1934 年 5 月，调回连城任县苏维埃政府副主席兼军事部部长、县委副书记等职。在任职期间，和妻子黄富群（县苏妇女部部长）领导连城人民在苏区工农业建设、文化教育、消灭民团土匪的斗争中作出了巨大的成绩。1934 年 5 月，连城失陷后，带领县苏维埃政府、县游击大队，在连城、长汀、清流、宁化交界地带坚持游击战争。主力红军长征后，在宁化被敌人抓捕，押解回连城。1935 年 7 月 26 日，夫妻俩同时被国民党杀害。

周继英

周继英，原名周桂香，1896 年 12 月 12 日出身于上杭县临江镇镇中街一个裁缝师傅家庭。1926 年下半年起，以裁缝身份作掩护，积极参加党领导的各项工作，同年加入中国共产党。为适应蓬勃兴起的工人运动的需要，先后筹备建立了缝衣、码头、小贩等 10 余个行业的工会组织，并被推选为上杭县总工会委员长。1927 年春，上杭工农革命运动达到了新的高潮，而盘踞在上杭的北洋军阀也加紧勾结土豪劣绅、贪官污吏，镇压工人运动，在此期间，他领导工人农民进行不屈不挠的斗争，同时参与组织青年学生进步团体“奋斗社”，出版《奋斗》杂志，以宣传救国救民真理。蒋介石发动“四一二”反革命政变后，“清党”反共的阴云笼罩上杭城，5 月 6 日晚，他不幸被捕，第二天英勇就义。

郭渭南

郭渭南，龙岩西陂乡西山村人，1914 年出生。幼时入培文学校读书。10 多岁便到漳州乐安旅社当学徒。1929 年 7 月，在漳州加入中国共产党,8 月返回龙岩，任县店员工会主席。1930 年，龙岩城失守，随红军游击队转战农村。1931 年 11 月，被派到闽西交通总局（设在长汀）工作，翌年 4 月，调江西瑞金任中华苏维埃邮政总局收发科科长，1934 年又兼任会计科科长。主力红军长征后，留闽赣边区负责地下通信工作，在转移途中被捕，1934 年 11 月惨遭杀害，英勇献身。

翁成金

翁成金，原名翁进煌，又名汪成金，龙岩北门人，1908 年 12 月出生。1922 年，随父往厦门做小贩，后学做皮鞋手艺。1928 年，回龙岩做鞋业工人。1929 年，龙岩成立革命委员会时，在鞋业工会任宣传委员，后任总工会常委兼组织科科长。同年 7 月，加入中国共产党。1930 年 4 月，调到共青团福建省委组织部工作，参与了“五二五”厦门劫狱行动和厦门市委领导的一些基层支部工作。1931 年春，调任团省委巡视员，先后到同安、泉州、石码、海澄、漳州、永春、德化、安溪等地巡视，传达省委“开辟游击区，创造新苏区”的指示。同年冬，到安溪作第二次巡视，传达中共厦门中心市委关于团结抗日、反对国民党蒋介石第三次“围剿”、组织“反帝大同盟”的指示。后长期驻安溪，参加领导安南永德地区的革命斗争。1933 年 5 月，任中国工农红军闽南游击队第二支队政治部主任，10 月起，任中共安溪中心县委执委。1934 年 8 月，任中心县委秘书，同年 12 月，任中心县委书记。1935 年 7 月，改任中心县委组织部部长，8 月仍任中心县委书记。同年 10 月，被叛徒抓捕后脱险，离开安溪。后在龙岩退休。2011 年 3 月 2 日，因病逝世。

黄少读

黄少读，又名浩金，1905 年出生于龙岩湖邦湖二村。少时就读开明小学，后在湖邦的赖坑学校教书。1923 年在龙岩城铜钵巷“采昌”

布杂店当店员，后到“明华”店当“钱柜”。1929年6月，红四军打下龙岩城后参加革命，7月，当选为龙岩县总工会常委，后接替郭奋出任主席。1930年2月，龙岩城收复后，调任城区苏维埃政府主席，又调漳平永福开辟新区。1931年春，在肃清“社会民主党”事件中被错杀于小池。

曹金兰

曹金兰，龙岩红坊人。早年在长汀城“美成龙”糕饼店当师傅，后转到“泰斗”杂货店当“账柜”。1929年红四军首次入闽打下长汀后，加入汀州店员工会。1930年11月，参加在龙岩城召开的闽西工人代表大会，当选为闽西总工会常委、裁判部部长，留在龙岩工作。年底随闽西总工会撤离龙岩城到永定虎岗坚持斗争。1931年春，在肃清“社会民主党”事件中被错杀。

曹咏奇

曹咏奇，龙岩红坊人，1907年出身于贫农家庭。早年在红坊翠升学校就读。1929年在龙岩城区参加革命。1930年11月，代表龙岩工人参加闽西工人代表大会，当选为闽西总工会第一任主席、执行委员、常务委员。1930年底，率闽西总工会成员撤离龙岩城，到永定虎岗坚持斗争。1931年，在肃清“社会民主党”事件中被错杀。

曹景清

曹景清，龙岩红坊南阳人，出生于1909年。幼时在家乡翠升小学就读，后往赣州当学徒。1926年冬，在北伐节节胜利的形势下，积极投身赣州的工人运动。1927年初夏，赣州国民党右派发动反革命政变后，转到长汀，在“黄益茂”杂货店做工。同年秋，加入中国共产党。在南昌起义部队的直接影响下，秘密发动和串联长汀的一批工友起来斗争并取得了胜利，后被驻长汀的地方军阀郭凤鸣下令拘捕并投入监狱。1929年3月，红四军打下长汀城后获救。后受党组织委派，回到家乡龙岩开展革命活动。1930年春，在闽西苏维埃政府工作。同年11月，参加在龙岩召开的闽西工人代表会议，当选为执委、常委，并负责闽西总工会组织部。1930年底，龙岩沦陷后，他与曹咏奇率闽西总工会退到永定虎岗。1931 年初，在肃清“社会民主党”事件中被错杀。

廖汉标

廖汉标，永定县高陂乡和兴村人，1911 年出生。7 岁入学读书，1924 年高小毕业后考取龙岩“省立第九中学”，在读期间加入进步团体奇山书社，接受马列主义教育，参加了共产青年团。1929 年 5 月，红四军入闽解放永定后，立即投身革命，受组织委派，回太平区担任共青团组织干事。后受区委委派到坎市街做店员、学徒的思想政治工作，吸收进步青年参加共青团，成立团支部，组织工会，与商店老板开展合法斗争。1930 年春，调到永定县苏维埃政府工作，任永定县总工会秘书，后又被选任为县总工会主席。同年冬，转为中共党员，并调派到汀连县担任共青团县委书记。1931 年 7 月，在肃清“社会民主党”事件中被错杀。

熊炳华

熊炳华，1906 年出身于永定县湖雷乡上北村的一个贫苦农民家庭。1928 年春参加革命，不久，加入中国共产党。6 月 30 日，参加湖雷暴动，随后，与阮山等人率领队伍开赴陈东参加金丰暴动，接着，组织武装转入山区坚持游击活动。1929 年 5 月，红四军解放永定后，被选为乡苏维埃政府主席。8 月，湖雷刨烟工会成立，被选为主席。同年秋，毛泽东来永定指导革命斗争和养病时，他负责联络和后勤工作。1930 年，先后参加永定县第三、四次工农兵代表大会。11 月，参加闽西第一次工人代表大会，会后留在总工会工作。1931 年春，接任闽西总工会主席。5 月，调任闽西苏维埃政府劳动监察部部长。同年 8 月，在闽西肃清“社会民主党”事件中蒙冤被害于虎岗。

魏吾

魏吾，福建龙岩人，1905 年出生。1927 年在“四一二”“清党”反共事件中被捕，后被救出。1929 年加入中国共产党。同年秋，任龙岩县苏维埃政府文化教育委员会主任、龙岩县店员工会主席、龙岩县工会主席。1930 年 3 月，当选闽西苏维埃政府候补执行委员。9

月，当选闽西苏维埃政府执行委员。10月，当选龙岩县苏维埃政府主席。1931年3月，改任中共龙岩县委组织部部长。同年春，任龙岩县肃反委员会主席。9月，因在肃反中犯有严重错误被闽西政治保卫处处决。

二、新中国成立以后闽西劳模先进名录

（一）历届全国劳动模范和先进生产（工作）者名录

1956年：廖平、余敏赐、黄耀升

1959年：洪应林、李四哩子、陈德意

1960年：张红、阙炎和

1977年：陈景明

1989年：张乾巽、林芸芸、王仰高、尤振民、林建仁

1995年：邱胜华、李振营、金石根、徐诗战、罗庆年、张柏江

2000年：卢金来、饶才富、赖桂香、曹水金、章联生、赖木生

2001年：黄榕泉

2003年：洪通平

2005年：李新炎、江友刚、陈业忠、罗炳杰、林康福

2010年：吴美兰、刘庚明、赖鞍山、陈进周、陈文生、兰华雄、邱德波

2012年：罗胜奎

2015年：赖茂增、高孔长、叶长圳、徐淑英

2020年：陈伟光、李斌生、郑东文、郑国强、华锦先

（二）历届全国五一劳动奖章获得者名录

1986年：林汝照、薛由安

1987年：林以乐

1988年：林国良

1990年：金石根

1991年：罗庆年、颜启淡

1992年：李振营、曾石得

1993年：金佛、郑敏娜

1996年：徐意鸿、戴俊生

1997年：钱永山

1998年：赖桂香、陈玉惠

1999年：卢金来、饶才富、袁如香

2000年：罗福群

2001年：姚彩芳、杨桂长

2002年：林晓东

2003年：马洪晋、吴江滨

2004年：李跃民、薛德乾

2006年：叶青柏、郭幼味

2007年：陈文生

2008年：陈克明、赖鞍山、许永忠

2009年：张烈湖、钟万福、柯明星

2010年：林祝荣

2011年：郑东文、吴荣桂

2012年：袁其辉、郑星奎、刘星光

2013年：丘国雄、俞金生

2014年：谢红梅

2016年：王钰海、包芳芳

2017年：黄家焱、饶虹燕

2018年：江媛英

2019年：余莲

2021年：林添福、张兴勋、江益忠、华建彬

2022年：黄举福、闵龙林、殷世龙

2023年：陈武潮、黎本武、罗雪滨、林德荣

2024年：张美英、简国林、刘文洪

（三）历届省劳动模范和先进生产（工作）者名录

1950年：黄锦标、李占芹、胡明显、王兴禄、钟浪海、李成业、黄酸

1953年：苏蔡地、刘志雄、陈洪振、张传陞、黄软妹、黄步周、何细妹、邱福才、李五凤

1955年：翁添成、李松波、谢仁村、张兆南、李友忠、张耀仁、赖海添、张南泉、张良海、陈延明、杨世生、李玉汀、林加楚、蒋士成、陈富禄、赖游春、罗祥有、卢启明、熊志民、萧文贤、李仁彩、

谢均坤、李宜贤、丘福才、雷佛春、李珍万、刘森山、赖炎辉、何振谦、谢喜松、罗森福、林亨通、薛桂文、杨保元、刘朝宋、郑集仁、罗开元、何大春、钟锦福、吴添卿、王业培、冯大旺、林三升、袁国光、邓有玉、刘秀清、胡其安、黄运文、兰自来、陈标博、赖信广、廖先贵、林启书、刘马水、吴慕恩、戴庚生、张朝元、张隆汉、姚昌标、蒋应生、罗炎辉、江和春、黄林古、余仰英、陈招菊

1956 年：李成德、陈其祥、林德春、罗清江、张志铁、章尚文、刘海明、范应酉、李赠发、郭永和、廖平、李大田、高德发、黄玉亮、吴寿生、谢再添、王长安、刘广福、钟大族、简跃、陈烘、翁水根、林泉竹、李炳根、林有海、张奇文、吴进江、林启明

1957 年：刘玉初、谢钟淮、王文骏、谢添贵、邓荣光、赖占铭、赖炳娣、曾福利、赖增才、罗重浪、李禄贵、赖八妹、黄金章、罗炳旺、陈祥春、蓝郁兰、王桂兰、陈宜英、钟乃昌、冯维扬、钟毓塘、林生珍、赖瑞村、刘有金、朱花、江张林、谢樟泉、胡昌森、涂联桂、黄村奎、张涌元、林维南、谢添贵、尹水生、郭金满、洪明坤、朱花、陈元明、张阳辉、许祖灿、魏衍太、钟仰钦、黄长林、肖九尧、林太荣、魏永济、钟四妹、赖兴泉、张富蓉

1959 年：翁荣汉、张志铁、黄和平、林清海、李云新、严钦良、叶奇珍、章高文、邱汉杰、郭海德、郭惠金、白忠吉、邱南岗、林月彬、朱河仁、罗清江、白元三、陈水仙、陈亚盾、潘玉展、李银寿、梁永文、沈油、陈启龙、蔡邦陈、郑达明、丘亮佳、张德秀、傅桂松、肖作兴、高德发、戴茂杨、李四哩子、董桂兰、吴大铭、罗灯炳、李在美、李瑞煌、黄桢祥、黄祥记、江学新、林方闰、吴旭庭、李如樟、林有勋、谢应生、陈清蔗、饶强、林全桂、李雪琼、杨虎黎、林根良、詹笑珍、蒋长生、郭添才、李南福、高炳星、陈情、戴村炎、陈加平、陈阿如、黄瑞锭、阮敏芳、罗胜祥、赖日照、林洪开、李采荣、黄占润、邱朴章、许陈禄、王得传、钟万福、林有礼、陈伙弟、方喜林、汤振加、修兴贤、王日新、朱功振、林淑贞、林晋仁、俞林生、罗书中

1960 年：陈震英、林燕雀、郑起英、游巧武、兰天、陈荣坤、韩克伦、华敦善、陈天生、张红、陈文彬、麻旺藤、郑启明、刘香枚、吕宗炎、刘石生、陈德宗、贺炳尧、卢登彩、阙炎和、卓剑心、

王玉生、卢国珍、王玉莲、温赠玉、兰昌明、邓生佳、周彩庭、钟良明、钟尚智、张真华、曾文振、黄兰元、林永基、刘麒麟、刘天汉、石招秀、李胜源、蔡植辉、王明水、雷开华、俞如炎、谢德昌、戴国熏、蔡仁峰、黄和光、上官雄、罗仙妹

1963年：刘金大、张柏金、吕成基、陈能为、李淑娇、陈贤章、苏新烟、洪锦成、钟育堂、肖作科、王运添、刘马水

1964年：张梅发、张泉富、王金秀、曾大姑、邱连地、杨香王、傅牡丹、何德明、陈秀花、吕兰英、蒋明英、邹蜂春、张世柱、赖景常、卢寿富、黄发元、游德妹、廖凤珊、张有英、卓才莲、简福福、何永初、陈纪堂、蔡良成、苏洪、汤思官、钟德昌、刘有金、邓有玉、黄贞明、梁带永、钟育堂、马钦荣、谢子竣、陈仁娥、包祖德、胡金福、何秀娇、黄爱华、游顺兰、赵卓然、苏成祥、张籍团、范秀春、严世珍、林月彬、宋增池、曾素惠、陈毛虎、黄春兴、陈阿康、邢守林、王化庆、曾月辉、罗廉宝、林达兆、陈日新、杨翠卿、陈敬村、赖天成、牟天贵、王友生、肖俊仁、张志伟、陈根柏、陈锐钻、洪友松、赵子标、林奎旺、余长河、江丕成、施能寸、黄火用、陈福全、陈捷义、陈清根、林长城、黄发源、陈金芳、涂尚儒、林新昌、卢嘉登、单德杨、李林甫、黄德元、傅仁田、陈福英、江茂荣、李翰新、廖元福、钟华春、兰周良、黄崇文、邓兴东、李时镁、林步新、沈福荣、陈文世、吴筱明、梁德、李在美、颜兴泉、蔡松祥

1977年：陈文基、袁金旺、张银金、黄发源、兰丁全、孙即丰、张才亮、赖宏富、孔凡室、黄杰成、罗会泉、武振来、赖益信、罗韶华、陈文熙、俞玉亭

1978年：官富生、钟日茂、兰增福、张银金、陈毛虎、孙兆富、陈仁香、张才亮、陈文熙、俞玉亭、阙硕龄、谢忠义、刘永绍、郭维国、张笑青、魏洪昭、吕大进、郑佩诏、符长玉、雷开华、张永年、刘友珠、吴有春、郑长明、罗官祥、黄存仁、沈集增、黄日照、王志强、郑庆昇、朱天亮、尤元璋、杜龙江、张克定、郑国良、张力田、邱泉观、陈永先、廖世芳、简鸿勤、黄同桢、俞景星、兰衍义、黄世强、肖满田、施关福、吴经奋、李金田

1979年：张占团、张佳旺、张玉芝、黄发源、欧玉清、卓赐应、王仰高、黄德兴、徐振忠、李仁深、苏良均、李桂祥、苏爱英、沈宝

云、华海涛、俞玉亭、孙兆富、吴宝生、赖洪胜、黄士养、钟日茂、张惟、谢祥波

1980年：章永明、田本仁、陈桂壁、徐焕欣、袁爱珠、陈加福、袁金旺、孙庆坤、翁兰玉、林祖由、邱录森、蔡运忠、曾翠云、詹东东、廖开贵、王作荣、黄天炎、蒋仁龙、兰增福、徐振忠、李仁深、陈瑜、刘炎盛、赖俊锦、苏良均、丘绍荣、李桂祥、苏爱英、钟日茂、凌发德、官富生、吴小蓉、华海涛

1982年：兰善玉、钟大钦、郭仰飞、董福群、丘绍荣、杨翠芳、官世浩、钱昌煜、钟日茂、陈树森、孙兆富、林坤土、翁金坚、郭炳木、林绍溪、袁爱珠、张玉芝、林生高、陈焕其、邓逢秋、赖炳扬、翁兰玉、林海南、兰增福、江棣章、张鉴源、林健玲、陈国礼、卓赐应、吴勇勤、黄金钩、刘思通、陈建成、林国祥、熊中丰、林志声、孙庆坤、熊梅兰、阙如镜、陈添诚、郭立生、兰冠中、温佛德、王仰高、苏爱英、阙硕龄、李主明、谢东海、刘步文、华成香、赖仲坚、俞玉亭、谭项宏、罗顺阳、张力田、吴小蓉、谢少梅、陈学宠、李万成、胡受文、郑元凤

1988年：陈森官、陈木山、金石根、郭同林、石碧丹、王力峰、董德欣、林以乐、洪清河、欧炳炎、尤振民、刘树宏、汤宗进、甄乐中、卞抗美、吴格兴、刘润藻、潘目成、庄清玉、张林山、陈明垒、郑涌源、周聪贤、罗天水、黄贞明、林嘉达、彭昌明、林庆祥、梅荣华、杨梅、林芸芸、罗克昌、童远生、林国良

1991年：邹杰、林文龙、张国兴、江俊祥、颜启淡、蒋丽萍、王琼珍、张海清、张景海、郑景林、杜眷明、张寿盘、刘建国、吴文化、陈祥熙、程国良、吴兆宏、周木德、邱嘉源、方庆亮、罗维功、吴汝唐、刘冠新、罗庆年、罗荣先、温新华、林巧兰、赖星诚、张国贞、陈胜超、刘长桂、邱利权、廖金魁、罗金根、赖国源、朱国雄、赖木生、赖其鉴、洪文螺

1994年：刘作良、王金花、邱胜华、叶元达、简启聪、陈天宝、毛安生、罗炳洪、黄光德、张杭祥、陈根跃、谢香林、王春熙、陈爱娟、段渭景、江庆泰、赖定美、黄仲华、黄建榕、谢瑞英、吴友清、陈思书、陈水荣、张榕功、吴锦煌、张柏江、翁河童、李力民、林天祺、陈富林、蓝如金、丘跃祥、林新玉

1997年：钱永山、顾丽娜、彭金德、林元斌、郭企彦、曹水金、陈开红、赵善勇、邱冻淇、张毅坚、张惠兰、张春鸿、俞石桂、阮天明、丘敏西、王万金、林凤英、王瑞英、李悦英、罗永保、罗炳杰、熊德良、章联生、陈永森、赖禄太、赖洪贵、刘广福、汤金都、李文桂、蔡杰、王振民

2000年：练荣木、王业志、陈景河、朱有凤、李金秀、李棠春、陈胜利、曹峰、杨天钿、廖艳霞、陈刚、张辉荣、唐日平、叶青柏、黄锦芳、陈文生、练交泰、袁秋水、李如珍、李双盛、袁如香

2003年：柯银河、周宗胜、涂占发、简才章、陈业忠、许沂炎、王尚泉、江友刚、李明卿、邱爱华、傅礼沂、吴江滨、蒋瑞珍、余平溪、江柏旺、邱国潮、吴吉富、雷焕文、廖元基、林荣达、马洪晋、蒋建军、丁福兰、曾桥汉、姚彩芳、林晓东、罗福群、杨桂长

2006年：王树先、张菊兰

2007年：郭志敏

2008年：黄家焱、郭笑珠、郑秀福、刘庚明、卢启沛、周春来、李慧华、盖桂林、潘仁湖、邓应雄、吴美兰、余财凤、陈方度、沈腾香、欧桃香、林伟雄、张义钦、陈进周、刘桂荣、邱景河、郑佩祥、罗树波、邹来昌、王跃荣、兰华雄、林群、魏勋民、苏慧芳、游勇章、张才娣、邱育华、黄小平、刘晓钦、练建斌、张明松、华钦鑫、孙家敏

2009年：邱应龙、谢建潮、张友生、郑健文

2010年：林仁周

2013年：李斌生、熊文孝、陈国栋、黄斌、阙茂文、李发金、邹德森、廖木英、江道明、穆国红、袁秀英、林钦城、陈俊平、钟为仁、赖茂增、范小明、修连金、谢红梅、王芬英、黄金养、刘祝平、俞智武、叶长圳、王智敏、姜林灿、曾海东、张木杨、唐维炳、徐淑英、林木荣、翁卫、兰子禄、韩喜安、郭建平、林鹦、丘洪兴、高小龙

2018年：廖小平、叶活动、傅丽华、华锦先、苏强海、刘永良、张汀平、袁致忠、林建文、罗桂华、丘文山、梁永英、张秋萍、刘科星、陈伟光、李裕春、钟亮生、彭金荣、孙艳丽、林玉件、赖小萍、易小贞、林浩彪、邱金妹、吴馥香、李安洪、林美丽、李超、曾佑

太、林小祥、张桂潮、戴寿传、陈国强、郑国强、罗伟、孔华、江巧蓉、廖材河、黄家华、陈国强、邱熠枫、方春生

2023 年：邱碧荣、苏向阳、孔秋平、章生亮、陈益荣、李秀菊、王庆新、黄小娜、张曲萍、蓝永建、周小燕、林新英、吴兰玉、王新宝、钟英有、吴才英、曾清能、惠颖娟、邱道良、吴水长、傅权华、罗家淇、柯小兰、巫吉芳、张松妹、黄建萍、蔡裕泰、朱莲秀、李志鸿、傅颜洪、姜志强、胡新亮、郭毅斌、廖月璋、谢建谋、林福、曾松生、邱琰琛、黄荣庆

（四）历届国家部级劳动模范和先进生产（工作）者名录

1956 年：王元璋、陈继养、温寿腾、赖柏章、郭桂花、陈英义

1959 年：蔡永书、曾水玉、陈天祝、李曰贵、邱启祥、曾老树、李大木、胡灿明、戴汝铜

1977 年：张银金

1978 年：邓美新、卓赐应

1980 年：俞玉亭、林开升、黄土养

1981 年：官世浩

1982 年：林坤土、傅仰堂

1983 年：郑友谊、马树勋、蔡淑敏、陈仰禄、官世浩

1984 年：邱素美、罗仁明

1985 年：李邦槐、张作松、刘国永

1986 年：罗雪才、林以乐、罗仁明、许德馨、邓灿龙、廖镇洲、涂良周

1987 年：廖长寿、郑楚洪、林芸芸、陈金华

1988 年：陈明谦、尤振民

1989 年：严顺发、王秀华、罗文祥、黄修桂、马树勋、张肇炜、石碧丹、李增福、张乾巽、黄文川、钟国瞻

1990 年：胡超嶒、赵玉清、朱义的、庄振茂、李启如

1991 年：罗毅、聂文新、卢钦营、林建荣、陈景琪、张永泰

1992 年：肖立贤

1993 年：郑仲安、陈月红、柳新民、张莹芳、邱可珍

1994 年：章鸿瑞、蔡海滨、黄庆嘉、黎梓元、郭月深、陶勇强

1995 年：陈庆祥、翁江福、戴俊生、罗建南、马绵河、沈焕梅、

陈廷华

1996年：许阿平、林宝泉、林火炎、汤贵昌、毛恢先

1997年：刘淑如、邱远营、傅锡成、何德华、吴雪华

1998年：邱应龙、洪庭章、林亚晶、吕真儿、赖桂香

1999年：方健、廖成初、黄云裕

2000年：林松海、洪通平、刘德椿、王迎辉、章益深、陈文辉

2001年：邱远营、杨汉章、林汉亮、朱日平、张金粪、李奕银、林康福、庄国钦

2002年：郭幼味

2003年：江建权

2004年：林翠裕、郑立信、张烈湖、王永新、陈文明

2005年：翁必生、陈乐昌、林彜光

2006年：刘远伦、金咏红、李占新、钟国瞻、王树先、张菊兰

2007年：衷梅英、童纪宏、黄俊华、肖德虹、陈泽亮、熊贤淮、陈慕民、林燕琼、张火明、傅善华、江茂生、游富荣、郭志敏

2008年：邱秀珊、谢建潮、赖郭华、江流贤、陈志宏、许流远

2009年：邱德波、黄荣庆、刘嘉伟、罗映南、范富荣、胡月生、戴开腾、陈小丽、冯晋勤、邱应龙、谢建潮、张友生、郑健文

2010年：林禄元、邱集熙、李坚

2011年：黄楚光、陈金山、蒋宏斌、罗胜奎、郭祖霖

2012年：林华珍、潘贤添、阙福坤、聂耀洪、张隆基、胡初澜

2013年：李永春、朱亭亮、许阿强、邱景河、吕平、罗培生、林学鸿、魏富贵、苏廷生

2014年：黄菊芳、章永仁、修海明、高孔长、任浩、俞长发、范启有

2015年：曾榆翔、田儒奎

2016年：黄建新、章联生、赖建新、李来生、陈如金、兰思军

2017年：林泽生、陈志强、陈国强、邓卫江、翁俊梅、张元坤、陈润平、温秀珍、温晓红、李吉明、林煜春

2019年：邱榕生、汪学东、陈宏良、陈建国、吴思禄、林豫梅、傅昌发、沈冬红

2020年：赖春蕾、林三秀

（五）历届省五一劳动奖章获得者名录

1985年：顾大正、连应耕、苏荣江、张伙成、陈永昌、林正云、连如耕、谢芗生、吴夔雄、张玉芝、赵鸿翔、罗宗煌、林汝照、林海南、卢柏坤、廖镇洲、卢如模、杨皇杉、林伟、谢金森、郭仰飞、李塘地、陈祖荣、黄桂英、郑地楚、邓金林、王振成、游桂椿、李万成、巫柏林、杨赵云、林增华、罗顺阳、罗培章、罗道恭、陈毓奇、杨斯良、梅荣华、曾宪礼、林旭东、余志清、段琼姬、彭昌明、王正衍、王雅萍、简鸿勤、孙庆坤、张定荣、卢郁蕴、冯美华、周国南、袁金星、钟健

1986年：薛由安、沈克炎、童见忠、杜秀金、李克光、宋致和、洪清河、管笙、练荣木、陈洋昌、邓添泉、许金绵、张秋健、姜海水、赖沛、林麟、林芸芸、扬长海、彭昌明、许德馨、陈锦标、吴国光、曾金光、俞乃模、黄忠任、罗仁明、江道文、罗克昌、刘家银、王天敞、汤宗进、刘润藻、陈洋洋、沈志全、钟启仁、钟锦成、谢雄光、吴元金、刘鸿河、林开泰、胡简、王天隆、卢振球

1987年：颜启淡、陈森官、江其佃、张莲英、黄维翰、付丽华、林德建、王灿煌、郑涌源、游远达、陈堂雄、林以乐、谢宗周、吴建杉、简辉龙、廖培植、刘建国、邹降义、林发芳、黄人瑞、彭群芳

1989年：尤振民、邱胜华、欧阳元和、颜启淡、吴胜钊、黄先群、付淑秀、俞有丁、林芸芸、王春水、罗维功、周聪贤、马绵河、王仰高、林龙生、郑松岩、刘镇发、吴文化、陈忠义、张乾巽、郑庆昇、王秀华

1990年：罗历鑫、李玉兰、唐宝官、黄瑞权、颜启淡、邹杰、张海清、王春熙、苏建新、林国城、李财金、游松椿、陈善能、张冬梅、曾广生、庄绍清、肖越成、王李林、李占开、吴桂荣

1992年：庄垂明、萧玉耀、陈根跃、余小华、郑俊燕、郭灿虹、高振东、唐光石、周碧芬、温富茂、谢瑞英、卢远武、李国宝、吴友清、黎炳乾、熊德宗、张晓洁、林珠敬、金佛、简启聪

1993年：黄绿惠、葛美英、陈雪梅、张杭祥、陈笑萍、庄宝发、邱国潮、黄清尘、邱湘湘、许波、熊德良、林旭、周钟贤、兰益东、陈思书、赖俊明、陈寿峰、李正传、刘国银、徐诗战

1994年：李志峰

1995 年：黄灿民、苏国雄、林秀英、吴华、郑庆昇、张广深、王颂阳、洪频、李玉海、刘炳林、张小斌、庄民、张炜明、王万金、吴麟祥、王鹤龄、李旭华、沈家贤、戴俊生

1996 年：邱一希、林元斌、顾丽娜、张旭东、林燕宾、赵善勇、邱冻淇、邱爱卿、庄文祧、李健忠、陈一红、卢玉光、许胜利、黄煌彩、郭家庆、雷焕文、毛恢先、陈诚炘、罗树庄、陈金水、张再坚、罗福群、杨国花

1997 年：范权昌、丁玉玉、黄富祥

1998 年：陈聪玉、黄明煌、翁德芳、王玉珍、沈海涛、张云、林荣卫、朱路辉、马小春、傅瑞星、谢元饶、周启华、林芬芳、黄茂銮、陈喜生、李新钦、王灿荣

1999 年：姚彩芳、杨天钿、陈胜利、江友刚、何克潜、陈超声、卢庆清、曹玉兰、谢应衡、潘贤樟、阮广茂、王民发、陈武琦、刘金水、吴茂汀、吴馥香、揭文和、游卫东、汪权国

2000 年：姜洪儒、张湘祥、汪发坦、罗福群、倪美珍

2001 年：郭亚丹、邱清宇、董根论、王建华、严旺坤、邓长新、王民望、陈海红、郑季贤、詹复保、黄云海、林城坤、陈勇平、林红、陈采养、詹德章

2002 年：廖洪章、马洪晋、刘冠群、林链凤、李跃民、翁必生、林充华、张太阳、朱国平、卢启沛、李立梅、廖斯增、李明卿、吴江滨、刘亨铭

2003 年：丁勇明、张烈湖、何益平

2004 年：金咏红、马茂生、谢江泰、黄启豪、潘炳湖、赖天赐、廖晓云、莫晓凤、李富生、赖海英、王云、陈启华、凌文育、陈和平、骆天生

2005 年：黄友星、柯明星、郑星奎、邹镜英、黄启能

2006 年：章霜红、郑水金、刘晓钦、郭金兰、邹式炉、黄小荣、林丽珠、陈木孙、黄炜、罗树波、李萍、胡金祥、戴国榕、钟华、徐华英、熊寿群、曹美龙、汤景华、徐淑英

2007 年：练建斌、王海义、邹应辉、邱海光、杨小燕、丘国龙、郑东文、廖增安、杜立柯、郭建平、严明、刘铭荣、韩喜安、林群、翁青萍、刘德雄、黄晓夏

2008 年：李文先、陈克明、肖德虹、胡师贵、涂梅

2009 年：章聪颖、袁秀英、张民、吴荣桂、吴炯亮、林炎照、熊文孝、陈冬燕、王伟荣、简国林、赖桂华、钟隆安、石林垣、张爱民、赖荣明、周兴銮、谢礼焙、林梅、陈利杰、郑标传、蓝东、江荣铭、黄永忠、王荣康

2010 年：黄菊芳、苏汉明、高晓龙、张玉雄、刘长河、陈金山、杨文胜、陈雪群、杨朝安、李超、丘国雄、李永春、林日耕、穆国红、郭俊、刘友洪、黄海汐、陈太年、邓颖、潘佐标、杨炳金、王云龙、杨维平、钟卫元、杨晓英

2011 年：林小祥、邱定锦、卢铨生、王天飞、林鹰、张灯耀、张友和、张秀慧、李奇霞、赖建新、邱熠华、林钦城、罗仕长、钟为仁、童月琴、陈俊平、苏龙州、雷日东、叶金星、许必生、童晓敏、王谨、谢阿龙、王谨

2012 年：郭海满、江经政、林治基、李新祥、黄新远、林学富、曾文龙、蔡志勇、修连金、赖龙扬、叶长圳、赖建山、梁昌和、周玉光、谢顺英、兰子禄、吴开勋、陈定彬、吴祖新、廖材河、杨为城、赖华生、朱炳祥

2013 年：阙钢、胡新亮、卢雪英、张玉仁、陈学东、傅友胜、陈善棠、林瑚旺

2014 年：陈清伦、谢忠民、黄爱仙、邱文俊、林建军、赖伟强、吴泽玉、钟寿才、李涛、陈润平、陈龙年、汤炳德、郭举东、饶虹燕、张发生、许东波、刘禄涛、巫成火、刘启仁

2015 年：林梦真、阙永兵、崔建平、辛亮亮、殷世龙、吴刚、江益忠、许爱华、朱周舜、陈忺、赖灿华、曾清能、李裕春、吴乐川、张秋萍、魏燕芬、叶庆秋、包芳芳、曹兰诚

2016 年：徐福淼、许万强、李福民、余莲、罗伟、赖文奎、谢江水、黄迎春、罗良庆、廖月璋、苏银华、郑志忠、吴载赋、黄银富、陈文全、刘养霖、周清、蔡菁、张玉林

2017 年：叶继宏、黎本武、石小琼、陈国强、兰林金、张泳莲、陈良毅、王仰华、邓雁、张满鸿、周彩霞、杨汉东、罗梅英、吕成柱、简满娘、王盛文、林开雄、王思颖、谢慧琳、吴雪晶、袁致忠

2018 年：谢易玲、赖志俊、钟书隆、李凡、吴长盛、毛岱峰

2019年：林庆洪、修人立、闵龙林、周志攀、谢祥英、林丹霓、阙金梅、李建平、陈道先、刘梓富、钟菊文、邹海忠、钟桂芳、陈椿水、钟福福、杨兴泼、陈文标、丘友青、徐霓、谢婕、张清林、李鹭西、卢志敏

2020年：陈祖亮、邱碧荣、卢琴英、卢耿明、阮春梅、蓝建闽、华建彬、林睿冉、李富生、邱道良、廖振星、张元豪、邹建华、黄建思、黄思源、俞智、黄耿佳、罗如生、吴灿明、李跃龙、何春荣、傅金泉、邱琰琛

2021年：汤炎生、王庆新、吴燕昌、丘金霞、钟红玉、钟武亨、马双梅、谢英、饶鑫程、巫吉芳、张美英、俞文剑、林美焕、曾旺、胡侃中、谢毅龄

2022年：苏向阳、陈顺、吕清清、李秀菊、蓝晓剑、高瑞兰、李翠芳、林洪、王柽鑫、罗雪滨、罗绛君、黄江勇、朱莲秀、傅颜洪、黄永辉、蔡敬文、张家炜、吴勇海、周谨训、王沙沙、饶银丰

2024年：廖治、林志国、黄娇应、邓育飞、黄添娣、邱桂祥、谢永芹、吴雨青、丘丽金、巫楚森、黄小流、陈耘嘉、陈津辉、胡秀金、赖鼎东、罗宁、张百祥、陈德荣

（六）历届龙岩市劳动模范和先进生产（工作）者名录

1998年：柴金修、姚明星、杜莲英、何美珠、李科、陈乔、蔡俊治、唐日平、陈金文、陈金龙、刘荣火、陈刚、林培元、路荣花、陈超声、谢华容、谢镜泉、詹高潮、罗竞芳、张阿狮、李玉珑、章亚凡、张俊曦、陈国芳、廖艳霞、王业志、廖玉英、吴桂蓉、张宗周、林文革、江金发、林兆华、吴寿坤、王亚杭、赖琼英、郑小文、邓松升、严建金、黄茂銮、林新华、陈进松、丁福兰、陈喜生、李翠琴、杨振华、温利平、王建威、赖喜传、马路、廖力生、谢耀金、朱有凤、冯福贵、王镇中、曾月秀、区楷兴、徐淑英、罗沐成、刘昌兴、兰定元、廖素萍、童永华、沈家延、陈国民、李小英、李大春、谢元饶、林跃华、林晓东、李美芳、吴增才、罗昌明、林育生、王用明、钟友景、胡师林、郑兰英、黄惠跃、吴文亮、李金秀、李伟业、余呈桂、袁秋水、廖琼秀、丘马三、彭德海、施镇波、卢金来、陈自强、赖祥生、连鸿生、王玉珍、肖明福、武士科、邱海波、邱滨玲、罗香仁、郑阿霞、郑元镇、陈协权、林国鑫、卢沐章、郑长金、邱忠发、

郑强、江巧容、魏庭凯、黄明煌、李志荣、袁福高、钟钢生、吴金福、李双盛、徐华英、游进洋、许锦章、赖荣明、张仲贤、郑庆昇、饶宗元、伍银莲、章素心、黄昌有、赖招源、张小珍、洪通平、林良庆、温松兴、周剑春、张德江、刘勇明

2001 年：詹德章、洪森龄、陈安安、余平溪、赖天赐、徐国光、陈文惠、许沂炎、华锦先、李立勇、蔡玲、黄斌、陈楠、詹仕科、陈业忠、陈宣华、赖永芳、廖元基、张志文、李益民、苏湘江、钟国豪、黄达光、林荣生、黄璋、车朝富、王义荣、罗万祥、薛德乾、兰金水、黄建中、林荣达、张继鹏、兰元平、钟俊荣、林天发、刘永元、刘勇光、钟晓琴、陈桂英、罗盛金、杨东星、江柏旺、王玉玉、连成木、罗兆河、涂占发、沈腾香、吴启煌、黄小荣、罗军龙、陈永文、邹洪泰、蔡连献、杨桂长、罗水旺、邹兴龙、陈键昶、林成实、刘启标、张荣文、赵善仁、汪火来、陈家锥、游少敏、尚文芳、林益金、陆培林、曾永平、邱志新、兰华雄、陈益忠、陈文、朱日平、邹淑玲、吴振位、赵永建、陈彩云、王占熙、雷祖铭、练胜祥、叶忠建、苏兴钜、白晓龙、黄中江、池国桢、黄苍胜、林大东、卢焜中、郑俊如、陈德元、黄开桢、黄清华、谢睿、曾桥汉

2004 年：张榕华、林庆荣、林心霞、谢茂崧、章霜红、兰发贵、郭笑珠、陈华平、吴星光、邱景河、温伟民、谢晶潮、邓长科、陈香莲、吴翠红、陈水鸿、陈祖川、施金凤、严志敏、陈子望、曾佑太、詹文海、郑健文、张树宝、邓华宝、赖龙扬、赖文荣、刘晓钦、卢林兰、林太良、翁永勇、吴福生、王良发、江祥林、邹丰林、邱育华、林容民、李萍、汤善富、黄针魁、丘永康、范友洪、李次平、朱安、兰富强、钟良英、徐钰荣、肖清周、何仁春、王广英、钟超、张爱民、谢义辉、陈培华、王梅英、刘媛、范小明、赖春沐、程太阳、熊坤先、吴冰生、范金水、曹美云、邹式炉、黄晓、饶琴珍、林鹦、张生洋、张原、曾勇彬、廖存金、石丽英、何艺辉、陈国强、刘意娥、吴宗砚、郭庆葵、于莲华、蓝天水、张烈湖、林琳、张茂林、罗树波、曾海东、蓝东、李文钎、潘仁湖、杨立明、高发平、薛昌华、郑丽隆、陈柱芳、赖鞍山、吴文宣、曾祥生、马素明、官承腾、陈国法、陈志清、林益洋、郑京伟、温洪益、邓恢、邱应鹏、刘新明、马建军、戴腾华、林金国

2007年：李斌生、詹素妹、邱志国、曹长叶、王钰海、廖小平、陈泽亮、郭建平、陈宝城、吴淑梅、陈春淼、郑玉玲、苏慧芳、邓之英、严明、苏龙峰、许志光、吴哲彦、邓永嘉、张晓龙、胡大新、赖春荣、王海义、简国林、张灯耀、王志华、苏顺金、江峻伟、曾庆妙、王龙招、林伟雄、张义钦、赖桂华、丘国龙、周春来、林佛宝、吴碧云、钟干清、钟平、朱希贤、赖兆生、刘桂荣、陈进周、林德炜、王云英、钟明福、温晓红、吴东平、谢淑娟、练建斌、钟建生、王荣康、丘善辉、练晓桃、王新宝、刘铭荣、杨胜英、李树兰、王芬英、郑兰庆、谢松联、盖桂林、江华辉、林晖、马雪梅、赖发辉、黄小平、黄贵生、李慧华、邹应辉、叶春木、周兴銮、林翠裕、李继飞、俞智武、谢睿、沈君智、韩喜安、陈春生、郑安龙、林良明、廖增安、黄淇斌、郭毅斌、李启福、刘仙梅、吴美兰、吴小玲、叶勇、王跃荣、赖丽萍、张国英、梁明、郭建明、涂梅、罗养贤、廖茂奎、林群、邱东山、杜立柯、熊贤淮、郑东文、邓应雄、黄兆峰、江树耕、苏国平、钟冠勤、张树溪、柯研、项建坤、李文先、江瑞荣、杨小燕

2010年：黄晓安、庄树仁、张标爱、詹金星、于勇、张友生、吴毓华、陈国栋、吴贞林、谭玉泉、王玲、阙茂文、张爱宝、陈渊基、李力平、陈金才、李发金、张友和、简智长、游远新、简宝鑫、洪聪明、林灿青、罗建华、廖寿荣、江道明、穆国红、黄华太、丘国雄、林上才、丘文山、罗桂华、傅忠生、邱桂南、孔庆通、林慕珍、林小满、刘星光、兰兰、练桂兰、林利添、黄豪、谢红梅、欧阳怡达、卢铨生、修连金、杨景标、曾玉梅、戴海辉、钟炳林、黄金养、傅木清、刘祝平、李永春、钟洪祥、邓文忠、苏荣耀、苏立祥、吴树贵、林云功、郭凤明、赖德明、廖丹、高晓龙、林瑞、刘伟闽、陈文建、黄绿莲、曹家红、林阿玲、方秦金、王文锋、张桂丰、胡静、黄敏、陈富成、吴京荣、唐维炳、张勇全、姜林灿、陈文瑞、陈建安、卢晓香、冯晋勤、廖燕雯、戴桂芳、何德华、范奎文、廖艳霞、陈敏、翁卫、张秀慧、刘洪荣、郭盛元

2013年：邓志平、钟德启、陈丽达、林鉴标、叶活动、陈道雯、郭贞星、李广昌、陈克汉、黄海、叶善纬、林美丽、张慧敏、唐晓东、黄坤成、杜前途、陈起东、许周宝、陈敏、刘永良、黄婵媚、王

德华、范晓华、廖文海、王晓康、张红星、张汀平、阙庆枚、游仁道、俞金生、林建文、赖春梅、黄维新、温文茂、钟育华、余永荣、邓百科、陈志涵、王联安、张长征、钟伟东、刘永华、刘科星、钟连英、赖瑞平、钟英有、江仁福、赖积勋、黄秀金、刘煌山、沈凤、罗远雪、饶春荣、李强、沈小燕、周小强、林豫峰、孙艳丽、曾衡思、范福全、黄楚文、马立兰、丘洪兴、刘静美、刘春梅、赖树生、黄秀兰、李波、翁春树、蒋景强、张跃进、陈信德、祁忠清、陈国强、陈良锦、钟晓明、吕国梁、任承金、张桂潮、欧月萍、刘启仁、张玉仁、林建生、高孔长、华伦峰、柴建明、江添茂、傅文源、陈亮、郑国强、林桃秀、张兴秋、温有宏、周建国、林静、许阿强、廖秀金、袁漫芳、董瞰、陈勇、郭未阑、陈焕林

2016 年：罗福海、杜勇、刘辉、黄文蓉、王辉、吴旭涛、陈如金、邱熠枫、蓝荣进、戴寿传、陈金凤、赖建辉、周宁波、廖志添、郑雄、戴昇、曾松生、孔华、邬良贤、涂荣招、廖发平、邱筱春、吴鸿奎、陈建、廖志龙、邱健南、李钦龙、翁艳丽、杨求华、苏太育、颜雄英、傅丽华、章生亮、郭清霞、俞炎东、谢伟昇、林荣昌、简满娘、郑秋娣、谢永达、赖桂荣、孙国侠、苏强海、张宝华、蓝招衍、阙培汉、李上炮、陈兴章、吴永康、伍玉兰、邹志欣、林堂洲、张钊海、张进、黄祥铭、钟思榕、梁永英、陈慧珍、丁晓红、陈美兰、方元贵、钟礼义、潘诗建、陈平忠、马文瑞、罗时龙、钟亮生、李红、程汀贤、凌正元、吴东来、林玉件、赖小萍、刘成金、彭金荣、戴南火、周富涛、易小贞、黄桥金生、严浪基、黄小流、邱金妹、林浩彪、黄红铃、黄椿、柯小兰、张松妹、李安洪、邱国华、李俊扬、黄思源、李玉俊、黄美金、张水妹、陈夏贞、林绍强、许赐焕、曾晓燕

2018 年：谢水香、袁明华、王凤英

2019 年：孔秋平、张创、张炳华、罗贯虹、林志国、谢祖刚、邓仕荣、谢辉炎、林辉、黄宣深、陈柳芬、卢胜龙、严永添、黄小娜、曹伟坚、赖先标、卢贵锋、罗锦旺、卢连芳、张曲萍、张才芬、蓝永建、周小燕、郭剑华、李建、陈华明、温胜连、林新英、林靖、黄京容、吴兰玉、刘石英、张立明、李翠芳、刘春英、阙臻、方武、李文龙、林杭英、王黎林、钟兰英、谢文明、黄秀菊、李平、惠颖娟、王隆元、曾宪星、修光泽、傅权华、肖燕山、曾玉金、杨瑛、吴

水长、饶鑫程、罗华太、罗家淇、林斌、林丽英、傅先裕、蒋文平、罗雪滨、杨先金、江盛宏、黄江勇、黄建萍、王东、蔡裕泰、林益富、刘志峰、陈大城、张美英、黄聚贤、李志鸿、李茂盛、林洪玲、陈谦祥、蓝建明、游龙滨、张益民、林福、翁其华、谢建谋、曹春远、何祥盛、王乔金、江先长、郑凤莲、钟才利、钟小平、林锦、林马木、黄丽梅、黄举福、巫新亮、赖永仙、姜志强、李文辉、胡光宁、许玮玮

备注：

1. 个别劳模因调往外地或移居境外无法跟踪情况；

2. 个别劳模从外地调入龙岩，未列入名录。

附录 3

参考文献

[1]《邓小平论工人阶级与工会》，中国工人出版社 1994 年版。

[2]《毛泽东邓小平江泽民论工人阶级和工会工作》，中央文献出版社 2002 年版。

[3]《习近平关于工人阶级和工会工作论述摘编》，中央文献出版社 2023 年版。

[4]《中国共产党的一百年：中国特色社会主义新时代》，中央编译出版社 2022 年版。

[5] 李玉赋主编：《新编中国工人运动史（修订版）》，中国工人出版社 2020 年版。

[6]《福建省总工会 60 年》，福建教育出版社 1992 年版。

[7]《福建工人运动史（1840—1949）》，中国工人出版社 1990 年版。

[8] 蒋伯英主编：《福建革命史》（上），福建人民出版社 1991 年版。

[9]《中央苏区（闽西）历史资料汇编①》，中共党史出版社 2023 年版。

[10]《中央苏区（闽西）历史资料汇编②》，中共党史出版社 2023 年版。

[11]《中央革命根据地史料选编》（上中下），江西人民出版社 1982 年版。

[12] 中央苏区工运史征编协作小组编著：《中央革命根据地工人运动史》，改革出版社 1989 年版。

[13]《闽西人民革命史（1919—1949）》，中央文献出版社 2001 年版。

[14] 中共龙岩地委党史资料征集领导小组、龙岩地区行政公署文物管理委员会编：《闽西革命历史文献资料》，内部资料，1982 年。

[15] 龙岩市总工会编：《纪念龙岩总工会成立六十周年专刊》，1989 年。

[16]《闽西苏区工人运动史》，福建省龙岩市文化与出版局批准，2012 年。

[17] 赣州市总工会编：《赣州工会志》上册，2008 年版。

[18] 中国人民政治协商会议福建省龙岩市委员会文史资料编辑室编：《龙岩文史资料》（第 2、5、6 辑）。

[19] 永定县总工会编：《永定工运史汇编（1926—1987）》，1988 年。

[20] 中国人民政治协商会议福建省长汀县委员会文史资料编辑室编：《长汀文史资料》（第 4、5、6、13 辑）。

[21]《龙岩市志》，中国科学技术出版社 1993 年版。

[22]《永定县志》，中国科学技术出版社 1994 年版。

[23]《武平县志》，中国大百科全书出版社 1993 年版。

[24]《上杭县志》，福建人民出版社 1993 年版。

[25]《连城县志》，群众出版社 1993 年版。

[26]《漳平县志》，生活·读书·新知三联书店 1995 年版。

[27]《龙岩地区志》（上下），上海人民出版社 1992 年版。

[28]《龙岩地区年鉴（1988—1992）》，中国大百科全书出版社 1994 年版。

[29]《龙岩地区年鉴（1993）》，中国大百科全书出版社 1995 年版。

[30]《龙岩地区年鉴（1994）》，方志出版社 1995 年版。

[31]《龙岩地区年鉴（1995—1996）》，方志出版社 1996 年版。

[32]《龙岩地区年鉴（1997）》，方志出版社 1997 年版。

[33]《龙岩年鉴（1998）》，方志出版社 1998 年版。

[34]《龙岩年鉴（1999）》，中国社会科学出版社 1999 年版。
[35]《龙岩年鉴（2000）》，中国社会科学出版社 2000 年版。
[36]《龙岩年鉴（2001）》，海潮摄影艺术出版社 2001 年版。
[37]《龙岩年鉴（2002）》，海潮摄影艺术出版社 2002 年版。
[38]《龙岩年鉴（2003）》，方志出版社 2003 年版。
[39]《龙岩年鉴（2004）》，方志出版社 2004 年版。
[40]《龙岩年鉴（2005）》，方志出版社 2006 年版。
[41]《龙岩年鉴（2006）》，方志出版社 2007 年版。
[42]《龙岩年鉴（2007）》，方志出版社 2007 年版。
[43]《龙岩年鉴（2008）》，方志出版社 2008 年版。
[44]《龙岩年鉴（2009）》，方志出版社 2009 年版。
[45]《龙岩年鉴（2010）》，方志出版社 2010 年版。
[46]《龙岩年鉴（2018）》，方志出版社 2018 年版。
[47]《龙岩年鉴（2021）》，福建科学技术出版社 2021 年版。

后　记

值此中华全国总工会成立100周年之际，为系统梳理闽西工人阶级与工运事业百年发展脉络，总结历史经验，传承红色基因，我们组织编纂了《闽西百年工运事业》一书。本书既是对闽西工人阶级百年奋斗历程的深情回溯，亦是对历代工运先驱与广大劳动者无私奉献精神的崇高礼赞。展卷之际，深感编纂工作之艰辛与责任之重大。

回望闽西工运的百年风云，从新民主主义革命时期的星火燎原，到社会主义革命和建设时期的斗争探索，从改革开放和社会主义现代化建设新时期的开拓创新，到中国特色社会主义新时代时期的蓬勃发展，每一步都镌刻着闽西工人阶级不屈不挠、勇往直前的足迹。他们的故事，是激励我们前行的宝贵精神财富。在编纂这部书的过程中，我们以高度的历史责任感，深入挖掘地方档案馆藏，系统整理历年工运史料，遍访知情人士，力求还原闽西工运史上重要事件的真实面貌，展现每个时期闽西工人阶级的风采。

本书得以付梓，离不开各级单位与专家学者的大力支持。中国工运研究所、福建省总工会、中共龙岩市委办公室、龙岩市政府办公室、龙岩市档案馆等单位在史料提供、课题论证等方面给予悉心指导；刘源将军欣然为本书题写书名；当代中国出版社刘晓冰老师等倾注大量心血，没有他们的鼎力相助，这部书的完成将难以想象。在编写过程中，我们也学习借鉴了许多专家学者的大量研究成果，由于篇幅等原因，在参考文献列举中可能有遗漏，特此说明并致歉。我们向所有为本书提供指导帮助的各位领导、专家学者一并表示谢意。

然而，由于历史跨度长、资料浩繁，尽管我们付出了极大的努力，但仍难免存在疏漏和不足。我们恳请广大读者和专家学者不吝赐教，提出宝贵意见，以期在后续修订中不断完善。

本书编写执笔情况如下：

第一章：吴升辉、蓝松金、黄文锴、谢锐

第二章：廖雅珍、林金扬

第三章：陈秀香、张薇

第四章：江晓、林莹、郑晓卉

第五章：林妹珍、罗群英、马春玲、吴升辉

本书编委会

2025 年 2 月